U0934634

高等院校环境类系列教材

资源与环境经济学

Natural Resource and Environmental Economics

（第二版）

主　编　沈满洪

副主编　马永喜　谢慧明　王　颖

中国环境出版集团·北京

图书在版编目（CIP）数据

资源与环境经济学/沈满洪主编. —2 版. —北京：中国环境出版集团，2014.12（2018.8 重印）
高等院校环境类系列教材
ISBN 978-7-5111-2146-2

Ⅰ. ①资… Ⅱ. ①沈… Ⅲ. ①资源经济学—高等学校—教材②环境经济学—高等学校—教材 Ⅳ. ①F062.1 ②X196

中国版本图书馆 CIP 数据核字（2014）第 277790 号

出 版 人 武德凯
责任编辑 陈金华 宾银平
责任校对 尹 芳
封面设计 彭 杉

出版发行 中国环境出版集团
（100062 北京市东城区广渠门内大街 16 号）
网 址：http://www.cesp.com.cn
电子邮箱：bjgl@cesp.com.cn
联系电话：010-67112765（编辑管理部）
010-67113412（第二分社）
发行热线：010-67125803，010-67113405（传真）
印 刷 北京中科印刷有限公司
经 销 各地新华书店
版 次 2015 年 3 月第 2 版
印 次 2018 年 8 月第 3 次印刷
开 本 787×1092 1/16
印 张 21.75
字 数 530 千字
定 价 45.00 元

目 录

第一篇 学科基础理论

第二篇 环境经济手段

第三篇 自然资源经济

第四篇 环境价值评价

第五篇 绿色经济发展

第一篇　学科基础理论

第1章　导　论

一部教材的导论往往要介绍该学科的研究对象、分析方法及发展演变等问题。由于资源与环境经济学属于现代经济学的分支学科，现代经济学适用的均衡分析方法、边际分析方法、静态分析与比较静态分析方法、实证分析与规范分析方法等也同样适用于资源与环境经济学。因此，本章着重介绍资源与环境经济学的研究对象和发展演变。

1.1　资源与环境经济学的研究对象

1.1.1　经济学的研究对象

1.1.1.1　经济学

经济学是研究稀缺资源配置问题的科学。人的自利性决定着资源的稀缺性，正因为资源稀缺性的存在，才有经济学研究的必要。所谓稀缺性（Scarcity），并不是指资源在绝对数量上的多少，而是指相对于人们无限多样、不断上升的欲望来说，用以满足这些需要的物品和劳务是相对不足的。简单地说，稀缺性是指欲望总是超过了能用以满足欲望的资源的现象。

经济学要回答的是一系列的经济问题。经济问题就是指人的需要的无限性与资源的有限性之间的矛盾。从资源的稀缺性这个概念出发，进一步思索就可以发现，经济问题实际上包括如下4个特征：①人的需要的无限性；②这些需要的轻重缓急程度是各不相同的；③为满足这些需要而可以支配利用的资源是有限的；④每一种资源在大多数情况下可以有两种或两种以上的用途。

资源配置就是怎样分配使用可有多种用途但数量有限的资源来满足轻重缓急各不相同的需要。比如，在水资源缺乏的情况下，第一桶水首先选择饮用，第二桶水可用于日常生活，第三桶水可用于灌溉，第四桶水可用于美化……总之，在经济学中，人们始终被要求做出各种各样的选择。消费者在既定的收入下不仅要在消费和储蓄间做出选择，而且要在不同商品的消费中进行选择；一个社会在既定的资源条件下，不仅要在消费和投资中进行选择，而且要在不同商品的生产中进行选择。选择的过程实际上就是资源配置的过程。

遗憾的是，绝大多数教科书、绝大多数老师并没有解释“资源”的确切内涵。鉴于“资源”是经济学，尤其是资源与环境经济学中的核心概念之一，有必要对“资源”的含义及类型做出具体阐释。

1.1.1.2　资源的含义与分类

资源是一个十分常用而又无公认定义的概念。在不同地方，“资源”一词所指的意义是不同的。通过对资源的分类可以界定“资源”的内涵并区分不同语境下“资源”含义的差异性。

一般认为，广义的资源是指自然界及人类社会中一切对人类有用的资财，它包括自然资源和社会资源。自然资源又可以分为自然经济资源和自然生态资源，前者是指自然资源中能够用市场价格信号直接显示其稀缺性的实物资源，例如树木所具有的木材功能、土地所具有的栽种粮食功能等；后者是指自然资源中难以用市场价格信号直接显示其稀缺性，但又对生态平衡、环境保护、气候调节发挥重要作用的环境资源，如树木所具有的吸收二氧化碳和粉尘的功能、土壤可以涵养水分和吸收二氧化碳的功能等。自然经济资源包括生物资源、土地资源、水资源、矿产资源、海洋资源等；自然生态资源包括环境容量资源、环境景观资源、生态平衡资源、气候调节资源等。社会资源包括人力资源和非人力资源，其中非人力资源包括资本资源、科技资源和信息资源等。资源的分类如图 1-1 所示。

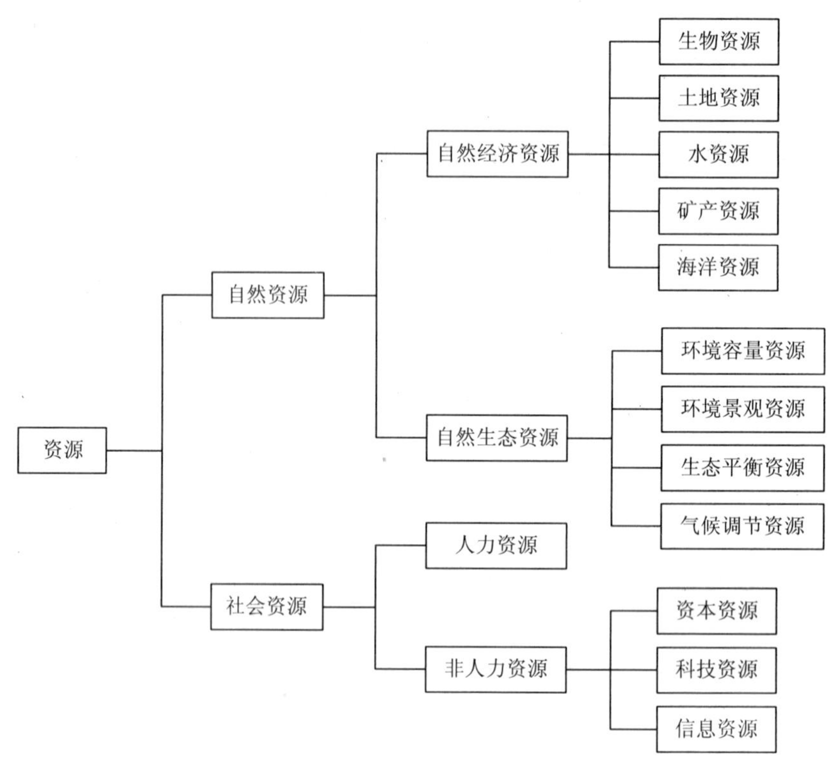

图 1-1　资源的分类

因此，在“经济学是研究稀缺资源配置问题的科学”这一定义中所指的“资源”是最广义的，在“自然资源经济学”中所指的“资源”是“自然经济资源”，在“环境经济学”、“生态经济学”、“气候经济学”中所指的“资源”是指“自然生态资源”。传统的主流经济学关注的是“社会资源”，所以劳动经济学、货币银行学等均成为主干课程。随着自然经济资源和自然生态资源的稀缺性的不断加剧，资源与环境经济学也逐渐成为主流经济学家关注的对象。

1.1.2　资源与环境经济学的研究对象

1.1.2.1　资源与环境经济学

在现代经济学中，研究的是一般意义上的、高度抽象的经济资源配置问题。具体的某一种资源的配置问题由各门分支学科来承担。例如，人力资源配置问题由劳动经济学、人力资源经济学等学科来承担；资本资源配置问题由货币银行学、投资学等学科来承担。

资源与环境经济学是资源经济学与环境经济学的合成词，是指用现代经济学的方法研究自然经济资源与自然生态资源配置问题的学科，或者说是分析与解决“资源”问题与“环境”问题的学科。该定义中的“资源”对应于图 1-1 中的“自然经济资源”，该定义中的“环境”对应于图 1-1 中的“自然生态资源”，尤其是其中的“环境容量资源”。由于自然经济资源与自然生态资源往往难以分割，所以本书将两者并列处理。这也是世界一流大学对该学科名称的通用处理方式。

1.1.2.2　资源与环境经济学的分支学科

由于自然资源又可以分成很多不同的类型，因此，资源与环境经济学又可以分成若干分支学科：

对应于“生物资源”的配置有林业经济学、渔业经济学等，对应于“土地资源”的配置有土地经济学，对应于“水资源”的配置有水资源经济学，对应于“矿产资源”的配置有矿产资源经济学，对应于“海洋资源”的配置有海洋资源经济学。不同的自然资源可以作为具有相似功能的某种资源使用，例如石油、煤炭、水均可以作为能源资源使用，由此又可以延伸出能源经济学。因此，研究自然经济资源配置问题的经济科学就是资源经济学。资源经济学主要关心的是：资源在目前和将来的配置问题，资源利用的效率问题，资源利用所带来的环境问题，相关政策、法规对资源配置的影响问题，资源、经济增长与环境的相互协调和可持续发展问题。

对应于“环境容量资源”的配置有环境经济学。环境经济学有狭义和广义之分。狭义的环境经济学被认为是研究环境污染防治的经济问题，也称污染控制经济学；广义的环境经济学还研究自然资源的合理利用，以及在经济发展中生态平衡的破坏与恢复等所涉及的经济问题，所以也称环境与自然资源经济学。

对应于“生态平衡资源”的配置有生态经济学。生态经济学是一门从经济学角度来研究由社会经济系统和自然生态系统复合而成的生态-经济-社会系统运动规律的学科，它研究自然生态和人类社会经济活动的相互作用，从中探索生态-经济-社会复合系统的协调和可持续发展的规律性。

另外，对应于“环境景观资源”的配置有旅游经济学尤其是景观旅游经济学。对应于“气候调节资源”的配置有气候经济学或气象经济学。

1924 年美国经济学家伊力和莫而豪斯合著的《土地经济学原理》出版，1931 年哈罗德·霍特林发表了《可耗尽资源的经济学》。这被认为是资源经济学产生的标志。由此计算，资源与环境经济学的发展已经历了近 90 年，但是，在某些问题的认识上至今尚无定论。例如，关于资源经济学、环境经济学和生态经济学三者的关系，有的学者认为，这三门学科的研究对象是相同的，只是名称不同而已。有些学者认为，这三门学科研究的内容有密切的联系，其中既有共同的部分，又有不同的部分，它们分别研究资源开发、环境保护和生态建设中的经济问题，虽然有一部分重叠交叉，但研究的重点和角度不一样，各自都是一门独立的学科。基于这种状况，本书对上述三者不作严格的区分，根据问题表述的需要选择使用不同的概念。

1.1.3 资源与环境经济学的任务

1.1.3.1 资源依赖性曲线与环境库兹涅茨曲线

（1）资源依赖性曲线。在工业化进程中，一个区域社会对自然资源的依赖性呈现出倒U形曲线的轨迹，即在工业化初期，区域社会对自然资源的依赖性不断增强；在工业化中期，区域社会对自然资源的依赖性达到峰值；而进入工业化后期，区域社会对自然资源的依赖性又逐步减弱，如图1-2所示。图1-2中，横轴表示工业化水平，纵轴表示资源依赖度，可以用每年人均的某种自然资源的消耗量来表示。之所以是倒U形的轨迹，是由于在工业化初期，经济增长对自然资源的依赖性程度较大，到了工业化的中后期，经济增长越来越依靠技术和人才的投入，对自然资源的依赖性程度呈现下降趋势。相当一部分国家、相当一部分自然资源在工业化过程中均呈现出倒U形的轨迹。

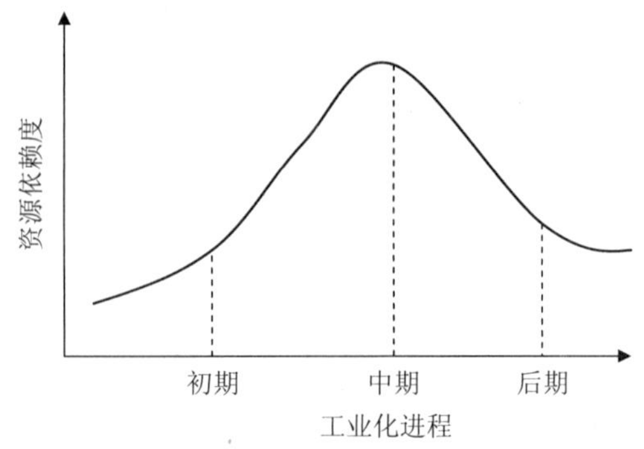

图1-2 资源依赖性倒U形曲线

（2）环境库兹涅茨曲线。库兹涅茨曲线描述了收入差异和经济增长之间的关系，由经济学家库兹涅茨首次提出，并以其姓名命名。他发现在经济发展的过程中，收入差异一开始随着经济的增长而加剧；到达某一极值后，随着经济的进一步增长，收入差异开始缩小。在以人均收入作为横轴、收入差异作为纵轴的坐标系中，库兹涅茨曲线呈倒U形轨迹。

格鲁斯曼（1990）根据库兹涅茨曲线原理提出了环境库兹涅茨曲线的学说，即环境质量同经济增长呈倒U形曲线的关系。若以人均收入水平代表经济发展水平，以排污量代表环境退化水平，排污量先是随着人均收入水平的提高而上升，在收入达到一定水平时，排污量随着人均收入水平的进一步提高而下降。这一关系可由图1-3的倒U形曲线表示，这一曲线就是环境库兹涅茨曲线。

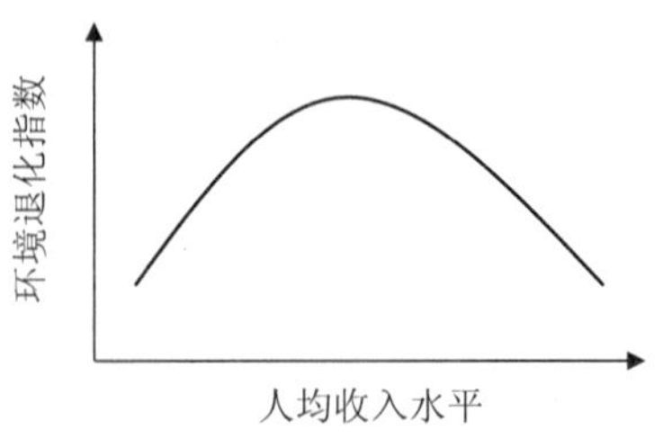

图1-3 环境库兹涅茨曲线

几乎所有国家的工业化进程均表现出倒 U 形轨迹：随着人均收入水平的上升环境质量先是不断退化的，然后是逐渐好转的。其原因可能是在发展早期，对经济增长的偏好更强，技术水平也难以做到环境与经济兼顾，出现“宁要金山银山，不要绿水青山”的现象；到了发展中期，发现以环境污染为代价的发展是不可取的，出现“既要金山银山，又要绿水青山”的现象；到了发展后期，对生态环境的偏好更强，也有足够的资金投入到环境保护中，出现“绿水青山就是金山银山”的现象。

1.1.3.2 资源节约型社会与环境友好型社会

环境库兹涅茨曲线与资源依赖性曲线均是发达国家和新兴工业化国家在工业化进程中普遍适用的经验性规律。由此看来，中国也已经步发达国家的后尘，即随着经济发展，环境污染加剧、资源依赖性增强。发达国家在工业化过程中尚有环境容量可以使用，而中国是在他国已经占用了大量的环境容量的情况下进行工业化；发达国家在工业化过程中可以掠夺殖民地国家的自然资源，而中国只能依靠国际市场竞争获取自然资源。因此，中国必须积极创建资源节约型、环境友好型社会，使得环境库兹涅茨曲线与资源依赖性曲线尽快平稳向右移动直至出现稳定下降，实现天人和谐的局面。而实现这一局面的路径无非是两条：一是加强科技创新，提高资源生产率——使单位自然资源产生尽可能大的经济效益，降低污染排放率——使每单位产出排放尽可能少的废弃物；二是加强制度创新，建立起资源节约型、环境友好型的激励机制和约束机制。这种激励机制和约束机制的构建正是资源与环境经济学的任务。

资源节约型社会是以可持续发展理念为指导，强调资源的高效利用、合理配置、有效保护、持续开发，通过一系列有效的制度安排和文化建设，最终达到人与自然和谐发展的一种社会形态。资源节约型社会建设面对的问题是资源短缺、核心是提高资源生产率、目标是实现经济社会的可持续发展。

环境友好型社会是人与自然和谐发展的社会，通过人与自然的和谐来促进人与人、人与社会的和谐。它要求在全社会形成有利于环境的生产方式、生活方式、消费方式，建立人与自然的良性互动关系。建设环境友好型社会，就是要以环境承载能力为基础，以遵循自然规律为准则，以绿色科技为动力，倡导环境文化和生态文明，构建经济、社会、环境协调发展的社会体系。

党的十七大报告首次提出“建设生态文明”，党的十八大报告系统阐述了“大力推进生态文明建设”。自然资源和环境资源的优化配置、资源节约型社会和环境友好型社会的建设是生态文明建设的两只翅膀，必须予以高度重视。党的十八大报告在阐述生态文明建设时给资源与环境经济学学者提出了众多命题，我们要好好学习，不辱历史使命。见专栏 1-1。

专栏 1-1 大力推进生态文明建设

生态文明建设，是关系人民福祉、关乎民族未来的长远大计。面对资源约束趋紧、环境污染严重、生态系统退化的严峻形势，必须树立尊重自然、顺应自然、保护自然的生态文明理念，把生态文明建设放在突出地位，融入经济建设、政治建设、文化建设、社会建设各方面和全过程，努力建设美丽中国，实现中华民族永续发展。

坚持节约资源和保护环境的基本国策，坚持节约优先、保护优先、自然恢复为主的方针，着力推进绿色发展、循环发展、低碳发展，形成节约资源和保护环境的空间格局、产业结构、生产方式、生活方式，从源头上扭转生态环境恶化趋势，为人民创造良好生产生活环境，为全球生态安全作出贡献。

（一）优化国土空间开发格局。国土是生态文明建设的空间载体，必须珍惜每一寸国土。要按照人口资源环境相均衡、经济社会生态效益相统一的原则，控制开发强度，调整空间结构，促进生产空间集约高效、生活空间宜居适度、生态空间山清水秀，给自然留下更多修复空间，给农业留下更多良田，给子孙后代留下天蓝、地绿、水净的美好家园。加快实施主体功能区战略，推动各地区严格按照主体功能定位发展，构建科学合理的城市化格局、农业发展格局、生态安全格局。提高海洋资源开发能力，发展海洋经济，保护海洋生态环境，坚决维护国家海洋权益，建设海洋强国。

（二）全面促进资源节约。节约资源是保护生态环境的根本之策。要节约集约利用资源，推动资源利用方式根本转变，加强全过程节约管理，大幅降低能源、水、土地消耗强度，提高利用效率和效益。推动能源生产和消费革命，控制能源消费总量，加强节能降耗，支持节能低碳产业和新能源、可再生能源发展，确保国家能源安全。加强水源地保护和用水总量管理，推进水循环利用，建设节水型社会。严守耕地保护红线，严格土地用途管制。加强矿产资源勘查、保护、合理开发。发展循环经济，促进生产、流通、消费过程的减量化、再利用、资源化。

（三）加大自然生态系统和环境保护力度。良好生态环境是人和社会持续发展的根本基础。要实施重大生态修复工程，增强生态产品生产能力，推进荒漠化、石漠化、水土流失综合治理，扩大森林、湖泊、湿地面积，保护生物多样性。加快水利建设，增强城乡防洪抗旱排涝能力。加强防灾减灾体系建设，提高气象、地质、地震灾害防御能力。坚持预防为主、综合治理，以解决损害群众健康突出环境问题为重点，强化水、大气、土壤等污染防治。坚持共同但有区别的责任原则、公平原则、各自能力原则，同国际社会一道积极应对全球气候变化。

（四）加强生态文明制度建设。保护生态环境必须依靠制度。要把资源消耗、环境损害、生态效益纳入经济社会发展评价体系，建立体现生态文明要求的目标体系、考核办法、奖惩机制。建立国土空间开发保护制度，完善最严格的耕地保护制度、水资源管理制度、环境保护制度。深化资源性产品价格和税费改革，建立反映市场供求和资源稀缺程度、体现生态价值和代际补偿的资源有偿使用制度和生态补偿制度。积极开展节能量、碳排放权、排污权、水权交易试点。加强环境监管，健全生态环境保护责任追究制度和环境损害赔偿制度。加强生态文明宣传教育，增强全民节约意识、环保意识、生态意识，形成合理消费的社会风尚，营造爱护生态环境的良好风气。

我们一定要更加自觉地珍爱自然、更加积极地保护生态，努力走向社会主义生态文明新时代。

摘自胡锦涛，《坚定不移沿着中国特色社会主义道路前进　为全面建成小康社会而奋斗》，人民出版社，2012。

1.1.4 本书的基本架构

根据资源与环境经济学的研究对象，本书共分五篇 20 章。五篇的内容分别是学科基础理论、环境经济手段、自然资源经济、环境价值评价、绿色经济发展等，五篇之间的关系如图 1-4 所示。

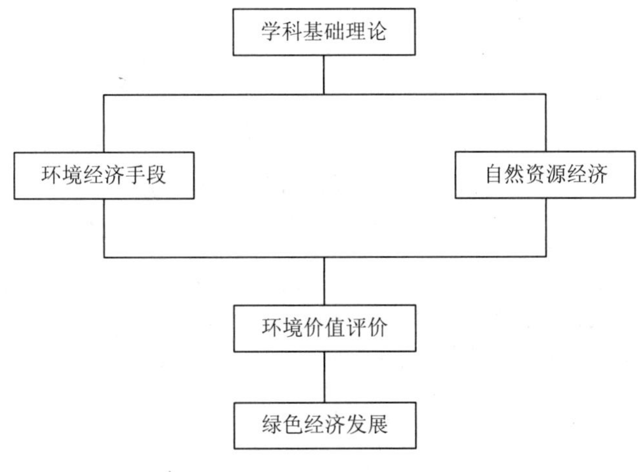

图 1-4 本书的框架结构

第一篇为学科基础理论，共有 3 章。第 1 章导论，着重阐述资源与环境经济学的研究对象以及环境经济理论的发展演变。第 2 章外部效应理论，系统介绍了外部性的内涵、分类、后果及其外部性内部化的途径等。第 3 章公共产品理论，系统介绍物品的分类、公共物品的后果以及如何解决公共物品问题。

第二篇为环境经济手段，共有 4 章。第 4 章环境经济手段概述，主要介绍环境经济手段的内涵与分类、环境经济手段的评价标准等。第 5 章环境财税理论，主要分析环境财税制度的效应，并分别介绍了环境税收政策和生态补偿政策。第 6 章环境产权理论，分别介绍自愿协商及其排污权交易的机理与效应。第 7 章环境经济手段选择，在对环境保护的经济手段进行系统分析的基础上，分析各种手段的利弊和特色，并介绍环境经济手段的优化选择模型。

第三篇为自然资源经济，共有 4 章。第 8 章资源经济理论概述，简要介绍了自然资源的分类。第 9 章可再生资源理论，重点阐述了渔业资源、森林资源和可再生能源等可再生资源的配置。第 10 章可耗竭资源理论，重点阐述了石油、天然气等不可再生资源的配置问题。第 11 章水资源经济理论，主要阐述了水资源的供求关系、水价的确定以及水权制度等。

第四篇为环境价值评价，共有 5 章。第 12 章环境资源价值评价概述，简要阐述了环境价值的构成、环境价值评价的方法分类等。第 13 章市场价值法，主要介绍了生产率变动法、疾病成本法、机会成本法等市场价值法的内涵、使用步骤及其优缺点。第 14 章替代市场法，主要介绍了防护支出法、旅行费用法、享乐价格法等替代市场法的内涵、使用步骤及其优缺点。第 15 章假想市场法，主要介绍了意愿调查法等假想市场法的基本内涵、使用方法及其优缺点。第 16 章绿色核算理论，作为环境价值评价理论的一个应用，在对各章国民经济核算理论进行述评的基础上，主要介绍绿色 GDP 核算理论与方法。

第五篇为绿色经济发展，共有 4 章。第 17 章绿色发展理论概述，主要界定了绿色发展的内涵、绿色发展的困境及绿色发展的路径等。第 18 章绿色经济理论，主要简述了绿色经济的发展历程、基本概念、经典理论、在中国的实践以及发展绿色经济的具体对策。第 19 章循环经济理论，主要阐述了循环经济的基本内涵、主要模式和发展循环经济的保障措施。第 20 章低碳经济理论，主要介绍了低碳经济的基本内涵、发展对策等。

可见，资源与环境经济学以外部效应理论和公共物品理论作为学科基础理论，着力解决环境资源配置和自然资源配置两大基本问题，依靠环境价值评价理论推动环境资源和自然资源的配置，最终落脚于资源节约和环境友好的绿色发展理论。

虽然上述章节并不能涵盖资源与环境经济学的全部内容，但是已经囊括了该学科的核心理论。为了便于该课程的教学，本书大部分篇章安排了案例或专栏。全书力求展示资源与环境经济学的最新成就，努力写出“经济学”色彩，展示经济模型的魅力。

1.2 资源与环境经济思想的发展演变

1.2.1 古典经济学时期的资源与环境经济思想

人类结束生物进化进入文明时代演替到今天，大体上已经经历了史前文明时期、农业文明时期和工业文明时期，目前正在努力进入生态文明时期。在古典经济学时期，经济理论主要关注资本和劳动等要素的投入与最大产出之间的关系，将自然环境视为外生变量。但是，即使在这一时期，某些经济学家也已经开始关注资源与环境问题。主要代表人物和代表作如下。

1.2.1.1 马尔萨斯的《人口论》

18 世纪的工业革命使英国的经济社会发生了巨大的变化，农业和工业生产力明显提升，英国人开始享有更多的生产成果，而医药进步更使得死亡率显著下降，于是英国的人口迅速增长。从经济和人口结构的改变可以看出：人口的增加应该来自非农业部门的快速发展，所以工业革命引致大部分人移居到都市，描绘出一幅美好的未来远景。

然而，马尔萨斯（1766—1834）却于 1798 年发表了《人口论》，即刻造成了巨大震惊，而且其影响持续至今。

马尔萨斯全部经济理论的出发点是两个公理：公理之一是食物为人类生存所必需；公理之二是两性之间的情欲是必然的，而且几乎会保持现状。马尔萨斯认为人口的增殖力比土地生产人类生活资料的能力要大无数倍。人口在食物供给不受妨碍时按几何级数增长，而生活资料受土地收益递减规律的制约只能以算术级数增长，从而生活资料的增长远远赶不上人口的增长。除非采取某种强有力的措施对人口增长进行抑制，否则就不能维持人类同自然界之间的平衡。

马尔萨斯将自己的基本思想概括为 3 点：①如果人口不加以限制，必定随粮食的增加而增加，而且必将增加过度；②人口增加最终必然会受到粮食供应不足的限制，也即地球的人口承载力（carrying capacity）有其上限；③人口快速增加的结果会因为社会贫穷、道德沦丧及罪恶的抑制作用而发生人口增加减速，直到人口与食物维持平衡为止。马尔萨斯将这 3 点称为自然的人口法则。

现代经济学将马尔萨斯这种仅能维持生存的收入水平客观地制约着人口数量的思想命名为“低水平均衡人口陷阱”，简称“人口陷阱论”。“人口陷阱论”旨在说明，当人均收入提高时，人口增长速度也必然随之提高，结果人均收入又会退回到原来的水平上，除非投资规模迅速提高到超过人口增长的水平。由于人口增长有自然的极限，人均收入才能超过人口增长率上升。因此，在最低人均收入水平增长到与人口增长率相等的人均收入水平之间，有一个“人口陷阱”。在这个陷阱中，任何超过最低水平的人均收入的增长，都将被人口增长所抵消。

因此，落后国家摆脱人口陷阱的途径不外乎两条：①通过大规模投资，以诸如“大推进”的发展，摆脱人口陷阱的制约。但大规模投资需要外部注入。②通过有效的措施抑制人口的增长。这也许是唯一的选择。

马尔萨斯理论受到争议的主要有两点：①他没有考虑技术进步的贡献以及人类适应环境的能力，经济学中的报酬递减规律是静态理论，是在假设其他条件不变的情况下才会发生的；②他没有想到收入和教育水平的提高，会使人口增长趋缓，随着收入水平的上升人口增长存在自动抑制机制。

1.2.1.2　李嘉图的地租理论

李嘉图（1772—1823）并不像马尔萨斯一样，认为自然资源的总量有限，无法承担人口压力而导致经济发展无望。他只是认为，人口不断增加，会造成社会上优良的土地被有能力的人优先占有和开发，其他人不得不去开发劣等土地或在已经开发的优良土地上增加投入以从事精耕细作，而精耕细作无法避免报酬递减法则的约束，所以未来的生产成本必然会呈上涨趋势。

边际土地的开发，凸显出土地的品质的确随人类使用量的增加而下降。这是一种内生的经济现象，无法避免；同理，其他自然资源也和土地一样，随着人类使用量的增加而使使用品质日渐下降，进而造成边际成本不断上升。所以，只要人口不断增加，经济发展的阻力就会越来越大，最终使经济增长出现困境。

李嘉图认为，地租不是大自然的恩赐，而是由于大自然太吝啬：所有的土地并不是同样的肥沃，而社会却不得不耕种贫瘠的土地。因此，农产品的价值和工业品的价值一样，并不是取决于优等或中等生产条件下所需要的劳动，而是取决于耕种劣等土地所需要的劳动；由于社会非使用劣等土地不可，因此，耕种劣等土地所需要的劳动，就成为决定农产品的社会必要劳动；正如工业资本家按照价值出售工业品，能够得到平均利润一样，租种劣等土地的农业资本家，按照价值出售其农产品，也能得到平均利润；这样，租种优等或中等土地的农业资本家就能够得到超额利润，但由于等量资本获得等量利润规律的作用，这些超额利润就不会留在农业资本家手中，由于订立契约时的相互竞争，他们就不得不把这些超额利润交给土地所有者。从而，李嘉图就为级差地租理论奠定了科学基础。

李嘉图不同于马尔萨斯的主要论点是，他并没有强调资源的总量有限，而是资源的品质有所不同，随着资源品质逐渐下降，优良品质的资源就享有差别地租（differential rent）。例如，同样一亩水田，土壤肥力差的每季可收获400 kg稻谷，而土壤肥力好的每季可收获600 kg稻谷，肥沃的水田就享有200 kg的差别地租。因此，李嘉图地租的发生是因为社会扩增自然资源的使用量，使资源品质不佳者也必须投入生产的结果，凸显出自然资源迟早将面临分配问题的困境。

1.2.1.3 穆勒的《政治经济学原理》

穆勒（1806—1878）所著的《政治经济学原理》（1862）一书被认为集古典学派之大成。

穆勒认为，任何社会生产都必须具备3种要素：劳动、资本及自然所提供的材料或动力。劳动的供给与人口数有密切关系，一般并不会限制人口增加，所以，劳动不会构成生产增加的障碍。资本的增加取决于可供储蓄的财源的多少以及储蓄诱因的强弱，资本利润越高则积累资本的动机越强，资本积累越多则资本增加越大，因此正常情况下也不会构成生产增加的障碍。唯一真正能限制生产增加的只有自然所提供的材料或动力。自然界所提供的各种材料与动力，是进行生产所不可缺少的必要条件，它是生产的“自然要素”。他认为提供农作物资源的土地是各种生产要素当中最主要的，因此，不妨把第3个要素称为土地。

穆勒认为，土地生产的基本规律就是土地报酬递减律，这是“土地生产的一般法则”。他说，农业进步达到一定阶段以后，则按照土地生产的法则，在农业技术及农业知识的一定状况下，劳动增加，生产物不能有相等程度的增加；倍加劳动，不能倍加生产物。换句话说，生产物的每次增加，都是由应用土地的劳动的超比例增加而取得的。因此，只有持续保持技术进步，才能抵消报酬递减法则的作用。

穆勒当时看到了西方殖民主义的发展都是依靠开拓或获得新的土地与发展空间而得到的；同时，矿物燃料的日益开发及创新，突破了报酬递减法则的限制。所以，他认为当土地供给有限，或者利润率不利于资本增加时，经济增长将取决于生产技术提升率与人口成长率，只有前者超过后者，经济增长才有可能继续下去，否则将陷入停滞状态，甚至发生衰退。

穆勒还认为，土地除了用于农耕或开矿外，还有旅游价值，而且随着生活条件的改善，土地的旅游价值会越来越高。所以他担心，人口增加的结果，将使得每一块能生产粮食的土地都加以开垦、耕种，所有未被驯养的禽兽都被当做与人类竞争食物的对手而消灭，终至乡村与农田不留一处灌木丛或野花，甚至连种子都要消除。他又担心，虽然每一个人都衣食充足，但人口拥挤的结果是维持庞大的人口并不能令人更幸福、更美满，这样，财富与人口的增加反而将失去人类生存于地球上的乐趣。所以人类应该在未被环境压迫之前，就营造一种稳定状态。

穆勒没有明确指出这一稳定状态的条件与状况，但他所担忧的没有休养生息的土地、缺乏物种多样性及人口拥挤等，不正是今天困扰我们的问题吗？

1.2.2 新古典经济学时期的资源与环境经济思想

新古典经济学时期，微积分等自然科学方法大量引入经济学科，而数理经济分析又不得不简化经济变量，由此导致新古典经济学具有忽视资源与环境的变量的传统。但是，即便如此，还是涌现出了外部性理论等极其伟大的环境经济思想。

1.2.2.1 马歇尔的《经济学原理》

马歇尔（1842—1924）是新古典经济学的集大成者。他对资源与环境经济思想的主要贡献在于其最早提出“外部经济”、“内部经济”等理论。

马歇尔《经济学原理》中曾指出：“我们可以把因任何一种货物的生产规模之扩大而

发生的经济分为两类：第一是有赖于这工业的一般发达的经济；第二是有赖于从事这工业的个别企业的资源、组织和经营效率的经济。我们可称前者为外部经济，后者为内部经济。”“第一，任何货物的总生产量之增加，一般会增大这样一个代表性企业的规模，因而会增加它所有的内部经济；第二，总生产量的增加，常会增加它所获得的外部经济，因而使它能花费在比例上较以前为少的劳动和代价来制造货物。”

可见，所谓内部经济，是指由于企业内部的各种因素（如劳动者的工作热情、工作技能的提高、内部分工协作的完善，先进设备的采用，管理水平的提高及管理费用的减少等）所导致的生产费用的节约。所谓外部经济，是指由于企业外部的各种因素（如企业离原材料供应地和产品销售市场远近、市场容量的大小、运输通讯的便利程度、其他相关企业的发展水平等）所导致的生产费用的减少。

1.2.2.2 庇古的《福利经济学》

庇古（1877—1959）因一部《福利经济学》而被称为“福利经济学之父”。其贡献主要在于：由于他的工作使外部性理论渐趋成熟，而他所提倡的消除外部性的措施，被称为“庇古税”而影响广泛。

庇古的重要分析工具是“边际私人净产值”和“边际社会净产值”等概念。边际私人净产值是指个别企业在生产中追加一个单位生产要素所获得的产值，边际社会净产值是指从全社会来看在生产中追加一个单位生产要素所增加的产值。他认为：如果每一种生产要素在生产中的边际私人净产值与边际社会净产值相等，它在各生产用途中的边际社会净产值都相等，而产品价格等于边际成本时，就意味着资源配置达到最佳状态。

庇古认为，边际私人净产值与边际社会净产值之间存在下列关系：如果在边际私人净产值之外，其他人还得到利益，那么，边际社会净产值就大于边际私人净产值；反之，如果其他人受到损失，那么，边际社会净产值就小于边际私人净产值。庇古把生产者的某种生产活动带给社会的有利影响，叫做“边际社会收益”；把生产者的某种生产活动带给社会的不利影响，叫做“边际社会成本”。也就是说，在边际私人净产值与边际社会净产值相背离的情况下，依靠自由竞争是不可能达到社会福利最大的。于是就应由政府采取适当的经济政策，消除这种背离。政府应采取的经济政策是：对边际私人净产值大于边际社会净产值的部门实施征税，以迫使厂商减少产量；对边际私人净产值小于边际社会净产值的部门实施奖励和津贴，以鼓励厂商增加产量。庇古认为，通过这种征税和补贴，就可以缩小边际私人净产值与边际社会净产值之间的差距，其结果将使经济福利增加。

庇古对马歇尔的内部经济、外部经济概念作了进一步的发挥，提出了内部不经济、外部不经济等概念。

庇古所指的内部经济与内部不经济是指：某一生产部门的厂商由于对商品的需求增加而扩大经营，他或者充分利用固定设备，或者加强生产过程专业化，结果促进生产成本下降，即厂商的平均成本随着产量的增加而下降时，便是内部经济；反之，厂商的成本随着产量的增加而上升时，便是内部不经济。

庇古所指的外部经济与外部不经济这一对概念是描述厂商的经济活动对部门内和部门外其他厂商及其他经济主体的影响的。如果一厂商因受内部经济的作用而使产品的价格下降，从而使其他那些以该厂商的产品作为生产要素的厂商获得利益，那么，其他厂商便得到了外部经济，即得到了来自本产业部门或社会带来的利益。简单地说，若厂商的行为给其他厂商及其他经济主体带来无需付酬的利益，便是外部经济；反之，若厂商的行为给其他厂商及其他经济主体带来得不到补偿的损失，便是外部不经济。

存在外部经济的场合，边际私人净产值小于边际社会净产值；存在外部不经济的场合，边际私人净产值大于边际社会净产值。因此，由于经济行为外部效应的存在，即使在排除了垄断的自由竞争条件下，也无法像亚当·斯密所设想的那样，使私人追求自身利益最大化的行为促进社会福利的最大化。所以，政府干预是实现资源最优配置必不可少的手段。

值得指出的是，虽然庇古的“外部经济”和“外部不经济”概念是从马歇尔那里借用和引申来的，但是庇古赋予这两个概念的意义是不同于马歇尔的。马歇尔主要提到了“外部经济”这个概念，其含义是指企业在扩大生产规模时，因其外部的各种因素所导致的单位成本的降低。也就是说，马歇尔所指的是企业活动从外部受到影响，庇古所指的是企业活动对外部的影响。这两个角度虽然是一个问题的两个方面，但庇古已经对马歇尔的理论有所发展了。马歇尔对外部经济的理解和庇古对外部性的理解的差异，就导致了人们对外部性问题理解上的不同。在讨论块状经济的外部性时，所指的是马歇尔意义上的概念，而在讨论环境污染的外部性时所指的是庇古意义上的概念。

1.2.2.3 哈丁的《公地的悲剧》

公共物品是与私人物品相对应的。萨缪尔森和诺德豪斯曾给公共物品和私人物品下了很好的定义：“公共物品是这样一些物品，它们的利益不可分割地被扩散给全体社会成员，无论个人是否想要购买这种公共物品。相反，私人物品是这样一些物品，它们能够加以分割然后分别提供给不同的个人，并且不对其他人产生外在利益或外在成本。”典型的公共物品具有非竞争性和非排他性，典型的私人物品具有竞争性和排他性。自然资源和生态环境由于不可分割性导致的产权难以界定或界定成本很高，往往属于公共物品，或具有一定的公共性。共同而又互不排斥地使用生态环境资源这种公共物品有时是可能的，但由于“先下手为强”式的使用而不考虑选择的公正性和整个社会的意愿，一些生态环境资源如清洁空气、开阔空间甚至阳光正在变得日益稀缺。结局可能是所有的人无节制地争夺有限的生态环境资源。

英国学者哈丁在 1968 年指出了这种争夺的最终结果。他说：“如果一个牧民在他的畜群中增加一头牲畜，在公地上放牧，那么他所得到的全部直接利益实际上要减去由于公地必须负担多一吃口所造成整个放牧质量的损失。但是这个牧民不会感到这种损失，因为这一项负担被使用公地的每一个牧民分担了。由此他受到极大的鼓励一再增加牲畜，公地上的其他牧民也这样做。这样，公地就由于过度放牧、缺乏保护和水土流失被毁坏掉。毫无疑问，在这件事情上，每个牧民只是考虑自己的最大利益，而他们的整体作用却使全体牧民破了产。”每个人追求个人利益最大化的最终结果是不可避免地导致所有人的毁灭——这种合成谬误被哈丁称为“公地的悲剧”。

1.2.3 新制度经济学的资源与环境经济思想

新古典经济学认为，解决环境问题不得不依赖政府干预，新制度经济学则认为未必，从而使得新自由主义思想在环境保护领域得到广泛应用。

1.2.3.1 科斯的《企业的性质》与《社会成本问题》

新制度经济学是一种经济自由主义思想。它对资源与环境经济学的贡献主要在于其分析工具和方法。其中的杰出代表是诺贝尔经济学奖获得者罗纳德·哈里·科斯（1910—2013）。科斯教授于1937年发表了《企业的性质》，1960年发表了《社会成本问题》。科斯有两大理论贡献：①提出了“交易费用”的概念；②发现了科斯定理。

新制度经济学的兴起在某种程度上是对新古典经济学的革命。实现这场革命的关键是概念的革命，也就是科斯教授提出了“交易费用”这一概念。这一思想见于《企业的性质》一文。科斯发现，市场中的交易是要耗费大量成本的：搜寻交易对象，讨价还价，订立契约，监督契约执行，维护交易秩序，解决交易纠纷以及对违约加以惩罚等都需要成本。这就是交易费用。企业的存在是为了节约市场交易费用。

科斯理论的另一块基石是科斯发现的而由其他经济学家总结出来的科斯定理。这一思想见于他的《社会成本问题》一文。《社会成本问题》的理论背景是庇古税。“社会成本”概念是针对“私人成本”概念而言的。当存在外部效应时，会出现私人成本与社会成本的不一致，其差额就是外部成本；或者是出现私人收益与社会收益的不一致，其差额就是外部收益。社会成本是私人成本与外部成本之和，社会收益是私人收益与外部收益之和。在出现私人成本与社会成本或私人收益与社会收益不一致时，就会出现经济资源配置的扭曲。对于具有负外部效应的产品的生产往往会导致过度产出，对于具有正外部效应的产品的生产往往会导致产出不足。

长期以来，关于外部效应的内部化问题被庇古税理论所支配。庇古税理论在现实生活中也得到广泛的运用。在《社会成本问题》中，科斯多次提到庇古税问题。科斯在批判庇古理论的过程中形成了“科斯定理”：如果交易费用为零，无论权利如何界定，都可以通过市场交易和自愿协商达到资源的最优配置；如果交易费用不为零，就可以通过合法权利的初始界定和经济组织形式的优化选择来提高资源的配置效率，实现外部效应的内部化，而无需抛弃市场机制。

1.2.3.2 戴尔斯的《污染、产权与价格》

著名经济学家戴尔斯在科斯定理的基础上有了进一步的发挥，提出了排污权交易理论。他在其《污染、产权与价格》著作中提出了污染权概念。戴尔斯认为，外部性的存在导致了市场机制的失效，造成了生态破坏和环境污染。单独依靠政府干预，或者单独依靠市场机制，都不能达到令人满意的效果，只有将两者结合起来才能有效地解决外部性，把污染控制在令人满意的水平。他认为，环境是一种商品，政府是这种商品的所有者。作为环境的所有者，政府可以在专家的帮助下，把污染废物分割成一些标准的单位，然后在市场上公开标价出售一定数量的“污染权”。每一份污染权允许其购买者排放一单位废物。根据专家的计算和测定，每一区域出售污染权利的数量要足以保证其清洁度使人们能够接受。如果一时难以达到，可以将权利数量的出售逐年减少，直至达到这一点。政府不仅应允许污染者购买这种权利，而且，如果受害者或者潜在的受害者遭受了或预期将要遭受高于价格的损害的话，他们为了防止污染，政府也应允许其对污染权进行竞购，有的公司出价可能会高于前者愿意支付的价格，甚至高于已经被购买的污染权的价格。在竞争中，一些能用最少的费用来处理自己污染问题的公司则都愿意自行解决，使外部性内部化。然而，污染权将不会被完全使用，因为一些环境保护社团可能购买一些污染权利来保证水质高于政府规定的标准。政府则可以用出售污染权得到的收入来改善环境质量。政府有效地运用其对环境这个商品的产权，使市场机制在环境资源的配置和外部性的内部化问题上发挥最佳作用。这就是著名的排污权交易理论。具体内容见第 3 章。

可见，污染权交易是以让市场机制发挥基础性作用、运用市场机制解决市场失灵的一种运行机制。这种机制在美国二氧化硫的排放控制中发挥了极其明显的作用，被誉为以最低成本保护环境的典范。

1.2.4 环境保护主义的资源与环境经济思想

随着工业化国家环境问题的日益加剧，20 世纪六七十年代在西方国家兴起了一股群众性的环境保护运动，并逐渐变成了一项政治运动。在这一过程中，产生了大量优秀的环境保护主义的著作，其中不乏优秀的环境经济学论著。

1.2.4.1 罗马俱乐部的“增长的极限”理论

成立于 1968 年的罗马俱乐部，对“人类困境”问题进行了深入的探讨，引起世界各国的关注。“增长的极限”理论是罗马俱乐部发表于 1972 年的关于“人类困境问题”的第一个报告——《增长的极限》的观点。该报告的主要论点为：人类社会的增长由 5 种相互影响、相互制约的发展趋势构成。这 5 种趋势是：加速发展的工业化、人口剧增、粮食短缺和普遍营养不良、不可再生资源的枯竭以及生态环境的日益恶化。它们都是呈指数型增长的。

人类社会增长的 5 种趋势的物质量构成了所有正反馈环。它们都是以指数函数增长：人口翻一番的时间由 17 世纪中期开始的 250 年缩短到 20 世纪 70 年代的 33 年。人口的增多和人均生活水平的提高，需要更多的粮食和工业产品，从而耕地的需要量和工业生产量也以指数增长。由于工业的发展，不可再生资源消耗量越来越大，排入环境的污染物质越来越多。污染是人口和工业双重作用的产物，因此其增长速度更快。地球的有限性使这 5 种趋势的增长都有一定的极限，如超越这一极限，后果很可能是人类社会无可挽救地突然瓦解。

但是，在任何一个有限的系统中，都必定存在一些足以阻止指数增长的障碍，即所谓负反馈环。当增长越来越趋近于整个世界环境的最终极限时，负反馈环的作用就变得越来越强，最后当负反馈环能平衡或压倒正反馈环时，增长就停止了。在世界体系中，负反馈环包括环境污染、不可再生资源的枯竭、饥荒等。

报告认为，即使对技术进步带来的利益作最乐观的设想，这个世界系统最终也要走向崩溃。只要世界系统的行为不变，技术进步绝不会把世界系统的崩溃推迟到 2100 年以后。

因此，人类社会的经济会无限地增长是不现实的，而等待自然极限来迫使停止增长又是难以接受的。唯一的出路是人类自我限制增长。“自我限制”理论的要点是：①保持人口的动态平衡，让每年出生的人口等于每年死亡的人数，使总的人口数保持不变；②保持资本拥有量的动态平衡，让每年新增加的投资额等于每年的折旧额，使总资本保持不变；③大力发展科学技术，尽可能提高土地的生产率，以及减少每一单位产品所消费的资源数量和排放的污染物的数量。

《增长的极限》报告发表后，引起了广泛的争论，外界的批评和内部的反思促使罗马俱乐部改变了部分观点。在罗马俱乐部的第二份报告中指出：“增长的真正极限是社会的、政治的和管理上的极限——而且最终在于人的本性”。然而，他们对人类前景的悲观看法基本没有改变。

《增长的极限》报告的意义在于，它提出了全球概念，探讨了威胁人类生存的全球问题，提高了人们对人类面临困境的觉醒。此外，它用数学模型和电子计算机来研究世界发展趋势，这一研究方法也具有一定的启发意义。《增长的极限》的根本缺陷在于，它忽视了社会因素对世界发展的根本影响，低估了体制创新和科技创新对社会发展的巨大推动作用，因此，只能得出“零增长”的错误结论。

1.2.4.2　肯尼思·鲍尔丁的“宇宙飞船经济”理论

“宇宙飞船经济”的观点是由美国经济学家肯尼思·鲍尔丁于20世纪60年代末提出的。鲍尔丁在《一门科学——生态经济学》这一重要论文中认为，传统的经济是一种“牧童经济”。所谓“牧童经济”，是指对地球上的资源无所顾忌地进行开发，就像牧童在辽阔的草原上无限制地放牧那样。这种经济发展模式再也不能继续下去了，而要转向“宇宙飞船经济”。“宇宙飞船经济”的基本观点是：我们人类唯一赖以生存的最大的生态系统是地球，而地球只不过是茫茫无垠的太空中的一艘小小的太空船（即宇宙飞船）。人口和经济不断发展，终将用完这个“小飞船”内有限的资源。人类生产和生活所排放的废物最后会污染“飞船”舱内的一切，就像污水充满整个污水池一样。到那时，整个人类社会就会崩溃。

对此，鲍尔丁提出了4条政策建议：①改变过去那种“增长型”的经济，而采取“储备型”的经济；②改变传统的“消耗型”经济，而代之以“休养生息”的经济；③改变过去那种只着重于“生产量”的经济，而实行“福利量”的经济；④放弃过去的“单程式经济”，而建立起一种既不会使资源枯竭，又不会造成环境污染、生态破坏、能循环使用各种物质的“循环式经济”体系。鲍尔丁的思想为循环经济理论提供了原创性的观点。

1.2.4.3　舒马赫的“小型化经济”理论

“小型化经济”理论是英国经济学家舒马赫在1973年提出的。在这个经济理论中，舒马赫认为，大规模生产是由于现代科学技术的发展而引起的，它促进了消费者需求的不断增长，从而造成不可再生资源的严重短缺。同时，大规模生产还加剧了人和自然的矛盾，如污染生存的环境、大量农业机械和化肥破坏土壤等。舒马赫还认为，节省劳动力的机器造成大量失业和城市畸形繁荣，破坏了农村经济结构，促使农村人口大批流向城市，从而加剧了城市的失业、贫困、污染、精神空虚和紧张气氛。

如何克服上述危机呢？舒马赫认为：①经济学的对象应该从商品转移到人；②工业方面要发展小规模技术，要求人与自然之间的平衡生活；③国家的经济应尽量分散，要稳定地发展传统的经济活动，并着重促进地方经济和农村经济。总之，小的是美好的。

1.2.4.4　里夫金和霍华德的“熵世界观”理论

1981年，里夫金和霍华德出版的《熵：一种新的世界观》一书认为，热力学第二定律即熵的定律将取代牛顿的机械论世界观成为新的哲学的基础，并且断言，假如现在的高能社会仍然完全依靠非再生能源来维持，人类社会在未来20～30年间将不可避免地发生一场大崩溃。

作者指出，按照热力学第二定律，物质与能量只能沿着一个方向转换，即从可利用到不可利用，从有效到无效，从有序到无序。任何秩序的建立，同样必须以周围环境里的更大混乱为代价。所谓熵就是对宇宙某一子系统中由有效能量转化而来的无效能量的衡量。熵的增加就意味着有效能量的减少。从熵的定律看，历史是一个走向衰亡的过程。当熵的不断增加引起某一能源环境的质变时，历史就达到了危急的分界线，人类在日益贫瘠的环境里求生存必将更加困难。

熵的定律从根本上改变了经济学的基础。经济学家认为，在劳动过程中，人和机器创造出来的仅仅是价值。但是熵定律却指出，在这一过程中，人和机器只是将现存的能量从有用状态转化到无用状态，使整个环境熵值增大。仅占世界人口 6%的美国人要消耗全世界 2/3 的能量，世界资源再也负担不起另一个美国了。世界非再生能源已经面临枯竭，如果还以非再生能源的高能流为基础来发展经济，显然是十分愚蠢的。因此，第三世界国家应当寻求不同于工业化国家的发展模式。

技术现代化的进程加快，使得有效能量转化和耗散的速度变快。在不久的将来，世界石油将供不应求，地球上维持高度工业化经济所需要的每一种重要的非再生矿产将被消耗殆尽。

里夫金和霍华德最后指出，人类唯一出路就是建立一个以太阳能和可再生能源为能源环境的低熵社会，其主导的道德原则是将能流降低到最低限度，劳动则成为神圣活动，人们应当过节约型或斯巴达式的生活。人类要生存必须放弃对地球的掠夺，转而适应自然的秩序。

《熵：一种新的世界观》一书提出了世界不可再生能源的加速消耗对社会产生的巨大影响问题，具有普遍的现实意义。它指出的关于第三世界国家不能走西方的道路而应该结合本国实际的观点，也具有一定的启发作用。但是，作者根据某些科学定律断言世界必将衰亡，这一结论是站不住脚的。

1.2.4.5 西蒙的“没有极限的增长”理论

《没有极限的增长》是因我国学者筹划出版《走向未来》丛书的需要，根据美国未来学研究者朱利安·林肯·西蒙 1981 年发表的名著《最后的资源》一书编译而成的。这本书批判了《增长的极限》中的悲观主义观点，广泛而系统地论述了乐观派对人类资源、生态、人口等问题的看法。在此书出版的同时，美国政府机构发表了对前景抱悲观情绪的《公元 2000 年世界情况报告》。于是西蒙又以本书的基本观点与该报告的编写人在报刊上展开了长期论战。

西蒙在《最后的资源》一书中首先抨击了罗马俱乐部研究问题的方法。认为历史和现实都表明，用技术分析的方法预测未来，往往与历史的实际进展相去甚远，提出只有用历史外推的方法才是最切合实际的方法。他特别强调技术进步和市场调节在人类发展进程中的作用。根据他收集的资料和他的分析方法，得出了下列与绝大多数观点相悖的结论：自然资源短缺趋于缓和，人类的生态环境日益好转，环境恶化只是工业化过程中的暂时现象，粮食在未来将不成为问题，人口将在未来自然达到平衡。

西蒙首先就资源问题进行分析。按照经济学家的观点，衡量资源稀缺程度的指标就是价格，价格越高，资源越稀缺。而西蒙的研究表明：至少从 1800 年以来，大多数自然资源的成本和价格一直在下降而不是上升。而且，被开采的自然资源的绝对物质数量一直在上升，被使用的资源种类的数目一直在增加，但是此项开支在整个支出中的比重却在下降。每一种趋势都使我们得出同样乐观的结论。西蒙甚至用“无限的自然资源”、“永不枯竭的能源”等为题，与悲观论者展开论战。他还根据赫尔曼·卡恩研究得出的“能源成本很可能无限期地保持下降的趋势”这一结论，作出自己的推断：能源短缺情况将日趋缓和。针对人口增长与自然资源的关系问题，西蒙的结论是：在短期内，在人们作出投资和努力调整之前，人口的增加会使土地匮乏。一定土地上人口的增加意味着人均土地的减少。但从长期看，当人们重新调整投资，新的土地资源就会扩大，人类将有更广阔的生存空间。关于环境污染问题，西蒙指出：纵观历史我们看到，污染与人口短期增长关系很小，而与生产总量和劳动力总量有关。然而，解决污染不存在不可克服的技术问题。在经济学家看来，实质上是将价值用于消费还是用于清除污染的选择问题，或者说是选择了可容忍的适度污染问题。历史表明，在工业化初期，污染状况一度严重。但随着经济的发展，社会的富裕程度和支付能力提高，人们对清洁环境的要求提高，污染状况不断改善。用期望寿命表示的污染程度在迅速下降，人口增长有利于经济发展，而经济发展才是解决环境污染的根本出路。

西蒙从技术进步的无限性和市场机制对资源配置的无比威力，给我们提供了一幅乐观的画面。而且，很多结论都与当今社会的实际相吻合。但是他对科学技术的作用和市场机制的优越性的无限夸大是一个明显的缺陷，同时，对科学技术的源泉也没有作出交代。

环境保护主义是在发达国家处于工业化中期环境污染十分严重的特殊时代背景下产生的，既有合理的方面，也存在局限性。从积极的一面来看，环境保护主义的经济发展观对传统发展观中片面追求经济增长的做法进行了深入的揭露，并对导致这种发展模式的指导思想进行了深刻的批判，从而为认清传统发展模式的弊端铺平了道路。而且，他们所提出的一些理论观点和政策主张也具有一定的参考价值。但环境保护主义只强调“限制”的一面，忽视了“需要”的一面。尽管传统的不加限制的、不顾环境代价的、只顾经济需要的片面经济增长方式不可取，但是只讲限制、只讲环境保护、不顾人类自身生存需要的“零增长”同样是有害的。

1.2.5 从可持续发展观到科学发展观

1.2.5.1 世界环境与发展委员会的《我们共同的未来》

可持续发展的思想源于人们对环境问题的逐步认识和热切关注。由世界环境与发展委员会组织实施、挪威前首相布伦特兰夫人主持完成的《我们共同的未来》指出：“可持续发展是既满足当代人的需要，又不对后代人满足其需要的能力构成危害的发展。它包括两个重要的概念：‘需要’的概念，尤其是世界上贫困人民的基本需要，应将此放在特别优先的地位来考虑；‘限制’的概念，技术状况和社会组织对环境满足眼前和将来需要的能力施加的限制。”这是一个比较侧重世代伦理方面的定义。

可持续发展突出强调了3点：①公平性。它要求在可持续发展的框架中，人与人的基本行为准则是平等原则。就人类自身而言，它包括两个方面：首先是体现未来取向的代际平等。它强调发展问题上要足够公正地对待后代人，当代人的发展不能以损害后代人的发展能力为代价。其次是体现整体观念的代内平等。它强调任何地区、任何国家的发展不能以损害其他地区和国家的发展为代价，特别注意维护弱发展地区和国家的需要。就人类与自然的关系而言，人类的发展不能以征服自然、破坏自然、践踏自然为代价，而要实现人类经济社会和生态环境的协调发展。②持续性。它要求人类社会的经济发展不能只顾眼前的一时的高速度而不顾发展的长期性，不能超越资源与环境的承载能力而要保持发展的高效、稳定与持续。要保证发展的持续性，就要求在既定的条件下，通过实行人口、资源、环境等问题的外部效应内部化的机制，使资源配置达到最优。③共同性。它要求人类社会的不同利益群体之间以及人类与维持生态平衡的其他物种之间必须在同一星球上和平共处，因为“只有一个地球”，地球上的所有物种都表现为“一荣俱荣，一损俱损”。这就要求人类必须积极保护生物多样性。

1.2.5.2 赫尔曼·E·戴利的《超越增长——可持续发展的经济学》

赫尔曼·E·戴利是美国著名的生态经济学家。他著作宏丰，曾获得格劳迈耶奖、海内肯环境科学奖以及“另类诺贝尔奖”。1996 年发表的《超越增长——可持续发展的经济学》是其代表作。戴利在可持续发展的定义、环境与经济的关系、环境经济政策等方面均有自己鲜明的观点。

戴利认为，布伦特兰夫人关于可持续发展的定义告诉我们的仅仅是可持续发展意味着发展不能使未来遭到贫困。他主张，可持续发展是经济规模增长没有超越生态环境承载能力的发展。可持续发展的伦理原则可以表述为一组价值术语“可持续性/足够/平等/效率”：“我们应该为足够的人均财富而奋斗——对其有效率地维护和配置并公正地分配——从而随着时间流逝使收入最大的人能够维持这种生活状况。”足够，而不是最大；公平，而不是绝对平均。柏拉图认为，最大收入者应该是最小收入者的 4 倍。戴利认为，这个比例应该是 10。10 倍这样的比例对于奖励实际的差异、提供激励以使必要的工作都被自愿完成是足够的。

过去一般认为环境与经济是并行的两个子系统，它们共同构成环境经济系统。存在两个圈子交叉的现象。交叉部分就是环境经济系统。戴利则认为经济是环境的子系统，它依赖于环境一方面作为原材料的输入源，另一方面作为废弃物输出的“垃圾箱”。经济是生态系统的一个物理子系统。一个子系统不能超越它置身于其中的母系统的规模而发展。如果有些服务子系统自身无法提供，必须依靠母系统来提供，那么它就必须避免扩张到与母系统发生冲突的程度，因为这会削弱母系统继续提供这种服务的能力。经济的规模应保持在生态系统可以持续提供如光合作用、授粉、空气和水的净化、气候维持、紫外线过滤、废物再生等服务的能力之下。既然经济是环境的子系统，那么，经济增长必然受到环境边界的约束。“当我们画出包含经济的环境边界时，我们就从‘空世界’的经济学走向了‘满世界’的经济学——从一个经济系统的输入输出没有限制的世界，走向输入输出日益受到退化和污染限制的一个有限的世界。这里经济逻辑是相同的——对限制性因素的经济化。但是所看到的稀缺图形发生了惊人的变化——限制性因素从人造资本迁移到了我们剩余的自然资本，从捕鱼船迁移到了海中尚剩的鱼群——因此政策也必须发生重大改变。”

戴利在理论分析的基础上，向世界银行提出了 4 条建议：①停止把自然资本的消费算作收入；②对劳动及其所得应该少课税，而对资源流量应该多课税；③短期要使自然资本的生产率最大化，长期则要投资自然资本以增加其供给；④走向更国家化的定位——以内部市场为首选发展国内生产，只在明显高效率的情况下参与国际贸易。

1.2.5.3 科学发展观与生态文明观

党的十六届三中全会通过的《中共中央关于完善社会主义市场经济体制若干问题的决定》进一步丰富和发展了可持续发展思想，明确提出：“坚持以人为本，树立全面、协调、可持续的发展观，促进经济社会和人的全面发展。”强调“按照统筹城乡发展、统筹区域发展、统筹经济社会发展、统筹人与自然和谐发展、统筹国内发展和对外开放的要求”，推进改革和发展。这是科学发展观的基本内容。全面，就是要以经济建设为中心，全面推进经济、政治、文化建设，实现经济发展和社会全面进步；协调，就是要坚持“五个统筹”，推进生产力和生产关系、经济基础和上层建筑相协调，推进经济、政治、文化建设的各个环节、各个方面相协调；可持续，就是要促进人与自然的和谐，实现经济发展和人口、资源、环境相协调，坚持走生产发展、生活富裕、生态良好的文明发展道路，保证一代又一代的可持续发展。全面、协调、可持续发展，是经济、政治、文化、社会等各方面的发展与人的全面发展的统一，是经济、社会与人口、资源、环境的统一，是物质文明、政治文明和精神文明建设的统一。科学发展观是针对发展中严重存在的不全面、不协调、不可持续的状况而提出的。落实科学发展观，必须大力加强资源节约型社会和环境友好型社会建设，重新构建天人和谐的局面。

党的十七大报告，在阐述更高要求的小康社会时，首次提出“建设生态文明”的目标。党的十八大报告更是以一个单独的完整的篇幅系统地阐述了“大力推进生态文明建设”（专栏1-1）。党的十八届三中全会的《中共中央关于全面深化改革若干重大问题的决定》，则进一步谋划了“生态文明制度建设”问题。这些报告或决定为推进我国生态文明建设作出了顶层设计。所谓生态文明，是指人类在经济社会活动中，遵循自然发展规律、经济发展规律、社会发展规律、人自身发展规律，积极改善和优化人与自然、人与人、人与社会之间的关系，为实现经济社会的可持续发展所作的全部努力和所取得的全部成果。生态文明建设的出发点是尊重自然，维护人类赖以生存发展的生态平衡；其实现途径是通过科技创新和制度创新，建立可持续的生产方式和消费方式；其最终目标是建立人与人、人与自然、人与社会的和谐共生秩序。生态文明的内涵十分丰富，主要包含了生态文化、生态产业、生态消费、生态环境、生态资源、生态科技与生态制度7个基本要素。这7个基本要素是生态文明的基本组成单元，又是相互影响和相互作用的。因此，生态文明建设必须以生态文化为指引，大力发展生态产业、大力倡导生态消费、大力保护生态环境、大力开发生态资源、大力创新生态科技、大力创新生态制度。

在贯彻落实科学发展观、大力推进生态文明建设的过程中，资源与环境经济学大有可为。

思考题

1. 经济学、自然资源经济学、水资源经济学之间的逻辑关系是怎样的？
2. 什么叫环境库兹涅茨曲线？目前我国大约处于环境库兹涅茨曲线的什么位置？
3. 什么叫资源依赖性倒U形曲线？目前我国大约处于资源依赖性倒U形曲线的什么位置？
4. 马尔萨斯《人口论》的基本思想是什么？
5.《增长的极限》的主要观点是什么？该报告有什么贡献？存在什么缺陷？
6. 环境保护主义思想的主要特征有哪些？
7. 戴利提出的从“空世界”的经济学走向“满世界”的经济学的精神实质是什么？

参考文献

[1] Dales J H. Pollution，Property and Price[M]. Toronto：University of Toronto Press，1968.

[2] 萨缪尔森，诺德豪斯．经济学[M]．北京：中国发展出版社，1992.

[3] 罗杰・珀曼，马越，詹姆斯・麦吉利夫雷，等．自然资源与环境经济学[M]．侯元兆，等，译．北京：中国经济出版社，2002.

[4] 汤姆・惕藤伯格．环境经济学与政策[M]．3 版．上海：上海财经大学出版社，2003.

[5] 丹尼斯・米都斯，等．增长的极限[M]．长春：吉林人民出版社，1997.

[6] 赫尔曼・E・戴利．超越增长——可持续发展的经济学[M]．上海：上海译文出版社，2001.

[7] 马歇尔．经济学原理（上册）[M]．北京：商务印书馆，1964.

[8] 庇古．福利经济学[M]．北京：中国社会科学出版社，1999.

[9] 科斯．社会成本问题[M]//科斯，阿尔钦，等．财产权利与制度变迁．上海：上海三联书店，1998.

[10] G・哈丁．公地的悲剧[J]//科学，1968（162）．或//艾伦・科特雷尔．环境经济学[M]．北京：商务印书馆，1981.

[11] 世界环境与发展委员会．我们共同的未来[M]．长春：吉林人民出版社，1997.

[12] 陈明健．自然资源与环境经济学[M]．台北：双叶书廊有限公司，2003.

[13] 董小林．环境经济学[M]．北京：人民交通出版社，2005.

[14] 蒋自强，张旭昆，袁亚春，等．经济思想史（第 2、3 卷）[M]．杭州：浙江大学出版社，2003.

[15] 潘家华．持续发展途径的经济学分析[M]．北京：中国人民大学出版社，1997.

[16] 沈满洪，程华，陆根尧，等．生态文明建设与区域经济协调发展战略研究[M]．北京：科学出版社，2012.

第 2 章　外部效应理论

外部效应，又称外部性，该范畴是资源与环境经济学的核心范畴。从某种程度上讲，资源与环境经济学就是围绕外部性内部化这一主线而展开的。外部效应理论揭示了市场经济活动中一些资源配置低效率的根源，同时为解决资源环境问题提供了可供选择的思路或框架。

2.1　外部性的内涵

2.1.1　外部性的定义

严格意义上的外部性（Externality）概念来源于 20 世纪 30 年代由庇古创立的旧福利经济学，即在分析边际私人净产值与边际社会净产值相背离时提出的。有关外部性的定义很多，而经济学的文献至今仍没有给出一个令人完全满意的结论，正如希托夫斯基在他的《外在经济的两个概念》一文开头所写的：“外在经济概念是经济学文献中最难以捉摸的概念之一。”从最初的含义演化来看，外部性是私人收益与社会收益或私人成本与社会成本不一致的现象。简单地说，外部性是指某个经济主体对另一个经济主体产生一种溢出效应，而这一溢出效应因市场缺失而导致的无交易情形，以及由此发生的帕累托效率损失，其重要标志在于行为的结果是市场之外的，没有定价的。

下面列举几个有代表性的定义：

萨缪尔森和诺德豪斯认为，“外部性是指那些生产或消费对其他团体强征了不可补偿的成本或给予了无需补偿的收益的情形”。

兰德尔认为，外部性是用来表示“当一个行动的某些效益或成本不在决策者的考虑范围内的时候所产生的一些低效率现象；也就是某些效益被给予，或某些成本被强加给没有参加这一决策的人”。

用数学语言表述，就是某经济主体的福利函数的自变量中包含了他人的行为，而该经济主体又没有向他人提供报酬或索取补偿。数学函数表达式为：

$$U_j = U_j(X_{1j},\ X_{2j},\ \cdots,\ X_{nj},\ X_{mk}) \quad j \neq k \tag{2.1}$$

式中：j 和 k——不同的个人（或厂商）；

U_j——j 的福利函数；

X_i（i=1，2，…，n，m）——经济活动。

这表明，只要某个经济主体 j 的福利受到他自己所控制的经济活动 X_i 的影响外，同时也受到另外一个人 k 所控制的某一经济活动 X_{mk} 的影响，就存在外部效应。

赫勒和斯塔雷特认为，“外部性是指这样一种情况，个人的效用函数或企业的成本函数不仅依存于其自身所能控制的变量，而且这种依存关系不受市场交易关系的影响”。这是一个较有代表性的定义。

归结起来不外乎两类定义：一类是从外部性的产生主体角度来定义，如萨缪尔森等的定义；另一类是从外部性的接受主体来定义，如兰德尔及赫勒等的定义。上述两种不同的定义，本质上是一致的。即外部性是某个经济主体对另一个经济主体产生一种外部影响，而这种外部影响又不能通过市场价格来进行买卖。这就是本书作者对外部性的定义。

2.1.2 外部性的特征

尽管对外部性存在不同的阐释，但可以发现外部性有如下 4 个特征：

（1）外部性独立于市场机制之外。完全竞争市场假定下是不存在外部性的，所有成本的信息都包含在了价格里面，并通过价格这只“看不见的手”自动调节生产者和消费者各自的决策，实现帕累托有效。当生产者（消费者）个体计算的边际成本不完全时，就产生了外部性。因此，外部性的影响不是通过市场发挥作用，而是独立于市场机制之外的。

（2）外部性产生于决策范围之外而具有伴随性。厂商的决策动机不是为了排污而生产，排污只是生产过程的伴随物。如果是预谋或蓄意制造麻烦而产生有害于第三者的影响，如犯罪，那就是另外一回事了。可见，外部性是伴随着生产或消费而产生的某种副作用，是生产者或消费者在作出决策时带来的“非市场性的”附带影响、行为结果。

（3）外部性具有某种强制性。外部性是经济活动中的一种溢出效应，在很多情况下，这种溢出效应加在承受者身上具有某种强制性，不管你愿意接受与否，都不得不接受，如飞机带来的噪声。

（4）外部性不可能完全消除。外部性的存在范围如此之广，人们不可能完全消除外部性。也就是说，现实生活中，人们不可能实现理想的帕累托最优境界，而只能追求次优。

对环境资产而言，所谓外部性不过是不完全市场的一种经典的案例。从资源配置的角度分析，市场不完全下的外部性是因为人们无法通过市场或某种交易制度来为获得的外部收益付费，或者因为带给别人外部成本而向其支付补偿金，并由此导致低效率。

2.2 外部性的分类

无论在自然科学还是在社会科学中，分类都是促使问题研究引向深入的基础。根据外部性表现形式的不同，外部性可以从下列 7 个不同的角度进行分类。

2.2.1 从外部性的影响效果分：外部经济与外部不经济

绝大多数经济学教科书都讲到，外部性可以分为外部经济（或称正外部经济效应、正外部性）和外部不经济（或称负外部经济效应、负外部性）。外部经济就是一些人的生产或消费使另一些人受益而又无法向后者收费的现象；外部不经济就是一些人的生产或消费使另一些人受损而前者无法补偿后者的现象。例如，私人花园的美景给过路人带来美的享受，但他不必付费，这样，私人花园的主人就给过路人产生了外部经济效果了。又如，隔壁邻居音响的音量开得太大影响了我的睡眠，这时，隔壁邻居给我带来了外部不经济效果。

2.2.2　从外部性的产生领域分：生产的外部性与消费的外部性

生产的外部性就是由生产活动所导致的外部性，消费的外部性就是由消费行为所带来的外部性。以往经济理论重视的是生产领域的外部性问题。20 世纪 70 年代以后，关于外部性理论的研究范围扩展至了消费领域。

从外部经济与外部不经济、生产的外部性与消费的外部性两种分类出发，可以把外部性进一步细分成生产的外部经济性、消费的外部经济性、生产的外部不经济性和消费的外部不经济性 4 种类型（表 2-1）。

表 2-1　外部性的常见分类

类型	外部经济	外部不经济
生产	生产的外部经济性	生产的外部不经济性
消费	消费的外部经济性	消费的外部不经济性

生产的外部经济性是指一个生产者在生产过程中给他人带来有利的影响，而生产者本身不能从中得到补偿。例如，养蜂场场主与果园园主之间的互惠关系。从效率上看，生产的外部经济性体现的是企业生产所获得的私人收益总是小于社会收益。

消费的外部经济性是指一个消费者在其消费过程中给他人带来有利的影响，而消费者本身却不能从中得到补偿。如私人花园的建设（可供过路人免费欣赏）、居住环境的改善，都会大大增加投资。

生产的外部不经济性是指一个生产者在其生产过程中给他人带来了损失或额外费用，而他人又不能得到补偿。例如，上游造纸厂排出的废水对下游渔场产生污染、建筑施工对居民休息的妨碍。从效率上看，生产的外部不经济性体现的是企业生产所支付的私人成本总是小于社会成本。

消费的外部不经济性是指一个消费者在其消费过程中的一些消费活动给他人带来了损失或外部费用，而他人又得不到补偿，如汽车排放的尾气、空调的噪声对隔壁牙医看病带来的负影响。

进一步细分，外部效应又可以分成 8 种类型：①生产者对生产者的外部经济，如水果园园主与养蜂场场主的关系；②生产者对消费者的外部经济，如花园式厂房对周围居民区居民的影响；③消费者对生产者的外部经济，如居住环境的改善大大增加生产性投资；④消费者对消费者的外部经济，如私人花园对过路人的影响；⑤生产者对生产者的外部不经济，如上游的化工厂对下游渔场的污染；⑥生产者对消费者的外部不经济，如建筑施工对夜间休息的居民的影响；⑦消费者对生产者的外部不经济，如空调的噪声对隔壁牙医看病带来的影响；⑧消费者对消费者的外部不经济，如隔壁邻居放声高歌影响自己。

2.2.3　从外部性产生的时空分：代内外部性与代际外部性

通常的外部性是一种空间概念，主要从即期考虑资源是否合理配置，即主要是指代内的外部性问题；而代际外部性主要是要解决人类代际之间行为的相互影响，尤其是要消除前代对后代、当代对后代的不利影响。这种分类源于可持续发展理念。从资源配置的角度看，可持续发展思想的最大特点就是从动态角度考虑资源的合理配置。由于自然资源与环境密切相关，对自然资源的使用常会产生环境外部性，并体现这一成本的转嫁。如果外部性的成本转嫁时间较短，即可视为发生在一代人之内，称为代内外部性。如果外部性的成本转嫁时间很长，涉及多代，则称为代际外部性。

代际外部性是将当代人进行生产和消费的成本（或效益）转嫁给了后代人，它同样可以分为代际外部经济和代际外部不经济。在我国，关于代际外部性思想源远流长。“前人栽树，后人乘凉”就是指一种代际之间的外部经济；而“杀鸡取卵”、“竭泽而渔”则属于代际外部不经济。在对自然资源的开发利用中，代际外部经济体现为长期行为，当代人的活动不仅不会破坏后代人的发展，还会使后代人拥有的自然资源有所增加。代际外部不经济则体现为短期行为，当代人的活动破坏了后代人的资源基础，使他们的发展受到影响。

此外，外部性问题的空间范围也在扩大。现在的外部性问题已经不再局限于同一地区的企业与企业之间、企业与居民之间的纠纷，而是扩展到了区际之间、国际之间的大问题了。全球性的能源问题、环境污染问题等是跨国界的行为间的相互影响，“温室效应”便是一例。“环境与发展”已经成为同“和平与发展”相提并论的主题。

2.2.4 从产生外部性的前提条件分：竞争条件下的外部性与垄断条件下的外部性

鲍莫尔不仅对竞争条件下的外部性作了分析，还对垄断条件下的外部性作了考察，他认为竞争条件下的外部经济问题与垄断条件下的外部经济问题是不一样的。他举例道：“当一个厂商扩大规模将会提高工业中一切厂商的运输效率时，这种扩大如果由一个厂商单独去做可能没有利益，但如果该工业为一个人所独占，那就仍然会获得利益。”这就是说，竞争性部门中一个厂商的外部经济（或外部不经济），不一定就是垄断者的外部经济（或外部不经济）。

米德在他 1962 年发表的《竞争状态下的外部经济与不经济》一文中全面分析了在竞争条件下生产上的外部经济和外部不经济。绝大多数的外部性理论都是在完全竞争的假设下进行阐述的，因此，鲍莫尔对竞争条件下和垄断条件下的外部性问题作了系统分析 10 年后，米德仍然就竞争条件下的外部性问题进行了深入的分析。

2.2.5 从外部性的稳定性分：稳定的外部性与不稳定的外部性

关于外部性理论的文献绝大多数讨论的是稳定的外部性。所谓稳定的外部性是指可以掌握的外部性，人们可以通过各种协调方式使这种外部性内部化。

1978 年，格林伍德与英吉纳发表了《不稳定的外部影响、责任规则与资源配置》一文，分析了不稳定的外部性。他们的分析方法是这样的：假定一个厂商对另一个厂商的影响是任意的，那么，在这种情况下，厂商就会遇到风险，厂商在考虑最大化问题时，就要把外部性的分担和对自己的风险态度都估计在内。于是，究竟采取协商方式来解决还是采取合并方式来解决，这取决于厂商对于风险的预期。

不稳定的外部性的另一种情况是科技成果的不确定性。科学技术的不确定性及其副作用的暴露需要一个潜伏期，往往会导致严重的生态环境问题。也就是说，人类很有可能被科学技术所带来的巨大威力所蒙骗。例如，DDT 的发明与使用。DDT 于 1874 年由瑞士化学家米勒合成。1938 年米勒发现了它的广谱高效杀虫能力，对农业虫害和居家杀虫能够发挥神奇的作用，1942 年开始大量生产并实用化。因此，1948 年的诺贝尔生理学和医学奖奖给了米勒。这时，它所带来的是极大的正外部性。但是，DDT 是一种难降解的有毒化合物，长期使用会在环境及生物体内积累，造成环境污染。研究表明，长期使用 DDT 的地方，其农产品、水生动物、家畜、家禽体内都有 DDT 残留，进入人体后会积累在肝脏及脂肪组织内，产生慢性中毒。这时，它所带来的却是巨大的外部不经济效应。正因为如此，各国都已经禁止了这种农药的使用。

2.2.6　从外部性的方向性分：单向的外部性与交互的外部性

在经济合作与发展组织（OECD）编写的《环境管理中的经济手段》一书中提出了这一分类。

单向的外部性是指一方对另一方所带来的外部经济或外部不经济。例如，化工厂从上游排放废水导致下游渔场鱼产量减少，而下游渔场既没有给上游的化工厂产生外部经济效果，也没有产生外部不经济效果，这时就称化工厂给渔场带来单向的外部性。大量外部性属于单向外部性。

交互的外部性是指所有当事人都有权利接近某一资源并可以给彼此施加成本（通常发生在公有财产权下的资源上）。例如，所有国家都对生态环境造成了损害，彼此之间都有外部不经济效应。这就属于交互的外部性。

交互的外部性的一个特例就是双向外部性。双向外部性是指两个经济主体彼此都存在外部性，主要的形式有 3 种：①甲方和乙方相互之间的外部经济；②甲方和乙方相互之间的外部不经济；③甲方对乙方有外部经济效应而乙方对甲方有外部不经济效应，或者反之。例如，养蜂人与荔枝园园主之间的关系，蜜蜂要酿蜜，离不开花粉，也就是说荔枝园园主对养蜂人具有外部经济效果；相反，荔枝花开后要结果，离不开蜜蜂传授花粉，这时，养蜂人对荔枝园园主具有外部经济效果。当然，养蜂人与荔枝园园主之间给对方所带来的外部经济效果的大小是不一定相等的。如果两者正好相等，就说明外部经济效果相互抵消。如果两者不相等，说明有的经济主体从中占了便宜，有的经济主体吃亏了。

2.2.7　从外部性的根源分：制度外部性与科技外部性

新制度经济学丰富和发展了外部性理论，并把外部性、产权以及制度变迁联系起来，从而把外部性引入制度分析之中。朱中彬把这种外部性称为“制度外部性”。制度外部性主要有三方面的含义：①制度是一种公共物品，本身极易产生外部性；②在一种制度下存在、在另一种制度下无法获得的利益（或反之），这是制度变迁所带来的外部不经济或外部经济；③在一定的制度安排下，由于禁止自愿谈判或自愿谈判的成本极高，经济个体得到的收益与其付出的成本不一致，从而存在着外部收益或外部成本。我国谚语“一个和尚挑水喝，两个和尚抬水喝，三个和尚没水喝”就包含着制度外部性的意义。制度外部性实质上就是社会责任与权利的不对称。在改革过程中，制度外部性问题要解决的主要是如何在社会成员中分配制度变革所带来的新增利益的问题：一是“搭便车”——为改革付出努力的人不能获得相应的全部报酬；二是“牺牲者”——在改革中某些人承担了别人应该承担的成本。前一种情况使改革缺乏动力，后一种情况使改革增加阻力。

科技外部性是一个尚未被人使用的概念，但客观上已经普遍存在。它大致包含如下几个方面：①科技成果是一种外部性很强的公共物品，如果没有有效的激励机制，就会导致这种产品的供给不足；②科技进步往往是长江后浪推前浪，一项成果的推广应用能够为其他成果的研究、开发和应用开辟道路；③网络自身的系统性、网络内部信息流及物流的交互性和网络基础设施长期垄断性所导致的网络经济的外部性。

2.3 外部性理论的发展

许多经济学家对外部性理论的发展作出了重要贡献，但具有里程碑意义的经济学家却不多见。论及外部性理论，三位经济学家的名字是不得不提及的，而且他们的理论可以提到里程碑的高度。这三位经济学家就是马歇尔、庇古和科斯。

2.3.1 马歇尔的“外部经济”理论

马歇尔是英国“剑桥学派”的创始人，是新古典经济学派的代表。马歇尔并没有明确提出外部性这一概念，但外部性概念源于马歇尔 1890 年发表的《经济学原理》中提出的“外部经济”概念。

在马歇尔看来，除了以往人们多次提出过的土地、劳动和资本 3 种生产要素外，还有一种要素，这种要素就是“工业组织”。工业组织的内容相当丰富，包括分工、机器的改良、有关产业的相对集中、大规模生产以及企业管理。马歇尔用“内部经济”和“外部经济”这一对概念，来说明第四类生产要素的变化是如何促进产量增加的。

马歇尔指出：“我们可把因任何一种货物的生产规模之扩大而发生的经济分为两类：第一是有赖于这工业的一般发达的经济；第二是有赖于从事这工业的个别企业的资源、组织和效率的经济。我们可称前者为外部经济，后者为内部经济。在本章中，我们主要是研究了内部经济；但现在我们要继续研究非常重要的外部经济，这种经济往往能因许多性质相似的小型企业集中在特定的地方——通常所说的工业地区分布——而获得。”他还指出：“本篇的一般论断表明以下两点：①任何货物的总生产量之增加，一般会增大这样一个代表性企业的规模，因而就会增加它所有的内部经济；②总生产量的增加，常会增加它所获得的外部经济，因而使它能花费在比例上较以前为少的劳动和代价来制造货物。”“换言之，我们可以概括地说：自然在生产上所起的作用表现出报酬递减的倾向，而人类所起的作用则表现出报酬递增的倾向。报酬递减律可说明如下：劳动和资本的增加，一般促进组织的改进，而组织的改进增加劳动和资本的使用效率。”

从马歇尔的论述可见，所谓内部经济，是指由于企业内部的各种因素所导致的生产费用的节约，这些影响因素包括劳动者的工作热情、工作技能的提高、内部分工协作的完善、先进设备的采用、管理水平的提高和管理费用的减少等。所谓外部经济，是指由于企业外部的各种因素所导致的生产费用的减少，这些影响因素包括企业离原材料供应地和产品销售市场远近、市场容量的大小、运输通讯的便利程度、其他相关企业的发展水平等。实际上，马歇尔把企业内分工而带来的效率提高称作是内部经济，这就是在微观经济学中所讲的规模经济，即随着产量的扩大，长期平均成本的降低；而把企业间分工而导致的效率提高称作是外部经济，这就是在“温州模式”中普遍存在的块状经济的源泉。

马歇尔虽然并没有提出内部不经济和外部不经济概念，但从他对内部经济和外部经济的论述可以从逻辑上推出内部不经济和外部不经济的概念及其含义。所谓内部不经济，是指由于企业内部的各种因素所导致的生产费用的增加。所谓外部不经济，是指由于企业外部的各种因素所导致的生产费用的增加。马歇尔的内部经济与内部不经济、外部经济与外部不经济如图 2-1、图 2-2 所示。

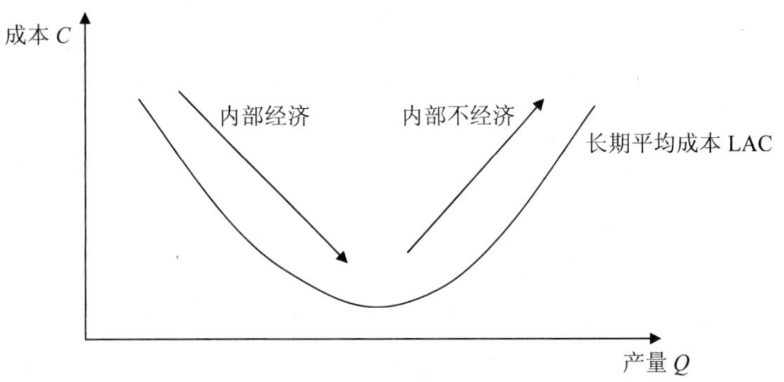

图 2-1 内部经济与内部不经济

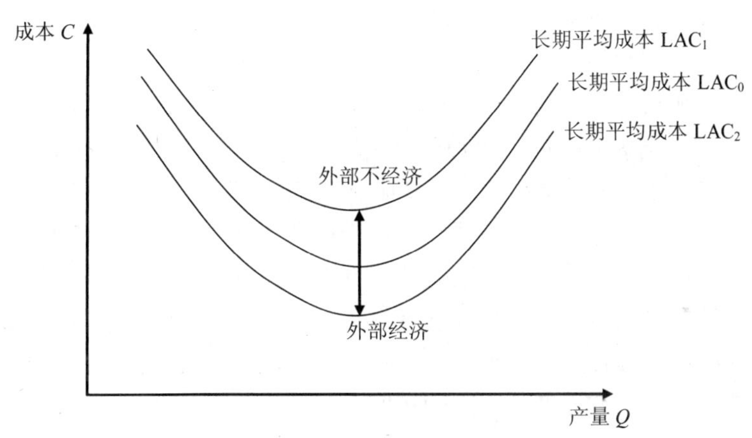

图 2-2 外部经济与外部不经济

图 2-1 中，横轴表示产量，纵轴表示成本。LAC 表示企业的长期平均成本线。随着产量的扩大而导致的长期平均成本的下降就是内部经济，随着产量的扩大而导致的长期平均成本的上升就是内部不经济。

图 2-2 的横轴、纵轴及 LAC 与图 2-1 相同。当整条长期平均成本线向下移动时，就表示外部经济；当整条长期平均成本线向上移动时，就表示外部不经济。

马歇尔以企业自身发展为问题研究的中心，从内部和外部两个方面考察影响企业成本变化的各种因素，这种分析方法给经济学后继者提供了无限的想象空间。首先，如上所述，有内部经济必然有内部不经济，有外部经济必然有外部不经济，从最简单的层面可以发展马歇尔的理论。其次，马歇尔考察的外部经济是外部因素对本企业的影响，由此自然会想到本企业的行为如何会影响其他企业的成本与收益。这一问题正是由著名的经济学家庇古来完成的。最后，从企业内的内部分工和企业间的外部分工这种视角来考察企业成本变化，自然会让我们想到，科斯的《企业的性质》与《社会成本问题》这两篇重要文献是不是受到了马歇尔思想的影响。

2.3.2 庇古的"庇古税"理论

庇古是马歇尔的嫡传弟子，于 1912 年发表了《财富与福利》一书，后经修改充实，于 1920 年易名为《福利经济学》出版。这部著作是庇古的代表作，是西方经济学发展中第一部系统论述福利经济学问题的专著。因此，庇古被称为"福利经济学之父"。

庇古首次用现代经济学的方法从福利经济学的角度系统地研究了外部性问题，在马歇尔提出的"外部经济"概念基础上扩充了"外部不经济"的概念和内容，将外部性问题的研究从外部因素对企业的影响效果转向企业或居民对其他企业或居民的影响效果。这种转变正好是与外部性的两类定义相对应的。

庇古提出了"边际私人净产值"和"边际社会净产值"这两个概念。边际私人净产值是指个别企业在生产中追加一个单位生产要素所获得的产值，边际社会净产值是指从全社会来看在生产中追加一个单位生产要素所增加的产值。庇古认为：如果每一种生产要素在生产中的边际私人净产值与边际社会净产值相等，它在各生产用途的边际社会净产值都相等，而产品价格等于边际成本时，就意味着资源配置达到最佳状态。如果在边际私人净产值之外，其他人还得到利益，那么，边际社会净产值就大于边际私人净产值；反之，如果其他人受到损失，那么，边际社会净产值就小于边际私人净产值。庇古把生产者的某种生产活动带给社会的有利影响，叫做"边际社会收益"；把生产者的某种生产活动带给社会的不利影响，叫做"边际社会成本"。这就是说，在边际私人净产值与边际社会净产值相背离的情况下，依靠自由竞争是不可能达到社会福利最大的。于是就应由政府采取适当的经济政策，消除这种背离。政府应采取的经济政策是：对边际私人净产值大于边际社会净产值的部门实施征税，以迫使厂商减少产量；对边际私人净产值小于边际社会净产值的部门实施奖励和津贴，以鼓励厂商增加产量。庇古认为，通过这种征税和补贴，就可以减少边际私人净产值与边际社会净产值之间的差距，其结果将使经济福利增加。

庇古还进一步分析了边际私人净产值与边际社会净产值相背离的原因。他指出，在经济生活中可能存在以下几种相背离的情形：

（1）由某些耐久性生产设备的使用与所有权不一致而引起的背离。庇古认为，当一个生产者所使用的某种耐久性生产设备不是他本人的财产，而是其他人的财产时，这个使用者就不可能及时对它进行维修和改进，这样就会减少社会投资。在这一类背离中，最重要的是农业用地的租佃和城市水电等公用事业的租让。庇古由此得出结论，这种背离可以通过在租约中或合同中规定补偿办法而加以消除。

（2）由于外部经济问题而引起的背离。庇古认为，由于一种商品的生产会使第三者（他既不是这种商品的生产者，也不是这种商品的消费者）由此得到的免费使用的利益或受到无补偿的损失时，就会出现边际私人净产值与边际社会净产值的背离。庇古举例道：一家冒黑烟的工厂虽然能够使厂商获利，但却污染着附近地区的空气，使附近住户的环境条件恶化，因而使投入的资源的边际社会净产值小于边际私人净产值。又如，海上的灯塔虽然没有花费多少成本，但能使无数过往船只安全航行，因而使投入的资源的边际社会净产值大于边际私人净产值。庇古由此得出结论，政府对投资者实行特殊鼓励或限制的办法就可以消除这种背离，如对吐冒黑烟的工厂征税，对灯塔等私人不愿投资的公共事务给予补贴等。

（3）由于收益变动或成本变动而引起的背离。庇古指出，在生产中，任何一个单位资源的增加，都会使平均成本增加或减少，从而或者增加投资者的负担，或者增加投资者的收益。但是，如果投资者把成本增加或减少的结果转给了消费者，那么，边际私人净产值就会大于边际社会净产值。因此，这种背离表现为某一厂商在使用生产资源时对于其他厂商和消费者的有利或不利影响。庇古由此得出结论，边际私人净产值之所以大于、等于或小于边际社会净产值，取决于厂商收益递增、不变或递减，或取决于厂商成本递减、不变或递增的情形。这是因为，厂商成本或收益的递增、递减具有内部和外部经济或内部和外部不经济的作用。

可见，庇古所指的内部经济与内部不经济是指：某一生产部门的厂商由于对商品的需求增加而扩大经营，他或者充分利用固定设备，或者加强生产过程专业化，结果导致生产成本下降，即厂商的平均成本随着产量的增加而下降时，便是内部经济；反之，厂商的成本随着产量的增加而上升时，便是内部不经济。

外部经济与外部不经济这一对概念是描述厂商的经济活动对部门内和部门外其他厂商及其他经济主体的影响的。如果一厂商因受内部经济的作用而使产品的价格下降，从而使其他那些以该厂商的产品作为生产要素的厂商获得利益，那么，其他厂商便得到了外部经济，即得到了来自本产业部门或社会带来的利益。简单地说，若厂商的行为给其他厂商及其他经济主体带来无需付酬的利益，便是外部经济；反之，若厂商的行为给其他厂商及其他经济主体带来得不到补偿的损失，便是外部不经济。存在外部经济的场合，边际私人净产值小于边际社会净产值；存在外部不经济的场合，边际私人净产值大于边际社会净产值。因此，由于经济行为外部效应的存在，即使在排除了垄断的自由竞争条件下，也无法像亚当•斯密所设想的那样，使私人追求自身利益最大化的行为，促进社会福利的最大化。所以，政府干预是实现资源最优配置必不可少的手段。

值得指出的是，虽然庇古的“外部经济”和“外部不经济”概念是从马歇尔那里借用和引申来的，但是庇古赋予这两个概念的意义是不同于马歇尔的。马歇尔主要提到了“外部经济”这个概念，其含义是指企业在扩大生产规模时，因其外部的各种因素所导致的单位成本的降低。也就是说，马歇尔所指的是企业活动从外部受到影响，庇古所指的是企业活动对外部的影响。这两个角度虽然是一个问题的两个方面，但庇古已经对马歇尔的理论有所发展了。马歇尔对外部经济的理解和庇古对外部性的理解的差异，就导致了人们对外部性问题理解上的不同。在讨论块状经济的外部性时所指的是马歇尔的概念，而在讨论环境污染的外部性时所指的是庇古的概念。

庇古通过分析边际私人净产值与边际社会净产值的背离来阐释外部性。他指出，边际私人净产值是指个别企业在生产中追加一个单位生产要素所获得的产值，边际社会净产值是指从全社会来看在生产中追加一个单位生产要素所增加的产值。他认为：如果每一种生产要素在生产中的边际私人净产值与边际社会净产值相等，它在各生产用途的边际社会净产值都相等，而产品价格等于边际成本时，就意味着资源配置达到最佳状态。

适当改变一下庇古所用的概念，外部性实际上就是边际私人成本与边际社会成本、边际私人收益与边际社会收益的不一致。在没有外部效应时，边际私人成本就是生产或消费一件物品所引起的全部成本。当存在负外部效应时，由于某一厂商的环境污染，导致另一厂商为了维持原有产量，必须增加诸如安装治污设施等所需的成本支出，这就是外部成本。边际私人成本与边际外部成本之和就是边际社会成本。当存在正外部效应时，企业决策所产生的收益并不是由本企业完全占有的，还存在外部收益。边际私人收益与边际外部收益之和就是边际社会收益。通过经济模型可以说明，存在外部经济效应时纯粹个人主义机制不能实现社会资源的帕累托最优配置。

既然在边际私人收益与边际社会收益、边际私人成本与边际社会成本相背离的情况下，依靠自由竞争是不可能达到社会福利最大的。于是就应由政府采取适当的经济政策，消除这种背离。政府应采取的经济政策是：对边际私人成本小于边际社会成本的部门实施征税，即存在外部不经济效应时，向企业征税；对边际私人收益小于边际社会收益的部门实行奖励和津贴，即存在外部经济效应时，给企业以补贴。庇古认为，通过这种征税和补贴，就可以实现外部效应的内部化。这种政策建议后来被称为“庇古税”。

庇古税在经济活动中得到广泛的应用。在环境保护领域采用的“谁污染，谁治理”、“谁损害，谁赔偿”的政策、生态保护领域采用的“谁保护，谁受益”、“谁受益，谁付费”的原则，都是庇古理论的具体应用。排污收费制度已经成为世界各国环境保护的重要经济手段，其理论基础也是庇古税。总之，资源税、环境税、碳税以及绿色补贴、循环补助、低碳补偿等均是庇古税理论的运用。

专栏 2-1　荷兰的碳税问题

为了抵御全球变暖，许多经济学家建议征收碳税，因为二氧化碳是主要的温室气体。事实上，有些国家，如荷兰、挪威等，已经开始征收碳税。

碳税是根据化石燃料的含碳量征收的。Bovenberg（1993）指出，碳税除了成本最小、改革诱导及“双重年息”外，还能对产业结构的调整产生影响，原因是在较高的税率下，企业没有动力进入大量使用含碳原料的产业。“双重年息”（“double dividend”，Pearce，1991），是指收入中用来缴纳碳税的那一大部分。由于化石燃料的需求无弹性，所以这部分是增加的。

然而，荷兰单方面征收碳税也产生了不利影响。设想对能源密集部门的企业征收该税的情况。因为荷兰是一个小国开放经济，相对于欧盟国家中不用缴纳碳税的竞争者来说，荷兰的能源密集企业存在竞争劣势。根据欧盟的法律，荷兰既不能向出口企业退还这部分税收，也不能对从其他欧盟国家进口的货物征收碳税。由此而产生的结果是，能源密集型产品的生产将转移到不征收碳税的国家，并且由于长期资本可以重新配置，长期转移将超过短期转移。如果在不征碳税的国家使用含碳量更高的燃料（如用煤取代天然气），还有可能使 CO_2 排放量进一步增加，从而导致对全球 CO_2 排放量的净影响不确定。对荷兰经济的这种冲击性影响将远不止于能源密集型产品产量的减少，因为很多供应商将由此遭受损失。随着经济向新均衡调整，产出会进一步减少。

对此，Bovenberg 的解释是，源于其他国家没有同时征收碳税以使外部性内部化。在这种形势下，荷兰可以运用次优政策选择，即给企业补贴以代替税收。虽然，补贴会使污染部门的企业数目增加，并且与“污染者付费”原则相矛盾，经常受到人们批评，但是，在单边行动中，补贴可能是最好的选择。补贴是一种对企业的、用以减少CO_2排放量的给付。它可以避免能源密集型企业出现竞争劣势，同时又可以减少CO_2的排放。不过，虽然补贴的经济负担可以被分摊，但在一个扭曲性税收很高的经济中，会带来相当大的效率损失，荷兰正是这样的例子。而且，在WTO中，欧盟国家与非欧盟国家（如美国）认为补贴是一种不平等贸易手段。Bovenberg的结论是，在缺乏国际合作的情况下，税收、补贴、管制和行业内自愿协定等措施的混合可能是最好的办法。

当然，庇古理论也存在一些局限性：①庇古理论的前提是存在所谓的“社会福利函数”，政府是公共利益的天然代表者，并能自觉按公共利益对产生外部性的经济活动进行干预。然而，事实上，公共决策存在很大的局限性。②庇古税运用的前提是政府必须知道引起外部性和受它影响的所有个人的边际成本或收益，拥有与决定帕累托最优资源配置相关的所有信息，只有这样政府才能定出最优的税率和补贴。但是，现实中政府并不是万能的，它不可能拥有足够的信息，因此从理论上讲，庇古税是完美的，但实际的执行效果与预期存在相当大的偏差。③政府干预本身也是要花费成本的。如果政府干预的成本支出大于外部性所造成的损失，从经济效率角度看消除外部性就不值得了。④庇古税使用过程中可能出现寻租活动，会导致资源的浪费和资源配置的扭曲。

2.3.3 科斯的“科斯定理”

科斯是新制度经济学的奠基人，因他“发现和澄清了交易费用和财产权对经济的制度结构和运行的意义”，荣获了1991年度的诺贝尔经济学奖。科斯获奖的成果在于两篇论文：一是《企业的性质》，二是《社会成本问题》。前者提出了交易费用，后者提出了科斯定理。

科斯提出交易费用概念源于市场与企业之间相互替代的原因探究：既然市场是人们在生产活动中进行合作的最有效的形式，为什么还会有企业？在企业中进行分工合作的人为什么不能通过市场交易来实现这样的合作？科斯认为，如果将一个产品从上一道工序转移到下一道工序视为一次交易，在企业内转移和通过市场转移只不过是交易形式的不同。对于追求利润最大化的人来说，究竟采取哪种方式，取决于哪种方式费用较低。科斯发现，市场中的交易是要耗费大量成本的：搜寻交易对象，讨价还价，订立契约，监督契约执行，维护交易秩序，解决交易纠纷以及对违约加以惩罚等都需要成本；在一定范围内，企业内的交易要简单得多：工人之间的固定分工节约了寻找交易对象的费用，经理对工人的指挥代替了讨价还价，工人和其他生产要素所有者与企业之间的长期合同减少了在市场中多次反复地订立契约的麻烦，因而人们很自然地要选择企业的形式。也就是说，企业的存在是为了节约交易费用。科斯说得好：“市场的运行是有成本的，通过形成一个组织，并允许某个权威（一个‘企业家’）来支配资源，就能节约某些市场运行成本。”显然，这里科斯所讲的“市场运行成本”就是市场的交易费用。

科斯并没有给“交易费用”概念本身下严格的定义。这是因为交易费用是不言自明、无需再专门定义的范畴：“费用”或“成本”在传统微观经济学中是高度成熟的，“交易”已经被制度经济学家康芒斯明确定义。这就给后人留下很多猜想。阿罗认为，经济系统运行所需要的费用就是交易费用。巴泽尔认为，交易费用就是与转让、获取和保护产权有关的成本。埃格特森认为，交易费用是个人交换他们对于经济资产的所有权和确立他们的排他性权利的费用。

既然利用市场存在交易费用，“那么为什么市场交易仍然存在呢？为什么所有生产不由一个企业去进行呢？”科斯进一步提出问题。科斯的分析结果表明，随着企业规模的增大，企业的管理难度会增加，对工人的监督会越来越困难，企业官僚机构的弊端会越来越严重，企业内的交易费用或称组织费用会非线性地增长。也就是说边际交易费用在递增。当企业内边际交易费用增长到和市场边际交易费用相等时，企业规模就不再增大，这就决定了企业的边界。用科斯的原话来说就是：“企业将倾向于扩张直到在企业内部组织一笔额外交易的成本，等于通过在公开市场上完成同一笔交易的成本或在另一个企业中组织同样交易的成本为止。”上述思想在《企业的性质》一文发表以后的相当长时间里并未引起经济学界的关注。直到 1960 年科斯教授的另一篇著名论文《社会成本问题》问世以后引起了经济学界的轰动，人们才回过头来挖掘《企业的性质》一文的价值。

科斯理论的另一块基石是科斯发现的而由其他经济学家总结出来的科斯定理。这一思想见诸于他的《社会成本问题》一文。

《社会成本问题》的理论背景是庇古税。“社会成本”概念是针对“私人成本”概念而言的。当存在外部效应时，会出现私人成本与社会成本的不一致，其差额就是外部成本；或者是出现私人收益与社会收益的不一致，其差额就是外部收益。社会成本是私人成本与外部成本之和，社会收益是私人收益与外部收益之和。在出现私人成本与社会成本或私人收益与社会收益不一致时，就会出现经济资源配置的扭曲。对于具有负外部效应的产品的生产往往会导致过度产出，对于具有正外部效应的产品的生产往往会导致产出不足。

长期以来，关于外部效应的内部化问题被庇古税理论所支配。庇古税理论在现实生活中也得到广泛的运用。

在《社会成本问题》中，科斯多次提到庇古税问题。从某种程度上讲，科斯理论是在批判庇古理论的过程中形成的。科斯对庇古税的批判主要集中在如下 3 个方面：

（1）外部效应往往不是一方侵害另一方的单向问题，而是具有相互性的。科斯指出：“人们一般将该问题视为甲给乙造成损害，因而所要决定的是：如何制止甲？但这是错误的。我们正在分析的问题具有相互性，即避免对乙的损害将会使甲遭受损害，必须决定的真正问题是，是允许甲损害乙，还是允许乙损害甲？关键在于避免较严重的损害。”例如，化工厂与居民区之间的环境纠纷，在没有明确化工厂是否具有污染排放权的情况下，一旦化工厂排放废水就对它征收污染税，这是不严肃的事情。因为，也许建化工厂在前，建居民区在后。在这种情况下，也许化工厂拥有污染排放权。要限制化工厂排放废水，也许不是政府向化工厂征税，而是居民区向化工厂“赎买”。

（2）在交易费用为零的情况下，庇古税根本没有必要。传统的庇古方法把税收和补贴作为解决外部效应的两大法宝，科斯对此也提出了异议。科斯认为，在交易费用为零和对产权充分界定并加以实施的条件下，私人之间所达成的自愿协议可以使经济活动的私人成本与社会成本相一致，从而可排除导致外部效应存在的根源。科斯以“走失的牛损坏邻近土地的谷物生长一案”为例来说明这一原理。

假设养牛者与种谷者在毗邻的土地上经营，且两块土地之间没有篱笆相隔，结果养牛者的牛群经常到谷地吃谷，养牛者从中受益而种谷者受损。再假设种谷者在自己土地上修筑篱笆的年成本为 9 美元，谷物价格为每吨 1 美元，并假设牛群头数与谷物年损失之间的关系如表 2-2 所示。

表 2-2　牛群头数与谷物损失之间的关系举例

牛群头数/头	谷物年损失/t	每增加一头牛所造成的谷物损失/t
1	1	1
2	3	2
3	6	3
4	10	4

如果任凭牛群吃谷，那么在边际上谷物受损的价值一定会超过牛的增值，这样，养牛者的私人成本与社会成本不相等，社会福利没有达到最大化。按照庇古理论，解决此问题的办法有：或是养牛者补偿种谷者；或是政府对养牛者征税以减少牛群的数量；或是禁止养牛者在此养牛；或是政府将这两块土地收归国有，由国家统一经营；或是将养牛者和种谷者合并，将总收入以最合理的方法分给他们两人。科斯则另辟新径，从自愿协商的角度，按权利界定的原则，在两个相反的假定下，得出了其独特的结论。

- 科斯首先假设：养牛者没有权利让牛群吃谷，即种谷的收益是种谷者的私人产权。这样，如果养牛者让其牛群越界吃谷，种谷者就有权利收费。但如果养牛者认为支付的赔偿费高于修筑篱笆的成本，养牛者会选择修筑篱笆来约束牛的行为。但只要养牛者饲养的牛在 3 头以下，赔偿谷物的损失就要比修筑篱笆更省钱。至于篱笆究竟修筑在哪里，则要看具体情况而定，并不一定在两块地的交界处。假如因牛群吃谷而得到的收入在边际上大于谷物的损失，或者谷物遭受的损失很高以至于出售未受损害的谷物小于耕种整个土地的全部成本，只要假定交易费用为零，那么种谷者和养牛者就会自愿协商，种谷者在得到养牛者的补偿的前提下愿意接受牛群吃谷的损失。假如牛群吃谷的增值在边际上小于谷物的损失，那么养牛者就不愿意按市场价格给予种谷者补偿，这样，种谷者和养牛者也会自愿协商，或是修筑篱笆，或是限制牛群的数量。不过，这时篱笆的位置或约束牛群数量都是以吃谷的市场价格而定的。在边际收益等于边际损失时，两块地的总收入会达到最大化，从而使土地资源的使用效率达到最高。
- 科斯再作相反的假定：养牛者有权让其牛群吃谷，即虽然种谷者可在自己的地上种谷，但养牛者有让牛吃谷的权利。种谷者的损失随牛群的扩大而增加，种谷者为避免其谷物受损，就要为养牛者支付赔偿，以使他减少乃至取消养牛。种谷者所支付的赔偿费等于受损谷物的价值。例如，养牛者有 3 头牛，种谷者愿意支付 3 美元给养牛者，希望他把养牛的头数减少到 2 头；愿意支付 5 美元，将养牛的头数减少到 1 头；愿意支付 6 美元，使养牛者放弃养牛。这里种谷者每年支付的费用最多不超过 9 美元，即修筑篱笆的成本。也就是说，种谷者所支付的赔偿费与养牛者对损害负有责任时所支付的赔偿费相同。对养牛者来讲，不论是向种谷者支付赔偿费，还是接受种谷者的赔偿费，这些费用都是作为养牛的一部分成本，牛群规模都一样。这样，自愿协商下，篱笆位置的选择和牛群约束的数量恰恰跟前一假设下相同，即边际上牛群吃谷的增值与谷物的损失相等，两块土地的总收入也达到最大化。

❖ 从科斯的两个相反的假设中可以得出相同的结论：不管权利属于谁，只要产权关系明确予以界定，那么经济活动的私人成本与社会成本必然相等，外部效应就被内部化了。

（3）在交易费用不为零的情况下，解决外部效应的内部化问题要通过各种政策手段的成本——收益的权衡比较才能确定。科斯作为交易费用理论的创始人，一直强调没有交易费用的世界就如同物理世界没有摩擦力一样不可思议，交易费用为零只是分析现实世界的逻辑起点。因此，“科斯定理”与其说道明了在交易费用为零的条件下效率结果与产权无关的结论，倒不如说道明了在交易费用大于零的条件下，产权制度是如何作用于或影响经济效益的结果的。

上述批判就构成了所谓的“科斯定理”。科斯定理是施蒂格勒首先命名的。但至今也没有统一的规范的表述。用科斯的原话来说是指：“如果定价制度的运行毫无成本，最终的结果（产值最大化）是不受法律状况影响的。”

通常科斯定理表述为：如果交易费用为零，无论权利如何界定，都可以通过市场交易和自愿协商达到资源的最优配置；如果交易费用不为零，制度安排与选择是重要的。科斯定理包含了一个最基本的条件：交易成本为零。但我们都明白，零交易费用的世界就如同没有摩擦力的物理世界一样奇怪。因此，与其说“科斯定理”阐明了零交易费用条件下效率结果与产权无关的结论，还不如说它指出了存在交易费用时产权制度是如何作用于或影响效率的。当我们重新使用“科斯定理”时，更多的是指：如果交易费用不为零，也可以利用明确界定的产权之间的自愿交换来达到资源配置的最佳效率，从而克服外部效应而无需抛弃市场机制。其原因在于，只要产权界定清晰（即不减弱），交易各方就会力求降低交易费用，使资源用到产出最大、成本最低的地方，达到资源的最优配置。正因为如此，在科斯看来，外部性完全可由私人合约得到解决，亦即基于资源交易的私人合约行为对市场运转有着自我修正的效能。

根据科斯定理，解决外部性可以用市场交易形式替代庇古税手段、法律手段以及其他政府管制手段。因此，所谓科斯手段，就是著名的科斯定理所表明的内容，只要能把外部效应的影响作为一种产权明确下来，而且谈判的费用也不大，那么，外部效应问题可以通过当事人之间的自愿交易而达到内部化。科斯手段包括自愿协商制度、排污权交易制度等。

科斯的主张与庇古相反，后者是要动用政府税收，对造成负外部性者征税，用以补贴受负外部性损害者，或通过补贴对产生正外部性者以合适的激励，而科斯则主张当事人通过自愿的市场交易方式得以重新明确产权来解决。这种外部性内部化在实际中有两种形式：①联合，将几个交易主体合并成一个主体，从而消除了交易的必要，也就消除了扭曲资源配置的可能。②买卖损害权，也就是在既定的谁有损害或保护自己不受损害的权利下，没有权利的一方可以通过市场向有权利的一方购买。其实质是引入市场，使环境外部性在产权明晰的基础上，进入市场交换，如排污权的交易。

50 多年来，在诸如处理污染、整治环境等问题上，越来越多的国家和政府在借鉴市场交易的方式，科斯的思想无论在理论界，还是实际中都产生了深远的影响。但我们也发现，它同样在理论与实践中存在问题。科斯所指的只是一种静态的、双头博弈格局，并且是一种非协同博弈。其经典状态是双头为外部性问题进行自愿谈判，而一旦参与人增加，结果会如何？实际上，就会产生两类麻烦：①随着参与谈判的人数增加，当外部性涉及大的群体利益时，交易成本便会急剧增加；②当人数增加时，有什么机制能协调各方力量，使人们自愿参加交易，并保证协议得以贯彻？当环境污染受损人数众多时，科斯方法并不能很好地解决外部性问题，政府干预还是必不可少的。

另外，用自愿交易的方式解决外部性，隐含了产权清晰的前提，而产权清晰的过程本身又是会产生社会成本的。这个问题由美国经济学家维茨曼于 1975 年提出，在 20 世纪 80 年代与 90 年代，哈特、格拉斯曼、莫尔都研究了外部性问题内部化的过程中产权如何分配、如何清晰等问题，以使社会效益最大化。外部性之所以发生，很大原因是外部性的产生过程中产权不清晰，如环境污染，在污染这个领域产权界限不清，若主张用自愿谈判来解决污染治理，首先就得明确当事各方的产权，而这本身就是有成本的。

科斯定理进一步巩固了经济自由主义的根基，进一步强化了“市场是美好的”这一经济理念。并且将庇古理论纳入自己的理论框架之中：在交易费用为零的情况下，解决外部性问题不需要“庇古税”；在交易费用不为零的情况下，解决外部性问题的手段要根据成本—收益的总体比较，也许庇古方法是有效的，也许科斯方法是有效的。可见，科斯已经站在了巨人——庇古的肩膀之上。有的学者把科斯理论看作是对庇古理论的彻底否定，这是一种误解。实际上，科斯理论是对庇古理论的一种扬弃。

随着 20 世纪 70 年代环境问题的日益加剧，市场经济国家开始积极探索实现外部性内部化的具体途径，科斯理论随之而被投入到实际应用之中。在环境保护领域，排污权交易制度就是科斯理论的一个具体运用。科斯理论的成功实践进一步表明，“市场失灵”并不是政府干预的充要条件，政府干预并不一定是解决“市场失灵”的唯一方法。

当然，科斯理论也存在局限性：①在市场化程度不高的经济中，科斯理论不能发挥作用。特别是发展中国家，在市场化改革过程中，有的还留有明显的计划经济痕迹，有的还处于过渡经济状态，与真正的市场经济相比差距较大。例如，在上海市苏州河的治理过程中，美国专家不断推销他们的污染权交易制度，但试行下来效果不佳。②自愿协商方式需要考虑交易费用问题。自愿协商是否可行，取决于交易费用的大小。如果交易费用高于社会净收益，那么，自愿协商就失去意义。在一个法制不健全、不讲信用的经济社会，交易费用必然十分庞大，这样，就大大限制了这种手段应用的可能，使得它不具备普遍的现实适用性。③自愿协商成为可能的前提是产权是明确界定的。而事实上，像环境资源这样的公共物品，产权往往难以界定或者界定成本很高，从而使得自愿协商失去前提。

任何一种理论都不可能是完美无缺的，科斯理论也不例外。尽管如此，可以毫不夸张地说，科斯奠定了外部性理论发展进程中的第三块里程碑，而且其理论和实践意义远远不是局限于外部性问题，为经济学的研究开辟了十分广阔的空间。

思考题

1. 什么叫外部效应？外部性的本质是什么？
2. 结合资源与环境问题，举例说明外部性的类型。
3. 用几何模型表达庇古税理论。

4. 科斯定理是对庇古理论的否定吗？
5. 外部性内部化的庇古思路和科斯思路有何异同？

参考文献

[1] H·范里安. 微观经济学：现代观点[M]. 费方域，等，译. 上海：上海三联书店，上海人民出版社，2000.
[2] 保罗·萨缪尔森，威廉·诺德豪斯. 经济学[M]. 16版. 北京：华夏出版社，1999.
[3] 兰德尔. 资源经济学[M]. 北京：商务印书馆，1989.
[4] 鲍莫尔. 福利经济及国家理论[M]. 北京：商务印书馆，1982.
[5] OECD. 环境管理中的经济手段[M]. 北京：中国环境科学出版社，1996.
[6] 马歇尔. 经济学原理（上卷）[M]. 北京：商务印书馆，1981.
[7] 庇古. 福利经济学[M]. 北京：中国社会科学出版社，1999.
[8] 科斯. 论生产的制度结构[M]. 盛洪，等，译. 上海：上海三联书店，1994.
[9] 科斯. 社会成本问题[M]//科斯，阿尔钦，等. 财产权利与制度变迁. 上海：上海三联书店，1998.
[10] 厉以宁，吴易风，李链. 西方福利经济学述评[M]. 北京：商务印书馆，1984.
[11] 厉以宁，章铮. 环境经济学[M]. 北京：中国计划出版社，1995.
[12] 沈满洪. 环境经济手段研究[M]. 北京：中国环境科学出版社，2001.
[13] 沈满洪. 论环境问题的制度根源[J]. 浙江大学学报：人文社会科学版，2000，30（3）.
[14] 沈满洪，何巧灵. 外部性的分类及外部性理论的演化[J]. 浙江大学学报：人文社会科学版，2002，32（1）.

第 3 章　公共物品理论

公共物品问题是导致市场失灵的根源之一。自然资源和生态环境领域存在大量的公共物品问题。因此，公共物品理论是资源与环境经济学的基础理论之一。本章基于两分法、三分法和四分法对经济物品进行分类，并在分类的基础上从数量说、效用论和外部性 3 个层面上对公共物品的内涵进行了界定；分析了公共物品配置过程中所面临的一系列问题，如“搭便车”问题、排他成本问题、公地悲剧问题、融资与分配问题；阐述了公共物品的资源配置模型，包括萨缪尔森的纯公共物品模型、布坎南的俱乐部物品模型、奥斯特罗姆的公共池塘资源模型；结合案例重点解释了公共物品的典型供给方式，主要包括政府供给、私人供给、自愿供给和联合供给等主要方式。

3.1　经济物品的主要分类

物品分类的标准各不相同，有排他性与竞争性标准、公共性标准和相对成本标准等。不同经济物品具有不同的公共性，对应不同的产权配置。鉴于存在信息成本，任何一项权利不可能完全被界定，如生态资源的一部分价值由于其权利界定的缺失而留在了“公共领域”。与公共性标准不同，相对成本原则是区分公共物品与私人物品的重要原则，也被称为经济效率原则。它是指如果一种商品或服务既可以由市场提供，也可以由非市场提供，若非市场提供更有效率，那么该种商品或服务即为公共物品。反之，若市场提供更有效率，那么该种商品或服务即为私人物品。换言之，无论服务以何种方式被提供，只要它在非排他的情形下以更低的成本在特定的时间或地点被提供，那么它就是公共物品。虽然物品分类的原则有很多，但是现有研究中普遍存在如下 3 种物品分类方法。

3.1.1　两分法

基于对公共物品研究的简单化处理原则，萨缪尔森先后提出了一系列两分法的概念：私人消费物品与集体消费物品；私人消费物品与公共消费物品；纯私人物品与纯公共物品等。在萨缪尔森的两分法中，公共物品相对于私人物品具有显著的非排他性与非竞争性。布坎南等也采用两分法将物品分为纯私人物品与俱乐部物品。鉴于纯公共物品和俱乐部物品的差异，Sandler 和 Tschirhart 在萨缪尔森私人消费向量的基础上，将公共物品变量修正为俱乐部物品变量，这意味着居民消费物品可以由纯公共物品和纯私人物品的组合转变为由纯私人物品和俱乐部物品的组合。

3.1.2　三分法

布坎南于 1965 年提出了可分性标准，并据此将物品分为不可分物品、部分可分物品与完全可分物品三类。无独有偶，巴泽尔于 1969 年提出了准公共物品的概念，并将之定义为纯公共物品与纯私人物品的混合。不论是布坎南的观点，还是巴泽尔的观点，他们都将物品分成了三类，三分法下的物品主要包括公共物品、混合物品和私人物品三大类。不同类别的物品具有不同的定义、特征、对象，也具有不同的需求曲线和供给原则。例如，公共物品的社会需求曲线是对个体需求曲线的垂直加总，是效用加总；而联合生产私人物品的社会需求曲线与常见的完备的市场需求曲线无异，是水平加总、产量加总。混合物品则更多地表现为兼有公共物品和私人物品的双重属性，在需求曲线上更多地体现出条件加总的特性。

3.1.3 四分法

随着布坎南、奥斯特罗姆（E. Ostrom）等研究的深入，混合物品又被划分为两类：①具有排他性和非竞争性的物品，即俱乐部物品或自然垄断物品；②具有非排他性和竞争性的物品，即公共池塘资源或共有资源。当然，不同学者运用四分法各不相同。如曼昆在《经济学原理》中将物品四分为私人物品、自然垄断物品、共有资源和纯公共物品；奥斯特罗姆则以排他性和共同使用为标准将物品分为私益物品、收费物品、公共池塘资源与公益物品四大类。奥斯特罗姆等认为，公共事物研究与公共物品研究是等价的。不过，也有学者指出两类物品存在显著差异，如表 3-1 所示。

表 3-1　四分法下的纯公共物品与公共池塘资源的分类比较

	纯公共物品	公共池塘资源
成本收益	收益共享，成本独担	成本共担，收益分享
博弈结果	每个人都参与是帕累托最优，但不是纳什均衡	每个人都不参与是帕累托最优，但不是纳什均衡
权利关系	“大的被小的剥削”“搭便车”	“大的剥削小的”
补偿对象	给大的代理人补偿	给小的代理人补偿
解决办法	选择性激励机制	选择性惩罚机制

总之，与纯公共物品不同，四分法下公共物品的研究往往是指对那些具有公共性的事物的研究。公共性的事物可以指具有非排他性的事物，也可以指非竞争性的事物。具体包括三类：①具有非排他性且非竞争性的事物，即为纯公共物品；②具有非竞争性但有排他性的事物，即为俱乐部物品；③具有非排他性但有竞争性的事物，即为公共池塘资源。

3.2 公共物品的内涵界定

3.2.1 公共物品的不同定义

从经济物品的分类可知，公共物品具有广义和狭义之分。狭义的公共物品是指纯公共物品，即那些既具有非排他性又具有非竞争性的物品。广义的公共物品是指那些具有非排他性或非竞争性的物品，一般包括俱乐部物品或自然垄断物品、公共池塘资源或共有资源以及狭义的公共物品三类。

目前被广泛接受的公共物品是，每个人消费这种物品不会导致别人对该物品消费的减少，是指一定程度上共同享用的事物。在1954年的《公共支出理论》中，萨缪尔森定义的是集体消费物品；在1955年的《图解公共支出理论》中萨缪尔森提出了“公共物品”的概念。虽然他在定义时依然定义的是公共消费物品，但是从其论述看，公共消费物品等价于公共物品，也等价于集体消费物品。后来的研究进一步指出广义公共物品的另外两种定义。布坎南提出了俱乐部物品的概念，他认为俱乐部物品是指相互的或集体的消费所有权的安排。奥斯特罗姆认为具有非排他性和消费共同性的物品是公共池塘资源，是一种特殊的公共物品。具体来说，公共池塘资源可以是地方性公共物品，也可以是代际公共物品，还可以是制度性公共物品。公共池塘资源的公共性主要考察的是自然资源配置过程中的制度安排，也只有在适当的制度安排中，才有可能成功避免奥斯特罗姆所提出的三大公共难题：公地悲剧、囚徒困境与集体行动的悖论。

然而，与萨缪尔森的非竞争性和非排他性、布坎南的不可分性、奥斯特罗姆的共同性等特征相比，制度学派认为政府提供的公共的或集体的利益通常被经济学家称作“公共物品”，那些没有购买任何公共或集体物品的人不能排除在对这种物品的消费之外。张五常认为公共物品是一种制度安排，存在公有产权，其交易受交易成本的制约。然而，相对于“私人物品私有产权，公有物品公有产权”的简单逻辑，公共产权的产生逻辑不仅停留在非竞争性和非排他性的消费特性上，也不仅仅归因于单一的“搭便车”困境，而应从外部性视角考察公共物品的概念属性。

3.2.2 公共物品的内涵争议

由此可见，萨缪尔森、布坎南、奥斯特罗姆等都对公共物品进行了深入的分析，并给定了帕累托有效的经济或制度安排。但是，萨缪尔森的定义和非竞争性与非排他性的双重属性被一些学者所诟病，如萨缪尔森所定义的公共物品很难找到现实例子，即便灯塔之类的公共物品也可以通过建立产权以削减它的公共性质。总之，对于公共物品的内涵研究主要存在三方面的争论：

（1）数量说。在萨缪尔森的定义中，个人消费物品x指物品本身，是从量定义的私人消费束。也正因为如此，现实生活中很难找到如萨缪尔森所定义的此类公共物品，他的数量说也就不被学者广泛接受。

（2）效用论。物品的不可分性逐渐地被人们质疑。学者们认为公共物品的内涵并不是物品的物理属性，而是公共物品的效用属性，是指个人对该物品的效用评价。也有学者认为公共物品是私人消费变量，公共物品和私人物品的转变也就体现在x从因变量转变为自变量的过程。

（3）外部性。公共物品指的是个人在经济体中面临的外部性，它们可以是个人产出，也可以是个人投入。由于公共物品和外部性都存在严重的市场机制失灵情形，外部性物品经常被认为是公共物品，但是值得注意的是并非所有外部性物品都是公共物品，也不是所有的公共物品都是外部性物品。这种关系主要取决于公共物品的范围和使用途径。以二氧化碳为例，该类公共物品在时间和空间两个维度上均存在外部性，但二氧化碳并不一定是公共物品。

无论是新古典学派关于公共物品的分析，还是制度学派关于集体物品的分析，俱乐部物品和集体物品并不属于纯公共物品研究范畴。但是，人们普遍把公共物品的概念拓展成为一个包含俱乐部物品、集体物品、混合物品、非纯粹的公共物品等相近物品在内的广义概念。正如《公共事务的治理之道》一书序中写道："the Commons"是泛指与公共相关的事物，即除了私益物品之外的所有物品，如公益物品、公共池塘资源、收费物品（俱乐部物品）等。公共物品作为私人物品的对立面出现，其内涵研究实际上是对非私人物品的研究。

因此，排他性与竞争性的研究依然是公共物品研究的两大主流视角，广义公共物品的问题与对策研究是公共物品研究的核心内容。虽然公共物品非排他性意味着联合性，但公共物品并不是联合商品。虽然公共物品表现出一定的公共性，但它也可以通过私人供给、俱乐部供给等非公共手段进行提供。虽然公共物品表现出一定的契约性质，但是不同的产权配置会导致合作行为的不同配置收益，不同的产权体制会形成收入分配与生产水平上的差异。

专栏 3-1　现实中的公共物品

一般而言，国防、灯塔、清洁空气、生态产品、国际烟花节上的烟花和特定的信息产品等均是公共物品。一些需要政府特殊激励才会被提供的商品，如罕见的药物，并不满足非排他性和非竞争性的要求而不能被认为是公共物品。法律实施、街道、图书馆、博物馆和教育等也并不是公共物品，但他们是准公共物品，它们具有一定的公共物品特征，如排他性。

灯塔是最为标准的公共物品，因为它不能够将路经此处的船只排除在外而不享受灯塔给它带来的任何便利，同时某只船在使用该灯塔时并不妨碍其他船只使用该灯塔。与此同时，使用港口的船只需要支付一定的税费，而这些税费足以支持灯塔的维护。

技术的进步能够创造新的公共物品。最贴近实际的例子是路灯。某路人使用路灯并不妨碍其他路人使用该路灯，关键还在于想要对使用路灯的路人收取费用的成本是极其高昂的。另外，公共物品的状态可以随着时间的变化而变化。技术进步能够显著地影响传统公共物品的排他性。譬如，无线通讯通过加码技术排除了不付费者收听该广播的可能性，电子技术的飞速增长使得道路收费成本迅速降低进而为基于实际使用的收费方法铺平了道路。

资料来源：McConnell，Brue & Flynn. Economics，Principles，Problems and Policies. 2012，pp.104；维基百科。

3.3　公共物品的资源配置问题

3.3.1　"搭便车"问题

"搭便车"问题首先由奥尔森提出，它是指由于参与者不需要支付任何成本而可以享受到与支付者完全等价的物品效用。该问题影响到公共物品供给成本分担的公平性，影响到公共物品供给的持久性。"搭便车"包含两种情形：①享受到组织提供的种种权利后，丝毫不尽个人对组织的义务；②在此时此处享受到组织提供的权利后，没有在此时此处尽义务，而是在其他时间或地点尽了义务。"搭便车"问题的研究主要集中在解决方案的探讨上。虽然在“选择性激励”的条件下，多数集团不能向自己提供最优数量的集体物品，但是小集团成员间具有相互讨价还价的激励因素，最小的集团一定能够通过其成员的讨价还价而实现集体物品的最优供给。另外，一些公共物品的消费总是与一定的私人物品消费联系在一起，如免费高速公路的使用与汽车与汽油的私人消费密不可分，利用司法系统的公正性与权威性也与自身所雇用的律师密切关联，因此人们可以通过个人对私人物品的偏好来刻画他们对公共物品的偏好。“搭便车”问题的解决机制研究成果丰硕：Hurwicz 机制要求每个私人传递包括数量与价格的信息；Walker 机制要求每个私人传递服务于数量与价格的综合的单一信息；Tian 机制认为每个参与人的信息都是一个向量，包括参与人的私人物品财富、公共物品的价格、私人物品的价格与数量等信息；Bailey 机制是上述 3 种机制的替代性选择机制，是指单一拍卖商的林达尔税在真实的林达尔-帕累托最优框架下存在纳什均衡。

3.3.2 排他成本问题

排他成本问题是公共物品非排他性的延续。由于排他成本高，因此纯公共物品与公共池塘资源具有不可排他性。非排他性的原因主要有以下 3 个。

3.3.2.1 经济成本的不可排他

经济成本的不可排他一方面是指人们很难估算出一类公共物品若要实现排他需要多少成本，高昂的成本或高难度的估算技术使得排他使用很难收费；另一方面更为常见，即排他成本要大于排他收益，此时人们或可根据一定的原则和方法估算出排他的经济成本，但是这一做法并不经济从而无法将不付费者排除出局。

3.3.2.2 技术成本的不可排他

技术成本的不可排他一方面是指在现行的技术条件下无法实现排他，如灯塔在使用过程中无法仅对某些船只开放；另一方面是指该技术创新需要高昂的成本，包括研发成本和时间成本。在无法实现技术突破的情况下自然无法实现对公共物品在技术上排他。

3.3.2.3 制度成本的不可排他

制度成本的不可排他性是指迫于某些特殊的制度因素而不能实现的一种排他，譬如国防。如何实现国防的排他性是国家制度建设过程中面临的突出问题，也是前沿研究的一个热点。

与经济成本、技术成本和制度成本的排他性不同，布坎南的俱乐部物品理论认为对于一些广义的公共物品可以做到有成本排他，即消费者能够而且愿意支付一定的费用以享用具有一定程度排他的物品。较之于非排他性公共物品的无限消费主体，俱乐部物品的消费主体是有限的。

3.3.3 公地悲剧问题

哈丁早在 1968 年就提出公地悲剧问题：“这是一个悲剧。每个人都被锁定进一个系统。这个系统迫使他在一个有限的世界上无节制地增加他自己的牲畜。在一个信奉公地自由使用的社会里，每个人追求他自己的最佳利益，毁灭是所有的人趋之若鹜的目的地。”公地悲剧常被形式化为囚徒困境的博弈。在囚徒困境的博弈中，每一个参与人都有一个占优策略，博弈双方的占优策略构成了博弈的均衡结局，然而博弈均衡结果并不一定是帕累托最优结局。相反，个人理性的博弈过程与战略选择却导致了集体行动的悖论。奥斯特罗姆认为，公地悲剧、囚徒困境和合成谬误是公共事物治理所面临的三大难题，而且这些问题都是“搭便车”问题。如果所有人都参与“搭便车”，那么就不会产生集体利益，就会无便车可搭；如果有些人可能提供集体物品，而另一些人“搭便车”，这就会导致集体物品的供给达不到最优水平。

专栏 3-2 《公地的悲剧》（节选）

J. B. Wiesner 和 H. F. York 在一篇关于核子战争前景的文章结尾处说：“武器竞赛的双方都……面对持续增强的军事力量和持续减弱的国家安全。深思之下，我们的专业意见认为这困局没有技术性的解决办法。如果大国只是在科学和科技这方面找寻解决办法，结果只会令情况恶化。”希望各位不要集中注意文章的主题，而是要留意作者的结论，即问题没有技术性的解决办法。专业和半通俗科学期刊的评论，差不多都隐喻评论的问题是有技术性的解决办法。技术性解决办法可以定义为只要改变自然科学的技术，无须或只是稍为改变人的道德价值或概念。我们现在一般都欢迎有技术性解决办法。以前并非如此，因为以前的预言往往失准，要有莫大勇气才会断言没有预期的技术性解决办法。Wiesner 和 York 表现出了极大的勇气，他们在科学期刊发文坚持问题不能在自然科学找到解决办法。他们小心翼翼地为声明加上以下的批注：“深思之下，我们的专业意见……”

……

公地悲剧是如此发展的。想象草原对大众开放，估计每个牛郎都会在公地饲养最多的牛。数百年来，这样的安排都是相安无事，因为部族战争、偷猎和疾病把人和动物的数目保持在土地承载能力之下。最终，人们长久渴望的社会稳定的一天到来，是醒悟的时候了。这时，公地的内在逻辑无情地导致悲剧。作为理性人，每名牛郎追求取得最大利益。或明或暗，有意无意，牛郎扪心自问：“牛群多添一头，对我有什么效益？”这效应有正负之分，且成分各一。①多一头动物的函数是正成分。出售牛的收益全归牛郎，所以正效益接近 1。②负数部分是多一头动物造成的过度放牧的函数。因为过度放牧的效果由全体牛郎承担，所以任何一位牛郎作出决定，负效益只是 –1 的小部分。把这些效益成分相加，理性牛郎总结他只有一个理性选择：多养一头牛。再多养一头……但这也是分享公地的每一位牛郎的结论。悲剧因此而起。每个人都是被制度束缚，驱使他无限制地增加牛的数目——而世界是有限的。

在一个信奉公地自由的社会中，每个人都追求本人的最佳利益，而整体是走向毁灭的终点。公地自由带来整体毁灭。有人会认为这是陈腔滥调。这不是吗？某程度上来说，我们几千年前就学会了，但物竞天择偏向于心理否认。即便个人使社会成员受损，个人会因为取得私利而否认真相。教育可以纠正平衡做错事的自然倾向，但必须持续才可以对抗一代传一代的无情力。

几年前，在麻省市有一件小事足以说明知识逐渐消失。圣诞节购物期间，市中心的停车表用胶袋遮掩，上有告示：“圣诞节后重开。免费停车由市长和市议会提供。”换句话说，面对本来已是短缺的停车位的需求增加，城市之父再建公地制度[嘲笑一句，我们怀疑他们这倒退的行为是得（选票）大于失]。大概是同样道理，我们长久以来已明白公地的逻辑，可能是自从发现农业或发明私人房地产的产权开始。但了解的大都是特殊个案，不足以一般而论。

资料来源：G. Hardin. The Tragedy of the Commons. Science，1968（162）：1243-1248。

3.3.4 融资与分配问题

在资金来源问题上，一旦物品被融资供给，那么该物品由私人供给还是公共供给都是同一的，因为私人贡献可以用于资助公共物品的生产，而税收也可以用于资助私人物品的生产。在分配决策中，公共物品与私人物品消费被概念化地区分为两个离散的步骤：①税收与转移支付是对私人物品与收益的再分配；②公共物品的购买其实就是税收支付过程，而且公共物品的收益分配取决于假定的效用函数。

3.4 公共物品的资源配置模型

3.4.1 萨缪尔森的纯公共物品模型

新古典经济学研究的纯私人物品的私人效用函数为：

$$U^i = U^i(x_1^i, x_2^i, \cdots, x_n^i) \tag{3.1}$$

式中：U——私人效用函数；

$(x_1^i, x_2^i, \cdots, x_n^i)$——私人 i 的 n 种私人物品。

基于该私人效用函数假定，萨缪尔森通过定义从 $n+1$ 到 $n+m$ 的 m 种纯公共物品将私人效用函数拓展为 $U^i = U^i(x_1^i, x_2^i, \cdots, x_n^i, x_{n+1}^i, \cdots, x_{n+m}^i)$，并且指出纯公共物品与纯私人物品的差异集中体现在物品的可加性与等价性之中。若A生产公共物品，B、C可以共同享受这一公共物品带来的效用，即 $U_{x^A} = U_{x^B} = U_{x^C}$，那么，A生产的便是纯公共物品。但是公共物品和私人物品的社会最优水平决定机制存在巨大差异。私人物品可以根据分散的价格决定机制形成最优数量和价格，而公共物品是通过投票或信号传递等机制来决定其社会最优状态的。在萨缪尔森模型中，社会最优条件被概括为两条：①私人物品给私人所带来社会福利的边际效用人人相等；②个人边际效用替代率的加总等于社会边际成本。以评价收费电视举措的好坏为例，公共物品问题的最后解决方案包含价值判断。

3.4.2 布坎南的俱乐部物品模型

布坎南提出的俱乐部物品模型也称为合作成员理论。该理论指出布坎南的俱乐部物品可以穷尽私人物品、公共物品，或者混合物品。简言之，从俱乐部人数（或者称为组规模）来看，当俱乐部人数为1，即仅对1个人开放时，这个物品即为纯私人物品；当俱乐部人数为无穷时，即既无排他性又无竞争性，该定义符合萨缪尔森定义的纯公共物品。俱乐部物品模型包含着对决定消费所有权在不同数量成员间分配的研究，以弥补萨缪尔森在纯公共物品与纯私人物品之间的理论缺口。因此，布坎南在萨缪尔森效用函数假定的基础上加入“俱乐部规模”变量 N，并将俱乐部物品的效用函数最终拓展为：

$$U^i = U^i\left[\left(x_1^i, N_1^i\right), \left(x_2^i, N_2^i\right), \cdots, \left(x_n^i, N_n^i\right), \left(x_{n+1}^i, N_{n+1}^i\right), \cdots, \left(x_{n+m}^i, N_{n+m}^i\right)\right] \tag{3.2}$$

同理，俱乐部物品的生产成本函数为：

$$F^i = F^i\left[\left(x_1^i, N_1^i\right), \left(x_2^i, N_2^i\right), \cdots, \left(x_n^i, N_n^i\right), \left(x_{n+1}^i, N_{n+1}^i\right), \cdots, \left(x_{n+m}^i, N_{n+m}^i\right)\right] \tag{3.3}$$

根据“边际替代率等于边际转换率”的原则，在俱乐部物品下的社会最优条件转变为式（3.4）和式（3.5）：

$$u_j^i / u_r^i = f_j^i / f_r^i \tag{3.4}$$

$$u_{Nj}^i / u_r^i = f_{Nj}^i / f_r^i \tag{3.5}$$

最优条件表明，对于第 i 个人而言，第 j 类俱乐部物品与第 r 类俱乐部物品应满足两类物品间边际替代率等于边际转化率的要求，并且要求第 j 类俱乐部物品 x_j 的俱乐部规模 N 相对于第 r 类俱乐部物品 x_r 的边际替代率等于相应的两类变量的生产或交换比率。

3.4.3 奥斯特罗姆的公共池塘资源模型

具有竞争性和非排他性的公共池塘资源往往存在“拥挤效应”和“过度使用”问题，非正式制度安排下的无偿占有和“搭便车”激励下的无人供给使得公地悲剧在局部地区频繁出现。但是作者发现并非所有的公地都出现了过度开发。经案例研究发现，每一个案例都对应着一套规则，如高山草场的伐木与保护规则、韦尔塔的用水规则、地下水的开采规则、渔场的作业规则。在这些规则背后，还有一系列的保障措施——惩罚措施、部落规则等。虽然此类规则非常脆弱，但是这些小组织内的成员还是努力推动着制度变迁，重构当地区域的制度供给体系，形成公共池塘资源高效、合理、可持续的发展格局。一般而言，对于自主组织与自主治理案例的分析而言，作者主张从共有资源的占用和供给现状入手，多层次地分析区域的制度结构，在正式和非正式的集体选择论坛中明确共有资源的操作细则。

基于俱乐部物品理论的效用函数，公共池塘资源的个人效用函数可以修正为：

$$U^i = U^i\left[\left(x_1^i, p_1^i\right), \left(x_2^i, p_2^i\right), \cdots, \left(x_n^i, p_n^i\right), \left(x_{n+1}^i, p_{n+1}^i\right), \cdots, \left(x_{n+m}^i, p_{n+m}^i\right)\right] \tag{3.6}$$

相对于俱乐部物品而言，由于公共池塘资源具有非排他性，因此俱乐部规模对于个人效用函数而言并非关键因素；反而公共池塘资源的竞争性要求每种公共池塘资源的每个消费者的支付意愿存在差异。如以渔业资源的开采为例，对于不同捕捞点的不同竞价和不同的工作努力程度均体现了当地渔民对公共池塘资源的支付意愿。因此公共池塘资源个人效用函数中的 p 可以是指价格，而更一般的含义应该是支付意愿。因而公共池塘资源问题可以转化为俱乐部问题进行处理。然而并不是所有的池塘资源问题均可转化为俱乐部问题处理。当公共池塘资源具有使用者规模小，相应产权容易界定，或者奖惩机制可以有效地运行时，那么公共池塘资源可以转化为私人物品进行处理，即可交易的公共池塘资源。当公共池塘资源使用者规模巨大，但是可以有效排他，那么公共池塘资源可以转化为俱乐部物品进行处理。

3.5 公共物品的典型供给方式

3.5.1 公共物品的政府供给

政府与市场具有一定程度的可替代性，市场失灵的公共物品领域往往要求政府干预，即政府提供公共物品。由于市场存在失灵，公共物品和有益物品应由政府提供。政府供给的主要手段是税收融资。然而公共物品与有益物品的政府提供往往并不遵循个人偏好和个人意愿，甚至是违背个人偏好而进行强制消费。因此，Brennan 和 Lomasky 提出了多元个人偏好，即一个人可能有一个以上的偏好顺序，包括市场偏好、反映偏好和政治偏好：单一的功利主义个人偏好即为市场偏好，也是主流经济学关注的唯一偏好；反映偏好是个人主观评价，即个人想……；政治偏好是个人的规范评价，即社会应该……。反映偏好可以通过个人谈话等形式表现出来，而政治偏好可以通过投票行为等活动表现出来，但是两者均很难利用市场机制表现出来，反而为政府行政机制的发挥创造了空间。

3.5.2 公共物品的私人供给

公共物品私人供给的实质在于公共物品的交易机制。公共物品交易的结果是所有参与交易的人通过某种集体决策规则就其共享和共同消费的物品数量达成一致。而且要达到通常意义上有效率的结果，交易者只能就其价格，而不是数量作出个人调整。从私人供给角度出发，基于个人需求曲线的垂直加总特征，通过沉没成本的分析方法，如果给定私人生产者有能力排除非买主，那么他就能有效地生产公共物品；在排他成本可以忽略的情形下，公共物品的私人生产与私人物品的市场生产结构一致，均存在竞争均衡的结局。与此同时，完全垄断者一般不可能生产出最优水平的公共物品，并且在长期均衡中，公共物品的竞争性生产方式恰恰能够实现此类物品的最优供给。如果一些相应的排他成本可以被忽略的话，那么公共物品或准公共物品可以被转化为私人物品进行处理。此外，公共物品私人供给应在政府资金支持下，在政府协助削减交易费用的条件下，通过成本分担的自由市场谈判方式来完成公共物品的私人生产。

3.5.3 公共物品的自愿供给

公共物品的自愿供给与公共物品的私人供给不同，是自主组织与自主治理的过程。这一过程中，个人会自愿为组织进行捐赠，且个人捐赠往往具有三大动机：①个人经济利益；②个人物质利益；③个人精神利益。现实生活中不乏自愿合作提供公共物品的情形，自愿供给公共物品的案例不胜枚举。当然，允许联合成员间可以交换是公共物品供给高效率的重要途径，不成文的协议有利于解决前期的一系列外部性问题，包括对重新谈判的相关规定。“可视效应”会影响政府在多种公共物品投资的资源分配；民主化进程扩大了可视公共物品与弱可视公共物品在获得政府资源分配上的差距，而且弱可视公共物品在政府资源分配问题上表现出多重均衡。然而，由于自愿交易理论的同质假设、竞争性定价假设以及衍生的税收公平性问题使基于自愿供给理论来描述的收入——支出过程并不被普遍接受，这是因为真实的收入——支出政策提供偏好标准，真实的收入——支出过程更为错综复杂。

3.5.4 公共物品的联合供给

公共物品理论是马歇尔联合供给理论的延伸，解决此类外部性问题，或者说是公共物品问题，有两条可供选择的路径：①当交易双方规模较小时可以通过一般的交易过程实现帕累托最优；②当交易双方规模较大时可以通过政治过程的运转来达到最优状态。德姆塞茨在公共物品和私人物品规范与实证的分析中也指出联合供给模型依然非常有用，该模型在两类物品间的均衡分析中占据同等重要的地位。公共物品供给问题的研究应充分重视政府支持者的动机与决策，政府的定位取决于政治体制，政府的完全歧视在现实中并不可行，消费——投票者的联合行动是解决公共物品供给的关键。根据科斯定理，如果当大多数人联合起来仅依靠他们自身的资源来进行公共物品的生产时，且单方支付并不可行，那么公共物品的供给方式就会影响最优产出，或者是影响公共物品的选择。但是单方支付即使不可行，也不会影响公共物品的选择，对交易比率进行适当的调整即可实现最优产出。此外，近年来实验经济学的发展充分表明，私人间存在的合作供给方式是公共物品供给的有效途径。在现实生活中，并不是所有人在公共物品的供给问题上都一毛不拔，从平均数据来看，每个人会贡献自身财富的15%～25%投资于公共物品。不过，一般而言，当边际收益越大时，人们更愿意合作；当组织规模越大时，人们更愿意合作；当公共物品存在正外部性时，人们更愿意合作。Andreoni的实验结果也表明有75%的人选择合作，而其中一半是一时兴起，另一半是出于善心。

总之，公共物品不一定非要由政府来提供，一些组织或私人也可以提供。排他性公共物品的特性之一是价格排他，价格的排他决定了该类公共物品具有市场供给的特征。不过，决定强制性与自我选择两类供给方式是由两股力量共同作用的结果：范围经济效应与平均主义势力。在特定的情形中，“搭便车”问题并不重要，人们可以通过支付随机的一次性价格来融资提供非竞争性的物品。现实生活中公共物品供给方式更多地表现为政府供给、联合供给、私人供给和自愿供给方式的匹配与融合。对于不同的广义公共物品而言，存在着不同的理论解说，但存在主导性的供给方式，如表3-2所示。

表3-2 物品分类与分类供给

广义公共物品	代表性人物	主导性供给方式
纯公共物品	萨缪尔森	政府供给，联合供给
俱乐部物品	布坎南	联合供给，私人供给
公共池塘资源	奥斯特罗姆	政府供给，联合供给，自愿供给

专栏3-3 《经济学中的灯塔》（节选）

灯塔出现在经济学家的著作中，是因为它可能有助于理解政府的经济功能问题。

约翰·斯图亚特·穆勒在他的《政治经济学原理》一书的“自由放任或不干预原理的基础和限制”一章中写道：“……为了确保航行的安全，建造和维修灯塔，设置浮标等属于政府适当的职责。由于不可能向受益于灯塔的海上船只收取使用费，没有人会出于个人利益的动机而建造灯塔，除非由国家的强制征税给予补偿。”

亨利·西奇威克在他的《政治经济学原理》一书的“生产关系中自然自由的体系”一章中这样写道：“……在大量的各种各样的情况下，这一论断（即通过自由交换，个人总能够为他所提供的劳务获得适当的报酬）明显是错误的。首先，某些公共设施，由于它们的性质，实际上不可能由建造者或愿意购买的人所有。例如，这样的情况经常发生：大量船只能够从位置恰到好处的灯塔得到好处，灯塔管理者却很难向它们收费。”

庇古在《福利经济学》中借用了西奇威克的灯塔例子作为非补偿性服务的例子：“在那里，边际净产出小于边际社会净产出，因为它会给技术上很难向其索取报酬的第三方带来额外的服务。”

保罗·萨缪尔森在他的《经济学》一书中，比那些早期作家更直截了当地在“政府的经济作用”一节中写道：“政府提供某些无可替代的公共服务，没有这些服务，社会生活将是不可想象的。它们的性质决定了由私人企业提供是不合适的。”这部高深的著作说明：“私人利益和货币成本”（正如一个想靠建灯塔发财的人所看到的）与真正的社会利益和成本（将被保全的生命和货物与①灯塔的总成本和；②让更多的船只看到警告灯塔的额外成本相比较）是存在差异的。哲学家和政治家一般都承认在“私人利益和社会利益存在外部经济差异”的情况下政府的必要作用。

在灯塔的例子中，应该注意：灯塔管理者不能很容易地以销售价格的形式向受惠者收费这一事实使灯塔成为某种社会或公有物品，但即使灯塔管理者——假定通过雷达跟踪——能向每一个附近的使用者收费，这一事实本身并不能保证灯塔服务能像根据市场价格而提供的私有物品那样，以社会最优的方式提供出来。因为容许更多的船只使用灯塔的社会成本是零附加成本。因此，由于避免付费而远离灯塔水域的任何船只代表着社会的经济损失——即使向一切船只收费，其价格的总和也并不会大于灯塔的长期开支。如果灯塔从社会的观点上看来是值得建造和维修的——它不一定是应该的——较为高深的著作能够说明为什么这种社会的物品应该以最优的方式给予切入。

从以上可以看出，穆勒、西奇威克、庇古与萨缪尔森这 4 个人虽然都主张灯塔应该由政府提供，但是穆勒、西奇威克、庇古 3 人认为如果能够合理解决灯塔收费困难的问题，他们也不反对由私人经营灯塔。而萨缪尔森的观点不同，他认为即便是解决了灯塔收费难的问题，灯塔由政府提供才是最佳选择。而科斯自己并不急着给出自己的答案。

灯塔制度的演变可以大致分为 4 个阶段：

第一阶段，17 世纪以前，英国几乎没有灯塔，用来导航的只是各式各样的航标，包括教堂和尖塔、房屋和树丛、浮标和信标等。16 世纪初，由海军大臣来负责航标的管理和信标的提供，到了 1566 年，则由领港公会提供和管理这些航标。

第二阶段，17 世纪，由领港公会建造了极少的灯塔，船主向他们提出建造灯塔的建议，但他们却不愿意自己出钱去建造灯塔。相反，私人为了个人利益，建造了不少灯塔。由于这时期建造灯塔的法定权力仍在领港公会手中，私人为避免与领港公会的权力冲突，于是从国王那里获得专利权，从而被允许建造灯塔和向受益于灯塔的船只收取使用费，其具体的做法是由船主和货运主递交一份请愿书，声称他们将从灯塔获得极大的好处并愿意支付使用费。灯塔使用费由所在港口的代理者（他可能代理几座灯塔）收取，这种代理者可以是个人，但通常是海关官员。

第三阶段，17 世纪末至 18 世纪末，领港公会申请专利权，然后出租给私人。如规定一定租期，由私人交一定租金给领港公会，而其余的利润归私人。这样一来，既能保住其权力又能轻松赚取钱财，私人与公会之间的关系也和谐了许多，这种办法大大激励了私人建造灯塔的热情。这一时期，私人建造的灯塔数远远超过领港公会。

第四阶段，19 世纪以来，领港公会开始逐渐收购私人灯塔，这一收购行动于 1842 年完成。其改革的目标是开支与所征的税大致相当。为什么提出要由领港公会来集中管理，主要是基于以下几个理由：①各管各的，不统一，导致秩序紊乱；②灯塔对海军和商业至关重要，由私人管理不可思议；③灯塔由私人来建，往往是在海难事故发生之后才建，且速度慢；④征税较高，不利于航运业的发展。但是事实表明，集中管理也并没有降低灯塔税。另一个降低灯塔税的方法是领港公会放弃经营自己所有的灯塔所得的净收入。这笔钱当然用于慈善事业，主要用来资助退休的海员、他们的寡妇和孤儿。灯塔税的这种用途在 1822 年和 1834 年受到议会委员会的反对。但是，后来政府反对将灯塔税用于慈善事业，这一举措引起一场有趣的争论：领港公会声称自己的私法人性质，应该像私人那样来管理自己的财富；而政府部门则认为由于领港公会收取灯塔税的权力实际是一种特许经营权，对灯塔税的利用和管理应照顾到社会公共利益。

3.5.5 公共物品的有效供给

尽管公共物品存在政府供给、联合供给、私人供给和自愿供给等典型的供给方式，但是依靠私人部门来提供有效数量的公共物品往往又不可能。因此，如何实现公共物品的有效供给则是另一重要的命题。以生物多样性为例，两个消费者 A 和 B 保护生物多样性的个人需求曲线如图 3-1 所示。市场需求曲线是两条个人曲线的垂直加总，这是因为每个消费者都在同一时间消费同样数量的生物多样性，这与私人供给的社会需求曲线推导一致。生物多样性有效水平是指净效益最大化，表现为图 3-1 中市场需求曲线以下边际成本曲线以上部分围成的区域面积，此时最优配置水平是 Q^*。两个消费者在均衡数量处的边际净效益分别为 OA 和 OB，两者之和等于社会边际净效益，等于边际成本。

私人供给能够实现有效供给吗？答案是否定的，且往往出现有效供给不足的情形。图 3-1 表明，公共物品有效市场的均衡需要每一个消费者都有一个不同的价格。对于消费者 A 来说，生物多样性的意愿支付价格是 OA；对于消费者 B 而言，生物多样性的意愿支付价格是 OB；且有 $OB > OA$。虽然消费者剩余能够为公共物品的供给提供充足的资金（$OA \times Q^* + OA \times Q^* = \mathrm{MC} \times Q^*$），但是有效的价格体系需要向每个消费者收取不同的费用。在不存在排他性时，消费者可能避免显示他们对公共物品的偏好程度，因此生产者无法知道应该收取多少费用。由于每个人都能在别人贡献的基础上“搭便车”，无效率的结果就会出现。当然，私人供给公共物品的数量也不可能为零。某些如生物多样性等公共物品也将可以由私人供给，私人供给量也可以相当得大，但很难实现有效的结果。

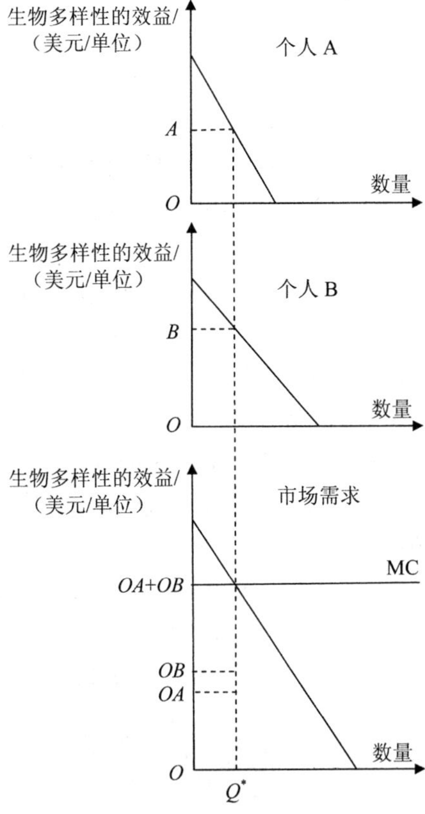

图 3-1　公共物品有效供给示意

思考题

1. 试论述物品分类标准及其分类。
2. 公共物品的内涵与外延是什么？
3. 公共物品的典型供给方式有哪些？
4. 公共物品理论模型有哪几类？不同模型之间存在怎样一种内在联系？
5. 如何实现公共物品的有效供给？

参考文献

[1] Samuelson P A. The Pure Theory of Public Expenditure[J]. The Review of Economics and Statistics，1954，36（4）.

[2] Samuelson P A. Diagrammatic Exposition of a Theory of Public Expenditure[J]. The Review of Economics and Statistics，1955，37（4）.

[3] Buchanan J M. An Economic Theory of Clubs[J]. Economica，1965，32（125）.

[4] Sandler T，Tschirhart J. Club Theory：Thirty Years Later[J]. Public Choice，1997，93（3/4）.

[5] Barzel Y. The Market for a Semipublic Good：The Case of the American Economic Review[J]. The American Economic Review，1969，61（4）.

[6] Sandler T，Daniel G，Arce M. Pure Public Goods versus Commons：Benefit-Cost Duality[J]. Land Economics，2003，79（3）.

[7] Bailey M J. Lindahl Mechanisms and Free Riders[J]. Public Choice，1994，80（1/2）.

[8] Samuelson P A. Public Goods and Subscription TV：Correction of the Record[J]. Journal of Law and Economics，1964（7）.

[9] McGuire M N. Group Segregation and Optimal Jurisdictions[J]. Journal of Political Economy，1974，82（1）.

[10] Berglas E.On the Theory of Clubs[J]. American Economic Review，1976，66（2）.

[11] Sandler T，Tschirhart J. Club Theory：Thirty Years Later[J]. Public Choice，1997，93（3/4）.

[12] Demsetz H. The Private Production of Public Goods[J]. Journal of Law and Economics，1970，13（2）.

[13] Anandi Mani，Sharun Mukand. Democracy，Visibility and Public Good Provision[J]. Journal of Development Economics，2007（83）.

[14] Isaac R M，Walker J M. Group Size Effects in Public Goods Provision：the Voluntary Contributions Mechanism[J]. The Quarterly Journal of Economics，1988，103（1）.

[15] 汤姆·蹋腾伯格，琳恩·刘易斯．环境与自然资源经济学[M]．北京：中国人民大学出版社，2011.

[16] 曼昆．经济学原理[M]．北京：机械工业出版社，2001.

[17] E·奥斯特罗姆．公共事物的治理之道——集体行动制度的演进[M]．余逊达，陈旭东，译．上海：上海人民出版社，2000.

[18] 奥尔森．集体行动的逻辑[M]．陈郁，郭宇峰，李崇新，译．上海：上海人民出版社，1994.

[19] 沈满洪，谢慧明．公共物品问题及其解决思路——公共物品理论文献综述[J]．浙江大学学报：人文社会科学版，2009（6）.

[20] 余英．有益品理论：回顾与思考[J]．财经科学，2008（12）.

第二篇　环境经济手段

第 4 章　环境经济手段概述

随着市场化改革的深入推进，市场机制在资源配置中的作用已经从“基础性作用”上升为“决定性作用”。这就说明，环境经济手段在生态建设与环境保护中的作用日益凸显。第二篇系统介绍环境经济手段。本章先就环境经济手段的分类及环境经济手段评价标准做一介绍。

4.1　环境经济手段的内涵与分类

4.1.1　环境经济手段的内涵与特点

环境经济手段有广义与狭义之分。从广义的角度看，一种政策手段只要同时对环境与经济有影响，就可以称为环境经济手段。但环境经济手段一般是从狭义的角度进行界定的。按照经济合作与发展组织（OECD）的观点，当某种手段的应用足以影响到经济当事人（污染者）对可选择的行动（如安装治污设施以减少污染排放、缴纳排污费以获准污染、与其他厂商协商以取得许可等）的费用进行评估时，该手段之前便可以冠之以“经济”之名。

这就是说环境经济手段具有如下几个特点：

（1）环境经济手段是与成本—收益比较相联系的。一方面，它表现在政府对生态环境管理的政策手段要作成本—收益比较，要选择在生态环境效益相同时的政策手段成本最小的一种手段，或者说要选择在政策手段成本既定时的生态环境效益的最大化。另一方面，它表现在使得有关经济主体能够根据政府确定的经济手段进行权衡比较，选择能够使自己获益最大的方案。也就是说，环境经济手段使得有关经济主体拥有可选择性。

（2）环境经济手段的使用有利于环境的改善。经济手段的作用在于它影响经济主体的决策和行为，这种影响表现在使得人们所做的决定能够导致比没有这些手段时更加理想的环境状态。也就是说，环境经济手段不是一般的经济手段或财政手段，一般的经济手段或财政手段只强调经济利益的最大化，相对较少考虑环境效果，而环境经济手段的目的在于以“经济”的手段获取良好的环境效果。

（3）环境经济手段不一定与收费计划相联系。某些财政手段（如管制中的收费）不是经济手段，相反，某些非财政手段（如交易计划）则是经济手段。例如，环境政策中的交易计划可能旨在以最小的成本达到一定的环境质量标准。因此，它属于环境经济手段。

（4）环境经济手段对经济主体具有刺激性而不具有强制性。经济手段对经济主体的刺激性，可以直接改变经济主体的行为。环境经济手段本身就是与直接管制手段相对应地能使当事人以他们自认为更有利的方式对待特定的刺激作出反应。也就是说，经济主体基于经济利益的考虑，至少可以在两个不同的方案之间进行选择。直接管制手段通常也包括一些财政或金融方面的内容。在某些情况下，管制伴随着收费，这些收费并不是旨在改变行为，而是在于惩处。因此，这不属于经济手段。

总之，环境经济手段能使经济主体以他们认为最有利的方式对某种刺激作出反应，它是向污染者自发的和非强制的行为提供经济刺激的手段。因此，环境经济手段可以定义为：政府环境管理当局从影响成本—收益入手，引导经济当事人进行选择，以便最终有利于环境的一种政策手段。

随着市场化改革的深入，经济手段在环境资源和自然资源配置中将日益发挥决定性的作用。见专栏 4-1。

专栏 4-1 加快生态文明制度建设（节录）

建设生态文明，必须建立系统完整的生态文明制度体系，实行最严格的源头保护制度、损害赔偿制度、责任追究制度，完善环境治理和生态修复制度，用制度保护生态环境。

（51）健全自然资源资产产权制度和用途管制制度。对水流、森林、山岭、草原、荒地、滩涂等自然生态空间进行统一确权登记，形成归属清晰、权责明确、监管有效的自然资源资产产权制度。建立空间规划体系，划定生产、生活、生态空间开发管制界限，落实用途管制。健全能源、水、土地节约集约使用制度。

健全国家自然资源资产管理体制，统一行使全民所有自然资源资产所有者职责。完善自然资源监管体制，统一行使所有国土空间用途管制职责。

（52）划定生态保护红线。坚定不移实施主体功能区制度，建立国土空间开发保护制度，严格按照主体功能区定位推动发展，建立国家公园体制。建立资源环境承载能力监测预警机制，对水土资源、环境容量和海洋资源超载区域实行限制性措施。对限制开发区域和生态脆弱的国家扶贫开发工作重点县取消地区生产总值考核。

探索编制自然资源资产负债表，对领导干部实行自然资源资产离任审计。建立生态环境损害责任终身追究制。

（53）实行资源有偿使用制度和生态补偿制度。加快自然资源及其产品价格改革，全面反映市场供求、资源稀缺程度、生态环境损害成本和修复效益。坚持使用资源付费和谁污染环境、谁破坏生态谁付费原则，逐步将资源税扩展到占用各种自然生态空间。稳定和扩大退耕还林、退牧还草范围，调整严重污染和地下水严重超采区耕地用途，有序实现耕地、河湖休养生息。建立有效调节工业用地和居住用地合理比价机制，提高工业用地价格。坚持谁受益、谁补偿原则，完善对重点生态功能区的生态补偿机制，推动地区间建立横向生态补偿制度。发展环保市场，推行节能量、碳排放权、排污权、水权交易制度，建立吸引社会资本投入生态环境保护的市场化机制，推行环境污染第三方治理。

（54）改革生态环境保护管理体制。建立和完善严格监管所有污染物排放的环境保护管理制度，独立进行环境监管和行政执法。建立陆海统筹的生态系统保护修复和污染防治区域联动机制。健全国有林区经营管理体制，完善集体林权制度改革。及时公布环境信息，健全举报制度，加强社会监督。完善污染物排放许可制，实行企事业单位污染物排放总量控制制度。对造成生态环境损害的责任者严格实行赔偿制度，依法追究刑事责任。

摘自《中共中央关于全面深化改革若干重大问题的决定》（2013 年 11 月 12 日中国共产党第十八届中央委员会第三次全体会议通过），人民日报，2013 年 11 月 16 日。

4.1.2 环境经济手段的分类

关于环境经济手段已有不同的分类：

OECD 在《环境经济手段应用指南》中曾经将环境经济手段划分为 3 种：环境收费或税收、许可证制度和押金-退款制度。OECD 在《环境管理中的经济手段》一书中进一步将环境经济手段确定为下列 5 种：收费、补贴、押金-退款制度、市场创建和执行鼓励金。这一分类在国内已经被比较广泛地接受。

世界银行哈密尔顿等所著的《里约后五年——环境政策的创新》一书中将实施可持续发展战略的政策手段列成一个矩阵，如表 4-1 所示。

表 4-1 政策矩阵——可持续发展的政策与手段

主题	政策手段			
	利用市场	创建市场	实施环境法规	鼓励公众参与
资源管理与污染控制	减少补贴	产权/分散权力	标准	公众参与
	环境税	可交易的许可证	禁令	信息公开
	使用费	国际补偿制度	许可证和配额	
	押金-退款制度			
	专项补贴			

这一分类虽然不是完全针对环境经济手段而言的，但它把实施可持续发展战略有关的所有政策手段都通过矩阵的形式列举出来，给人一目了然的感觉。仔细考察表中的内容可以看出，表中的“利用市场”和“创建市场”两列所指的正是环境经济手段，“实施环境法规”一列所指的是法律手段和管制手段，“鼓励公众参与”一列所指的是教育手段。

上述两种分类都具有国际权威性，但是，这种分类仅仅是对环境经济手段的一种列举，没有从环境经济手段的内在特征和本质角度去加以区分。

国内学者大多接受上述两种分类。但也有一些与上述分类不同的观点。有的把环境经济手段分成下列五种：财政资助、税收优惠与低息贷款、排污收费、污染赔偿与罚款、利润。还有的将环境经济手段仅分成三类：财政援助、低息贷款、税收。这两种分类有两个共同的特点：①将环境经济手段的含义界定更宽泛了，例如把属于管制手段的罚款也作为经济手段，把属于一般财政和金融政策的手段也看做环境经济手段；②没有包含已经被广泛接受的排污权交易制度等新型手段。

从理论研究的角度，可以将环境经济手段划分为庇古手段和科斯手段两大类。见图 4-1。之所以这样命名是基于如下考虑：在几百年的经济理论发展历史中始终存在经济自由主义和政府干预主义的争论，市场经济好还是政府干预好，市场机制多一点还是政府干预多一点，始终是经济学研究和争论的热门话题。“市场失灵”自然让人想到政府干预，但“政府失灵”又让人想到市场机制。在生态环境问题上，同样存在这一认识问题上的争论。这集中表现在对外部性问题的论述上。以庇古为代表的经济学家强调通过政府干预的手段使得外部性内部化，而以科斯为代表的经济学家又强调由市场机制本身来解决外部性问题。那么，这两种手段是相互排斥的还是相互补充的，就成为了学者关注和思考的一个问题。

所谓庇古手段，就是庇古在《福利经济学》中所表述的政策措施，即由于生态环境问题的重要经济根源是外部效应，那么，为了消除这种外部效应，就应该对产生负外部效应的单位收费或征税，对产生正外部效应的单位给予补贴或补偿。由于征税和补贴都是政府对经济活动较强的干预，因此，庇古手段是一种侧重于用“看得见的手”即政府干预来解决导致生态环境问题“市场失灵”和“政府失灵”的经济手段。庇古手段还可以进一步进行细分。从政府收入的角度看，庇古手段主要是税收（收费）手段，例如资源税、环境税、碳税政策等；从政府支出的角度看，庇古手段主要是补贴手段，例如生态补偿、循环补贴、低碳补助等；从政策组合的角度看，庇古手段主要是押金-退款手段等。

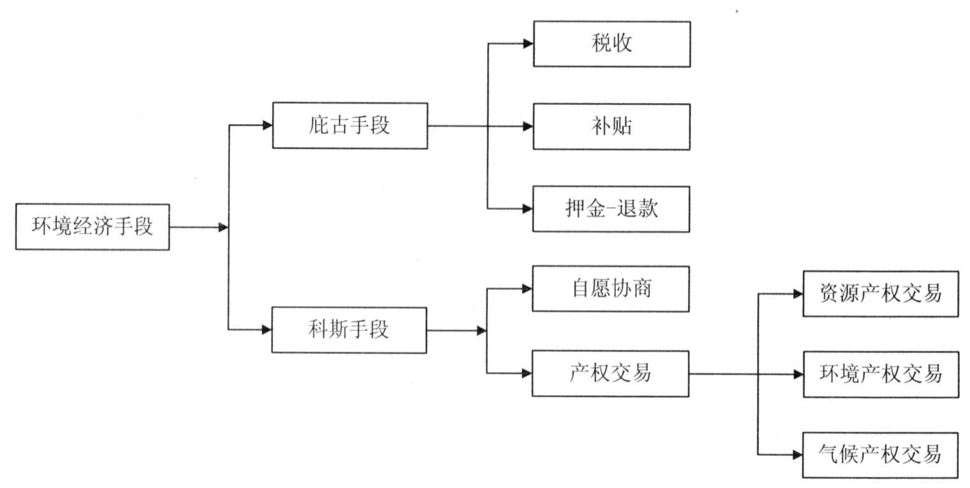

图 4-1　环境经济手段的分类

所谓科斯手段，就是著名的科斯定理所表明的内容，只要能把外部效应的影响作为一种产权明确下来，而且谈判的费用也不高，那么，外部效应问题可以通过当事人之间的自愿交易而达到内部化。科斯手段包括自愿协商制度、产权交易制度等。解决外部性内部化中的产权交易制度包括资源产权交易政策，如水权交易、林权交易、矿权交易等；环境产权交易政策，如生态产权交易、排污权交易；气候产权交易政策，如碳权交易、碳汇交易等。

专栏 4-2　实现“双赢”的东阳—义乌水权交易

2000 年 11 月 24 日，浙江省东阳市和义乌市签订了一个有偿转让水权的协议：义乌市花 2 亿元向毗邻的东阳市购买了约 5 000 万 m^3 水资源的永久使用权。水利部有关专家称，两市政府签订的这笔水权交易协议，开创了中国水权制度改革的先河。（所谓水权，可以简单地划分为水资源的所有权和使用权。通常所说的水权是指水资源的使用权。）

1．义乌市水资源严重不足

浙江省虽然是一个地域小省、资源小省，但它却作为市场大省而享誉四海。其中，义乌市的“中国小商品城”尤其引人注目。但水资源短缺却是义乌人心中挥之不去的一道阴影。义乌市总面积 1 103 km^2，总人口 66 万，有耕地 2.3 万 hm^2。人均水资源尚有 1 130 m^3，但由于地形、污染等原因，使这个市的发展尤其是近年在由小城市迅猛发展到中等城市，并正朝着大城市发展的过程中，水成为首要的制约因素。

义乌市前几年用“自行贷款、自行建设、自行收费、自行还贷、自行管理”政策引入市场机制建设了八都水库，自 1997 年以来该水库发挥了效益，供水量为 2 300 万 m^3，基本达到了设计要求，使老城区现有供水能力达到每天 9 万 t，基本满足了老城区的供水要求。但义乌新城区的发展很快，人口和规模已超过老城区，整个市区已有常住人口 35 万；而未来 10 年中，义乌要建设成为 50 万人口以上的大城市。因此，水问题仍然是制约这座城市发展的“瓶颈”。

1997 年以前，居住在义乌城里的人饱尝了喝水之苦：义乌江污染严重，地下水含有害矿物质严重超标。近几年，大街小巷上饱尝“水荒”的义乌人背桶矿泉水回家做饭的情形已司空见惯。义乌市严重缺水了。

2．东阳市存在 1.65 亿 m^3 富余水资源

以“建筑之乡”“博士之乡”著称的东阳市，全市面积 1 793 km^2，人口 78.6 万。境内最大河流——钱塘江的三大源流之一的东阳江全长 57 km，多年平均径流量达 8.74 亿 m^3。除东阳江外，还有南江及其他丰水溪流，水资源总量 16.08 亿 m^3。1999 年，东阳市农业用水 1.8 亿 m^3，工业用水 0.35 亿 m^3，城镇供水 0.22 亿 m^3，水力发电用水 4.52 亿 m^3。

1998 年东阳市着手对境内两个较大灌区——横锦水库灌区和巍山灌区进行配套建设。其中横锦水库灌区是全市最大灌区，始建于 1958 年，1964 年建成，1984 年完成按可能最大暴雨 PMP 洪水标准保坝施工任务。但溢洪道进口控制设施一直未安装，1.732 亿 m^3 的设计正常库容只能蓄 1.427 亿 m^3。限于当时条件，水库的建设标准低，质量不高，经过 30 多年运行，渠道渗漏严重，干渠水利用系数只有 0.5 左右，加上田间渠系不配套，普遍采用大水漫灌、串灌，造成整个灌区上游淹、中游阻、下游旱的现象严重。实际灌溉面积逐年减少。到 1998 年，设计 12 万亩的灌溉能力实际只能灌溉 8 万多亩。

东阳市的两个灌区设施配套建设项目列入了国家农业综合开发水利骨干工程。横锦水库灌区建设的项目主要内容是投入 3 880 多万元，进行 69 km 干渠拓宽和防渗衬砌，10 km 干渠延伸建设，5 条支渠改建和 43 km 防渗加固，4 扇溢洪道口弧形闸门建设等。

项目实施后节水效益显著：可提高正常蓄水位，增加供水能力 2 392 万 m^3；干渠利用系数提高到 0.9，渠系水利用系数提高到 0.65，节约灌溉用水 2 981 万 m^3；扩大灌溉 4.59 万亩（1 亩=666.67 m^2），恢复灌溉面积 3.2 万亩，改善灌溉面积 8.14 万亩，节水灌溉面积 7.5 万亩，改善排涝面积 10.5 万亩，下游河道防洪能力提高到 20 年一遇。总之，通过项目实施，水库可以新增城镇供水能力 5 300 万 m^3。

精明的东阳人意识到，通过节水灌溉工程得到的多余的水不能让它白白流走，要设法让它为东阳创造效益。他们算了一笔经济账：横锦灌区改造后，他们将继续实施境内一支流梓溪流域开发——该流域集雨面积为 61 km^2，水资源总量 6 000 万～7 000 万 m^3，通过二级水电开发，再投资 4 500 万元左右，穿 8.2 km 引水隧道可引入横锦水库 5 000 万 m^3 水。目前，横锦水库已建成供水能力每秒 10 m^3 的水厂，每年向东阳市供水约 1 040 万 m^3；年农业灌溉用水约 5 700 万 m^3。该水库在满足灌区农业灌溉及城市供水水量外，还有 1.65 亿 m^3 水可以利用。

3．东阳市—义乌市实现“双赢”的水权交易

义乌人考虑到境内已没有合适的库址可建水库，自然将目光转移到了“境外引水”，而从东阳引水是最合适不过了。

东阳人把目光投向了水权交易市场。如果将丰余的1/3水转让，另外2/3作为未来发展的储备，这不仅不会影响全市的灌溉和城镇供水，还可以利用转让金加快全市水利设施改造步伐，把节约用水提高到一个新的水平。

东阳市、义乌市以政府为代表，双方经过水利部门的五轮磋商，两市五大班子分别就水利部门达成的一致意向进行投票表决，在双方均获全票通过的情况下于2000年11月24日在东阳市举行了一个简朴而慎重的水权转让协议签字仪式。

协议的主要内容为：①义乌市一次性出资2亿元购买东阳横锦水库每年4 999.9万 m^3 水的使用权；②转让用水权后水库原所有权不变，水库运行、工程维护仍由东阳负责，义乌按当年实际供水量每立方米0.1元支付综合管理费（包括水资源费）；③从横锦水库到义乌引水管道工程由义乌市规划设计和投资建设，其中东阳境内段引水工程的有关政策处理和管道施工由东阳市负责，费用由义乌承担。

有关专家认为，东阳—义乌水权交易具有三大意义：①打破了行政手段垄断水权分配的传统；②标志着水权市场的正式诞生；③证明了市场机制是水资源配置的有效手段。总之，这一案例不仅达到了东阳—义乌的“双赢”结局，而且为解决中国的“水危机”带来了一线曙光。

资料来源：郑忠成、毛湘宏，开创水权制度改革的先河，光明日报，2001年3月13日；胡鞍钢、王亚华，转型期水资源的优化配置，光明日报，2001年5月15日。

4.2 环境经济手段的评价标准

环境经济手段的制定、创新和选择，首先要进行科学而客观的评价，即在什么情况下选择什么手段。OECD等已经提出了评价环境经济手段优劣的一些标准，例如环境有效性、经济效率、公平、行政管理可行性、可接受性等。概括起来，评价环境经济手段的标准不外乎效率标准和公平标准两个方面。

4.2.1 评价环境经济手段的效率标准

评价环境经济手段的效率标准主要包括两个方面：环境效果和经济效率。

4.2.1.1 环境效果标准

环境效果是指环境经济手段实施后改善生态环境质量或达到生态建设及污染控制目标的成功程度。任何一种环境经济手段的主要目标都是改善生态环境质量，因此，环境效果是评价环境经济手段优劣的首要标准。如果一项环境经济手段的实施无助于改善环境质量，那么即使经济效益再好也不一定可取。环境政策的目标可以是把某个地方的某项污染物浓度控制在某个限度，也可以达到根据地方的或更大范围内所确定的环境舒适要求和标准，还可以是限制某些地方的污染物的排放总量。显然，任何一种环境经济手段的有效性都首先必须以这些环境标准来判断。

环境经济手段的环境效果主要取决于污染者所作出的反应能力。如果环境经济手段能够为减少污染和技术革新提供持久性的激励，那么，它们就会产生更大的环境效果。环境经济手段所提供的刺激效果取决于其所影响对象的弹性（需求或供给的价格弹性、需求或供给的补贴弹性、需求的收入弹性）、所提供的信号的强度以及替代品或替代方案的可得性。有时即使是高收费本身也不会有足够的行为激励方面的重要性，因此其环境效果就比较差或值得怀疑。

由于消费者对不同的产品的需求弹性是不同的，如果消费者消费的商品是生产过程中伴随着污染的产品，那么，环境经济手段要做的事就是如何减少这种产品的生产。其中方法之一就是征税或排污收费。这时，需求弹性越小，消费者对由于征税而导致的价格的变化反应越不敏感，对这种产品的消费减少越少，因此，经济手段的环境效果越差；需求弹性越大，消费者对由于征税而导致的价格的变化反应越灵敏，对这种产品的消费减少越明显，经济手段的环境效果越好。

由于生产者对不同产品的供给弹性也是不同的，如果生产者生产的商品是生产过程中伴随着污染的产品，那么，环境经济手段要做的事就是减少这种产品的生产。其中方法之一就是征税或排污收费。同样，供给弹性越小，生产者对征税的反应越不灵敏，环境经济手段的效果越差；供给弹性越大，生产者对征税的反应越灵敏，环境经济手段的效果越好。

在许多场合，经济手段是管制手段的补充。此时进行的经济手段的影响评价就要预先假定对由于采用管制手段而使环境恶化减轻的情况有所了解，然后比较采用环境经济手段以后的环境效果。

4.2.1.2　经济效率标准

经济效率最广义的定义是所有资源都得到合理和最有效的配置，以取得最大的经济效益。就生态环境管理而言，经济效率是指以最小的成本达到预期的环境目标，或者在相同的成本投入下取得最大的环境质量改善。根据经济学的原理，当边际收益等于边际成本时，厂商的利润能够达到最大化。经济生活中很多最优问题的求解都是根据边际值相等这一原则来确定的。环境保护领域也不例外。按照这一原则，就要解决 4 个问题：①厂商自身的边际私人收益与边际私人成本如何相等；②整个社会的边际社会收益与边际社会成本如何相等；③私人最优与社会最优如何一致；④实施环境经济手段所带来的边际收益与造成的边际成本如何相等。只有解决好所有这些问题，整个社会的最优解以及社会最优与私人最优的一致性问题才能得到有效解决。

作为环境经济手段的评价标准，重点要解决的是其中第 4 个边际值相等的问题。如果实施环境经济手段的边际收益大于边际成本，说明环境经济手段执行不够；如果边际收益小于边际成本，说明环境经济手段使用过度。这说明，从经济效率的角度看，生态建设及环境保护的投入并不是越多越好，也不是越少越好，而要掌握一个合理的“度”。

从不同的环境经济手段的比较来看，在环境改善的目标既定的情况下，只要比较每种环境经济手段的实施成本。实施成本包括污染削减技术的直接费用，也包括某种经济手段的组织成本，以及采用某种经济手段的副作用等。另外还要考虑经济手段运用过程中的交易成本。任何一种环境经济手段的实施都需要一定的人力和物力支持。但是，过高的财力要求往往会影响到经济手段的可接受性和经济效率。因此，在制定和实施经济手段时，必须考虑政策的实施成本问题。通常，简单易行的手段具有较低的操作成本，而影响手段是否简单易行的主要因素是手段操作过程中所需的信息量，如污染排放量的检测和排污的申报和审核。

由于不同的厂商减少污染的边际成本是不同的，当这种差距越大的时候，经济手段的效果越明显。这是因为，经济手段的一个极其重要的优点是经济主体的可选择性。在经济手段既定（如采取排污收费）并且一视同仁的情况下，对于厂商来讲，面临着不同的选择：是坚持技术水平保持不变的情况下的超标排污，还是主张采取技术创新、安装治污设施后的达标排放。这就取决于不同厂商进行技术创新、安装治污设施成本的大小。有的厂商选择了技术创新，有的厂商选择了因循守旧。但每个厂商选择的结果恰好符合政府环境管理当局的意愿，使得污染排放的总量削减下来。

要考虑环境经济手段的效率标准，就不能回避一种新的经济手段出台后如何与原有制度结构的协调问题。经济手段不能在一个组织和政治真空中生存。现存的政治原则和政府行政机构将会影响一些经济手段的选择、实施和终止使用。制度结构具有 3 个特点：

（1）管制的传统习惯问题。许多国家总是强调管制为其环境政策的主要手段，从而经济手段所起的作用很微弱，新手段也不易进入。然而，在一些 OECD 国家出现的针对社会中低水平的政府干预的“反管制”过程可能会改变对经济手段的态度。所谓“反管制”就是制定规章制度过程的简化和合理化。反管制能够对经济手段的评价和使用产生重要影响。

（2）力求经济手段与政府干预的其他领域政策的一体化或结合使用。由于环境政策会影响其他因素的变化，政府总是期望这种影响能产生更有效率的结果。

（3）注重于从治理型政策向防止型政策的部分转变。如瑞典就实行了从前 10 年的财政补贴计划与管制手段的结合使用转变到目前的管制手段和收费制度的结合使用。

因此，要提高环境经济手段的经济效率，既要考虑厂商的成本—收益比较，又要考虑整个社会的成本—收益比较。收益的比较所指的是净收益，是扣除所有成本以后的收益。而成本当中的重要组成部分是新制度经济学所讲的交易成本。与制度结构的协调性问题本质上是如何使一项环境经济手段在使用过程中的交易成本降到最低点，从而使之能够顺畅运作。

4.2.2 评价环境经济手段的公平标准

公平标准是考虑环境经济手段对不同经济主体的影响程度是否体现了公平原则。因此，环境经济手段的评价标准就加入了价值判断的因素。由于评价一种环境经济手段“是好还是坏”“应该是怎样”这类问题，无法通过试验来检验其真伪，因此，这种评价不可能得到完全一致的结论。

4.2.2.1 代内公平标准

（1）评价环境经济手段的代内公平标准所涉及的问题。有的学者认为代内的公平标准包含两个方面的含义：①经济手段目标对象的覆盖面，即产生同种污染类型的排污者是否都包括在特定政策的作用范围之内；②经济手段产生的影响在目标对象之间分布的均衡性。不公平的政策手段一方面会造成污染负荷的重新分布，另一方面又可能会产生新的市场扭曲，从而直接影响到经济手段的可接受性。其实，与环境经济手段有关的公平标准所涉及的问题十分广泛。

同一环境经济手段对不同的当事者、不同的经济手段对不同的污染因子或浓度与数量，都会产生不同的分配后果。因此，考察环境经济手段的公平性问题是比较复杂的一个问题。

- 同一环境经济手段的使用在消费者和生产者之间的公平问题：也就是说一种经济手段实施后刺激的对象到底是生产者还是消费者。
- 同一环境经济手段在不同厂商之间的公平问题：例如，按照污染物浓度进行的排污收费制度，可能出现排污总量大而浓度小的单位缴费少、排污总量小而浓度大的单位缴费多的现象。事实上，前者也许占用了更大的环境容量。又如，如果排污许可证的初始分配是免费的，那么就出现谁应该多享受污染权的问题，也许出现按照原有产量规模来分配污染权，这样，岂不是伴随污染的产量越大的厂商可以拥有的排污指标越大。一旦排污指标可以上市买卖，这家厂商就从中占了便宜。
- 不同的环境经济手段针对不同污染物的使用时所涉及的厂商之间的公平问题：由于污染因子往往是综合的，而环境管理当局不可能对所有污染因子实施经济手段，这样，就存在污染因子的选择问题和每个因子的权重问题。
- 同一环境经济手段或不同环境经济手段在不同区域之间的公平问题：例如，中国的环境标准分国家标准和地方标准，这就说明，虽然国家标准是全国统一的，但地方标准各地可以有差别。那么，这种差别的合理性何在？如果搞“一刀切”，那么其合理性又何在？
- 同一环境经济手段或不同环境经济手段在国际之间的公平问题：例如，发达国家在工业化中期就已经占用了全球的绝大部分环境容量，而当它们发达了的时候，当它们的环境质量得到极大改善以后，要求发展中国家提高环境标准甚至要求达到发达国家的标准，这就是一种不公平。从这个角度看，发达国家理所当然应该比发展中国家承担更多的环境保护责任。

可见，凡是涉及社会成员在使用环境经济手段过程中对环境与经济的成本或收益进行分配的问题都与公平性有关。

（2）弹性大小与税负分担模型。这里以上述第一种情况为例进行模型化分析。政府的环境保护当局为了减少污染产出，可以向生产者征税。但是，所征收的税款是不是全由生产者承担呢？到底对生产者影响大还是对消费者影响大？这个结论需要应用弹性理论才能进行分析。如果采取的征税方式是营业税，也就是说，税收是由厂商缴纳的，但它通过提高产品价格把税金包括进去，从而将赋税负担转嫁给消费者或部分转嫁给消费者。如图4-2所示，假定征收某商品的营业税，按规定税率，每单位产品负担的税额为BC。未纳税前，供给曲线与需求曲线相交于A点，均衡价格为P_0。纳税后，如果厂商提价的幅度正好等于征税的税额，则相当于供给曲线由S上升到S_1。S与S_1之间的垂直距离恰好等于BC的距离。S_1与D相交于B，新的均衡价格为P_1，比原来价格高了P_0P_1，但是P_0P_1小于BC，实际价格提高的程度小于税额。因此，消费者只负担相当于P_0P_1的税额，P_0P_2则由生产者负担。

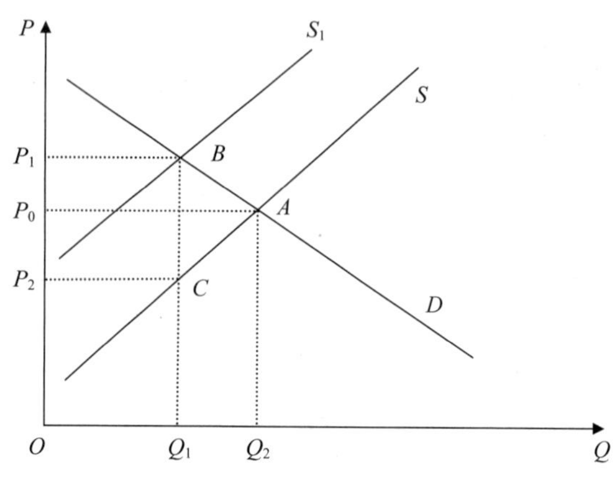

图 4-2 弹性大小与税负分担

可见，生产者和消费者负担税额的比例取决于需求曲线与供给曲线的弹性大小。如果供给曲线一定，需求越富有弹性，生产者承担的税额比重越大；需求越缺乏弹性，消费者承担的税额比重越大。需求弹性无穷大时，税收负担完全由生产者承担；需求完全无弹性时，税收负担完全由消费者承担。如果需求曲线一定，供给越富有弹性，生产者负担的税额比重越小；供给越缺乏弹性，消费者负担的税额比重越小。供给弹性无穷大时，税收负担完全由消费者承担；供给完全无弹性时，税收负担完全由生产者承担。

因此，如果政府的税收有意向厂商征收，那么，应选择需求是富有弹性而供给是缺乏弹性的商品；如果政府的税收有意向消费者征收，那么，应选择需求是缺乏弹性而供给是富有弹性的商品。否则，会起到适得其反的作用。

（3）环境经济手段的可接受性。环境经济手段的可接受性主要是由公平标准延伸出来的。可接受性是针对目标群而言的。所谓目标群就是实施环境经济手段的影响对象，如污染者、被污染者以及实施经济手段后受到间接影响的其他人群。目标群能否接受施加给他们经济手段至关重要。一些大阻力会使经济手段失效。总体上说，任何经济手段的成效，就其内容来说，需要时间来证实其确定性和稳定性。要提高可接受性，就要考虑如下 4 个因素：

- 提供经济手段有关的目标群所感兴趣的充足信息，重要的方面包括经济手段的目的及技术、财政结果、推广时间、未来可能的调整以及不同政策之间的相互关系。
- 尽可能与经济手段所涉及的目标群进行协商。公司应参加或由分支机构代表参加有关当事者组成的管理委员会。重大事项需经与其他分散目标群组织的代表讨论商定。
- 新经济手段的实施应有一个适当的试行期，并做到及时公布。实施过程应是渐进的，让目标群在潜移默化过程中接受新的经济手段。
- 要转变目标群的思想观念。有些经济手段难以推广的重要阻力就是观念问题。如排污权交易制度，有人会问：排污怎么能成为权力？

4.2.2.2 代际公平标准

环境经济手段的公平标准问题不仅涉及代内公平，还涉及代际公平。因为由环境经济手段所引起的利益分配不仅会影响当代人，甚至会影响几代人。

代际公平问题是体现可持续发展理念的公平观。这就是说在发展问题上要足够公正地对待后代，当代人不能以损害后代人的发展能力为代价。其含义有两个方面：①可持续发展要求当代人对后代人发展的可能性负有不可推卸的责任。由于后代人的意见在现时代无法得到反映，子孙后代无法阻止现时代的人将石油和煤炭等化石燃料消耗殆尽，因此，加强对后代人负责的自律就显得特别重要。②可持续发展要求当代人为后代人提供至少和自己从前辈人那儿继承的一样多甚至更多的自然财富，从而体现后代人的发展比前代人好的精神。这就要求生态环境问题的解决既要考虑短期效果，又要考虑长期效果；既要考虑上一代人对这一代人所产生的影响，又要考虑这一代人对下一代人所产生的影响。

对代际公平的关心常常集中在自然资源的消耗上。例如，一种鼓励资源消耗的补贴，无论它有什么样的理由，都将减少下一代可用资源的数量，而其所采用的方法同时期被视为不公平。这就要求当代人在为了摆脱贫困而加快发展的过程中，不得不权衡自己与下一代之间的利益关系，需要理解并尽可能地明确当代人的活动所造成的代际影响。

环境经济手段的代际公平标准要把握 3 点：①环境经济手段的设计、创新、选择首先要体现代内公平。因为代内公平是代际公平的基础，如果代内公平都无法实现，代际公平就更加无从谈起。如果每个代内都已经体现了公平性，那么代际公平也就水到渠成了。②环境经济手段的设计、创新、选择要体现代际公平的价值取向。有的经济手段在一时可能取得成功，但在新的条件下就不能应用，这种手段就不属于可持续性手段，非可持续性手段往往难以保证体现代际公平的精神。③纯粹依靠环境经济手段是不能完全实现代际公平的目标的，体现未来价值取向的更重要的手段也许是教育手段等其他手段。按照新制度经济学的假设，人的行为动机具有双重性：一方面表现为追求经济利益的最大化，另一方面又表现为追求非经济利益的最大化；一方面表现为极端的利己性，另一方面又表现出利他性。教育手段的意义就在于在一定的条件下如何弘扬利他性。

思考题

1. 简述环境经济手段的基本特征。
2. 何谓庇古手段和科斯手段？
3. 如何评价环境经济手段的优劣？

参考文献

[1] OECD．环境管理中的经济手段[M]．北京：中国环境科学出版社，1996.

[2] OECD．环境经济手段应用指南[M]．北京：中国环境科学出版社，1994.

[3] 哈密尔顿，等．里约后五年——环境政策的创新[M]．北京：中国环境科学出版社，1998.

[4] 马歇尔．经济学原理[M]．北京：商务印书馆，1964.

[5] 庇古．福利经济学[M]．北京：中国社会科学出版社，1999.

[6] 科斯．企业的性质[M]//论生产的制度结构．上海：上海三联书店，1994.

[7] 科斯．社会成本问题[M]//科斯，阿尔钦，等．财产权利与制度变迁．上海：上海三联书店，上海人

民出版社，1994.

[8] 厉以宁，吴易风，李懿．西方福利经济学述评[M]．北京：商务印书馆，1984.

[9] 蒋自强，张旭昆．三次革命和三次综合[M]．上海：上海人民出版社，1996.

[10] 张敦富，等．环境经济[M]．北京：人民出版社，1994.

[11] 盛洪．经济学精神[M]．广州：广东经济出版社，1999.

[12] 曹东，王金南，等．中国工业污染经济学[M]．北京：中国环境科学出版社，1999.

[13] 诸大建．20 世纪科技革命与社会发展[M]．上海：同济大学出版社，1997.

[14] 沈满洪．环境经济手段研究[M]．北京：中国环境科学出版社，2001.

[15] 兰建洪．环境保护中的经济手段[J]．环境，1994（6）.

[16] 沈满洪．论环境经济手段[J]．经济研究，1997（10）.

[17] 王金南，杨金田，杨本津，等．经济手段在现代环境管理领域中的应用[J]．环境科学丛刊，1991（6）.

第5章　环境财税理论

环境财税手段是环境经济手段的重要内容。随着社会主义市场经济体制的不断完善，环境财税手段在中国具有十分广阔的应用前景。

5.1　环境财税手段的效应分析

环境财税手段是庇古税理论的具体应用，主要体现在“收”和“支”两个方面。“收”主要是指环境税收，“支”主要是指环境或生态补贴。

5.1.1　环境税收手段的效应分析

5.1.1.1　环境税收手段的几何模型

图 5-1 为环境税收手段的几何模型。其中，图 5-1（a）用来表示市场供求均衡的变化，横轴 Q 表示需求量，纵轴 P 表示价格；图 5-1（b）用来表示厂商定产决策的变化，横轴表示代表性厂商的产量，纵轴表示代表性厂商的边际收益（MR）、边际成本（MC）或者价格（P）。

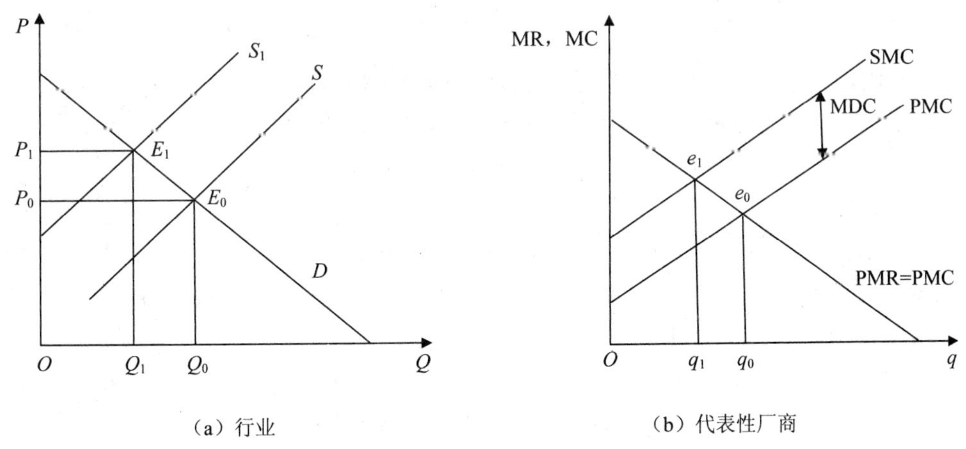

（a）行业　　（b）代表性厂商

图 5-1　环境财税手段的几何模型

在没有征税的情况下，代表性厂商的定产决策按照私人边际收益等于私人边际成本，即 PMR=PMC 的原则来确定，私人最优的产量由 e_0 点决定，数量为 q_0，与此相对应的市场的均衡数量为 Q_0，这是一个导致过度污染排放的产出水平。由于征税，边际损害成本（MDC）事实上由厂商以税收的方式支付。由于厂商考虑到税收并因此而衡量损害成本后，实际上使得厂商的边际成本曲线移动到社会边际成本曲线。这时，厂商的定产决策发生了改变。由原来的 q_0（根据 PMR=PMC 原则而定）减少到 q_1（根据 SMR=SMC 原则而定）。厂商产量的减少导致整个行业的均衡价格发生变化，即由原来的 P_0 上升到 P_1；均衡数量则减少，由原来的 Q_0 减少到 Q_1。在新的均衡价格 P_1 下，生产者和消费者支付的货币数量足以抵补全部资源成本和厂商造成的损害成本。q_1 数量的产出是有效率的。值得注意的是，行业供给曲线就是单个厂商边际成本曲线的水平加总，这意味着，行业供给曲线向左上方移动，抬高了均衡价格。可见，通过征税实现了减少污染的目的，达到私人最优与社会最优的统一。

5.1.1.2 环境税收手段的效应分析

征税手段的总体效果是使有污染的产出量减少，实现了经济效率与环境效果的统一。但是，征税手段的具体经济效果对不同的经济主体（如厂商、消费者和政府）是各不相同的，如图 5-2 所示。

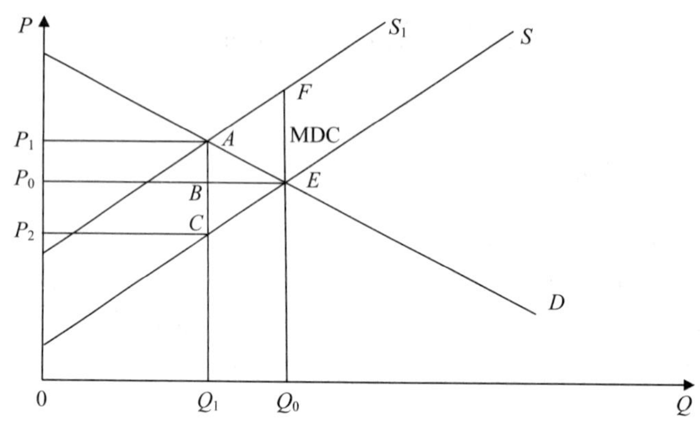

图 5-2 征税手段的效应分析

假如对代表性厂商征收的税 t 等于它所造成的边际损害成本 MDC，即 t=MDC，则对于整个行业的征税额就是所有厂商单位产品征税额的总额。由于征税，导致行业的供给曲线由 S 移动到 S_1。因此，$T=P_1-P_2$。但是，税收 t 并不是全部由生产者支付的，而是由生产者和消费者共同分担的。

图 5-2 表明，政府征收到矩形 P_1P_2CA 的面积的税收，其中矩形 P_1P_0BA 的面积是由消费者承担的，矩形 P_0P_2CB 的面积是由生产者承担的。生产者和消费者共同纳税的结果，使有污染的产出水平由 Q_0 减少到 Q_1。

那么，征税以后对各个经济主体的影响效果又是如何呢？为了分析这种效应，这里需要引入消费者剩余和生产者剩余这两个概念。所谓消费者剩余就是消费者对购买的商品或劳务所愿意支付的价格与他实际支付的价格之间的差额，它是消费者从消费一种商品中得到的全部收益减去购买该商品全部成本后的余额。所谓生产者剩余就是生产者实际得到的价格与他愿意提供出售的价格之间的差额。

（1）征税手段对生产者的影响。征税前生产者剩余是价格线（$P=P_0$）以下、供给曲线以上的那个三角形面积来表示。征税以后，产量从原来的 Q_0 下降到 Q_1，导致生产者剩余的增量是：梯形 P_0P_2CE 的面积的减少。这个梯形的面积又可以分成两个部分：①矩形 P_0P_2CB 的面积，这是生产者对政府税收的贡献；②三角形 BEC 的面积，这是生产者为减少有污染的产出的损失。如果用ΔPS表示生产者剩余的增量，那么：

$$\Delta PS = -（\square P_0P_2CB + \triangle BEC）$$

（2）征税手段对消费者的影响。征税前消费者剩余是价格线（$P=P_0$）以上、需求曲线以下的那个三角形面积来表示。征税以后，产量从原来的 Q_0 下降到 Q_1，导致消费者剩余的增量是：梯形 P_0P_1AE 的面积的减少。这个梯形的面积又可以分成两个部分：①矩形 P_0P_1AB 的面积，这是消费者对政府税收的贡献；②三角形 ABE 的面积，这是消费者为减少有污染的产出的代价。如果用ΔCS表示消费者剩余的增量，那么：

$$\Delta CS = -（\square P_0P_1AE + \triangle ABE）$$

生产者和消费者负担税额比重的大小取决于需求曲线和供给曲线的价格弹性的大小。如果供给曲线一定，有污染的产品的需求曲线越富有弹性，生产者承担的税额比重越大，消费者承担的税额比重越小；需求曲线越缺乏弹性，消费者承担的税额比重越大，生产者承担的税额比重越小。如果需求曲线一定，有污染的产品的供给越富有弹性，消费者承担的税额比重越大，生产者负担的税额比重越小；供给越缺乏弹性，生产者承担的税额比重越大，消费者承担的税额比重越小。

（3）征税手段对政府的影响。通过征税，政府从中获得了税收，其数量是矩形 P_1P_2CA 的面积。这个矩形中，矩形 P_0P_2CB 来自生产者剩余的损失，矩形 P_0P_1AE 来自消费者剩余的损失。

（4）征税手段对社会的环境影响。因为征税税率本身就是按照单位产品所造成的社会损失来计算的，也就是说，每减少一个单位的产出，就可以带来相当于 t 的环境收益。在这一模型中，由于产量从 Q_0 减少到 Q_1，因此，环境收益就等于菱形 $AFEC$ 的面积，这个菱形的面积正好是两个三角形 AEC 的面积。

（5）征税手段的社会净收益。上述 4 个方面影响的总和就是征税手段的社会净收益。也就是说，它等于政府的税收收益加上环境收益，减去生产者剩余的损失，再减去消费者剩余的损失。如果用ΔNR表示社会净收益，那么：

$$\begin{aligned}\Delta NR &= \square P_1P_2CA + 2\triangle AEC - (\square P_0P_2CB + \triangle BEC) - (\square P_0P_1AE + \triangle ABE)\\ &= 2\triangle AEC - (\triangle BEC + \triangle ABE)\\ &= \triangle AEC\end{aligned}$$

这就是说，三角形 AEC 的面积就是对产生环境污染这种外部不经济效应的企业实施征税的净收益。

由此可见，对污染企业的征税手段的效应不同于一般产品的征税。如果图 5-2 表示的是对一般产品（无污染产品）的征税，那么，从社会净收益来看，总的是一种损失，损失的数量是三角形 AEC 的面积。这部分效率损失也许正是实现社会公平（如征收累进税以缩小贫富差距）的代价。对污染产品征税和对无污染产品征税所得到的社会净收益的差别就在于环境收益。对前者存在两个三角形 AEC 的环境收益，而后者没有。因此，征收污染税，不仅可以得到效率上的提高，提高的数量是三角形 AEC 的面积，而且可以促进社会公平，对有污染产出的生产者征税同时也让消费有污染的产品的消费者共同分担税收。征税手段兼顾了效率和公平，特别受到经济学家的推崇。

当然，征税手段的使用也受到一些条件的约束，主要障碍是技术水平。要征收庇古税，必须计算出准确的税率，而税率的计算又取决于边际污染损害成本的计量。正因为边际污染损害成本的计量是比较困难的，所以庇古税也受到经济学家的责难。

5.1.2 环境补贴手段的效应分析

5.1.2.1 环境补贴手段的分类

补贴手段涉及三类不同的补贴对象：①为生态环境建设作出贡献者；②在生态环境问题中的受害者，如受污染者、受破坏者等；③生态破坏者和环境污染者。

第一类经济主体之所以要补贴，是因为生态建设及环境保护是一种公共性很强的物品，完全按照市场机制是不可能提供市场所需要的那么多数量的。如森林绿化、海塘建设、公共渔场保护、天气预报、城市绿地建设、内河治理、生态环境科学研究、生态环境信息等，这些物品都属于公共物品。既然是公共物品，就存在生产不足甚至产出为零的可能性。这就需要另外一种机制来解决。政府直接提供这种物品当然很好。但有时完全依靠政府提供，又涉及政府财力问题，政府有没有这么多钱用来生产公共物品。基于这一考虑，政府采取部分出钱的办法——补贴那些提供生态环境建设这种公共物品的单个的经济主体，以提高他们的积极性。

第二类经济主体之所以要补贴，是因为他们往往是生态环境破坏中的受害者，给受害者以适当的补偿是符合一般的经济原则和伦理原则的。

环境破坏中的受害者又可以分成性质不同的两种受害者：①环境破坏过程中的受害者；②环境治理过程中的受害者。并且，每一种又可以区分为直接受害者和间接受害者。

生态环境破坏中的直接受害者主要是指因环境受到破坏而使生命财产受到损失的个人，如身体受损害、财产受损失、失去谋生的手段、收入减少、生活变得不安定和不协调等。因环境受到破坏而使产量下降、产品质量下降、收入减少、财产受损失的企业，也属于环境破坏中的直接受害者。可见，环境破坏中的直接受害者主要就是作为消费者的家庭和作为生产者的企业。

环境破坏过程中的间接受害者主要是指：同环境破坏过程中的直接受害者在经济上有较密切的联系，从而因直接受害者收入减少等情况而在经济上受到损失的个人和企业。

环境治理过程中的直接受害者主要是指：因治理环境的需要而停业、减产、迁移的企业以及在这些企业中工作的个人，这些企业的收入和个人的收入将因此而减少。环境治理过程中的直接受害者还包括因治理环境的需要而迁移的家庭，他们的财产可能受到损失，收入可能下降，生活也可能变得不安定、不协调。

环境治理中的间接受害者主要是指：同环境治理过程中的直接受害者在经济上有较密切的联系，从而因直接受害者收入减少等情况而在经济上受到损失的个人或企业。

两类受害者的受害原因是不同的：①环境破坏过程中的受害是因环境破坏者的行为而受害，环境治理过程中的受害则是因治理环境的行为而受害。②环境破坏过程中的受害者不仅在经济上受损失，而且可能身体上受伤害，甚至生命受到威胁，环境治理过程中的受害者则主要是收入或财产受损失，但不会有身体上的受损和生命上的受害。③环境治理中的受害者往往能够预感到收入的变动，因此会主动提出补偿的要求，而环境破坏中的受害者或者在事后才发现自己在某些方面受损，或者在较长时间之内察觉不到自己受损，从而没有提出补偿的要求。

根据上述不同的受害者，就要确定不同的补偿性质和不同的补偿方式，同时，政府要发挥不同的补偿作用。

第三类经济主体之所以要补贴，是因为有些生态破坏确实是迫于生计，是“贫穷污染”所致。在发展中国家普遍存在这种现象：越是贫穷，越是依赖有限而可怜的自然资源，如过度放牧、过度渔猎、过度开垦等；越是依赖自然资源，对生态环境的破坏就越严重，经济越是得不到发展。如此循环往复，越贫穷，越破坏；越破坏，越贫穷。在这种情况下，如果没有从外部注入一种资金和机制就不可能改善生态环境。因此，对生态环境的破坏者也不得不给予补贴。例如，在西部大开发过程中，中国政府非常重视生态环境建设，采取了诸如退耕还林、退耕还草、退耕还牧、退耕还江等措施，其中就采用了以粮代赈的补贴手段，即让农民、牧民减少森林的砍伐和草地的过度耕作，由政府发给一定数量的粮食补贴，以资奖励。

5.1.2.2 补贴手段的几何模型

正是由于在生态建设及环境保护中，存在不同的补贴对象，所以补贴的内涵也十分广泛，有着不同的补贴模型。下面以对正外部性的补贴模型为例进行效应分析。

由于生态建设及环境保护是一种外部性很强的行为，既然具有很强的正外部性，私人企业往往不愿意提供，导致这种产品的供给不足甚至供给为零。因此，对于纯粹的公共物品往往直接由政府提供，而那些带有公共物品属性或具有部分公共物品性质的产品往往可以通过政府的补贴来扩大其产品供给，直至达到市场均衡水平。

与对产生外部不经济的行为进行征税类似，对产生外部经济的行为进行补贴的额度应该正好等于外部收益。在图 5-3 中，由于存在正外部效应，追求利润最大化的厂商按照 PMR=PMC 的原则，会将产量定在 q_0 处，而社会最优的产量应按照 SMR=SMC 的原则定在 q_1 处。现在假定，政府给厂商每单位产品支付 XR 的补贴，厂商的私人收益曲线就会向上移动，厂商就会把产量由 q_0 扩大到 q_1。（q_1-q_0）就是由于政府补贴所导致的产出增量。

厂商产量的扩大导致整个行业的供给的增加，使得图 5-3 中供给曲线由原来的 S_0 移向 S_1，均衡价格由 P_0 下降到 P_1，均衡数量由 Q_0 扩大到 Q_1。这就是说，政府向产生正外部经济效应的厂商提供补贴后，刺激厂商扩大产量，让更多的资源从其他用途转移过来，用来增加这种产品的生产。

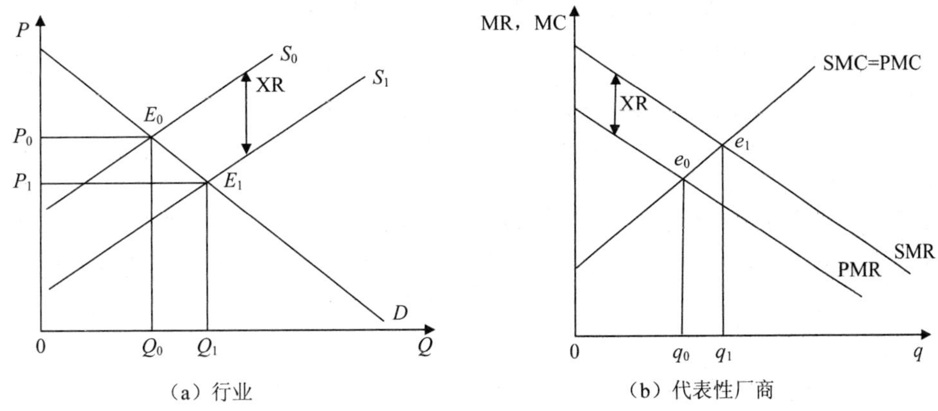

图 5-3 补贴手段的几何模型

5.1.2.3 环境补贴手段的效应分析

类似于征税手段的效应分析，政府对产生正外部效应的厂商补贴等于外部收益 XR 的数量，也就是（P_2–P_1），使得 XR=（P_2–P_1）。这一补贴对不同的经济主体的影响效果是不同的，见图 5-4。

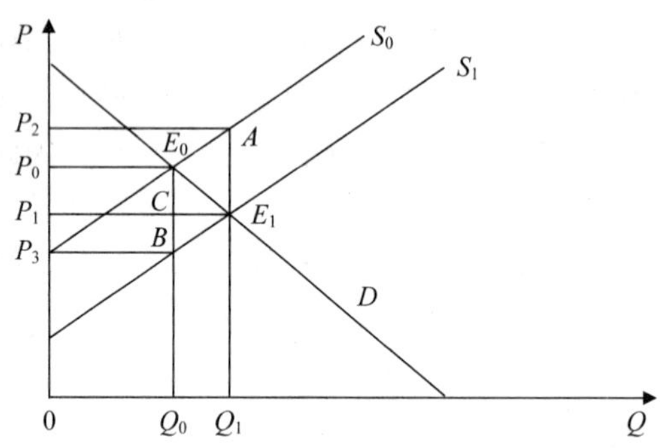

图 5-4 补贴手段的效应分析

（1）补贴对生产者的影响。由于企业得到了政府的补贴，使得供给曲线向右移动，从 S_0 移向 S_1，结果是使具有正外部性的产品的生产由 Q_0 增加到 Q_1，而均衡价格则由 P_0 下降到 P_1。这样，生产者剩余增加了梯形 $P_1E_1BP_3$ 的面积，它也等于梯形 $P_0E_0AP_2$ 的面积。

（2）补贴对消费者的影响。补贴使消费者能够以更低的价格购买更多的生态建设及环境保护产品，价格从 P_0 下降到 P_1，产品的数量则由 Q_0 增加到 Q_1，消费者剩余增加了梯形 $P_0E_0E_1P_1$ 的面积。

（3）补贴对政府的影响。政府为了鼓励生态建设及环境保护，需要支付补助金，其数量就是图 5-4 中的矩形 $P_1E_1AP_2$ 的面积。

（4）补贴对环境的影响。补贴促使生态建设及环境保护供给的增加，从而生态环境质量得到改善。由于从 Q_0 开始，每增加一个单位的产出，就可以获得如图 5-3 所示的等于外部收益 XR 的环境收益，那么增加（Q_1–Q_0）的产出，就可以获得 XR·（Q_1–Q_0）的环境收益，它正好等于图 5-4 所示的菱形的 AE_0BE_1 的面积。

（5）补贴的社会净收益。实施补贴手段后的社会净收益是上述各种收益增量的总和，它等于生产者剩余的增加，加上消费者剩余的增加，加上环境收益，减去政府的补助金。如果用ΔNR 表示社会净收益，那么：

$$\begin{aligned}\Delta \text{NR} &= \triangle P_1E_1BP_3 + \triangle P_0E_0E_1P_1 + \diamondsuit AE_0BE_1 - \square P_1E_1AP_2 \\ &= \triangle E_0E_1B\end{aligned}$$

可见，对产生正外部性的企业给予补贴，从整个社会来看可以获得一个三角形 E_0E_1B 面积的净收益。

5.1.3 押金-退款手段的效应分析

5.1.3.1 押金-退款手段的基本含义

押金-退款手段就是对可能引起污染的产品征收押金（收费），当产品废弃部分回到储存、处理或循环利用地点时退还押金的环境经济手段。押金-退款手段实际上可以把它理解为征税手段和补贴手段的组合使用，即当购买可能引起污染的产品时向消费者“征税”，而当消费者把废弃部分退还指定系统时又将这一税金退还消费者。当然，押金的金额往往应高于庇古税以保证消费者的退款动力。前述征税手段和补贴手段的模型组合起来可以用来分析押金-退款手段，这里无需赘述。

5.1.3.2 押金-退款手段的优点

押金-退款手段具有单一的征税手段或补贴手段所没有的优点：

（1）押金-退款手段通过奖赏良好的环境行为而具有吸引力，它依靠经济刺激达到环境教育和环境经济的双重目的。

（2）押金-退款手段有利于资源的循环利用和削减废弃物数量。这一手段的起源纯粹是出于经济目的，即使用回收瓶子总比使用不可回收的瓶子便宜。不仅如此，押金-退款手段还可以大幅度削减废弃物数量。因此，它既有经济效益又有环境效益。

（3）押金-退款手段可以防止一些有毒、有害物质进入环境，如废电池、塑料灰渣、杀虫剂容器的残余物等。对于有毒、有害物质，环境容量极小，必须严格控制。传统观点认为，这种废弃物的管理只能采用管制手段，现在看来，押金-退款手段也能提供一种有效的激励。

（4）押金-退款手段由于“补贴”来自消费者自己支付的“押金”，因此，这种制度不存在补贴手段的副作用。

目前，由于私人企业可以买到廉价的包装材料，倾向于使用一次性包装，使押金-退款制度的使用范围受到限制。但是，一次性用具对资源环境是一个重大压力，不宜提倡。要使押金-退款手段继续发挥有效作用，可以采取一系列配套措施，如提高押金标准以刺激消费者及时退还废弃物，给使用回收物品的厂商予以补贴以增加废弃物利用的积极性，向生产一次性用具的企业征收资源税以限制资源的过度使用等。

5.2 环境税收政策

5.2.1 环境税收政策的内涵与特征

5.2.1.1 环境税的内涵

环境税收政策（Environmental Taxation），又称生态税收（Ecological Taxation）、绿色税收（Green Taxation），是指国家为了实现特定的环境政策目标、筹集环境保护资金、强化纳税人环境保护行为而开征的多个税种和采取的一系列税收措施组成的一个特殊税收体系。由于国情和税收政策的不同，各国环境税收政策的具体内容存在差异，但基本内容由两部分构成：①以保护环境为课征目的，专门针对污染环境、破坏生态平衡的行为或产品课征的特殊税种。这是环境税收政策的主要内容。②为保护环境而采取的各种税收调节措施及其他税种中包含的与环境保护有关的内容，包括对污染、破坏环境的行为和产品所采取的加重税收负担的措施，以及为激励纳税人防治污染、保护环境所采取的税收减免优惠措施等，通常作为辅助性的内容存在，配合各种专门性环境保护税。

环境税收政策包括 5 个方面的内涵：

（1）环境税收制度的最终目的是保护环境，实现可持续发展的目标。

（2）环境税的征收对象是经济当事人（包括生产者与消费者）使用环境资源（包括自然资源和环境容量资源）的行为。

（3）环境税收政策保护环境的目的主要是通过调节经济当事人的行为这一途径来实现。环境税收政策根据环境资源有偿使用原则，通过税收机制，将环境成本纳入各级经济分析和决策过程，促使污染、破坏环境资源者从自身利益出发选择更有利于环境的生产经营方式，从而改变过去无偿使用环境并将环境成本转嫁给社会的做法，最大限度地实现环境、经济与社会的可持续发展。

（4）环境税收政策依据征税对象可分为自然资源税和环境容量税。自然资源税主要是针对开发利用和消耗自然资源，包括化石燃料、水资源、矿产资源、森林资源、草地资源、生物资源等行为进行征税；环境容量税主要是对生产、消费等过程中利用环境容量排放污染物（大气污染物、水污染物、固体废弃物、噪声污染、放射性污染等）的行为进行收税。

（5）环境税收政策可以根据经济行为造成的正面与负面环境影响，分别通过免税、减税、加税等方式，起到鼓励和抑制正、反两种作用。

5.2.1.2 环境税的特征

环境税收政策具有税收制度的一般法律特征：①强制性。环境税收政策是国家凭借自己的权力，对一切开发利用环境资源的单位和个人，按其对环境资源的开发利用程度或产生污染行为的责任大小而征收的一种税收。环境税收政策是通过国家立法的方式确定下来的，具有强制力，任何单位和个人都不能违反环境税法的有关规定，否则必将受到法律的严惩。②无偿性。国家将环境税款征收后便取得了所有权，不再偿还给纳税人（虽然该项收入可能作专款专用而投到某纳税人的身上进行污染治理或资源保护，但征收与投放之间无对应关系）。③固定性或规范性，环境税收政策是通过法律，对征收对象、征收范围、税率及纳税环节等方面一一作出具体规定。有较强的透明度、可操作性，其内容具有明确而稳定的优点。

环境税收政策同时还具有别于其他税种制度的特征：①科学性。污染税的征收必须通过环境监测、根据标准来进行，没有科学测定就无法征收环境税。②专用性。世界上绝大多数国家目前对于环境税收入的使用采取专款专用的原则，环境税收入只能用于环境保护，而不能截留或挪作他用。虽然许多经济学家认为，环境税收入专款专用的原则将造成税收刚性，降低经济效率，但大多数学者同时也承认，在目前环境形势严峻、环境税率尚未达到最优水平时，专款专用是现实可行的次优的解决办法。③过渡性。环境税与其他税收不同，它的首要目的不是增加财政收入，而是通过税收手段的调节作用改变经济当事人行为达到对环境的保护。当政府设计某一环境税种的目的是淘汰有损环境的产品使用时，这一环境税种往往具有时间性，它将最终退出历史舞台。

5.2.2 环境税收政策的优越性与局限性

环境税收政策是解决负外部效应的重要方式，通过征税来弥补社会边际成本与私人边际成本的不一致，实现环境资源的最优配置。因此，环境税收政策与其他手段相比在某些方面具有其他手段无可比拟的优越性，当然环境税收政策并不是解决环境问题的“万能药”，它也有自身无法克服的局限性。

5.2.2.1 优越性

李俊英在《环境税收制度的优越性分析》、董丽在《环境税收制度研究》中均系统地分析了环境税收制度的优越性，主要有：

（1）环境税收使资源配置实现帕累托最优。环境税制中的污染税一般是根据污染量的多少，对污染者课征与外部成本相当的税收，使私人最优产出水平回到社会最优产出水平，从而避免效率损失。政府征收污染税，使排污企业负担外部成本，污染排放量越大，负担污染税越多，市场价格既定的情况下，企业利润会减少，在利益机制的驱动下，厂商会努力改进生产技术，积极创新，自由选择低廉且适合自己的防治污染的方法，以减少排污量。

（2）环境税收符合税收公平原则。环境税通过以外部成本内部化的途径来维护社会经济中的公平原则问题。而公平原则是一个国家设计和实施税制时的重要原则之一，它往往成为检验一国税制和税收政策优劣的标准。国内现有的关于环境税的论述也大多从公平原则角度出发，阐述政府开征环境税主要是为了纠正市场失效，以税收形式迫使污染企业外部成本内部化。

（3）环境税收体现了税收经济效率原则。一般而言，税收引起的价格变化的总负担，并非简单地等同于所征收税款的绝对额。在现实中，征税常常带来纳税主体经济决策和行为选择的扭曲，干扰资源的配置。当这种扭曲超过一定限度时，纳税人或者改变其经济行为，或者采取不正当手段以减轻或逃避其税收负担，这种状况被称为税收的“额外负担”。当然，征税的过程也同样会带来纳税人的“额外收益”，对经济产生良性刺激。因此，检验税收经济效率的标准，应当是本着税收中性原则，达到税收额外负担最小化和额外收益最大化。环境税收的征税目的主要是降低污染对环境的破坏，这必然会影响污染企业的税收负担，改变其成本收益比，迫使其重新评估本企业的资源配置效率。

（4）弹性较大。同命令-控制手段相比，环境税的弹性更大：污染者可以最有效的方式对市场信号做出反应。传统的命令-控制手段主要采取责令经济人停止对某一资源的使用或将污染浓度削减到规定的范围之内等硬性规定为主要特征。因而，生产者除了通过安装污染削减设备或降低产量外别无选择，即使他要为此付出巨大的代价。但是，如果政府采用的是适宜的环境税收政策，那么，生产者除了上述两种选择外，至少还有3条可以选择的途径：提高生产效率；改变工艺过程得以减少污染物质的排放或缴纳税收；生产者可以根据自己的技术水平、污染削减的成本等实际情况对市场信号做出最佳选择。

（5）避免“寻租行为”的发生。“租”的原意是指一种生产要素所获得的报酬，超过了社会平均水平的那部分剩余。所谓寻租是指那些借助于权力的力量，来追求自身经济利益的非生产性活动。相对而言，环境税收政策作为一种法律制度它具有确定性和公开性的特点，它有明确的征收范围、税率等规定，因而生产者寻租的空间较小。

5.2.2.2 局限性

诚然，环境税收政策拥有管制手段不能比肩的诸多优势，但它也具有一定的局限性，主要表现在：

（1）无法充分考虑环境问题的区域性。环境问题具有典型的区域性特点，不同地区由于其自然环境不同，环境容量存在较大差异。例如，我国北方缺水地区的水体纳污量与南方降水丰富地区相比有明显不同（即使同在南方也有较大差异），但是适用于一个较大区域范围（尤其是适用全国）的环境税就不可能全面体现这种差异。

（2）不适用于毒性特别大的物质。对于那些毒性特别大的物质而言，更需要的是一种完全的禁令。在同适宜的监督和强制执行手段相结合的情况下，命令-控制手段能够为政策的环境效果方面提供更高程度的“确定性”，特别是对于毒性大的物质。

（3）企业对环境税收反应的滞后性。企业针对国家一系列的环境税收政策需要消化、吸收，并且还要考虑企业的采用革新技术的机会成本等，这些都是企业反应的滞后性。

（4）环境税收无法考虑污染者在空间上排污的密集程度。在某一时点上污染量可能超过环境可接受的容量，也可能处于低污染区的企业要支付比他们所造成的损失价值更高的费用，但是环境税收无法解决这个问题。

5.3 生态保护补偿政策

5.3.1 生态保护补偿政策的内涵与性质

5.3.1.1 内涵

生态保护补偿政策就是通过制度创新实现生态保护外部性的内部化，让生态保护成果的“受益者”支付相应的费用；通过制度设计解决好生态产品这一特殊公共产品消费中的“搭便车”现象，激励公共产品的足额提供；通过制度变迁解决好生态投资者的合理回报，激励人们从事生态保护投资并使生态资本增值的一种经济制度。

5.3.1.2 性质

人类社会对自然资源管理改进主要包括两种方式：

（1）帕累托改进。由非帕累托最佳状态向帕累托最佳状态的变化就称为帕累托改进。所谓帕累托最佳状态是指如果不使某个人的境况变坏，就不能使另一个人的境况变好的状态。这是一种高效率的状态。这种改进的基本特征是至少有一个人受益，但不会有任何人受损。这样的改进往往依赖于市场机制。图 5-5 的左图表示帕累托改进。从 E 点到 H 点的变化，既没有使消费者 A 的效用降低，又没有使消费者 B 的效用降低。因此，E 点属于非帕累托最佳状态，而 H 点属于帕累托最佳状态。实际上，变化后的点处于 F 点与 G 点之间，那么均属于帕累托改进。

（2）卡尔多-希克斯改进。这是一种既有人受益，又有人受损的改进。按照卡尔多-希克斯意义上的效率标准，在社会资源配置过程中，如果那些从资源重新配置过程中获得利益的人，只要其所增加的利益足以补偿在同一资源重新配置过程中受到损失的人的利益，那么，通过受益人对受损者的补偿，可以达到双方均满意的结果，这种资源配置就是有效率的。图 5-5 右图表示卡尔多-希克斯改进。从 E 点到 H 点的变化，使消费者 A 的效用增加，而使消费者 B 的效用降低。但是消费者 A 增加的效用大于消费者 B 降低的效用，因此，从整个社会来看，从 E 点到 H 点的变化存在着福利增进的余地。

生态保护补偿政策属于卡尔多-希克斯改进，通过受益地区、行业对生态保护付出代价、做出贡献的地区、行业及生态保护者提供应有的补偿，达到生态环境质量改善的目的。这一性质决定了实施这一制度既离不开不同区域、不同行业、不同部门、不同经济主体之间的讨价还价和自愿协商，又离不开政府的强制力和行政协调。

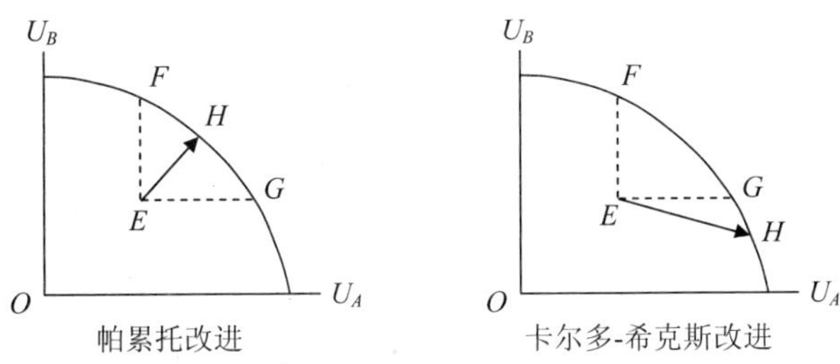

图 5-5 帕累托改进与卡尔多-希克斯改进示意图

5.3.2 建立生态保护补偿政策的基本原则

5.3.2.1 “谁保护，谁受益”原则

这是针对保护者而言的一条原则。生态保护是一种具有很强外部经济效应的活动，如果对保护者不给予必要的补偿，就会导致普遍的“搭便车”行为，出现供给的严重不足。解决的办法就是按照“庇古税”理论，对产生外部经济效应者提供相应的补贴，使生态保护不再停留于政府的强制性行为和社会的公益性行为，而是投资与收益对称的经济行为，使环保成果转变为经济效益，激励人们更好地保护好生态环境。从而达到“保护生态就是保护生产力”的境界。

5.3.2.2 “谁受益，谁付费”原则

这是针对需求者而言的一条原则。鉴于生态保护的受益主体往往很难确定，因此政府应当成为补偿的重要主体之一，但是，随着技术的进步，在很多情况下，还是能够通过一些手段来确定受益者，那么，由受益者作为补偿的主体不仅是可能的而且也是必要的。例如，在引水工程中，水源地的居民保护了水源质量，需求者享受到了优质的水资源，这时，由需求者向保护者提供生态补偿完全是可能的。

5.3.2.3 “保证大局，兼顾小局”原则

生态保护补偿政策涉及保护者的小局和受益者的大局的关系。生态保护区往往是欠发达地区，他们往往处于弱者的地位，相对于发达地区这个“大局”而言他们往往是“小局”。平常我们常说“小局要服从大局”甚至“舍小局、保大局”，这是大道理，小道理要服从大道理。但是，保了大局不能忘了小局，只要小局还存在，就得兼顾小局的发展。因此，给生态屏障区域以生态补偿，要从经济、社会、生态等全方位来看。

5.3.2.4 “以点带面、发展优先”原则

多层次全方位建立生态保护补偿政策是我们的目标，但是这是一项复杂的系统工程，绝不可能一蹴而就。我们应当在时间顺序上突出重点，在空间布局上依据生态区位重要程度与影响范围循序渐进，在实践中不断完善和发展。发展优先在这里的不是指一味的经济发展，而是指经济、生态、社会协同发展。贫穷是生态环境最大的破坏者，缺乏利益机制推动的保护必然是低效率的，生态环境的优化最终要靠发展来解决。以发展来促保护，以发展来促建设应该成为共识。坚持发展优先的原则，就应该在补偿制度的实施过程中，关注被补偿地区的发展问题，重点放在这些地区提高人口素质、加强城市化建设、提升产业结构上来，使有限的资金更加有效率。最终实现区域之间的协调发展，人类社会与

自然协调发展。

5.3.3 生态补偿机制的主要类型

5.3.3.1 从补偿对象可划分为对为生态保护做出贡献者给予补偿、对在生态破坏中的受损者进行补偿和对减少生态破坏者给予补偿

对为生态保护做出贡献者给予补偿，是因为生态保护是一种公共性很强的物品，完全按照市场机制是不可能提供市场所需要的那么多数量的。如森林绿化、海塘建设、公共渔场保护、天气预报、城市绿地建设、内河治理、生态环境科学研究、生态环境信息等，这些物品都属于公共物品。既然是公共物品，就存在生产不足甚至产出为零的可能性。这就需要另外一种机制来解决。通过补贴那些提供生态保护这种公共物品的经济主体，可以激励他们的积极性。

对在生态破坏中的受损者进行补偿，是因为他们往往是生态破坏中的受害者，给受害者以适当的补偿是符合一般的经济原则和伦理原则的。生态破坏中的受害者又可以分为性质不同的两种受害者：一种是生态破坏过程中的受害者，另一种是生态治理过程中的受害者。

对减少生态破坏者给予补偿，是因为有些生态破坏确实是迫于生计，是“贫穷污染”所致。在发展中国家普遍存在这种现象：越是贫穷，越是依赖有限而可怜的自然资源，如过度放牧、过度渔猎、过度开垦等；越是依赖自然资源，对生态环境的破坏就越严重，经济越是得不到发展。如此循环往复，越贫穷，越破坏；越破坏，越贫穷。在这种情况下，如果没有从外部注入一种资金和机制就不可能改善生态环境。因此，对生态环境的破坏者也不得不给予补贴。

5.3.3.2 从条块角度可划分为“上游与下游之间的补偿”和“部门与部门之间的补偿”

上下游之间的生态补偿是指流域上游的生态保护直接影响到下游地区的生态质量，对上游地区的生态保护努力和机会成本给予相应的补偿。生态资源由社会共享，然而通常是贫困山区担负着保护江河上游生态的重任，在目前生态补偿制度尚未完善的情况下，与享受生态收益的下游地区相比，显然有失公平。需要通过生态保护补偿政策，由经济比较发达的下游地区“反哺”上游地区，如对下游地区利用水、森林、矿产等资源的，在相关产业的税费中提取比例作为上游地区生态补偿资金的来源。

部门与部门之间的补偿是指“直接受益者付费”补偿，如林水部门花了大力气建设生态环境，旅游部门受益于良好的生态环境，产生了较好的旅游效益；水利部门得益于淤塞减少，水量增大；当地农民得益于水土保持，政府得益于抗洪救灾支出减少；航运部门得益于河流通畅、货运增加，那么可以在这些集团中间进行利益的再调配。

5.3.3.3 从政府介入程度可分为政府的“强干预”补偿机制和政府“弱干预”补偿机制

政府的“强干预”补偿是指通过政府的转移支付实施生态保护补偿政策。由于生态环境资源的公共物品属性，生态问题的外部性、滞后性及社会矛盾复杂和社会关系变异性强等因素，使企业在许多领域和场合根本无法补偿。由于生态效益评估十分困难、交易成本较高，即使在市场机制健全的美国也采取政府“强干预”的方式，“由政府购买生态效益、提供补偿资金”这样一种政策手段来提高生态效益。

政府的“弱干预”补偿是指在政府的引导下实现生态保护者与生态受益者之间自愿协

商的补偿。美国、巴西和哥斯达黎加是3个成功地实施了生态效益补偿政策的国家。美国、巴西、哥斯达黎加三国经验表明，政府虽然是生态效益的主要购买者，但竞争机制依然可以在生态效益补偿政策的实施过程中发挥重要的作用。政府提供补偿并不是提高生态效益的唯一途径，政府还可以利用经济激励手段和市场手段来促进生态效益的提高。

5.3.3.4　从补偿的效果可分为“输血型”补偿和“造血型”补偿

“输血型”补偿是指政府或补偿者将筹集起来的补偿资金定期转移给被补偿方。这种支付方式的优点是被补偿方拥有极大的灵活性，缺点是补偿资金可能转化为消费性支出，不能从机制上帮助受补偿方真正做到“因保护生态资源而富”。

“造血型”补偿是指政府或补偿者运用项目支持的形式，将补偿资金转化为技术项目安排到被补偿方（地区），帮助生态保护区群众建立替代产业，或者对无污染产业的上马给予补助以发展生态经济产业，补偿的目标是增加落后地区发展能力，形成造血机能与自我发展机制，使外部补偿转化为自我积累能力和自我发展能力。支持项目包括对各种生态环境保护与建设项目、生态环境重点保护区域替代产业和替代能源发展项目、农民教育项目、循环经济工业区项目以及生态移民项目的支持。

“造血型”补偿的具体方式有：①由过去的以政策扶贫为主转变为以项目扶贫为主，如实施生态经济防护林扶贫工程，既可改善这些地区的生态环境质量、防止水土流失、根除洪涝水患，又能促进当地农牧业综合协调发展和加快农民脱贫致富步伐。②重点扶持交通、电讯、水利等基础设施建设，重视生产条件的改善，降低这些地区进入市场的成本，增强“造血”机能。③重视人力资源开发，通过发展文化教育和卫生事业，普及科技知识，加强职业技能培训，提高人口素质，为江河上源地区可持续发展构造人力基础。④利用青山秀水、自然和人文景观独具特色的优势，加强山水风光旅游、民族风情旅游、自然生态旅游、休闲度假旅游等旅游功能区建设，将生态旅游培育成为区域经济的新增长点。

“造血型”生态补偿机制通常是与扶贫和地方发展相结合的，这种补偿方式的优点是可以扶植被补偿方的可持续发展，缺点是被补偿方缺少了灵活支付能力，而且项目投资还得有合适的主体。

5.3.4　生态补偿资金的筹集方式

5.3.4.1　政府财政转移支付

基于生态保护是一种公共产品或准公共产品这一属性，补偿资金从政府财政中直接支出，通过财政转移支付的方式实施。这种渠道取决于政府的财政收支状况和政府的公共投资的偏好。政府公共财政的转移支付是生态补偿基金的主要来源但不是唯一来源。

5.3.4.2　生态受益者付费

基于生态保护是一种具有很强正外部性的行为，按照“谁受益，谁付费”的原则，由生态保护成果的享受者支付相应费用。当然，其前提是生态收益的可计量性。通过建立受益者补偿制度，可以筹集到一笔专项基金，以用于生态保护。例如，对森林的生态效益补偿可以通过森林的蓄水效应、保土效应、气候效应等，向不同类型受益者征收不同比例的补偿。

5.3.4.3　生态使用者付费

生态环境是一种稀缺资源。既然是稀缺资源就应该通过价格信号显示其稀缺性。因此，按照“谁使用，谁付费”的原则筹集生态保护补偿基金。开发、利用生态环境资源，如矿产资源的开采、森林资源的采伐、旅游、放牧、采药等活动，一方面是利用了有价值的生态环境资源，另一方面会对生态环境造成破坏。因此，开发、利用生态环境资源应该支付相应的补偿费。生态环境补偿费可以按生态环境资源的开发利用量来征收。目前，我国的一部分地区如上海浦东、广东、广西、陕西、海南、福建、江苏等地已开始征收生态环境补偿费。

5.3.4.4 社会捐赠

基于生态保护是一种“功在当代，利在千秋”的具有很强公益性特征的行为，生态保护补偿费还可以通过发行生态补偿基金彩票、公众募集等方式筹集资金。通过成立生态保护的慈善机构，设立慈善基金，接受社会各界人士和有关单位的捐赠，慈善机构通过广播、报刊、电视等媒体举办慈善晚会，筹措生态保护补偿资金。

5.3.4.5 国际援助

基于生态环境问题具有全球性特点，而发达国家在工业化过程中占据了大部分环境容量，发展中国家在工业化进程中要实现环境与经济的协调发展需要外部资金的注入。事实上，发达国家已经对发展中国家实施发展援助（ODA）计划，提供资金用于欠发达地区的生态保护。各类国际组织（包括环保组织）提供的专项环保资金，用于发展中国家或欠发达地区的环境治理与生态保护。如世界银行设立的生物碳基金，2003 年 5 月启动，启动经费为 4 000 万～5 000 万美元，最终将达到 1 亿美元。如果中国能够将森林固碳、碳交换机制以及森林生态效益补偿机制相结合，有可能申请到可观的资助。此外，一些非官方国际环境组织经常以捐款的方式，资助发展中国家开展“生物多样性”、“湿地环境保护”等项目，由于无需偿还，这类小额资金，更适合贫困地区申请使用。

思考题

1. 图示并说明环境税收政策如何实现环境污染负外部性的内部化。
2. 环境税与普通税收的政策效应的差异何在？
3. 图示并说明生态补偿政策如何实现生态保护正外部性的内部化。
4. 生态补偿、循环补贴、低碳补助有何本质差别？
5. 如何看待环境税收政策在中国的应用前景？
6. 如何看待低碳补助政策在中国的应用前景？

参考文献

[1] 皮尔斯，沃德福．世界无末日——经济学、环境与可持续发展[M]．北京：中国财政经济出版社，1996.

[2] 戴维・詹姆斯．应用环境经济学[M]．北京：商务印书馆，1986.

[3] 托马斯・斯德纳．环境与自然资源管理的政策工具[M]．上海：上海三联书店，上海人民出版社，2005.

[4] 罗杰・珀曼，马越，詹姆斯・麦吉利夫雷，等．自然资源与环境经济学[M]．北京：中国经济出版

社，2002.

[5] 厉以宁，章铮．环境经济学[M]．北京：中国计划出版社，1995.

[6] 王金南．环境经济学[M]．北京：清华大学出版社，1994.

[7] 张帆．环境与自然资源经济学[M]．上海：上海人民出版社，1997.

[8] 沈满洪．环境经济手段研究[M]．北京：中国环境科学出版社，2011.

[9] 沈满洪，蒋国俊，许云华，等．绿色制度创新论[M]．北京：中国环境科学出版社，2005.

[10] 沈满洪，陆菁．论生态保护补偿机制[J]．浙江学刊，2004（4）.

[11] 沈满洪．环境管理中补贴手段的效应分析[J]．数量经济技术经济研究，1998（7）.

第 6 章　环境产权理论

新古典经济学认为，在市场失灵的情况下往往依靠政府干预。新制度经济学则认为，市场失灵未必是政府干预的充要条件。科斯定理表明，环境产权制度的建立同样可以解决外部性内部化的问题。《中共中央关于全面深化改革若干重大问题的决定》（以下简称《决定》）第 51 条的主题是"健全自然资源资产产权制度和用途管制制度"，《决定》第 53 条的主题是"实行资源有偿使用制度和生态补偿制度"并强调"推行节能量、碳排放权、排污权、水权交易制度"。本章以排污权制度为例阐述环境产权制度。

6.1　自愿协商的效应分析

6.1.1　自愿协商的模型解释

严格地讲，自愿协商并不是一种环境经济手段，而是市场机制本身。当然这种机制的运行需要政府提供明确的产权界定等外部条件，同时这种机制的应用离不开政府的许可。因此，也不妨将它作为一种经济手段加以分析。

图 6-1 中，横轴 Q 表示污染物排放量，假定生产过程中不可避免地要排放会导致污染的废弃物，那么，横轴 Q 也表示与污染物有关的生产规模，当然，这里有一个前提，即污染物排放量与生产规模呈同比例增加。纵轴代表边际成本 MC 或边际收益 MR。

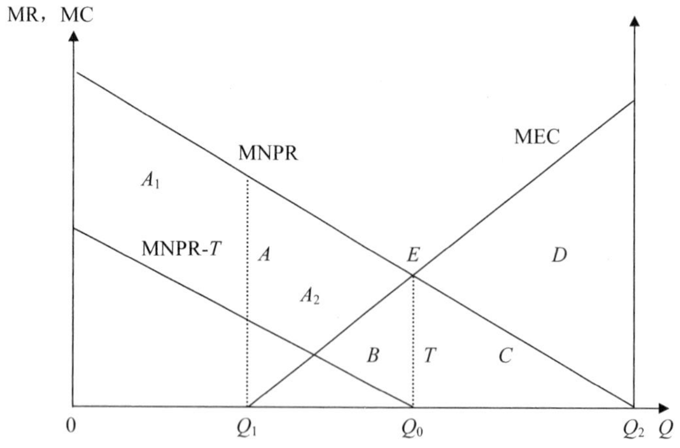

图 6-1　最优污染模型及其协商

MNPR 是边际私人（纯）收益曲线，它等于厂商不考虑外部成本时从事生产活动所得到的边际收益减去它所支付的边际成本之后的差额。MNPR 线向右下方倾斜，意味着随着生产规模的扩大，边际私人纯收益是逐步下降的。这是因为，随着生产规模的扩大，边际生产成本将递增，同时该产品的市场价格将随着产量的扩大而下降，从而导致厂商的边际收益下降。

MEC 线是边际外部成本曲线（实际上就是边际外部损害成本），它向右上方倾斜，意味着随着生产规模的扩大，污染物排放量的增加，边际损害是递增的，所以边际外部成本逐步上升。按理说，只要有生产就会有污染，因而 MEC 似乎应从原点出发向右上方延伸。这种想法没有考虑到环境容量的因素。事实上，自然环境具有一定的容纳废弃物的能力，这种能力就是环境容量。如果将环境容量考虑在内，MEC 线的起点就是 Q_1 点了。当生产规模及相应的污染物排放量低于 Q_1 时，自然环境本身就可以将污染物稀释到不至于造成环境污染的程度，因而社会也不必支付任何外部成本。

E 点是 MNPR 与 MEC 两条曲线的交点即均衡点，该点所对应的生产规模或污染物排放量是 Q_0，Q_0 就是最优污染水平。

A、B、C、D 分别代表所在区域的面积，其中，$A=A_1+A_2$。

追求私人利润最大化的厂商，只要边际私人（纯）收益 MNPR 大于 0，就会继续扩大生产规模，直到 Q_2。这时，厂商得到的私人总收益是（$A+B+C$）。同时，厂商造成的环境污染，迫使社会为此支付外部成本。当生产规模为 Q_2 时，社会支付的外部成本就是（$B+C+D$）。在产量为 Q_2 时，社会收益为：

$$(A+B+C)-(B+C+D)=A-D$$

之所以把 Q_0 称为最优污染水平，是因为这时 D 等于 0，社会总收益达到最大化。所谓最优污染水平是指能够使社会收益最大化的污染水平。在产量为 Q_0 时，产量做出任何调整，都会使得社会收益下降。

最优污染水平不是厂商所期望的。厂商不会自动把产量水平由 Q_2 调整到 Q_0。这就需要一种机制。以庇古理论为基础的征税手段就是一种机制。只要向厂商征收每单位产品为 T 的税收，就可以自动地使厂商将产量调整到 Q_0。因为征税后，相当于把 MNPR 曲线下移到（MNPR-T）的位置。为了使其税后利润最大化，厂商会自动地将生产规模移向 Q_0 点，从而实现了私人最优与社会最优的统一，消除了环境污染所致的外部不经济性。

按照科斯的思路，在寻求解决外部性问题的办法时，关键是如何实现社会总收益的最大化，而不是完全消除外部性。同时外部性问题的求解要注意损害的相互性。既然如此，在产权明确界定的情况下，未必一定要采用庇古手段才能解决生态环境问题，自愿协商同样能够实现资源配置的帕累托最优。

现在继续用图 6-1 的最优污染模型来说明科斯的思路。科斯是通过分别假设受污染者拥有和没有对环境资源的财产权这两种情况来说明问题的。

（1）假设受污染者不具有对受污染物质（如河流、空气等）的财产权，即污染者拥有污染权。那么，受污染者就应该同污染者进行商量并询问污染者需要多少补偿才能放弃污染行为。从图 6-1 可以看出，如果污染者将产量定在 Q_2 的水平上，那么，受污染者可以同污染者协商，让污染者将污染减少到 Q_0 的水平。这样对双方都有利，因为受污染者愿意支付不超过（$C+D$）的任何他需要承受的成本，而污染者则愿意接受任何高于 C 的补偿。讨价还价的结果就是 Q_0 的水平，Q_0 正是最优污染水平。

（2）假设受污染者拥有被污染的物质的财产权，即污染者没有污染权，那么，受污染者不会允许污染产品的生产量超过 Q_1 的水平，但是，污染者会支付给受污染者一些补偿金，以使其自身的产量增加。如果边际私人收益曲线 MNPR 高于边际外部成本曲线 MEC，那么，受污染者会同意增加产量。这种讨价还价的结果又使生产规模达到 Q_0。这一点对双方都是有利可图的，因为受污染者只要得到高于 B 的补偿，污染者只要支付低于（A_2+B）的成本。

可见，在产权明确界定的情况下，自愿协商同样可以达到最优污染水平，可以实现和庇古税一样的效果。既然如此，政府又何必多管闲事呢？

6.1.2 自愿协商手段的局限性

随着 20 世纪 70 年代环境问题的日益加剧，市场经济国家开始积极探索实现外部性内部化的具体途径，科斯理论随之而被投入实际应用之中。科斯理论的成功实践进一步表明，“市场失灵”并不是政府干预的充要条件，政府干预并不一定是解决“市场失灵”的唯一方法。

但是，科斯手段的自愿协商机制也存在局限性：

（1）在市场化程度不高的经济中，科斯理论不能发挥作用。特别是发展中国家，在市场化改革过程中，有的还留有明显的计划经济痕迹，有的还处于过渡经济状态，与真正的市场经济相比差距较大。

（2）自愿协商方式需要考虑交易费用问题。自愿协商是否可行，取决于交易费用的大小。如果交易费用高于社会净收益，那么，自愿协商就失去意义。在一个法制不健全、不讲信用的经济社会，交易费用必然十分庞大，这样，就大大限制了这种手段应用的可能，使得它不具备普遍的现实适用性。

（3）自愿协商成为可能的前提是产权是明确界定的。而事实上，像环境资源这样的公共物品产权往往难以界定或者界定成本很高，从而使得自愿协商失去前提。反过来说，如果事先的产权界定是清晰的，那么也就不存在这么多外部性问题了。

（4）科斯理论没有考虑代际之间的效率与公平。因为讨价还价一般只能局限于代内，如果受污染者是后代人，他就没有向前辈讨价还价的可能性。温室效应、物种灭绝、臭氧空洞等生态环境问题，后代人只能承受前人行为产生的有害影响，而无法要求前人对此补偿。

6.2 排污权交易的效应分析

6.2.1 排污权的内涵

美国经济学家戴尔斯在其著作《污染、产权与价格》中首次提出了排污权概念。其内涵是指在一定区域范围内，在污染总量不超过允许的排放量前提下，明确排污权的产权主体，从而使政府、受污染者、排污者等各个主体可通过买进或卖出排污权，以最小的成本实现环境保护的目的。从经济学意义上看，排污权不仅仅是指对环境资源的所有权，还包括对环境资源的使用权、用益权、决策权和让渡权，是一组权利束。排污权除了排他性、可交易性等属性外，还具有可分解性。所以，在排污权的所有权国家所有的前提下，排污权的使用权可以从其中分离出来。因此，我国所指的排污权是指排污单位对环境容量资源的使用权。

法学界对排污权有不同的认识，有的认为是一种“环境权”，有的认为是一种“天赋人权”，有的认为是一种“用益物权”。实际上，这些理解都有偏颇。排污权的法律属性实质上是一种行政许可性权利。因为排污权实际上是一种排污许可，在实际操作中，排污许可是环保部门根据排污者的申请，依法审查实际排污量后，准予其排放一定量的污染物。排污者在许可限度内排污是被允许的，这是法定权利；超许可排污是要遭受惩罚的，这是法律对其行为的一种约束。

经济学和法学意义上的排污权各有侧重。经济学主要是从成本和收益的角度出发，通过排污权利的界定来更有效率地减少污染物排放；而在法学上，主要是从保障交易的合法性并减少交易成本的角度出发，通过一种国家强制力来界定污染物排放的权利。但是，两者的精神实质是一致的。实际上，法学上所讲的“排污许可”的权利就是经济学上讲的“环境容量资源的使用权”。

综上所述，排污权是指在一定区域内允许排污总量由环境容量决定的前提下，排污单位按照排污许可所取得的排污指标向环境排放污染物的权利。因为排污者所排放的污染物的量必须在行政许可范围内，这样该排污者的排污行为才是合法的，该排污者才有资格使用环境资源。

6.2.2　排污权交易制度的内容

排污权交易制度的基本内容是：实行排污许可证制度，政府向企业发放排污许可证，企业则根据排污许可证向特定地点排放特定数量的污染物；排污许可证及其所代表的污染权是可以买卖的，企业等经济主体和政府可以根据自己的需要，在市场上买进或卖出污染权。这一制度包含下列几个要点：

（1）“污染权”或者称污染指标出售的总量要受到环境容量的限制。一个区域到底出售多少“污染权”要建立在环境检测部门、环境保护部门认真研究、论证的基础之上。最大限度是不能超过环境容量，最佳数量是使老百姓普遍感到满意。绝不能因为“污染权”是政府的垄断产品，而任意发放和出售。

（2）“污染权”初次交易发生在政府环境管理当局与各经济主体之间，即政府把“污染权”出售给各经济主体。经济主体可以是污染排放企业，也可以是环境保护组织，甚至可以是投资者。污染排放企业购买“污染权”的初始动机是，在技术水平保持不变的前提下，为了维持原来产品的生产，不得不排放污染物。环境保护组织购买“污染权”的动机就是将污染排放总量降低更多，比政府做得更好。投资者购买“污染权”的动机就是自身利益的最大化，期望依靠“污染权”现期价格与未来价格的差价从中谋取利润。

（3）“污染权”的将来交易可能发生在更宽广的范围之内。①污染企业与污染企业之间的交易。有的企业生产规模扩大了，需要拥有更多的“污染权”，而有的企业通过技术创新，“污染权”有节余，只要两个企业之间的交易使双方都能获利，“污染权”交易就会发生；②污染企业与环境保护组织之间的交易。环境保护组织认为随着经济发展和生活水平的提高，环境质量应该有相应的提高，所以出资竞购“污染权”，从而迫使污染企业减少污染排放；③污染企业与投资者之间的交易。投资者认识到“污染权”是一种稀缺的经济资源，也加入这种资源交易的操作，在买进卖出中渔利；④政府与各经济主体之间的交易。随着环境质量要求的日益提高以及政府财力的不断增强，政府还可以回购一些“污染权”，以进一步减少污染排放。当然，在“污染权”的交易活动中，就像一种普通商品的交易一样，任何一个经济主体都可以参与交易。

可见，污染权交易是以让市场机制发挥基础性作用、各经济主体共同参与、政府参与调节的一种有效运行机制。

6.2.3 排污权交易的供求分析

排污权交易的供求关系可以通过图 6-2 的模型加以分析。

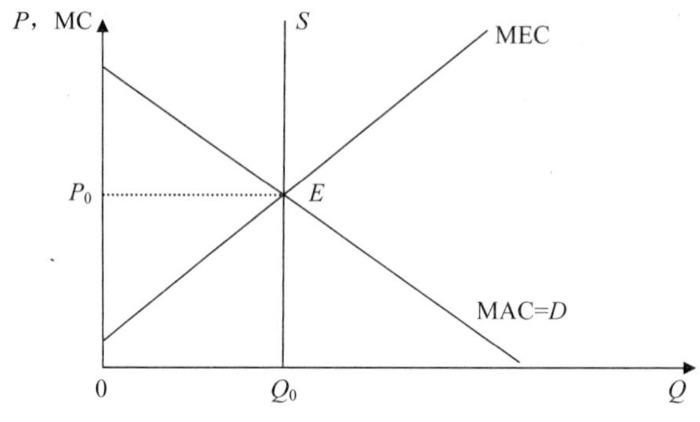

图 6-2 排污权供求均衡示意图

在图 6-2 中，横轴 Q 代表污染排放量，纵轴代表边际成本 MC 或价格 P。MAC 表示边际治理成本，MEC 表示边际外部成本。由于污染治理成本随着浓度的减少而逐渐增加，所以 MAC 曲线由右至左呈递增上升趋势。而边际外部成本随污染物排入量的增加而增加，所以 MEC 由左至右呈递增上升趋势。在 MAC 曲线与 MEC 曲线的交点 E 点以左，由于边际治理成本高于边际外部成本，因此，从整个社会的角度来讲，应该继续允许扩大污染；在 E 点以右，由于边际外部成本大于边际治理成本，增加污染治理还有净收益，因此，应当增加污染治理的投入；E 点正好是整个社会的最优污染水平。政府根据最优污染水平向各经济主体出售总量为 Q_0 的排污许可证。

由于稀缺的环境资源属于国家所有，因而环境资源的使用者需要向政府缴纳环境资源使用费，即支付环境资源的使用者成本。政府就成为环境资源的供给者。排污权的总供给曲线 S 就是一条垂直于横轴的曲线。它表示排污许可证的出售数量不会随着环境资源使用费的变化而变化。

从排污权的需求方面来看，对于排放污染物的企业来讲，它们必须在购买污染权和自行治理污染之间进行选择。如果污染物的边际治理成本低于排污权的价格，它们将选择自行治理污染；如果污染物的边际治理成本高于污染权的价格，它们将到市场上或政府手中购买污染权。也就是说，企业对污染权的需求取决于边际治理成本和污染权的价格，因此，可以将 MAC 曲线看做是排污权的总需求曲线。

供给和需求两方面作用的结果是，在 E 点上达到供求均衡。由 E 点决定的价格就是均衡价格，其数量是 P_0。因而，政府可以获得 P_0Q_0 数量的出售污染权的收益，这块收益正好又可以作为环境保护基金。

6.2.4 排污权交易的实施机理

假设一个社会有甲、乙、丙 3 家排放某种污染物的企业，它们消除污染的边际治理成本分别为 MAC_1、MAC_2、MAC_3。在以污染排放削减量 Q 作为横轴、以边际成本 MC 或价格 P 作为纵轴的坐标中，它们都是向右上方倾斜的曲线。微观经济学证明，平均可变成本曲线以上的那一部分边际成本曲线就代表了竞争性厂商的供给曲线，因此，这 3 条曲线同时也表示 3 个企业的供给曲线。如图 6-3 所示，图上的 $Q_1Q_2=Q_2Q_3$。

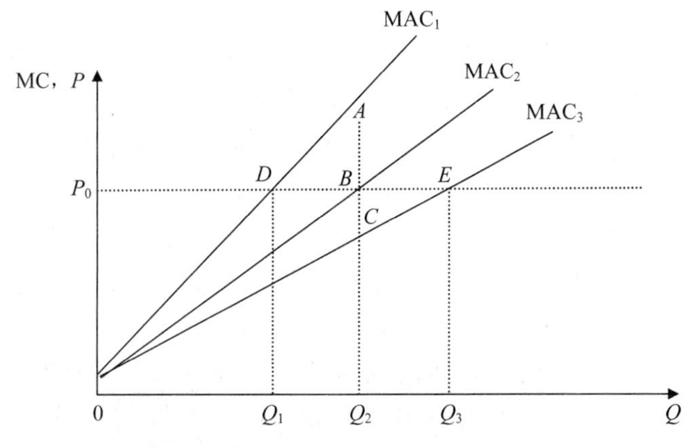

图 6-3 排污权交易实施机理示意图

假定政府出售给甲、乙、丙 3 家企业的排污许可证所允许它们排放的污染物均比它们现在的污染物排放量减少了 Q_2。同时假设排污权交易只会发生在 3 家企业之间。

当政府将每单位排污权的市场价格确定为 P_0 时，由于甲企业将污染物排放削减数量由 Q_1 增加到 Q_2 时的边际治理成本高于价格 P_0，因而甲企业愿意购买 Q_1Q_2 数量的排污权。甲企业购买 Q_1Q_2 数量的排污权较之自己采取治理污染措施将污染削减量由 Q_1 增加到 Q_2 可以获得三角形 ABD 面积所表示的净收益。

由于丙企业的边际治理成本曲线 MAC_3 低于 MAC_1 和 MAC_2 曲线。Q_2Q_3 数量的污染削减量的边际治理成本低于污染权的市场价格 P_0，而政府只要求污染削减量减少到 Q_2，因此，丙企业可以将 Q_2Q_3 数量的污染权出售给其他企业。丙企业的污染权出售可以获得三角形 BCE 面积所表示的净收益。

在上述 3 家企业组成的经济社会中，丙企业出售的污染权正好被甲企业所购买。由于 Q_1Q_2 等于 Q_2Q_3 供求实现平衡，因而排污权交易得以进行。

6.2.5 排污权交易制度的优越性

与其他环境经济手段相比较，排污权交易制度在环境效果和经济效率等方面都具有明显的优越性：

（1）它充分利用了市场机制这只“看不见的手”的调节作用，使价格信号在生态建设及环境保护中发挥基础性作用，使治理成本最小化。企业比较各自的边际治理成本和排污权的市场价格的大小来决定是买进排污权还是卖出排污权。同时，对广大企业来讲，可以通过排污权价格的变动，对自己企业的产品价格及生产成本作出及时的反应。排污权交易的结果使全社会总的污染治理成本最小化，同时也使各经济主体的利益达到最大化。

（2）它有利于促进企业的技术进步，有利于优化资源配置。排污权交易与环境标准相比，具有明显的优势。按照环境标准执行，即使所有厂商排放的污染物浓度都达到环境标准的规定，随着厂商数量的增加，污染物的排放量仍然会增加。而排污权交易制度可以控制污染物排放的总量。如果新厂商的技术水平高、经济效益好、边际治理成本低，它只需要以高于 P_0 的价格购买少量排污权就足以使其生产规模达到合理水平并盈利。而那些技术水平低、经济效益差、边际治理成本高的厂商自然被市场所淘汰。因而，排污权交易制度是一种有效的激励机制。

（3）它具有更好的公平性、有效性和灵活性。排污权交易制度面临的任务是在某区域最大污染负荷已确定的情况下，如何在现在或将来的污染者之间合理有效地进行排污总量的分配，即主要考虑该分配系统的公平性和有效性。在分配允许排放量时，那些不能有效去除污染的污染者，没有资格比有效去除污染的污染者享有更大的环境容量；那些能够较经济地去除污染的污染者可将其拥有的允许排放量出售给处理费用高的污染者，以卖方多处理来补偿买方少处理，从而使区域的污染治理经济有效。在征税手段的情况下，污染者花钱购买污染权，其价格是由污染控制机构统一制定的，因此，污染总量是通过管理机构收费的高低来间接控制。而排污权交易制度控制的是允许排放量而非价格，当经济增长或污染治理技术提高时，允许排放量的价格会按市场机制自动调节到所需水平，具有很大的灵活性。

（4）它有利于政府在生态环境问题上进行污染物总量控制并及时作出调整。政府可以借鉴中央银行公开市场业务（公开市场业务是指中央银行通过在证券市场上公开买卖政府债券，影响货币数量，进而影响整个经济形势的做法）的经验，通过排污权的市场买卖，对环境保护中出现的问题作出及时的反应。例如，环境标准偏低时，政府可以买进污染权；环境标准高时，政府可以卖出污染权。而且可以通过少量的排污权交易，对环境状况进行微调。经过一定时期，证明调整后的环境状况可以兼顾经济发展和环境保护时，再将其正式确定为环境标准。

专栏 6-1　上海市闵行区以低成本实现环境保护目的

黄浦江是上海市的母亲河。黄浦江上游的闵行区段又是上海市的水源保护区。20 世纪 80 年代初期，根据水质模型计算，黄浦江上游要达到Ⅱ、Ⅲ级水质目标，必须在 1982 年污染排放总量的基础上到 1990 年削减 60%，而当时排污已大大超过环境容量，导致无法开发新项目。上海市人大于 1985 年颁布了《上海市黄浦江上游水源保护条例》。该《条例》规定，在黄浦江上游实行总量控制和许可证制度时，允许“总量指标有偿转让或交换”。这一规定，①说明为了保证水源地水质必须控制排污总量，由于当时排污总量已经超过科学测算出来的允许排放总量，必须削减 60%，在此基础上将水污染权指标无偿分配给 404 家企业；②说明水污染权指标可以在地区内、水源保护区内综合平衡，在企业间有条件地调剂余缺、互相转让。

这一环境经济政策出台以后，中国第一例水污染权交易于 1987 年在闵行区发生。进而很快成功地实现了多例水污染权交易。在初始阶段，水污染权交易活动尚存在政府的较多介入，但随后的交易活动主要依靠市场本身。截至 2002 年年底，区内水污染权交易共计 40 多例，涉及企业累计 80 多家次，交易金额达到 1 403 万元。通过交易活动，一些经济效益差、污染严重的企业，从经济成本考虑逐渐退出排污指标，退出了水源保护区；一些污染小、经济效益好的企业逐渐落户保护区，形成了经济与环境协调发展的良性循环。据统计，仅 1994—1999 年，闵行区的经济在以两位数的速度增长，而工业废水排放量则由 21 971 万 t 下降到 13 145 万 t，COD 的排放量由 8 891 t 下降到 5 098 t，万元产值 COD 排放量由 3.79 kg 下降到 2.02 kg。这些成绩的取得是与水污染权交易制度密不可分的。2003 年以来，闵行区的工业废水处理率、废水排放达标率均已达到 100%，与此相对应地，城市水功能区水质达标率、城区河流水质达标率也均达到 100%。

（5）它有利于非污染排放企业和公众的积极参与。绝大多数环境经济手段的运作过程往往是政府与污染企业之间发生某种关系，而其他经济主体难以介入。而排污权交易制度则可以发动公众积极参与到环境保护事业中来。环境保护社团组织如果认为现有环境标准偏低时，可以利用自己手中的资源买进排污权，然后把污染权控制在自己的手中，不再卖出，也不排放污染物，从而向政府表明自己要求提高环境标准的意愿。这样，污染水平就会降低。

6.2.6 实行排污权交易制度的局限性

（1）要使排污权交易制度行之有效，必须满足如下一些条件：①政府必须具有维持和管理排污权交易市场秩序的能力。排污权既然可以买卖，那么从长期来看，其价格呈现上升趋势。这样，就会有人炒卖排污许可证，甚至有可能出现某些人通过垄断排污权市场牟取暴利的现象。这就说明，排污权的价格应由市场机制来决定，但排污权交易市场的社会秩序应该由政府部门来维护和管理。②政府必须对政府公务人员的行为进行有效的监督，防止他们以权谋私。通过买卖排污许可证来保护环境，将使政府有关部门的公务人员拥有很大的权力，他们的买卖行为足以左右排污权交易市场，并影响到整个环境保护事业和政府形象。因此，政府必须采取有效的制约机制，管理好自己的公务人员。③政府必须有能力对排污者的排污行为进行有效监督和管理。污染者之所以要购买排污权，是因为没有排污许可证就不能排污。如果政府或者无法确定目前排污许可证的分布情况，或者虽然能够确定但无法制止无证排污，那么，排污权交易制度就会失灵。但实际上，这 3 个条件要同时满足是十分困难的，因此，排污权交易制度的应用受到严重约束。美国的实践表明，政府当局的过多卷入阻碍了排污交易的正常运行。

（2）排污权交易制度的实行，意味着给污染者提供了合法的“污染的权利”。而传统观念认为，清洁环境才是每个人的基本权利。也就是说，排污权交易制度与传统观念相悖，不容易被人们接受。很多事实表明，改变人们的思想观念是困难的。转变观念又需要支付巨额成本。

（3）获取排污交易的信息成本十分昂贵。这种成本表现在两个方面：①排污交易会使检测工作量大增。因为只有加强检测，才能反映环境质量的变化情况，才能制订出易于接受的交易规则。而这些都需要支付很大成本。②某厂商要买进或卖出污染权必须发现其他厂商的交易意愿及市场信息，而这种信息的获得往往是很困难的。美国排污权交易大多数发生在企业内部就说明了这一点。

（4）制度环境的差异也会影响到排污权交易制度的应用。排污权交易制度往往应用于经济自由主义的国家。例如，美国是一个极端的经济自由主义国家，市场化方法特别容易受到青睐。OECD 的其他国家虽然也是市场经济国家，但与美国相比，存在许多制度上、政治上和文化上的差异，因而许可证交易方式至今用得较少。

6.3 排污权有偿使用的理论依据

6.3.1 环境容量与总量控制

6.3.1.1 环境容量的内涵辨析

排污权是与环境容量紧密相关的。因此，要理解排污权，首先要理解环境容量。环境容量是指在人类社会和自然环境不致受害的前提下某一区域所能容纳的污染物的最大负荷量。环境容量具有两个层次：第一个层次是维持生态平衡的环境容量；第二个层次是维持人们满意的环境容量。第一个层次相对比较客观，其环境容量具有相对稳定性；第二个层次相对比较主观，其环境容量具有不稳定性，会随着人们生活水平的提高而发生变化。对环境容量的理解可以借助于最优污染模型予以说明，如图 6-4 所示。

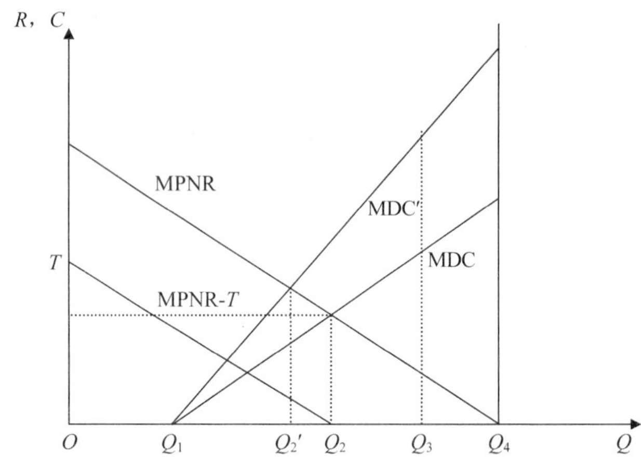

图 6-4 最优污染模型及其环境容量

图 6-4 就是最优污染模型。横轴表示产量，纵轴表示收益（R）或成本（C）。向右下方倾斜的曲线表示私人边际净收益曲线（MPNR）。对于追求利润最大化的企业而言，在没有环境管制的背景下，只要存在边际净收益，就愿意扩大产量，因此，最大的产量是 Q_4。但是，伴随环境污染的 Q_4 产量是一个过大的产量，存在严重的环境污染损害。向右上方倾斜的曲线表示边际外部损害成本曲线（MDC）。当产量为 Q_1 时，与 Q_1 产量相对应的污染物排放量（E_1）就是第一个层次的环境容量——完全能够维持生态平衡的环境容量。当产量为 Q_2 时，与 Q_2 产量相对应的污染物排放量（E_2）是一个最佳排放量。因为，产量减

少到 Q_2 以下，例如 Q_2'，会导致社会净收益的减少量大于环境损害成本的减少量；产量增加到 Q_2 以上，例如 Q_3（对应的污染物排放量是 E_3），会导致社会净收益的增加量小于环境损害成本的增加量。所以，Q_2 是一个最佳产量，与 Q_2 相对应的污染物排放量（E_2）是一个最佳排放量。当产量为 Q_2 时，与 Q_2 相对应的污染物排放量（E_2）就是第二个层次的环境容量——维持人们满意程度的环境容量。

边际外部损害成本曲线（MDC）的斜率的大小是与人们对环境损害的价值评价相关联的。随着经济社会的发展，人们对优质生态环境和优质生态产品的需求呈现出递增的趋势。这就是生态需求递增规律。这样，就会导致边际外部损害成本曲线（MDC）以 Q_1 点为中心按照逆时针方向转动，例如转动到 MDC′的位置。由此，使得维持人们满意程度的环境容量从 Q_2 减少到 Q_2'。

在现实生活中，污染物的排放量未必正好处于最优污染量水平。在当今中国，山不清、水不秀、天不蓝、地不净的现象十分普遍，呼吸一口新鲜的空气、喝上一口洁净的水、吃上一口安全的饭都成为奢求。显然，实际污染量超过了最优污染量 E_2，例如处于与 Q_3 产量相对应的污染量水平 E_3。这就是我国必须实施总量递减为前提的总量控制政策原因。

6.3.1.2　总量控制的内涵辨析

中国的环境保护呈现出 3 个明显的阶段：浓度控制、总量控制、功能控制。在污染物排放总量有限的情况下，只要各个点源的污染物排放的浓度控制在一定范围之内，就不会影响环境质量。但是，在污染物排放总量不断递增的情况下，浓度达标的排放未必能够保障环境质量的达标。随着我国环境质量的退化，污染物排放量明显超过了与 Q_2 对应的排放量 E_2。正因为如此，从“十一五”以来，环境保护政策由浓度控制为主转向总量控制为主。

但是，为什么主要污染物排放量已经实施减排，而环境质量还在退化？这是因为，环境质量不是取决于当年排放的污染物的流量或增量（某一时期的排放量），而是取决于累积在环境中的污染物的存量（某一时点的累积量）。在环境容量占用比例小的情况下，环境对污染物的自净能力较强，例如排放 100 个单位的 COD，水体可以自净消纳其中的 80 个单位的 COD；在环境容量占用比例大的情况下，环境对污染物的自净能力较弱，例如排放 100 个单位的 COD，水体只能自净消纳其中的 20 个单位的 COD。因此，基于我国环境质量急剧恶化的状况，必须尽快由污染排放的总量控制转向环境质量的功能控制。

关于总量控制的总量核定有两种方法：①容量总量核算法。这是根据环境容量来确定总量控制目标，即从环境质量标准出发，应用环境质量模型，推算在保证给定的环境质量的前提下，某地区的环境所能容纳的最大排污量。②目标总量核算法。这是立足于现有的技术水平、立足于现有的排污削减能力及经济发展状况，来确定总量控制指标。按理说，应该以科学的环境容量核算作为依据进行总量控制。但是，至今还没有像计算 GDP 一样的国际公认的环境容量计算方法。在容量总量核算法尚未得到公认以前，目标总量核算法不失为一种可行的方法。可以采取逐渐逼近的方式加以处理。即以现状排放总量为基础，按照居民满意度评价状况逐渐削减排放数量，直至居民满意为止。

由上可见，无论是对环境没有损害的环境容量 E_1 还是与最优污染水平相对的环境容量 E_2，都是稀缺的。排污权的稀缺性是由环境容量的稀缺性所决定的。环境容量的稀缺性决定了排污总量的控制，甚至要按照环境保护的功能目标确定排污总量。排污总量的控制必然导致排污权的控制，因此，排污权是一种稀缺的资源。

6.3.2 排污权有偿使用的必要性与可行性

6.3.2.1 排污权有偿使用的必要性

环境容量的稀缺性即表明排污权的稀缺性，环境容量的有价性就表明排污权的有价性，环境容量的优化配置就表明排污权的优化配置。因此，排污权有偿使用的理论依据至少有以下三点：

（1）环境容量资源稀缺论。环境容量是一种宝贵的资源。这种资源虽然无形，但是却客观存在着。环境容量是一种有限的资源。经济社会的发展，对环境容量的需求是不断递增的，而可以供给的环境容量却是有限的。环境容量的有限性和需求的无限性之间的矛盾就决定着环境容量的稀缺性。市场价格是显示资源稀缺程度的基本杠杆。稀缺资源的无偿使用本身就是一个悖论！既然是稀缺的环境容量，怎么可以无偿使用！

（2）环境容量资源价值论。长期以来，环境容量被当做自由物品，所以被零价格使用。实际上，环境容量是一种稀缺的经济物品，稀缺性决定着市场配置的有效性。市场机制配置资源的最有效的手段就是价格机制。通过价格信号显示环境容量资源的稀缺性，按照市场供求关系决定环境容量的市场价格，按照环境容量价格在不同经济主体之间进行配置，这样，必然导致环境容量资源配置的优化。有价的环境容量资源以零价格使用必然导致资源配置的扭曲，必然导致资源使用效率的低下，也必然导致环境污染的过度。

（3）环境容量资源产权论。长期以来，环境容量资源是作为典型的公共物品进行配置的，因此，环境产权往往是开放式产权。在产权无法界定的情况下，开放式地使用环境容量资源是不得已的；但是，在产权可以界定的情况下，开放式地使用环境容量资源就会导致效率的降低。随着科学技术的进步，环境容量资源已经有可能从不可界定转向可以界定。只要环境容量资源的产权可以界定为封闭式产权，那么，就要鼓励使用市场机制进行配置。这是经济学的基本结论。

6.3.2.2 排污权有偿使用的意义

在国外的排污权市场中，初始排污权既有有偿使用的，也有无偿使用的。在市场机制完善的背景下，即使初始排污权是无偿使用的，也不影响排污权均衡价格的形成。理论上讲，初始排污权价格的有无和高低并不影响排污权市场的出清。但是，中国的排污权市场不同于西方国家。中国的长江与美国的密西西比河相比较，沿江两岸布局的企业的密度是截然不同的。中国如此众多的排污权的需求者与如此有限的排污权的供给量之间的矛盾十分尖锐。这是中国所特有的。在这种情况下，排污权有偿使用可以遏制对排污权的过度需求，可以优化排污权的有效配置，可以促进环境质量的好转。因此，排污权有偿使用具有三大意义：

（1）排污权有偿使用有利于增强全社会的环境容量资源意识，从而更加自觉地保护环境资源、珍惜环境资源，使得稀缺的环境容量资源实现最高的配置效率和使用效率，加快建设资源节约型社会和环境友好型社会。意识的觉醒是行动的前奏。只要意识到环境资源论、环境稀缺论、环境价值论，理性的企业就会珍惜这种稀缺的资源并实现收益的最大化。

（2）排污权有偿使用有利于国家参与环境容量这一特殊的国有资源收益的合理分配，在保障环境容量优化配置的前提下落实国家的资源所有者权益。在中国，土地资源、林业资源、矿产资源、环境容量资源等总体上均是国家所有。而在西方，众多自然资源是私人所有。在统一自然资源国家所有的背景下，国家作为资源的所有者的权益应该体现，否则就是所有者权益的虚拟化。《决定》明确指出："健全国家自然资源资产管理体制，统一行使全民所有自然资源资产所有者职责"。

（3）排污权有偿使用有利于环境容量资源在不同经济主体之间配置的公平性。从环境权益看，人人享有排污权；从排污权的配置看，不可能人人使用排污权。通过有偿使用排污权，就可以解决排污权配置的公平性。这种公平性，一方面体现在不同行业、不同类型的排污企业之间的排污权交易，另一方面还体现在排污企业与非排污企业之间的排污权交易。在总量控制的前提下，有志于改善环境质量的居民或非政府组织可以买进部分排污权而不使用，使得市场上实际使用的排污权少于政府核定的总量。

6.3.2.3 排污权有偿使用的可行性

虽然排污权有偿使用是必要的，但是，如果技术措施无法保障，那么也是行不通的。在环境产权可以界定的情况下，就可以作为私人物品实施有偿使用制度。因为使用多少、使用后果均可监测；在环境产权不能界定的情况下，就只能作为公共物品实施无偿使用制度。环境产权界定技术的重大突破，有力地保障了排污权有偿使用制度的实施。

（1）环境质量检测技术的突破。根据环境质量，确定排放总量；根据排放总量，分配初始排污权；根据排污权供求，确定有偿使用价格。随着环境技术的发展，水环境、大气环境等环境检测技术已经可以做到在线监控。这为环境容量的测算和排污总量的确定奠定了基础。

（2）污染排放检测技术的突破。企业获得排污权以后，排放了多少、结余了多少、允许交易多少等问题是取决于排放检测技术的。由于环境资源稀缺性的加剧，推动了排放检测技术的发展。目前，环境保护领域的在线监控技术、刷卡排污技术等均已经进入实用化的阶段。

总之，随着环境技术的发展，环境产权界定的成本越来越小，而环境产权界定后进行优化配置所可能获得的收益的增加则越来越大。环境产权界定的净收益的增加促进了环境产权由开放产权向封闭产权的转化，从而使得排污权能够有偿使用。

6.3.3 排污权有偿使用费与排污收费可能同时并存

6.3.3.1 "两种费"的理论基础不同

（1）排污收费的理论基础是庇古理论。环境污染是一种负外部性现象。负外部性的存在，导致伴随环境污染产品的产出水平过多，环境污染过于严重，出现资源配置的扭曲。著名福利经济学家庇古认为，只要对负外部性的制造者征收税收，税率是环境污染的外部损害成本，就可以实现外部性的内部化。如果排放的是最优污染水平，那么，只要让该排放水平的污染损害成本让污染企业承担即可。在图6-4中，按照T税率征税，就会使得企业的私人边际净收益曲线向下移动到MPNR-T的位置。这样，就能够实现负外部性的内部化。环境税收政策与排污收费政策无非是政策的刚性不同，前者更加刚性，后者更加柔性，其经济学本质是一致的。简单地说，排污收费的本质是按照"谁污染，谁治理"的原则对环境损害的惩罚性补偿。因此，当污染物排放量小于等于E_1时，不应该征税，因为，污染物排放没有导致环境损害；当污染物排放量等于E_2时，可以征收外部损害成本的税率；当

污染物排放量达到 E_3 时，还要按照累进税制予以更加高额的税收。

（2）排污权有偿使用的理论基础是科斯理论。排污权理论是建立在著名新制度经济学家科斯的理论基础之上的。科斯认为，面对负外部性，未必是对负外部性的制造者征税，因为外部性具有相互性。在交易费用低廉的情况下，政府要考虑的是如何界定产权，如污染者具有污染排放权或污染者没有污染排放权，在产权得到明确界定的前提下，负外部性的制造者和受害者之间的自愿协商必然导致有效率的资源配置。正是在科斯理论的基础上，诞生了戴尔斯的排污权理论。按照排污权理论，初始排污权的配置，可以有偿使用，也可以无偿使用，至少不排斥排污权有偿使用。而排污权交易的结果，不管初始排污权的价格的有无与高低，必然导致市场出清的排污权均衡价格的形成。这就说明，排污权或者具有显性的价格，或者具有隐性的价格。或者说，排污权无偿使用不等于排污权没有价格，排污权有偿使用只不过是排污权隐性价格的显性化。简而言之，排污权有偿使用是按照“谁占用，谁付费”的原则对稀缺的环境容量资源的占用和使用收费。

6.3.3.2 “两种费”的适用范围不同

如前所述，建立在科斯理论基础之上的排污权有偿使用费是一种环境容量资源的占用费。建立在庇古理论基础之上的排污收费是一种环境损害的补偿费。因此，两者的内涵是不同的。

表 6-1 概括了排污权有偿使用费与排污收费的适用区间。

表 6-1 排污权有偿使用与排污收费的使用区间分析

序号	区间	有效性说明	结论
1	$E \leqslant E_1$	排污权有偿使用有效，排污收费没有依据	唯一选择
2	$E_1 < E << \leqslant E_2$	排污权有偿使用有效，可以收取排污费但会导致低效率	唯一选择
3	$E=E_2$	排污权有偿使用有效，排污收费也有效	两可选择
4	$E_2 < E \leqslant E_4$	排污权有偿使用可以，排污收费也可以	两者并存

（1）当 $E \leqslant E_1$ 时，即在无环境损害的排污量范围之内，只能收取排污权使用费，不能收取排污费。由于 E_1 的环境容量是有限的，有限的环境容量可以收取资源占用费。但是，小于等于 E_1 的情况下，没有对环境造成任何损害，收取排污费就没有依据了。此时，收费的选择结论是唯一的。

（2）当 $E_1 < E \leqslant E_2$ 时，即在无损害的排污量以上且在最优污染量以内，可以收取排污权有偿使用费。由于此时已经对环境造成一定的损害，理论上也可以收取排污费。但是，收取排污费的结果，会导致企业的产量小于最优产量，从而导致社会总福利的损失。此时，收费的选择结论也是唯一的。

（3）当 $E=E_2$ 时，即在污染量正好等于最优污染量时，从经济学理论上看，可以收取排污权有偿使用费，也可以选择排污费。但是，不能同时使用这两种收费制度，只能在两者之间进行选择。在政府有效时可以偏向于选择排污费，在市场有效时可以偏向于排污权有偿使用费，在政府和市场均有效的情况下可以随机选择。

（4）当 $E_2 < E \leqslant E_4$ 时，即在大于最优污染量 E_2 以上并小于最大污染量 E_4 时，既可以收取排污权有偿使用费，又可以收取排污费。此时，既存在环境容量资源的占用，又存在环境污染的损害。两者可以同时并存，也可以相互整合。但是，需要注意的是：如果采取

税（费）率给定的情况下收取排污费，难以做到排污总量的控制，更难以做到总量递减前提下的排污总量控制。如果实施排污权有偿使用制度，由于该制度的前提是总量控制，在环境状况不能令人满意的情况下还可以采取逐年递减的总量控制制度，因此，可以完成从总量控制向功能控制的转变。

6.3.3.3 “两种费”可以并存也可以分离

目前中国的环境污染显然处于广大居民不满意的状况，也就是说处于 $E_1<E\leqslant E_2$ 的区间，因此，排污权有偿使用费与排污收费的并存是可以的。

事实上，中国的排污费的收取是十分有限的。2013 年全国排污费收费总额是 216.05 亿元（环境保护部，2014），而工业增加值是 210 689 亿元（国家统计局，2014），排污费只占工业增加值的 0.103%。中国的排污权有偿使用费的收取有的还没有开展，即使开展的地区也是十分有限的，远远没有达到排污费的收费额度。因此，在环境污染如此严重的背景下，双管齐下的收费制度未尝不可。

当然，从制度优化的角度看，“两种费”并存既会给人产生“重复收费”的误解，又会导致管理成本的增加。因此，可以尽快实施“两费合一”的政策。其中，两种收费整合为一种收费的理想方案是排污权有偿使用费。

6.4 资源产权制度安排

6.4.1 资源产权失灵

地球上的水、土地、森林、矿物和野生生物等自然资源是人类社会发展的重要支撑系统。自 20 世纪中叶以来，人类社会遭遇了越来越严重的森林面积减少、土地沙漠化、水资源短缺和矿产资源耗竭等诸多资源问题。从资源问题的物理表象剖析，产生资源问题的诱因是人口的急剧膨胀与经济的快速增长，人口与经济的不断增长造成人类社会对自然资源的需求逐渐超过地球提供自然资源的能力，从而造成自然资源的破坏与耗竭。从哲学层面剖析，产生资源问题的诱因是错误的人地关系观所引导的不可持续发展模式。传统发展模式忽视了地球自然资源支持系统承载力的有限性，使经济的发展超越了自然资源支持系统的承载力。从经济层面剖析，大多数资源问题的诱因是“公地的悲剧”，许多自然资源因缺失明晰产权，在资源开发利用过程中，对资源保护和利用的权利、义务关系不对称，从而导致资源掠夺性的开采和低效率的利用。

市场经济有效运行的基本动力机制是私人财产及其相应的权利，而产权则是包括每个人按照他认为合适的方式使用和处分其财产的权利。这使其所有者有动机把他掌握的财产有效使用。产权是人与人之间由于稀缺物品的存在，而引起的与其使用相关的关系。这种关系具体规定了与经济物品有关的行为准则，所有人在与其他人相互作用过程中必须遵守这些准则，否则要受到相应的惩罚。明晰的产权可以保证资源的最佳配置，产权的这种与激励机制和经济行为的内在联系，是经济有效运行和资源合理利用的重要保障机制。产权作为财产及其相应的权利，它与利润动机结合在一起为人们提供了行为动机。完善而明确的产权在资源的合理配置方面发挥着重要的激励作用，产权的本质是将外部性内在化的一种机制。

根据产权的定义，资源产权是指自然资源的所有权、使用权、支配权、让渡权等所构成的权利束。在资源和环境问题上，产权失灵是十分普遍的现象。一方面，由于技术等方面的原因，资源产权的范围不易确定或无法确定，如公海资源，人们一直就其产权问题争论不休；另一方面，资源产权的所有者过多，而使确定单个人的权利成为不可能，进而使其实现主体范围不确定。这两方面的原因使资源产权范围不明确，往往无法实现自然资源的最有效率配置。资源产权失灵的另一个原因在于产权残缺，产权受到管制。由于资源的特殊性，其开发利用总是受到众多的社会规则限制，所有者不能完全实现其应有的各项权能，从而也不能调动所有者应有的积极性去实现资源的最佳配置。可见，在资源产权运作的一系列环节上，都可能造成无法实现资源有效率配置，因而对资源的无效率使用缺乏应有的纠正，其结果便是资源问题的出现。因此，解决资源问题必须从产权制度入手，制定相应的对策。

6.4.2 资源产权制度改革

现代产权理论认为，产权界定清晰与否是决定市场交易及资源配置有效性的根本条件。在产权制度中权力与风险责任的对称又是保证监督有效的必要条件，产权界定越清晰，市场机制就越有效。建立可交易的自然资源产权制度是解决资源问题的一个有效政策措施。我国学者王万山从初始产权界定、交易权规定和交易制度安排 3 个方面探讨了自然资源产权交易制度的构建问题。

6.4.2.1 引入市场化的“公”权市场改造传统自然资源规制模式

自然资源产权市场作为一个公私产权的混合市场，其制度优化必须首先优化“公”权市场。目前我国自然资源产权市场主要以“公”权形式存在，故引入市场化的“公”权市场模式是我国自然资源产权市场优化的第一步，也是目前条件下的重要一步，可以有效消除我国自然资源产权初始界定过度国有化而造成严重的“政府失灵”问题。引入市场化的“公”权市场模式需要两个步骤：①自然资源产权所有权代理市场化；②自然资源的使用权获得市场化。

作为资源的公共产权主体，国家不仅对资源拥有积极的权能，即可以占有、使用、收益和处分资源，而且也可以行使其消极的权能，即排除一切非法的侵犯。但国家是个抽象的、不清晰的集合，权利无法被具体界定到某个人，因而，要切实行使自然资源的所有权，国家必须把这一所有权委托给中央政府；而中央政府不可能直接控制那么多的资源，所以必须层层向下委托，直至最基层的自然资源管理部门。这样，自然资源的产权必然被层层委托给众多具体代理人去行使，其间必须经过很多中间环节。然而，国家和它的各级委托代理人都有着不同的行为和利益目标。每个环节的代理人与它的委托人的利益目标都可能存在差异，从国家到最后代理人，这种利益目标差异可能会越来越大。这样，就存在代理人行为严重背离自然资源公共产权主体和终极所有权人利益的可能。

为了协调自然资源各级代理机构的目标，督促他们尽忠职守，国家还需设立相应的协调、监督机构。同代理机构一样，各级协调、监督代理机构及其组成人员都有着各自的行为目标，其目标可能既有经济性的，又有政治性的。因而，各级代理人和协调、监督机构在履行职责时，必然要衡量利益，而衡量的标准是自己的利益目标。当行为结果符合自己的目标时，就会积极行动，自然资源公共产权主体的委托目标就会实现，公共产权主体的所有者的地位得到维护；反之则相反。这里存在信息不对称、代理者被俘虏、代理者有限理性及代理者创租卖租等政府失效和代理失效问题。其主要原因是代理者的机会主义行为。例如，某地盗伐森林现象十分严重，而当地森林警察却不愿尽力制止这类行为，原因不是无法制止，而是如果完全制止了盗伐，他们就无法获取大量的罚没收入。这里，罚没收入是警察创租的收入。

以上分析表明，由于国家代理人的政府和它的各级代理人利益目标差异，以及各级代理者的机会主义行为，使自然资源所有权代理主体在没有约束和竞争的情况下将产生严重的“政府代理失效”或曰“政府失灵”。解决自然资源代理“政府失灵”的最有效途径是建立民主宪政和加强权力制衡，引入“公”权交易市场（选票交易），在此基础上优化政府对自然资源产权市场的规制，包括强化对自然资源代理者的规制、建立自然资源代理租金消散机制、放松自然资源规制和优化自然资源规制等手段，同时引入代理者的竞争机制，即引入政府间的竞争。

引入代理竞争的基本做法是把生态环境保护纳入各级政府“政绩”考核的指标体系，并把传统的GDP核算转化成绿色GDP核算以量化评估各个代理人的生态环境保护绩效。其困难点在于行政区之间的生态环境保护常存在严重的外部性，如一个城区的水体污染经常会和相邻城区的水体污染“混”在一起。因此引入生态代理竞争首先应把考核的环保指标定位于横向和纵向对比上，并需要做相应的“外部性内部化”处理。如果生态环境保护的评价指标在一个行政区内能够相对地内部化，没有实质性的外部性，在这种情况下，就可以认为生态环境保护中的政府间竞争不会产生有害的结果。政府间竞争，就像市场中企业间竞争一样，可以产生实质性的生态效益，因为生态代理绩效竞争使相关的各个政府单位都面临压力，为更有效解决这些压力，各个政府单位都会产生自我规范的倾向。同时，政府间引入准市场化的代理竞争，可以迫使政府对公民的自然资源保护需求作出迅速有效的反应，从而实现效益最大化，有效解决政府因其他工作目标凌驾于环保目标之上而不能明智地关注自然资源保护等诸多政府失效问题。

引入市场化的“公”权市场模式的第二个步骤是自然资源的使用权获得市场化。要打破“公有”—“公用”的自然资源产权市场运行范式，必须改变自然资源使用权无偿获取的产权制度安排，引入市场竞争和有偿获得自然资源使用权的产权制度安排。我国的自然资源立法在规定自然资源属于国家和集体所有的同时，并未从物权角度对自然资源使用权作出明确规范。自然资源所有人与使用者在利用过程中权利与义务的不同没有从法律中体现出来，造成使用权与所有权相混淆，对使用者缺乏必要的约束和限制，肆意侵犯了国家和集体的自然资源所有权。为解决自然资源所有权与使用权权益不对称的失效，必须实行使用者支付制度。对自然资源使用权的获得，根据不同自然资源的性质和用途规定不同的使用税费和获得途径，如对紧缺的自然资源实行高标准收费使用制度；对不可再生的自然资源实行管制使用制度；对一般性再生自然资源实行市场定价制度；对公益性自然资源实行限价使用制度等。对同一种自然资源，也应根据其不同用途规定不同的收费制度，如对必需生活用水实行限量条件下的低价制度，而对一般的商业性生产用水实行市场定价制度。

6.4.2.2 在现有的自然资源所有权安排条件下，实现自然资源使用权和经营权的市场化

自然资源产权是公益性、外部性强又具多样性特点的复合性产权，产权结构甚为复杂。

现阶段，在我国自然资源产权市场发育不良，自然资源产权管理存在较大程度的“政府失效”的情况下，推进自然资源产权市场规范化建设需要相对稳定的所有权安排，即应有一个国家作为自然资源产权所有权主体的过渡阶段，先在此基础上实现自然资源使用权和经营权的明确界定和市场化，然后再实行部分所有权市场化，以避免所有权界分和交易引起自然资源产权市场混乱和垄断。

明确自然资源使用权和经营权应打破“公有”—“公用”—“公营”中的“公用”—“公营”市场运行范式，避免使用权和经营权混淆。我国自然资源保护失效的一个主要原因是政府把提供生态公共品和生产经营生态公共品混淆在一起，导致大量的国有企业垄断自然资源产品经营。市场化的措施是应把使用权和经营权按自然资源公共性、外部性做技术性分离，明确使用权和经营权的各自权能，引入民营企业、外资企业等非国有企业参与自然资源产品的经营和竞争，使国有企业从部分自然资源的经营领域退出，形成多元化的自然资源经营制度。

自然资源使用权和经营权的明确和分离主要依据自然资源的公益性和外部性而定，对公共性和外部性很强的自然资源，如大气、生态和生活所需的淡水、紧缺的耕地和城市土地等可再生的自然资源；黄金、铝、石油等我国稀缺的金属和非金属矿产资源；生态公益林、珍稀动植物、防止荒漠化的草原等具有巨大生态保护作用的可再生生物资源，应实行使用权和经营权的结合，由公共事业部门去经营，或在政府的严格管制下由企业经营。而对排他性、竞争性强，公共外部性相对较弱的自然资源，如生产性用水、经济林、荒地、储量丰富的矿产资源、可蓄养的非珍稀动物等，应明确把使用权与经营权分离，让经营权自主进入市场交易。这里，国家出台自然资源相关法律规定经营权和交易权的合法性是必须突破的重要一步。至今我国仅对城市土地规定有经营权，矿产资源虽然规定有使用权出让权，但限制不以牟利为目的，实际上没有经营权。所以，我国自然资源产权市场混合化建设亟待解决的问题是如何从法律上明确使用权与经营权分离并建立起经营权的法规体系。

6.4.2.3 把部分自然资源的所有权私有化，形成公私产权对接的自然资源产权混合市场

自然资源产权交易多种多样，有使用权与使用权的交易，也有使用权与所有权的交易，但最彻底的产权交易是所有权交易。在自然资源具有完全的竞争性和排他性，外部性可以忽略不计的情况下，自然资源的所有权交易能增加交易的长期收益预期和减少交易的不确定性，因此能提高交易的绩效，特别在交易对象的效用（收益）在较长时期分布时，更能提高交易双方的剩余。所以，我国自然资源产权市场要向混合化转轨，最终需要将部分的自然资源的所有权私有化，为形成完善的混合市场机制创造条件。

哈丁的“公地悲剧”是公共资源所有权私有化的主要理由，但并非所有的资源私有化后都能解决“公地悲剧”问题，部分资源私有化后甚至引发更严重的“私地悲剧”问题。例如若把某地防风林的所有权私有化，则居住在离防风林较远地方的所有者的占优策略是砍伐防风林出售，因为防风林对他的效用很小甚至忽略不计。即使是靠近防风林的所有者，当其预期其他投资贴现率大于防风林经营收益率时，该所有者的最优选择同样是砍伐防风林出售。事实上，即使是预期其他投资贴现率低于防风林经营收益率时，该所有者也有可能选择砍伐防风林出售，因为他也许不愿选择像防风林那样长时期的投资经营项目，或者他突然找到收益比防风林好的生产项目，如种葡萄。当防风林全部的所有者都这样理性选

择时，防风林将全部被砍掉，而不是像公共所有时仅疏于管理和被盗伐，这样，比“公地悲剧”更可悲的“私地悲剧”就发生了。所以，自然资源私有化并非完美无缺，它有可能剥夺许多用户按惯例或者按法律拥有的权利，造成社会不公平的分配，却不可能总是有效解决一个所有者强加给另一个所有者的外部效应问题，即使两者能够对这种外部性进行协商也一样。自然资源所有权私有化虽然能解决公共所有时的公共租金流失、价格机制失效、使用权过度滥用等问题，同时也带来外部性陷阱、垄断、投机、隐瞒偏好等新问题，即以“市场失灵”代替了“政府失灵”。所以，自然资源的所有权私有化应对不同种类的自然资源实施不同政策，对同一种资源的不同用途也要实施不同政策。根据我国的生态环境资源状况和自然资源产权市场现状，笔者对自然资源所有权私有化的设想是：从单一的自然资源所有权到建立多元化的所有权体系。

根据自然资源产权多样化特征，应分门别类建立起多样化的所有权体系。对于产权界限比较清晰的自然资源，如森林、草原、矿山等，应在平衡公共利益及所有者与使用者利益前提下，根据其使用、经营的公共性和外部性大小，将自然资源的所有权分配或拍卖给不同的产权主体，包括国家、地方政府、企业和个人；对于产权边界模糊而难以界定、外部性很大的自然资源，如海洋水产资源、地下水、大气等，应继续以公共产权主体为所有者，但需要改变政府出多头的所有权结构，由统一的政府机构组织作为单一的所有者来管理。自然资源所有权按资源分类的具体安排是：

（1）非生物性可再生自然资源。这类资源主要包括土地和水等，其基本特点是虽然没有生命，但具有可以恢复和循环使用的规律，只要人类活动遵循生态规律的要求，它们就能成为人类永远利用的自然财富。这类资源构成了人类生存的基本条件，也是一切生物如森林、草原、鱼类、野生动植物得以繁衍生息的基础。由于这类自然资源对生态系统和人类社会的生产生活有着特殊重要的意义，国家对其所有权的界定要从生态和社会整体利益出发去确定。对我国而言，土地和淡水资源都属于紧缺且容易垄断、公共性很强的资源，所以在一般情况下不须变更其国家所有和集体所有的性质，而对一些非紧缺性土地，如沙荒地、荒山等，国家可以在规定其目标用途（如造林）后把其所有权拍卖，以激励企业和农户的长期投资，避免这些土地的生态状况继续恶化。

（2）生物性可再生自然资源。这类资源主要包括各种动物、植物、微生物及其周围环境组成的各种生态系统，如森林、草原、鱼类、野生动植物等。从其特性看，这类资源具有循环再生能力。只要人类合理利用，生物性可再生自然资源即可周而复始地生长，为人类永续利用。从和人类生活的关系看，它们可以满足不同主体的不同需求，表现出较强的竞争性特点。在市场经济国家里，这类资源所有权常具有鲜明的多元化特征。国家可以法律形式确认草原、森林、鱼类、野生动植物等生物性可再生自然资源归属于不同的主体所有。如对森林资源中涉及国家利益、公共利益和生态效益的森林由国家所有；与集体生产和生活关系密切的森林可为集体所有；而其他林区则可由私人和社会组织在取得土地使用权的基础上获得所有权。我国对这部分自然资源的所有权安排，应仿照国外经验，根据生态效益的大小安排所有权。对生态林、生态草地、珍稀动植物继续保持国家所有；对一般的生产性草地、经济林地等所有权，国家可通过拍卖或授权的方式转让给其他所有者，构造出国家、集体、企业、个人、社会组织所有的多元所有权结构，以充分调动多方面的积极性，防止资源被滥用。

（3）不可再生自然资源。不可再生自然资源指包括铁、煤、石油等各种金属和非金属矿物在内的矿产资源。不可再生自然资源具有鲜明的耗竭特性。对于这类特殊的资源，世界上绝大多数国家都通过立法确认其作为社会财富归国家所有。个人与社会组织可以取得矿产资源的探矿权和采矿权，国家依法保护矿业权人的合法权益。我国也在法律中明确规定矿产资源的所有权一律归属国家："地表或地下的矿产资源的国家所有权，不因其所依附的土地的所有权的不同而改变。"面对我国人均矿产资源日益贫乏、耗竭速度加快的严峻形势，对多数矿产资源应继续坚持国家所有，但对一些非紧缺而没有规模开发效应的小矿山，如小煤矿、小锑矿、小稀土矿等，国家可通过拍卖方式把其所有权出售给企业或其他经济组织，既可以解决矿产资源因"无主"而形成小矿山遍地开花、乱挖滥采的状况，又有利于引入价格机制，改变目前矿产资源"无价"以致粗放开发和浪费使用的现状。

在实现自然资源使用权、经营权、所有权市场化后，我国自然资源产权市场的公私产权混合模式将初步成型，但要形成完善的自然资源产权混合市场，还需要从产权制度、契约制度和交易制度等自然资源市场的基础制度，以及政策制度、法律制度和生态伦理制度等自然资源市场维护制度上全面进行制度建设。

思考题

1. 排污权交易的精神实质是什么？
2. 排污权交易制度与总量控制制度的关系如何？
3. 排污权有偿使用的理论依据何在？
4. 我国自然资源产权制度改革的趋势如何？

参考文献

[1] 中共中央．中共中央关于全面深化改革若干重大问题的决定[M]．北京：人民出版社，2013.

[2] Dales J H. Pollution，Property and Price[M]. Toronto：University of Toronto Press，1968.

[3] 庇古．福利经济学[M]．北京：华夏出版社，2007.

[4] 科斯．论生产的制度结构[M]．上海：上海三联书店，上海人民出版社，1994.

[5] 沈满洪．环境经济手段研究[M]．北京：中国环境科学出版社，2001.

[6] 沈满洪，钱水苗，冯元群，等．排污权交易机制研究[M]．北京：中国环境科学出版社，2009.

[7] 沈满洪，赵丽秋．排污权价格决定的理论探讨[J]．浙江社会科学，2005（2）.

[8] 刘克亚，黄明健．资源产权制度反思[J]．矿产保护与利用，2004（6）.

[9] 孟昌．对自然资源产权制度改革的思考[J]．改革，2003（5）.

[10] 王万山．中国自然资源产权混合市场建设的制度路径[J]．经济地理，2003，23（5）.

第 7 章　环境经济手段选择

环境经济手段并非孤立地存在，也未必孤立地发挥作用。环境保护需要综合运用法律手段、行政手段、经济手段和教育手段等综合的手段。本章在对环境经济手段与其他手段、不同的环境经济手段进行比较分析后，介绍环境经济手段的优化选择原则及理论。

7.1　环境经济手段的比较分析

7.1.1　管制手段与经济手段的比较

7.1.1.1　管制手段的含义

管制手段又称命令即控制手段，它是指国家行政当局根据相关的法律、法规和标准等，通过对生产者的生产工艺或使用产品的管制，禁止或限制某些污染物的排放以及把某些活动限制在一定的时间或空间范围，最终直接影响污染者的环境行为。管制手段可分为直接管制手段和间接管制手段两种：前者是直接对污染物排放进行规定，后者一般是通过对生产投入或消费前端过程中可能产生的污染物数量进行规定，最终达到控制污染排放的目的。

管制手段主要形式分“指令”和“指导”。例如，某些发达国家强行建立限制捕鱼区，规定渔网每平方米的孔数和制定其他一些规则以减轻这些公共资源过度使用造成的无效现象，这就是“指令”。而日本在 20 世纪 70 年代公害事件频发以前的环境政策中更多的是采用行政指导和劝告手段，各政府机构具有对其所管辖的企业或行政对象发布各种“命令”“要求”“希望”“警告”“建议”以及“奖励”的权限，这就是“指导”。由于政府所处的特殊身份，表面上是“指导”，实质上还是“指令”。

管制手段运用的前提是，必须有一些环境保护法规，如环境保护法和具体领域的污染控制法，然后根据这些法规对每一个生产者和消费者确定污染物排放的种类、数量、方式以及产品和生产工艺相关污染指标。在管制的要求下，有关生产者和消费者遵守环境保护法规和污染物排放的规定是强制性的或义务性的，而且经常出现对违章行为的法律或经济制裁。

管制手段的主要特点就是污染者别无选择：他们要么服从命令，要么面临仲裁和行政程序的惩罚。这样，管制系统就必须包括一个形成管制指令的机构和一个违章监督制裁的系统，其基本依据也就是传统的“指令控制原理”。

7.1.1.2　管制手段的利与弊

管制手段在解决生态环境问题中可以发挥很大的优越性：①政府可以利用自己的行政权威强制执行某些措施，如政府部门可以颁布一些禁令和规则，如把车厢、飞机场、影剧院划分成无烟区，又如强令小汽车安装消除污染的设备等。②政府可以自己的行政权威处理一些外部性问题导致的紧急环境事件，特别是公害事件。当某个地方的生态破坏及环境污染已经严重超过“生态阈值”和“环境容量”时，是不容许由市场去自愿协商的，也不可能依靠征税手段来解决问题，这时管制手段也许是主要的选择，有时可能会成为唯一的选择。例如，在环境污染极其严重的区域或流域的环境污染治理就是依靠政府的行政权威，采取关、停、并、转等管制性措施，实现环境状况的好转。③政府可以利用自己的行政权威提供与外部性相对抗的服务措施，特别是那些环境容量为零的物品的管制。例如，DDT的禁止使用，必须采用强有力的管制措施；又如在列车上必须严格管制易燃、易爆、有毒、腐蚀性的物品，以保护旅客的人身安全。

在实践中，管制手段往往不能按照理想的方式进行。这是因为：①污染标准的选择问题。政府确定或选择污染标准，从理论上讲，应当做成本-收益分析。在这种分析中，政府应计算所有的社会损害和减少污染的成本，然后确定那些使总成本最小化的污染水平。但实际上常常是没有做这种分析。在某些情况下，甚至出现法律禁止把成本-收益比较作为一种确定标准的手段。例如，美国 1970 年的净化空气法案常常被解释成要求边际社会损害基本上为零。这显然是不符合效率原则的。即使要进行这样的计算，社会损害和社会收益的衡量也是困难的和不准确的。②“政府失灵”问题。如果对超过标准的污染企业的处罚是极其严厉的，企业就会有控制污染的动力；如果对企业的处罚是微不足道的，结果，企业将有很强的动力不予理睬或逃避污染标准的限制。由于寻租等原因导致的腐败问题和官僚主义，强制执行往往带有随意性，使得处罚往往由“紧”走向“松”，使得直接管制手段的效果大打折扣。③无差别问题。直接管制手段的规则往往对不同性质、不同规模、不同地区的企业采取完全划一的标准。这种规则无法在企业与企业之间有效率地分配污染物排放的减少，从而限制了那些减少污染的边际成本最低的企业做出更大的努力。

7.1.1.3 管制手段与经济手段的比较

在其他条件相同的情况下，管制手段不具有经济手段所具有的优越性，原因是：

（1）管制手段是一种僵硬的手段，企业别无选择。而经济手段允许污染者自己决定最合适的方式来达到规定标准，企业在规定的环境标准下，既可以选择添置环保设备，也可以选择超标排污而缴纳排污费，或者到排污许可证交易市场购买许可证等。对任何一个经济主体来讲，自主选择总比被动执行容易接受得多；自主选择的空间越大，福利改善的可能性也越大。

（2）管制手段只考虑环境效果，不考虑经济刺激。在管制过程中，往往会出现“不惜一切代价”的现象。而经济手段可以不断给企业提供经济刺激和经济动力，使污染者以尽可能小的成本将污染减少到所规定的标准之下。而且，通过资助研究和开发活动，经济手段还可以促进新的污染控制技术、生产工艺和新的无污染产品的开发。

（3）管制手段往往是通过法律程序确定的，不能轻易更改。有时即使明知规则有问题，也得先按规则办。而经济手段可以提高政府政策的灵活性。对政府来讲，修改和调整一种收费总比调整一项法律或管制规章容易而迅速得多。

（4）管制手段信息需求量大，但政府又不可能获取各企业生产技术的完全或充分信息。在信息不完全和不对称的情况下，管制手段往往难以起到良好的效果。而经济手段在很多情况下，政府没有必要花费很大的信息成本，各企业通过市场机制获取价格信号，从而使环境与经济都更有效率，政府要做的仅仅是产权界定，而产权界定往往是一次性的工作。

（5）管制手段的执行成本大，在很大程度上会导致环境问题的政治化。管制手段执行的过程主要是政府与各经济主体之间，人情关系在不知不觉中发挥作用，从而导致各利益集团之间的争斗和管制的低效率现象。如果严格管制，那么，需要动用公检法等武器，其成本相当昂贵。而经济手段的运行过程，政府所起的作用主要是产权界定，很多情况下，是各经济主体之间的关系，不需要政府投入。

经济手段与管制手段在企业的自主性、政策的灵活性、经济的激励性、执行的成本以及适用的体制等方面具有如表 7-1 所示的区别。

表 7-1 环境保护中管制手段与经济手段的比较

比较项目	管制手段	经济手段
企业自主性	无	有
政策灵活性	无	有
经济激励性	无	有
执行的成本	较大	较小
适用的体制	计划经济或市场经济	市场经济

从表 7-1 中可以看到，经济手段具有企业自主性、政策灵活性、经济激励性和执行成本较低等优点，而管制手段不具备这些优点。而且管制手段与经济手段所适用的体制条件也不同。管制手段既适用于计划经济也适用于市场经济，而经济手段只适用于市场经济。换一种说法，在计划体制下环境管理除了管制手段以外别无选择。这是因为，在计划经济体制下，企业不是独立的经济主体，而是政府的附庸，它只不过是全国巨型企业中的一个车间、一个工场、一个工厂；在计划经济体制下，企业的目标是完成计划，而不是利润最大化，企业不关心成本的大小和收益的高低；在计划经济体制下，企业的预算是软的，而不是硬的，没有硬的预算约束，任何可选择性的手段都没有用武之地。在这种情况下，企业对任何经济手段无动于衷，因为反正“羊毛出在羊身上”。而管制手段如果作为计划目标之一，则是非执行不可的。从中可以看到，计划经济条件下，不仅经济效率是低下的，政府在解决生态环境问题上的效率也是低下的。

7.1.2 庇古手段与科斯手段的比较

7.1.2.1 庇古手段与科斯手段的利弊比较

（1）庇古手段的优缺点。庇古手段与管制手段相比较，可以以更低的成本达到同样的污染控制量，因为庇古手段使不同企业根据各自的控制成本选择控制量，根据各自的技术创新能力来选择纳税还是技术创新。至于庇古手段是否是控制成本最低的手段还需要与其他手段作比较才能确定。

庇古手段在理论上是美妙的，但实行中有相当大的困难。原因是：

- 庇古手段的前提是能够了解边际外部成本，而要准确了解这一成本是十分困难的：要知道边际外部成本，需要详细的信息和对这些信息正确一致的理解。边际外部成本的确定是一个从污染的物理性损害转换为人们对这种损害的反应和感受，并用货币价值来计量的过程。这一过程至少包括以下几个环节的转换：企业产品的生产—这一生产所造成的污染剂量—这些污染物长期在环境中的积聚—环境中污染物对人们的暴露—人们对这些暴露的反应或这些暴露所造成的危害—这些危害的货币成本。这些环节的转换不仅复杂，而且涉及不同利益集团的不同观点，因此，实际中准确确定边际外部成本非常困难。

- 环境管理当局不容易了解企业的边际私人净收益曲线：在市场经济中，没有激励机制使企业如实向政府报告其私人成本和收益。在面对众多企业的情况下，环境管理当局收集每一个企业的净收益信息所耗费的成本更是难以想象的。
- 庇古分析的前提是完全竞争市场，既然是完全竞争市场，那么，各个生产部门的生产规模都已经扩大到最低成本的地步，于是就不可能再有所谓成本递减的情形。
- 庇古理论也存在为垄断企业进行辩护的嫌疑，他认为，如果垄断企业成为经常而普遍的现象，那么只要边际私人纯产值与边际社会纯产值的背离程度在所有各生产部门都相同，也可以说达到了资源最优配置。
- 庇古手段没有考虑税收的分担问题：根据弹性理论，需求弹性和供给弹性的不同会直接影响到生产者和消费者对税收分担额度的大小。按照庇古理论，似乎政府要做的就是，每单位产品向企业征收等于边际外部成本大小的税收，而实际上，这一税收往往是由生产者和消费者共同分担的，有的时候甚至会出现税收完全由消费者承担的极端情况。
- 庇古手段只是考察了代内的外部性问题，没有考虑代际外部性问题。

（2）科斯手段的优缺点。与庇古手段相比较，科斯手段具有许多优点：

- 达到同样的污染控制量，理论上科斯手段能够以最低的成本实现这一目标。
- 政府环境管理当局可以通过发放或出售—购买排污权许可证来控制污染总量和排污权价格。这种控制是以市场为基础的控制。
- 与庇古手段相比较，科斯手段不需要事先确定税额，也不需要对税额进行调整。
- 科斯手段特别是排污权交易手段给非污染者以表达意见的机会。在庇古手段的运行过程中，只有政府与污染者之间的关系，而在排污权交易手段的运行中，非污染者如环境保护社团组织同样可以参与污染权的购买。
- 科斯手段避免了政府环境管理部门对控制成本估计错误从而造成企业不愿投资的问题。

虽然，理论上讲科斯手段具有许多优点，特别容易被经济学家所接受，但是，在实际操作过程中往往会暴露出一系列的问题，主要是：

- 不存在竞争或竞争条件不够充分的经济中，科斯手段不能发挥作用：特别是发展中国家，在市场化改革过程中，有的还留有明显的计划经济痕迹，有的还处于过渡经济状态，与真正的市场经济相比差距较大，要么政府力量依然太大，要么垄断性因素比比皆是，这些都会阻碍市场的正常运作。
- 科斯手段需要考虑交易费用问题：自愿协商是否可行，取决于交易费用的大小。交易费用包括识别污染者、组织受污染者开会协商、收集讨价还价的依据等。如果交易费用高于社会净收益，那么，自愿协商就失去意义。在科斯的《社会成本问题》中提到的农夫与牧人的例子中，协商只涉及两方，此时，交易成本可能可以忽略不计。但在大多数环境管理实践中，如污染对公共健康的影响、旅游休闲景观的散失，所涉及的受影响的人数常常是数以千计甚至百万计。如果按照产权途径的程序，要召集所有被影响的人在一起，并征询他们每一个人根据产权的拥有或不拥有而要求的补偿或愿意支付额，那么，其交易成本是极其巨大的。在法制不健全、不太讲信用的社会中，意味着交易费用很大，这样，就大大限制了这种手段应用的可能，使得它不具备普遍的现实适用性。

- 科斯手段能够应用的前提是产权是明确界定的：许多自然资源如山林、农地、牲畜等，其产权容易界定。还有一些自然资源的产权则难以界定。例如，生物多样性、臭氧层、大气、公海等，属于人类的共有资源，不可能将这些资源的产权分配给某一个或某一群人。界定不了产权，就只能单方面利用，只有外部成本。在这些情况下，产权途径显然不适用。当然，有些共有资源，如臭氧层和公海利用，由国际组织或各国政府协定一些废物排放或公海利用的许可额度，这些许可份额在市场上配置，其效果可以达到许可额的优化配置，但这些许可额本身并非帕累托最优水平，因为它们并非是产权的拥有者与使用者之间协商的均衡产物。因此，科斯手段往往会失去这种应用前提。
- 科斯手段没有考虑经济主体之间的收入效应：如果自愿协商的协商双方均为生产者，收入效应不会太明显。在科斯的农夫与牧人的例子中，所涉及的各方均为生产者，农民的损失可用其生产的减少或生产减少所花费的成本来计算，不会有大的差异和分歧。但如果参与协商的是一方或双方为消费者时，由于各个消费者的收入差异，每一个消费者所愿意支付或要求补偿的数额可能相去甚远。如果产权所有者为高收入者，所索要的补偿数额会很高；如果产权所有者为低收入者，所索要的补偿数额会很低。在这种情况下，产权的占有情况就会影响资源利用。
- 科斯手段没有考虑代际之间的效率与公平：因为讨价还价一般只能局限于代内，如果受污染者是后代人，他就没有向前辈讨价还价的可能性。温室效应、物种灭绝、臭氧空洞等环境问题，后代人只能尝到前人的苦果，而无法要求前人补偿。

7.1.2.2　庇古手段与科斯手段的特色比较

（1）庇古手段较多地依靠政府干预，而科斯手段则更多地依靠市场机制：与此相对应，两类手段的体制环境要求是不同的。相对来讲，庇古手段既能适应计划经济的环境，又能适应市场经济的环境；而科斯手段只能适应于市场经济，与计划经济体制水火不相容。

（2）在面临更多“市场失灵”的情况下，也许庇古手段更加有效；而在面临更多“政府失灵”的情况下，也许科斯手段更加有效。但这两者没有必然的对应关系。按照市场有效、市场失灵、政府有效、政府失灵进行组合，存在4种可能性：A（市场有效，政府有效）、B（市场有效，政府失灵）、C（市场失灵，政府有效）、D（市场失灵，政府失灵）。这就说明，在A组合时，说明市场机制与政府干预是两可的，或者是根本不存在生态环境问题；在B组合时，只能选择市场机制而不能选择政府干预；在C组合时只能选择政府干预而不能选择市场机制；在D组合时，反正市场机制和政府干预都失效，不如什么都不管，或者是如果要管就要比较政府干预的成本—收益的大小。从另外一个角度看，运用庇古手段时，要更多地防止“政府失灵”问题；运用科斯手段时，要更多地防止“市场失灵”问题。

（3）庇古手段面临更高的管理成本或者称组织成本，较少面临交易成本；科斯手段面临更高的交易成本，较少面临管理成本。以征税和补贴为主的庇古手段都是属于刚性很强的政府行为，而以自愿协商、排污权交易为主的科斯手段则是很有柔性的市场行为。有的时候，交易成本会高于运用科斯手段所能获得的收益而无法接受，这时科斯手段失效；有的时候管理成本会高于运用庇古手段所能获得的收益而无法接受，这时庇古手段失效。

（4）应用庇古手段与科斯手段获得的经济效率和环境效果都有可能达到帕累托最佳状态，从这点上讲，两者没有差异。但从以往的生态环境保护的历史来看，依然是庇古手段的应用多于科斯手段，不过，随着市场化改革的不断深入和全面推行，科斯手段的应用前景十分广阔。

（5）应用庇古手段和科斯手段都要求满足一个前提，这就是产权是明确界定的。按照科斯定理，在产权明确界定的情况下，无须政府干预，通过市场上经济主体之间的自愿协商就能解决外部性的内部化。但是生态环境问题的麻烦在于环境资源的产权界定和保护是很难的。这又使科斯手段的优越性大打折扣。相比较而言，科斯手段对产权界定的前提要求更高。事实上，在很多情况下，产权明确界定是做不到的。如果所有资源的产权都是明确界定的，那么，也许就没有那么多生态环境问题了。

（6）庇古手段的实施，除了社会获得的经济效益和环境效果外，政府还可以获得一笔可观的庇古税收益（环境税、排污收费等收入）。科斯手段的实施，如果排污许可证的初次分配是赠予式的，那么政府只能获得环境效果；如果排污许可证的初次分配是拍卖式的，那么，政府可以从中获得一笔环境污染产权出售的收益。

（7）政府往往偏好庇古手段，公众往往偏好科斯手段。按照政治学理论，政府存在一个自我扩张的倾向，也就是说，政府总是希望多管事。从这个角度看，政府往往偏好庇古手段。同时，政府总希望手中的钱越多越好，从这个角度看，如果实施庇古手段政府可以获得的经济收益大于实施科斯手段政府可以获得的经济收益，那么，政府也会偏好庇古手段；反之，则偏好科斯手段。但一般来讲，政府会偏好庇古手段。

（8）庇古手段需要更高的技术水平要求，而科斯手段对技术水平的要求相对较低。因为庇古税标准的确定要受到技术条件的限制。如果技术过硬、标准科学，那么，庇古手段可以获得良好的效果。而科斯手段的运作，不只要根据市场的价格信号来确定即可，即使排污许可证的初次价格的确定不合理，那也可以通过以后多次的市场交易来纠正它，市场这只“看不见的手”往往神通广大。

（9）在庇古手段的征税手段中不存在收入效应，在庇古手段的补贴手段中可能存在收入效应也可能不存在收入效应；而在科斯手段的自愿协商过程中往往与交易双方的收入水平相关联，因此，存在收入效应。

（10）庇古手段和科斯手段都局限于考察代内外部性问题，而没有考察代际外部性问题。但是，从经济手段本身的可持续性来看，也许科斯手段更有优势。

上述关于庇古手段和科斯手段简明比较见表 7-2。

7.1.3 征收手段与补贴手段的比较

7.1.3.1 征税手段与补贴手段的共同之处

（1）两种手段的理论基础是共同的，即都是庇古税理论。按照庇古税理论，存在外部经济效应的时候，给经济主体以补贴；存在外部不经济效应的时候，向经济主体征税。因此，这两种手段都是环境与经济的结合、市场机制与政府干预的结合。

表 7-2　环境保护中庇古手段与科斯手段的特征比较

序号	比较项目	庇古手段	科斯手段
1	政府干预作用	较大	较小，产权界定后不需要
2	市场机制作用	较小	较大
3	政府管理成本	较大	较小
4	市场交易成本	较大	参与经济主体少时不高；参与经济主体多时很高
5	面临危险	政府失灵	市场失灵
6	经济效率潜力	帕累托最优	帕累托最优
7	参与经济主体	污染者	污染者与受害者
8	适用时期	代内外部性	代内外部性
9	对技术水平的要求	较高	较低
10	偏好情况	政府更加偏好	公众更加偏好
11	收入效应	不受影响	受影响
12	产权	关系较小	产权界定是前提
13	环境质量确定性	不确定，因为缴纳的为统一的税率，在经济扩张和通货膨胀时会超量	较为确定，因为协商约定的内容为污染量的损益
14	调节灵活性	调整税率，需要一个过程，易造成时滞	灵活，协商各方可随时商定
15	选择与决策	集体选择，集中选择	单个选择，分散决策

（2）两种手段的潜在效率是一样的，它们都有可能达到帕累托最优，也就是说只要具备一些外部条件，实施征税手段和补贴手段都有望达到最佳的经济效率和环境效果。

（3）两种手段都面临技术难题。征税手段需要准确确定税率，而补贴手段需要准确确定补贴率。而税率和补贴率的确定都面临技术难题，政府要获取这些信息会支付较高的成本。

（4）两种手段都需要支付较高的政府管理成本，都基本不存在交易成本。在实施过程中，都会面临税收和补贴金的“漏出”问题，也都会面临寻租活动的危害。

（5）两种手段都可以用于环境污染的削减。征税手段是从惩处的角度向污染者征税，遏制其污染量的排放；补贴手段是以赎买的方式向污染者“行贿”，收买其过度的污染排放量。

7.1.3.2　征税手段与补贴手段的不同之处

（1）实施征税手段，政府可以从中获得一笔可观的环境税、排污收费等方面的经济收益；而实施补贴手段，政府是一种纯粹的支出。征税手段往往偏好“多征收”，补贴手段往往偏好“少补贴”。因此，征税手段更容易得到财政上的支持，而补贴手段往往会面临财政上的阻力。

（2）征税手段的对象仅仅是污染者，而补贴手段的对象既有外部经济效应的产生者，也有生态环境侵害中的受害者，还有外部不经济效应的产生者。因此，征税手段在感情上容易接受，而补贴手段中对污染者的补贴在感情上不容易被接受。

（3）政府实施征税手段所需信息的获得是被动的，或者需要较高的成本才能获取相关的信息；而补贴手段中对“受害者”的补贴其信息获取的成本是低廉的，因为，受害者会主动向政府部门申报，政府要做的仅仅是审计、核实。

因此，这两种手段要根据实施机理的不同、实施对象的不同、实施效果的不同而有区别地使用。

7.1.4 自愿协商制度与排污权交易制度的比较

7.1.4.1 自愿协商制度与排污权交易制度的共同之处

（1）两种制度的理论基础都是经济自由主义传统，主要是科斯定理所阐明的内容，即在交易成本为零或交易费用较低的情况下，通过经济主体之间的讨价还价同样可以实现资源的帕累托最优配置。

（2）两种制度都要求产权是明确界定的，如果产权没有事先界定，那么这两种手段都无法使用。

（3）两种手段都假设交易成本等于零或者交易成本很低，在这个前提下，这两种手段都能够达到最佳的经济效率和环境效果。

7.1.4.2 自愿协商制度与排污权交易制度的不同之处

（1）自愿协商制度是完全按照科斯定理的原意运作的一种制度，而排污权交易制度是戴尔斯在科斯定理基础上又作了理论创新和改进的污染权理论为指导的一种制度。从这个角度看，排污权交易制度是一种典型的环境制度的创新。

（2）纯粹的自愿协商制度，政府在环境管理过程中没有经济收益；而排污权交易制度的实施，如果排污许可证的初次分配是拍卖的，那么，政府可以从中获得一笔出售排污权这一特殊资源所得的收益。

（3）自愿协商制度的实施，政府只要事先界定好环境资源的产权，从此一劳永逸；而排污权交易制度的实施，政府也必须事先界定好产权，而且，必须对某个区域允许污染权的价格和数量心中有数，并通过一定方式分配给各个企业。因此，排污权交易制度，政府介入得更多一些。

7.2 环境经济手段的优化选择

7.1 节的分析结果表明，每一种手段都有自己的优势，但没有一种手段是十全十美的。这就说明，环境经济手段的使用存在一个选择的问题，即在不同情况下应选择不同的手段。本节将介绍环境经济手段的优化选择模型，在此基础上讨论环境经济手段优化选择的总体思路。

7.2.1 基本假设与核心概念

7.2.1.1 环境经济手段优化选择模型的基本假设

（1）假设各种环境经济手段所获得的环境效果和经济效率都一样，这样，环境经济手段的优化选择模型要解决的仅仅是哪一个成本更低的问题。也就是在寻求收益既定时的成本的最小化。

（2）假设污染企业的规模是一致的，都是标准化的企业，排放的污染量也是一样的，污染企业与受污染者的谈判能力也是一样的，或者说忽略他们之间的差别。

（3）假设经济主体都是理性的经济人，都在努力追求自身效用或利益的最大化，不存在“良心效应”等因素。

7.2.1.2 环境经济手段优化选择模型的核心概念

在这一模型中的核心概念是两个：一是边际管理成本，二是边际交易成本。

（1）边际管理成本。所谓边际管理成本就是政府运用环境经济手段管理环境的过程中每增加一个经济主体（如污染者）所带来的总成本的增量，这里用 MMC 表示。

政府的管理成本主要是针对庇古手段而言的，包括政府环境管理机构自身的运行成本（如办公经费、人头费等）、环境检测成本、环境收费成本、环境监督成本以及在实行环境管理过程中存在的寻租成本等。

在以污染企业的数量 Q 为横轴，以边际成本 MC 为纵轴的坐标中，MMC 曲线是一条先随着企业数量的增加而下降，然后随着企业数量的增加而上升的“U”字形曲线。这是因为，在两人世界里，如一人是污染者，另一人是受害者，如果需要一个政府来管理环境的话，成本是很大的。政府的环境保护部门相当于“固定要素”，而具体的实施费用相当于“可变要素”。随着污染企业的增加，维持环境保护部门运行的“固定要素”被分摊到各个企业中去，而庇古手段的征收费用的标准是一样的，因此，边际管理成本先是向右下方倾斜的。但是，如果在环境问题十分严重，污染企业数量非常大的情况下，仅靠环境保护部门也许无济于事，还要依靠政府的其他部门（如公检法等）的共同配合，这时的边际管理成本又会随着污染企业数量的增加而上升。因此，MMC 曲线是一条“U”字形曲线。

（2）边际交易成本。所谓边际交易成本就是政府运用环境经济手段管理环境的过程中每增加一个经济主体（如污染者）所带来的经济主体之间交易成本的增量，这里用 MTC 表示。

交易成本主要是指实施科斯手段时经济主体之间的交易所涉及的成本，主要包括搜寻交易对象的信息成本、交易者之间谈判和订约的成本、环境污染损失的测算成本、订约后监督对方履行合约的成本、对方违约后请求法律强制执行的成本等。

由于交易成本不仅随着企业数量的增加而增加，而且是加速增加的。这在数学上表现为交易成本的一阶导数大于零，而且二阶导数也大于零。因此，MTC 曲线随着污染企业数量的增加而急剧上升。

7.2.2 环境经济手段优化选择的静态模型

在上述假设和核心概念分析的基础上，就可以建立环境经济手段优化选择的静态分析模型。如图 7-1 所示。图中，横轴表示污染企业数量，纵轴表示边际成本。

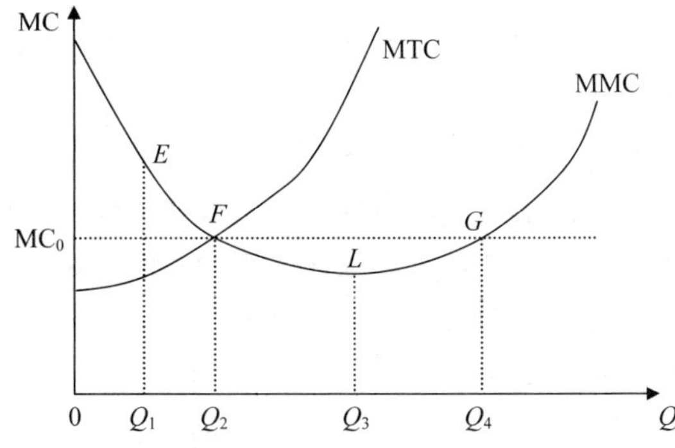

图 7-1 环境经济手段优化选择模型

由图 7-1 可见，边际交易成本曲线 MTC 与边际管理成本曲线 MMC 相交于 F 点，由 F 点所决定的边际成本为 MC_0，污染企业的数量为 Q_2。这就是说，当污染企业数量为 Q_2 时，选择庇古手段和科斯手段都是可以的，因此，可以把 Q_2 称作庇古手段与科斯手段的临界污染企业数。但是，偏离 F 点时，情况就会发生变化。当 $Q<Q_2$ 时，由于边际交易成本小于边际管理成本，即 MTC＜MMC，政府作为理性的经济人当然选择科斯手段。进一步分析可以看到，在当事者很少时，比如 $Q<Q_1$ 时，采用排污权交易方式反而会更费成本，因为此时，交易市场是不完全的，这时的最佳选择也许是自愿协商。当 $Q_1<Q<Q_2$ 时，则可以采用排污权交易的方式。当然，这里自愿协商与排污权交易的边界是模糊的。

当 $Q>Q_2$ 时，由于边际交易成本大于边际管理成本，即 MTC＞MMC，因此，应选择庇古手段。进一步分析可知，MMC 曲线经过长区间的持续下降以后达到最低点 L，然后出现回升。那么，L 点以后采用什么经济手段更好呢？这不仅取决于 MTC 与 MMC 的比较，还涉及庇古手段的管理成本与管制手段的实施成本的比较。但至少在 G 点以左，即 MMC＜MC_0 时，也就是 $Q_3<Q<Q_4$ 的区间内，政府还可以继续选择庇古手段（比如排污收费）。在 G 点以右，即 $Q>Q_4$ 时，MMC 急剧上升，此时也许环境污染加剧，环境纠纷剧增，如仍用经济手段来解决环境问题可能无济于事，更好的选择也许就是采用管制手段，依靠政府的权威强行解决环境问题。

上述关于环境经济手段选择区间的分析见表 7-3。

表 7-3 环境管理手段的选择区间

污染企业数量	$Q<Q_1$	$Q_1<Q<Q_2$	$Q=Q_2$	$Q_3<Q<Q_4$	$Q>Q_4$
环境管理手段的选择	科斯手段：自愿协商	科斯手段：许可证交易	庇古手段和科斯手段均可	庇古手段	管制手段

7.2.3 环境经济手段优化选择的比较静态模型

运用边际交易成本和边际管理成本的工具还可以进行比较静态分析。也就是说随着 MTC、MMC 曲线的移动，相应的环境经济手段的选择区间就会发生改变。

首先，随着市场化改革的深入推进，市场化程度将不断提高，法律制度也将越来越健全，影响市场交易的各种障碍会被扫除，因此，整条边际交易成本曲线会向右移动。

其次，随着政府机构改革的深入推进，政治体制改革的逐渐到位，政府部门的工作效率会有明显的提高，再如果能选择那些德才兼备的政府官员从事环境管理工作，那么，边际管理成本曲线会整条曲线向下移动。

上述两种情况可以反映在图 7-2 上。

在图 7-2 中，随着 MTC 曲线移动到 MTC′，这样，MTC′曲线与 MMC 曲线的交点为 F' 点，决定环境管理手段的临界污染企业数量就会由 Q_2 增加到 Q_2'。事实证明，市场化程度越高的国家（如美国）越容易应用科斯手段管理环境。

相应地，假定 MMC 曲线向下移动到 MMC′，则 MMC′曲线与 MTC 曲线的交点为 F''，由 F'' 点决定的污染企业数量下降为 Q_2''，这意味着，用科斯手段解决环境问题的区间缩短，由 Q_2 减少到 Q_2''，相应地，用庇古手段解决环境问题的区间增加。

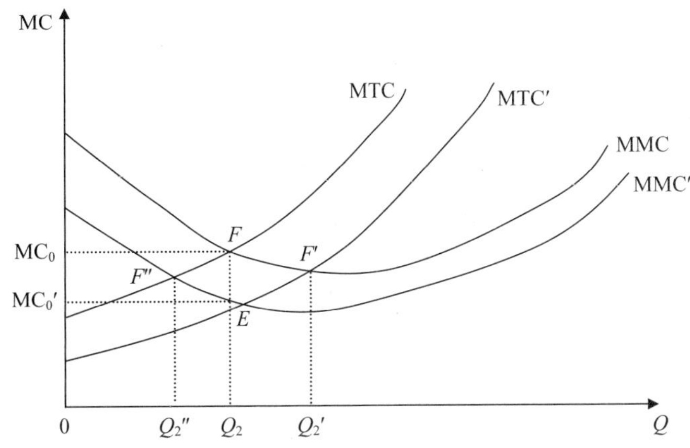

图 7-2　MMC、MTC 曲线的移动对环境经济手段选择区间的影响

如果市场化程度和政府工作效率同时提高，那么，有可能找到图 7-2 中的新的临界点 *E* 点。很明显，*E* 点与 *F* 点一样，它们所决定的环境经济手段的选择区间基本一致，但临界点时边际成本由 MC_0 下降为 MC_0'。由此可见，寻求环境问题的解决方法不能就环境论环境，还要考虑体制背景和行政管理制度，要努力推进市场化改革，积极促进政府工作效率的提高。

7.2.4　环境经济手段的优化选择思路

选择环境经济手段可以按照 3 种不同的思路进行：①在现有的环境经济手段中选择一种最佳的手段；②在现有的环境经济手段中进行优化组合；③进行环境经济手段的制度创新。

7.2.4.1　在现有的环境经济手段中选择最优

经济学研究的要义在于，追求成本既定时的收益最大化，或者是收益既定时的成本最小化。那么，环境经济手段的要义在于，在环境效果目标既定时的经济成本最小化，或者在经济投入既定时的环境效果最大化。不同的环境经济手段具有不同的特色和优势，具有不同的效果和不同的使用范围，因此，在既定的外部条件下，在现有的环境经济手段中选择一种最佳方案是可能的。

（1）这种选择要考虑体制背景。在传统的计划经济体制下，经济手段往往没有用武之地，一般来说只能选择管制手段。在市场经济体制下，才有经济手段的用武之地。即使在市场经济体制下，还存在市场化程度的高低不同：有的市场化程度高，运用环境经济手段的交易成本和管理成本都比较低，各种经济手段都可以得到得心应手的运用；有的市场化程度低，运用环境经济手段的交易成本和管理成本都比较高，环境经济手段的经济效益和环境效果要受到影响，特别是运用科斯手段管理环境的推广难度很大，所以还是以庇古手段为主。所以，在既定的体制背景下，从环境经济手段的大类（庇古手段和科斯手段）选择有所侧重。

（2）这种选择要考虑科技因素。在体制因素既定的情况下，选择环境经济手段所应该考虑的重要因素是科技状况。这又包括两层含义：①某个经济社会的科技创新的活力如何，如果科技创新日新月异，那么采取一些让企业具有更大选择余地的经济手段可以产生更高的经济效率和更佳的环境效果；②政府对狭义的环境技术的掌握程度，特别是对环境损害成本的估算技术等，如果这种估算工作的成本是低廉的，那么，就会为庇古手段开辟广阔的使用空间。

7.2.4.2 在现有的环境经济手段中优化组合

在现有的环境经济手段中进行优化组合的依据是，每一种经济手段都有其固有的缺陷，因此要寻求一种扬长避短基础上的优势互补。实际上，环境经济手段单独应用的例子极少。多数情况下，具体的经济手段总是与其他手段或不同经济手段之间组合应用的，这主要表现为 3 种情况：

（1）经济手段与其他手段的组合使用。从定义上看，一些经济手段本身就是这类组合中的一个部分，例如，排污权交易本身就是建立在管制手段的基础上，根据环境标准，确定排污总量，排污总量转换为排污许可证指标分配或拍卖给企业。排污收费也常常与管制手段相结合，要么用于加强这种管制，要么用于取得必要的资金。

（2）环境经济手段之间的组合使用。其实，庇古手段中的押金-退款手段就是一种组合的经济手段，它是征税手段与补贴手段的一种“复合”。又如，税收差异手段实质上是对传统产品进行征税而对清洁产品给予补贴的一种组合手段。

（3）属于各种手段的综合使用。有时一种创新制度的出台很难说属于什么手段，也难以判断到底是怎么组合的，但实质上属于各种手段的综合使用。

7.2.4.3 进行环境经济手段的制度创新

进行环境经济手段的制度创新主要包括两层意思：①为环境经济手段的应用创立良好的制度环境；②设计、制定一种新型的环境经济手段。通常情况下是指第二种情况。从计划经济向市场经济的转变可以说是一种最大的制度创新。只有通过市场化改革，环境经济手段才能得到广泛应用。在大体制创新的前提下，也不能忽视具体制度或手段的创新。下面举例说明环境经济手段的制度创新：

（1）建立环境权益代理公司。这种思路的基本思想是：环境问题往往由“市场失灵”所致，但由于政府的理性有限、中立有限和灵活有限，政府干预往往会出现“政府失灵”，为了既防止“市场失灵”又防止“政府失灵”，可以建立“环境权益代理公司”。公司由那些既熟悉环境保护法律法规，又熟悉法律诉讼程序，拥有一定环境检测手段的专门人才组成，其业务由当事人委托，代为办理环境权益诉讼所需的一切手续，依法进行辩护，既要求对方停止环境权益侵害，又索取因侵权而造成的赔偿费。

（2）建立“控污银行”。“控污银行”是专门发行、经营排污指标，充当排污权交易中介调节者的经济组织，因而排污指标的流转是其一切经济活动的主体和基础。这一制度使工厂能够以法律保护的形式，将多余的、可实施的、永久的以及可定量的排放减少量作为排放减少存款，存入银行或在排放交易中使用。1980 年，美国在路易斯维尔和肯塔基、旧金山湾区域、普吉特海峡 3 个大气污染控制区，设立了这类银行。美国环境保护局认为，中间银行的建立有利于工业部门发展新型的生产工艺和低费用污染控制技术，从中获得经济效益和环境效益。

（3）污水治理市场化。多年来，我国城市污水处理厂的建设、运营，大多靠国家行政拨款支持，多数污水处理厂因缺乏资金和体制原因而陷入困境。如何摆脱这种困境？走污水治理市场化之路。使污水处理厂由“事业型”逐步转变成“企业型”，并将“谁污染，谁治理”转变为“谁污染，谁付费”。根据马歇尔的外部经济理论，为防止外部性，在城市中采取分区制是一个有效的办法。也就是说，居民区相对集中，企业相对集中，然后城市污水通过管网统一纳入污水处理厂，由污水处理厂统一出来，以收到规模经济效果。由于污水处理厂的专业化生产，可以比单个企业的治理成本要省，所以，由“谁污染，谁治理”转变到“谁污染，谁付费”对企业来讲是合算的、经济的。

思考题

1. 环境管制手段的优点、缺点与适用条件是什么？
2. 环境财税手段的优点、缺点与适用条件是什么？
3. 排污权交易手段的优点、缺点与适用条件是什么？
4. 图示并说明环境经济手段优化选择模型。

参考文献

[1] Dales J H. Pollution，Property and Prices[M]. Toronto：University of Toronto Press，1968.

[2] Fisher. Environmental and Natural Resource Economics[M]. Cambridge University Press，1981.

[3] OECD．环境经济手段应用指南[M]．北京：中国环境科学出版社，1994.

[4] OECD．环境管理中的经济手段[M]．北京：中国环境科学出版社，1996.

[5] 皮尔斯，沃德福．世界无末日——经济学、环境与可持续发展[M]．北京：中国财政经济出版社，1996.

[6] 詹姆斯．应用环境经济学[M]．北京：商务印书馆，1986.

[7] 厉以宁．环境经济学[M]．北京：中国计划出版社，1995.

[8] 王金南．环境经济学[M]．北京：清华大学出版社，1994.

[9] 张帆．环境与自然资源经济学[M]．上海：上海人民出版社，1998.

[10] 潘家华．持续发展途径的经济学分析[M]．北京：中国人民大学出版社，1997.

[11] 沈满洪．环境经济手段研究[M]．北京：中国环境科学出版社，2001.

[12] 郑秉文．外部性的内部化问题[J]．管理世界，1992（5）.

[13] 杨瑞龙．外部效应与产权安排[J]．经济学家，1995（3）.

[14] 罗必良，王玉蓉．外部性问题、校正方式与科斯定理[J]．经济科学，1994（6）.

[15] 王金南，杨金田，杨本津，等．经济手段在现代环境管理领域中的应用[J]．环境科学丛刊，1991（6）.

[16] 沈满洪．论环境经济手段[J]．经济研究，1997（10）.

[17] 沈满洪，何灵巧．环境经济手段的比较分析[J]．浙江学刊，2001（6）.

[18] 沈满洪．环境管理中补贴手段的效应分析[J]．数量经济技术经济研究，1998（7）.

第三篇　自然资源经济

第 8 章　资源经济理论概述

自然资源是社会物质财富的源泉，是生产过程中不可缺少的物质要素，是人类赖以生存的自然基础。随着我国经济的高速增长，经济发展的自然资源制约日益明显，加强资源经济理论探讨也就十分重要。本章简要介绍自然资源的概念、基本特征、不同分类及自然资源的度量等。

8.1　自然资源的概念与分类

8.1.1　自然资源的概念

在经济学中，所有商品生产所投入的要素都是资源，如资本、劳动力、技术、管理等。在资源与环境经济学中，资源的概念是特定的，一般是指自然资源。1972 年，联合国环境规划署对自然资源的定义为：在一定时间条件下，能够产生经济价值、提高人类当前和未来福利的自然环境因素的总称。美国著名资源经济学家阿兰·兰德尔（Alan Randall）认为：“资源是由人发现的有用途和有价值的物质。自然状态的未加工过的资源可被输入生产过程，变成有价值的物质，或者也可以直接进入消费过程给人们以舒适而产生价值。”我国《辞海》对自然资源的定义为：天然存在的自然物（不包括人类加工制造的原材料）并有利用价值的自然物，如土地、矿藏、水利、生物、气候、海洋等资源，是生产的原料来源和布局场所。

由此可见，自然资源的本质包括 3 个方面：①自然资源具有使用价值，即对人类有用，从而产生人类对自然资源的需求。②资源是一个动态的概念，在一定的知识和技术条件下，人类可以获得。因此，自然资源与人类的经济社会系统有着密切的联系，随着生产力的发展和科学技术的不断进步，人类对自然资源的认识也在不断深入。③尽管人类通过资源、资本、技术和劳动结合起来生产出的物质含有资源的成分或具有资源的某些特征，但是，这些物质不能称为资源，即强调资源的原始性与自然性。

8.1.2　自然资源的分类

8.1.2.1　资源类型的划分

一般习惯性地将资源分为自然资源和社会资源。社会资源是指自然资源以外的其他资源的总和，是人类劳动的产物，社会资源包括人力资源、智力资源、信息资源和技术资源等，而从自然资源来看，可以从两个方面来进行分类：

（1）从自然资源的物质特性角度划分。按照物质的特征，可以把资源分为非生物资源和生物资源。生物资源包括鱼类、野生动物、昆虫、植物等；非生物资源包括化石燃料、矿物、水、土地和太阳能等。这些生物资源与非生物资源最本质的区别在于：生物资源是自我更新的，其更新能力受到人类活动的影响。非生物资源是不可更新资源（化石燃料），或者是其他不容易被破坏的资源（所有其他的资源）。

非生物资源的差异性比它们的相似性更值得强调。化石燃料和矿物都属于不可更新资源，但从热力学定律来看，化石燃料的能量不可以循环利用，而矿物资源可以（至少部分可以）循环利用。水是最难划分类型的资源，因为它有很多的存在形式和利用方式。没有补给的蓄水层在某些方面与矿物资源相似，一经使用就无法恢复，尽管总量不会减少，但当被化学物质、营养物质或者盐分污染后就没有实用价值。相反，河水、湖泊和溪水同生物资源有相似性，它们通过太阳能驱动的水循环自我更新，尽管人类可以对生物资源造成难以恢复的破坏，但是人类活动无法影响水总量。同样，人类也不能改变太阳能，尽管可以影响进出大气层的太阳能。

有三类生物资源值得关注：第一类是可更新资源，包括经济生产和人类生存依赖的原材料的生态系统结构要素；第二类是生态系统服务，指生态系统结构单元间相互作用产生的现象，是对人类有价值的生态系统功能；第三类是废物吸收功能，它与其他的生态系统服务功能有明显的区别，这种能力具有竞争性，如果有人向河流中排放了过多的废物，这将减少河流吸收降解其他人排放的废物的能力。

（2）从自然资源是否再生角度划分。为了研究自然资源的可持续利用问题，可根据自然资源的可再生过程的时间，把资源分为可耗竭（depletable）资源、可再生（renewable）资源和可永续消费（expendable）资源。可耗竭资源的再生速度十分缓慢，是自然界在漫长的地质年代生成的，因此对人类而言，自然界仅为人类创造了一次，如石油、天然气、煤。可再生资源的再生速度较快，它们能在一段时间内实现自我更新。但是，在一定时段内改变资源存量的人类活动，将会对该资源产生后续影响，如鱼类、野生动物和森林资源。可永续消费资源的更新速度非常迅速，在一定时段内的人类活动，对该资源的下一期消费产生很小甚至没有影响，如太阳能、风能和大多数农作物等。

尽管不同的学者在划分资源类型的时候采用了不同的分类标准，不同的应用目的可以有不同的分类体系。本书把资源划分为可再生资源和可耗竭资源两大类。由于水资源的特殊性，将水资源经济理论单独列为一章进行阐述。对可耗竭资源和可再生资源分别按照是否可循环利用和是否有生命特征进行划分，见表 8-1。

表 8-1　自然资源的分类

自　然　资　源			
可耗竭资源		可再生资源	
可循环利用资源	不可循环利用资源	生物资源	非生物资源
矿物资源 如，各种金属矿物、部分非金属矿物 ……	化石燃料 如，石油、天然气、煤炭 ……	渔业资源 森林资源 微生物资源 ……	太阳能 风能 水资源 ……

8.1.2.2　可耗竭资源

可耗竭资源又称为不可再生资源，即无论自然作用还是人为作用都无法增加其蕴藏量的资源。根据其是否可以循环利用，又可以把可耗竭资源划分为可循环利用资源和不可循环利用资源。

（1）可循环利用资源。可循环利用资源主要包括各种金属矿物以及部分非金属矿物等，可循环利用资源的主要特征就是这类资源一旦进入生产和生活系统后，可以通过回收利用的方式多次使用，实现对该类资源的循环利用。例如汽车报废后，汽车里的铁可以回收。一种资源的可循环利用程度取决于经济条件。只有当回收利用资源的成本低于新开采成本时，回收利用才有可能。

可回收的可耗竭资源的可开采储量会随着一些技术条件的变化而增加。这些经济技术条件的变化虽然形式多样，但都能提高资源的开采价值。例如，资源的市场价格能够显示资源的稀缺程度，刺激人们对资源的开采，当价格上升时，会激励生产者去勘探潜在的资源，或者开采低品位的资源。此外，高价格还会促进技术进步，以提高资源利用率，或是发现新的可替代资源。

但是，可回收的可耗竭资源最终仍会被耗竭，耗竭的速率取决于社会需求、资源产品的耐用性和回收利用该产品的程度。除了需求缺乏价格弹性的自然资源外，一般来说，资源的需求量随着价格的上升而减少，某种资源产品的使用寿命越长，对该产品所用资源的需求就越少。因而，可以通过回收利用来提高产品的使用率（如重复使用玻璃瓶、塑料桶）以及对废弃产品的重新加工和利用（如废纸、废橡胶的再生利用），来减少对这些资源的需求。需要强调的是，虽然回收和再利用能够延长不可再生资源的使用时间，但是不可能 100%的循环利用。只要资源的回收利用率小于 100%，那么资源存量最后一定会降低到零。

（2）不可循环利用资源。不可循环利用资源的主要特征就是使用后就被消耗完，无法通过回收等方式再次利用。这类不可循环资源主要指煤、石油、天然气等化石燃料，这类化石燃料被使用后就消耗掉了。例如，煤一旦燃烧变成了热能，一部分热能被利用了，另一部分热能及其废弃物则被排放在环境之中。不可循环的可耗竭资源的特点决定了它的资源耗竭速度必然快于其他资源。当代社会对资源的需求迅速增加，更加剧了该类资源的耗竭速率。尽管经济技术条件的变化同样可以促进这类资源的开发，但是其作用相对来说还是有限的。

减缓不可回收的可耗竭资源的耗竭速率的重要措施是提高资源利用率，由于不可回收的可耗竭资源使用过程的不可逆性，决定了这类资源的使用机会仅有一次，如果在一次使用中资源得不到充分利用，就会造成重大浪费。提高资源利用率，一方面可以节约能源，另一方面可以减少污染。例如，化石燃料和现实的环境污染（酸雨、光化学烟雾和温室效应等）存在很大的关联，提高资源利用率可以减少污染物的产生。

8.1.2.3 可再生资源

根据可再生资源的产权是否明确，可分为可再生公共物品资源（如公海渔业资源）和可再生商品性资源（如森林资源）。不同的资源类型决定着资源的配置、利用和管理形式。

（1）可再生的公共物品资源。不为任何特定的个人所拥有，但却能为任何人所享用的可再生资源称为可再生公共物品资源，如公海渔业资源、洁净的空气等。该类资源具有在消费中有竞争性但无排他性的特征。该类可再生资源至少具有以下两个特征：①非竞争性，即一个人使用该物品不会减少其他人对它的使用，如每一个人可以自由呼吸空气，同时并不会减少其他人可以呼吸的空气。②非排他性，即个人不能阻止任何人免费消费该物品。比如，某一渔民无法阻止其他人在公海捕鱼。因此，属于公共物品的可再生资源是非专有的，非专有是对财产权的削弱，导致资源配置效率降低。在这种情况下，价格无法起到协调资源分配和利用的作用，也无法对资源合理开发利用和保护起到激励作用。最终导致资源过度开发，有些生物物种濒临灭绝，这也是“公共物品”的悲剧。

（2）可再生的商品性资源。可再生的商品性资源是指财产权可以确定，能够被私人所有和享用，并能在市场上进行交易的可再生资源，如私人土地上的农作物、私人承包的森林资源等。这些可再生资源主要具有如下特点：①产权明确。对于这些资源所有者的各项权利、权限的界定以及防止这些权利被破坏的法律保证、处罚条例等都有明确的规定。②专有性。这些资源所产生的所有效益和费用都属于资源拥有者，而且只有资源拥有者才有权转卖资源资产的使用权。③可转让性。所有资源产权可以在双方自愿的条件下，从一个拥有者转移到另外一个拥有者，从而实现资源的有效配置。④可实施性。资源产权属于个人所有权，这种权利受到国家法律的保护，是神圣不可侵犯的，法律必须保证给予权利侵犯者以严惩，其惩罚程度要大于权利破坏可能得到的最大好处或期望得到的非法收入。

当然，这两种资源的性质也会发生变化，例如林业资源过去以商品性资源为主，现在已转为公共物品资源为主。《中共中央　国务院关于加快林业发展的决定》（2003 年 6 月 25 日）指出：“林业不仅要满足社会对木材等林产品的多样化需求，更要满足改善生态状况、保障国土生态安全的需要，生态需求已经成为社会对林业的第一需求。我国林业正处在一个重要的变革和转折时期，正经历着以木材生产为主向生态建设为主的历史性转变。”这就说明，从 2003 年开始林业资源已经从商品性资源为主转成公共物品资源为主。

8.2 自然资源的基本特征

自然资源作为人类生产和生活不可缺少的物质要素，不同的自然资源对生产和生活起到了不同的作用，并以不同的方式提供给人类社会使用，但从自然资源的整体来看，都具有以下几点共同特征：包括自然资源数量的有限性、整体系统性、地域差异性和功能多样性。

8.2.1 数量有限性

资源数量的有限性有两方面的含义：①绝对数量的有限性；②相对数量的有限性。绝对数量的有限性是指任何一种资源最终可供利用的数量都存在一个极限，不管这个极限数量是否已被人们探明，但它客观存在并构成资源利用的终极约束。资源数量的相对有限，是指在一定的时空条件下，自然资源是有限的。对于原始社会的人类而言，森林资源似乎是无限的；然而，当今世界人类已经面临森林资源枯竭的威胁，更为严峻的是由此引起的生态系统功能的失调。这种差别源于人类利用自然资源强度的变化，当人类利用自然资源的强度超过自然资源再生速度的时候，自然资源的有限性就会变得十分突出。

资源数量的有限性针对不同类型的资源有不同含义。对于可耗竭资源来说，不可循环利用的可耗竭资源有绝对的数量限制，如石油和煤炭等，由于这些资源的恢复期极其漫长，所以可以认为它们的储量是一定的，总有一天会耗竭。而可循环利用资源，尽管也存在储存数量的限制，但是可以通过回收利用的方式实现多次利用，因此这类资源的数量限制更多的是取决于一定时期内资源市场对该类资源的供给能力，合适的市场制度可以改变可循环利用的速度从而改变这类资源的相对数量。对于可再生资源来说，再生资源数量的有限性主要是指在一定的时间阶段内，资源总量存在一个最大的限制。生物资源的数量要遵循生物增长规律，经过一定时间后，生物资源的数量就会维持在一定的数量水平。退一步说，由于受到生物繁殖速度的限制，在一定的时间内，生物资源的数量也是有限的。另外，如果利用不当，尤其是当使用速率超过生物的生长速率的时候，可再生的生物资源就可能转变为耗竭资源。对于非生物再生资源而言，资源数量的有限性是针对一定时间段和地域而言，非生物资源有一个最大的数量，而如果对这类资源不加以利用，闲置反而会导致浪费。

资源数量的有限性要求社会以效率和可持续发展为准则来对待资源利用和分配问题。即在资源利用方面，要在保证资源可持续利用的前提下实现资源利用效率的最大化。在资源分配方面，既要考虑到资源分配对可持续利用资源的要求，还要考虑到资源配置能够实现资源使用的整体效率最优。

8.2.2　系统整体性

自然资源作为地球自然环境系统中一个重要的组成部分，参与系统运作的各个过程，各种资源之间可能存在着共生关系、互补关系、竞争关系和抑制关系等。多种不同的资源在一定的空间范围内以各种不同关系组合在一起，通过资源之间的各种关系使得一定空间范围内的各种资源形成一个多因素、多层次、功能复杂的资源系统。系统中某一资源发生改变可能导致系统内别的资源发生变化，由于不同资源之间的关系相互联系在一起，甚至可能导致整个资源系统发生变化。比如，人类对森林资源的过度砍伐，不仅导致了森林资源数量的短缺，同时也破坏了与此相关的生态系统平衡，导致水土流失加剧，生物多样性锐减。在干旱和半干旱地区还会造成土地荒漠化。从全球系统来说，大面积砍伐热带雨林资源，还会影响全球循环系统，使大气中 CO_2 浓度升高。

8.2.3　分布不均性

自然资源的形成和演变，是地球系统形成和演变的结果，它只在一定的时间和特定的区域内进行，受到地球自转、公转和海拔高度以及太阳辐射、大气环流、水分循环、地质构造和地表形态等因素的共同作用，由此决定了自然资源分布的不均匀性。如一个地区的水资源数量主要由该地区的降水量决定，降水的季节性变化会带来水资源的丰水期和枯水期的变化。年际间也会有丰水年、平水年和枯水年的变化。甚至在更长的时间跨度上，还会有相对丰水或枯水时段的准周期变化。

自然资源地域分布上的不均匀性表现为地带性特征和非地带性特征。例如，土壤和植被具有明显的地带性分布特征，即存在纬度地带性、经度地带性和垂直地带性。非地带性特征表现在资源种类、数量、质量几个方面随空间的不同而不同。由于人类在很大程度上依赖于自然资源，因此自然资源的地域分布特点往往成为地区经济发展的客观条件，如矿山、林业和畜牧业等基本分布在相关资源的集中地。

8.2.4 功能多样性

自然资源的用途是多种多样的，一种资源通常可以提供多种用途，如煤炭不仅可以用于燃料，还可以用来发电、炼焦等。水资源既可用于生产（工业、农业、能源和交通等）活动，又可以用于生活（饮用、娱乐和观赏等）活动。

从自然资源所起的作用来看，可以将其分为物质性资源和功能性资源。前者是指自然资源作为一种物质投入，直接参与生产过程。后者则指自然资源作为自然环境的组成部分，所表现出的动态属性和过程，如物质循环过程、能量循环过程等。许多自然资源往往兼有物质属性和功能属性。就自然资源的有限性而言，物质性资源往往表现为数量上的限制，功能性资源往往表现为环境容量上的限制。

资源的功能多样性为满足人类的多种需求提供了可能，因此在解决有限数量的资源在不同用途之间的分配问题时，需要对资源的不同用途加以充分考虑，从而实现资源效率的最大化。

总之，自然资源既是地球表层环境系统的组成部分，又是人类社会经济活动的基础。因此，它既符合自然规律，具有自然属性；又符合经济规律，具有社会属性。前者指导人们认识自然资源的形成、发展和演化，后者指导人们认识开发和利用资源带来的社会福利。

8.3 自然资源的度量

8.3.1 自然资源的数量度量

8.3.1.1 自然资源的存量与流量

自然资源在自然界的运动过程中形成两股流，即自然资源的存量和流量。存量和流量是自然资源经济学中的两个重要概念。

自然资源的存量是指在一定的经济技术水平下可以被利用的资源储量。在一个固定的时间点上，自然资源的存量是一个确定的数值。但是随着社会经济的发展，科学技术水平的提高，已探明的资源被不断利用，新的资源被不断发现，在一个动态的长时期内，自然资源的存量又是不断变化的。

自然资源的流量是指在一定时期内的资源流入量和流出量。例如，可再生资源的再生量是资源流入量，不可再生资源的开采量是资源的流出量。影响资源流量的因素有自然更替和人类经济行为的干扰。在一定的时期内，资源流入量减去资源流出量等于资源净流量。资源净流量反映了自然资源的消耗速度。

自然资源的存量和流量的关系，可以用如下公式表示：

$$
\begin{aligned}
&\text{初期资源存量} + \text{期间资源流入量} - \text{期间资源流出量}\\
&= \text{期初资源存量} + \text{期间资源净流量}\\
&= \text{期末资源存量}
\end{aligned}
$$

其中，期间资源流入量包括新发现的资源量、生物资源的生长量、资源再生量、资源重估的增值量等，期间资源流出量包括资源开采量、资源自然损耗量、资源重估的减值量等。

8.3.1.2 自然资源的存量与储量

自然资源的存量和储量是一对紧密相关的概念。自然资源的储量包括了自然界中所有的资源蕴藏量，自然资源的存量仅仅是自然资源储量中可以被利用的那部分。有 3 个基本概念描述不可再生资源的蕴藏量：已探明储量、未探明储量和资源禀赋，如图 8-1 所示。

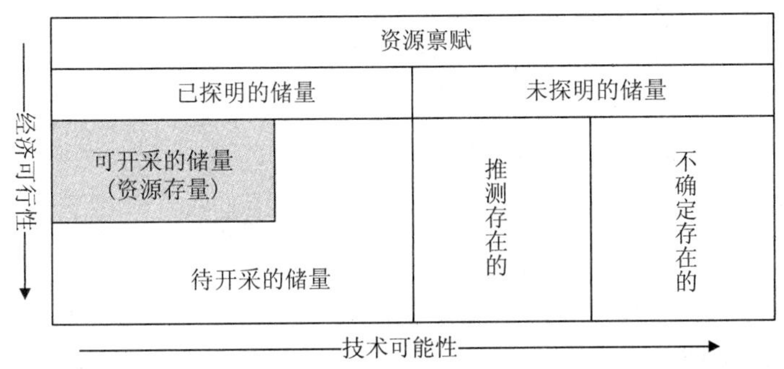

图 8-1 自然资源的储量关系

资源禀赋等于已探明储量和未探明储量之和，是指地球上所有资源量的总和。资源禀赋的数量与价格没有关系，它是一个地理概念，而不是一个经济概念，它代表了地球表层中可获得的资源上限。对于不可再生资源来说，资源禀赋值是绝对减少的；对于可再生资源来说，资源禀赋是一个变量。当可再生速度大于可耗竭速度时，资源禀赋是逐渐增加的；可再生速度等于可耗竭速度时，资源禀赋是保持不变的；当可再生速度小于可耗竭速度时，蕴藏量是逐渐减小的。

已探明储量是利用现在的技术条件，对资源位置、数量和质量已经得到明确证实的储量。它可以分为可开采储量和待开采储量。可开采储量（图 8-1 中阴影部分），即在目前的经济技术水平下有开采价值的资源。待开采储量，即储量虽然已探明，但由于经济技术条件的限制，尚不具备开采价值的资源。在技术条件不变的情况下，待开采储量若要转变为可开采储量，在很大程度上取决于人们对这些资源的支付意愿。

未探明储量是指目前未探明，但可以根据地质科学资源理论推测其存在或应当存在的资源。它可以分为推测存在的和不确定存在的储量。推测存在的储量，是指在已知的地理条件下，一个矿区根据合理预期推测存在的但尚未发现的资源。不确定存在的资源，在有利的地质结构中或许存在的已知类型的矿产或者类型尚没有认识且没有发现的矿产资源。

从图 8-1 可知，自然资源储量的利用程度取决于经济可行性和技术可能性。纵坐标从上到下表示开采成本不断提高，资源利用的可能性逐渐降低，横坐标从左到右表示技术难度逐渐增加，资源利用的可能性逐渐降低，这两个方面都包含有时间概念，但没有表示时间的尺度。这是因为不同类别的资源在不同的时期内开发利用的形式有所不同。

正确区别以上概念非常重要，但是人们常常混淆。一种错误是将已探明的储量当成最大潜在的储量。这种错误将会导致悲观的结论。另外一种错误是认为所有的资源禀赋在人们愿意支付的价格下，作为潜在的储量都可获得。显然，如果价格可以无限上升，这些资源禀赋可以充分利用，然而价格无限上升是不可能的。总有一些资源由于开采成本过高，生产者或消费者不愿意使用它。因此，资源的最大可利用量是小于资源禀赋量的。更确切地说，可被利用的最大资源储量是难以用某一具体数字来表示的。

8.3.2 自然资源稀缺性的度量

由于资源是有限的，而人的需求是无限的，因此，资源总是表现为稀缺性。资源稀缺性的度量有不同的方法，通常把这些不同的方法分成两类：物理度量和经济度量。

8.3.2.1 资源稀缺的物理度量

（1）可耗竭资源稀缺性的物理度量。可耗竭资源的物理度量是从物质质量的角度对其稀缺程度进行定量评价的，通常可以通过储量的概念联系在一起，认为资源稀缺性可以用资源耗尽年数来表示：

$$Y = \frac{S_0}{R_0} \tag{8.1}$$

式中：Y——资源耗尽年数；

S——资源储量，t；

R——资源开采量或者利用量，t/a。

储量用量比就是在该资源储量以当前的利用量预期的利用年限。

在该公式中，S 和 R 都具有不确定性。资源开采速度或者利用速度在事实上不可能是一个常数，有可能是一个递增的函数，也有可能是一个递减的函数。假设年利用量以 δ 的比例变化，则在 t 年时，资源利用量为：

$$R_t = R_0 \cdot \mathrm{e}^{\delta t} \tag{8.2}$$

则未来 T 年内资源总利用量为：

$$R(T) = \int_0^T R_0 \cdot \mathrm{e}^{\delta t}\mathrm{d}t = \frac{R_0}{\delta}(\mathrm{e}^{\delta T} - 1) \tag{8.3}$$

（2）可再生资源稀缺性的物理度量。对于再生资源稀缺性物理度量的一个重要概念是最大可持续产量（Maximum Sustainable Yield，MSY），最大可持续产量是指资源利用速率控制在资源再生速率以内时，所能达到的最大产量。最大可持续产量越小说明资源越稀缺。如图 8-2 所示，当捕捞活动维持在 MSY 以内时，渔业捕捞为可持续，但是一旦超过 MSY，则渔业捕捞为不可持续，有可能会导致渔业资源的退化和衰竭。对于可再生资源来说，尤其是生物资源来说，资源的稀缺程度的度量是从资源的可持续能力的角度来衡量。

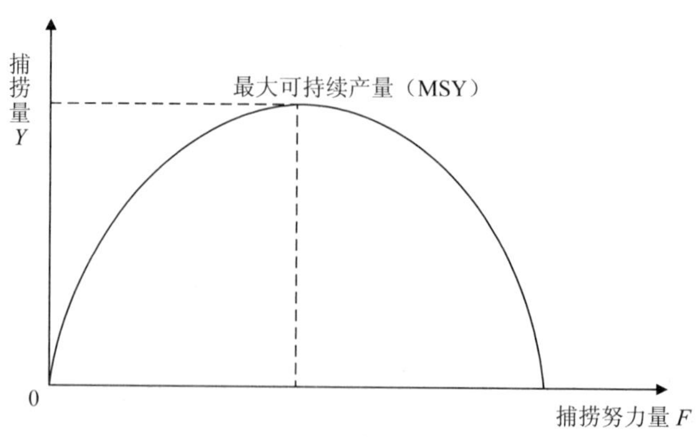

图 8-2　最大可持续产量曲线图

8.3.2.2　资源稀缺性的经济度量

对资源稀缺的经济度量主要是借助经济指标来反映资源的稀缺程度，资源稀缺的经济度量主要是从获得资源的代价大小来考虑资源的稀缺问题，主要指标有：资源价格、边际开采成本和资源稀缺性租金。

（1）资源产品价格。有研究认为，许多可耗竭资源的价格遵循“U”形的变化轨迹，即起初由于技术相对落后、开发成本高而导致价格较高，但后来由于勘探和开发利用水平进步，开发成本下降，价格也趋于下降。随着时间的推移，新资源的发现越来越困难，成本难以降低，价格则又趋于上升。因此，价格在一定程度上可以预测资源未来的稀缺状况。

一种同质的可耗竭资源存量，其稀缺状况肯定是不断增长的，这种稀缺的增长所引起的价格发生相对变化不是因为资源本身的质量差异，而是因为未来资源的可用量正在不断下降。另外，资源开发利用还存在外部性问题，外部性的存在往往使得资源市场价格难以真实反映资源的真实稀缺程度。

（2）边际开采成本。资源的边际开采成本是指每增加开采一单位资源需要支付的成本。李嘉图认为，由于资源可用性受到目前利用率和积累用量的影响，原材料包括资源产品单位成本会随着生产规模的增加而增长，即所谓的李嘉图效应。一般认为，对资源的开发利用的顺序是先易后难，随着资源开发利用数量的增加，低等级的资源逐步进入开发利用的范围，资源的边际开发成本逐步上升，因此，资源的边际开发成本能够较好地反映资源的稀缺程度。也就是说由于较好的资源先被开采，随着开采量的积累，开发品位较低的资源边际成本随之上升，这种边际成本随开采量的增加而增加的趋势也反映了资源的稀缺程度，开发成本越高，资源越稀缺。

（3）资源稀缺性租金（边际使用者成本）。资源稀缺性租金又被称为边际使用者成本，是指资源产品价格与资源边际开采成本之间的差值，也称为原位资源价格、矿山使用费或者租金。边际使用者成本实际上是存量资源的影子价格，在理论上，它可以较好地度量不可再生资源的稀缺性，但问题在于边际开采成本难以准确，加上市场不完善和政府调控会造成资源价格扭曲，因而在实践中，边际使用者成本指标很难准确地反映不可再生资源的稀缺状况。

专栏 8-1　“资源诅咒”

“资源诅咒”是一个经济学的理论，多指与矿业资源相关的经济社会问题。20 世纪 80 年代中期以来，一些经济学家在通过大量的实证研究比较各国经济增长速度差异的过程中发现了一个令人十分沮丧的事实，即资源丰裕国家的经济增长绩效远不如资源贫乏的国家。自然资源在经济增长中的角色仿佛由“天使”变成了“魔鬼”。经济学家将原因归结为贸易条件的恶化、荷兰病或人力资本的投资不足等，主要由对某种相对丰富的资源的过分依赖导致。

“荷兰病”（Dutch Disease）就是一种自然资源的丰富反而拖累经济发展的典型“资源诅咒”现象。经济学家们则常常以此来警示经济和发展对某种相对丰富的资源的过分依赖的危险性。荷兰 20 世纪 50 年代因发现海岸线蕴藏巨量天然气，而迅速成为以出口天然气为主的国家，其他工业逐步萎缩。资源带来的财富使荷兰国内创新的动力萎缩，国内其他部门失去国际竞争力。以至于 80 年代初期，荷兰经历了一场前所未有的经济危机。

此外，关于矿业对发展中国家经济发展的贡献除了中短期矿业项目所带来的“新兴都市”效应外，更多的是与矿业资源相关的经济社会问题，也被称为“资源诅咒”。

思考题

1. 什么是可再生资源与可耗竭资源？
2. 自然资源的储量与存量的关系如何？
3. 什么是资源稀缺？如何度量资源的稀缺性？
4. 阐述当地区域经济发展与资源利用、资源问题之间的关系。
5. 关于“资源诅咒”的研究很多，谈谈如何破解“资源诅咒”？

参考文献

[1] 阿兰·兰德尔．资源经济学[M]．北京：商务印书馆，1989.
[2] 阿兰·V·尼斯．自然资源与能源经济学手册（第 3 卷）[M]．北京：经济科学出版社，2009.
[3] 辞海编辑委员会．辞海（中册）[M]．上海：上海辞书出版社，1979.
[4] 戴利，弗蕾．生态经济学——原理与应用[M]．郑州：黄河水利出版社，2007.
[5] 黄贤金．资源经济学[M]．南京：南京大学出版社，2010.
[6] 刘成物，黄利明．资源科学概论[M]．北京：科学出版社，2004.
[7] 曲福田．资源与环境经济学[M]．北京：中国农业出版社，2011.
[8] 汤姆·泰坦伯格．环境与资源经济学[M]．北京：经济科学出版社，2003.
[9] 朱迪·丽丝．自然资源：分配、经济学与政策[M]．北京：商务印书馆，1989.

第 9 章　可再生资源理论

可再生资源作为生态系统的重要组成部分，其开发利用与生态环境的关系越来越受到人们关注。虽然可再生资源具有自我更新的功能，但如果不是科学合理的开发利用会造成资源退化、生态破坏、气候变暖、水土流失、生物多样性锐减等问题。因此，掌握可再生资源的特点，对其进行可持续的开发，才能实现再生资源的可持续利用。本章首先简要介绍可再生资源的概念和特征；其次分别以可再生公共物品资源——渔业资源和可再生商品性资源——森林资源为例，详细阐述它们的特点以及资源利用优化模型；最后介绍可再生非生物资源——可再生能源的开发形式，重点阐述了各国的可再生能源政策，并展望了其未来发展的关键问题和发展前景。

9.1　可再生资源的内涵与特征

9.1.1　可再生资源的内涵

可再生资源（renewable resource）是指具有自我循环、更新、补充并可持续利用的一类资源，也可成为可更新资源。例如森林资源、渔业资源、土壤资源、气象资源和各种生物资源等。可再生资源作为生态系统的重要组成部分，其再生性符合生态系统的基本规律，如其再生机制受到破坏，如不合理开发、过度利用、超过了一定的阈值，都可能造成资源退化、生态破坏。如森林过度砍伐、土壤退化、渔业资源衰竭，以及全球气候变化、水土流失、洪涝灾害、生物多样性锐减，都与可再生资源的不合理开发利用有关。因此，从对可再生资源的传统利用转变到可持续的利用方式，实现再生资源的有效开发利用显得极为紧迫和重要。

9.1.2　可再生资源的特征

可再生资源类型复杂多样，各种不同的可再生资源无论从物理形态到化学组成，存在较大的差异，如水资源、渔业资源和林业资源，同样是重要的可再生资源类型，但从生物性角度考虑，仍有一些共同特征，主要表现为：

9.1.2.1　功能的多样性

可再生资源往往具有多种用途和使用价值，满足人们不同的需要，在功能上表现出多样性和多宜性。如森林资源，既可用作木材等传统的低级利用方式，造纸以及其他林副产品等综合利用方式，还具有涵养水源、净化空气、保持水土、美化环境等功能。比如，水资源既可作为人类的饮用水，又可作为航运、灌溉、发电以及观光旅游。

9.1.2.2　自我调节能力

自我调节能力和代偿功能是可再生资源系统的最根本特征，能够缓冲外界的干扰，保持系统结构与功能的相对稳定性。正是自我调节和代偿作用，可再生资源才具有可再生性。值得注意的是，可再生资源系统的自我调节作用和代偿功能是有一定限度的，这就说明可再生资源是可以耗竭的，即存量可以为零。对于可再生资源，尽管存量可以恢复，但当外界干扰或者破坏时超过一定限度时，可再生资源就会失去自我恢复的能力，造成资源退化或枯竭，难以实现可再生资源的永续利用。

9.1.2.3 分布的地域性

受地质、地形、气候及人类活动干预等多种因素长期作用的结果，可再生资源之分布亦呈地域性特点、地带性规律。例如，受气候降水因素的影响，我国水资源呈南多北少、东多西少的分布格局，根据降水量的区域差异，全国可以划分为湿润区、半湿润区、干旱和半干旱区。再如，随着太阳辐射热量在地球表面的纬度带递变规律，从赤道向极地依次出现雨林、季雨林、常绿林、落叶阔叶林、针叶林和苔原等。这要求我们在开发利用可再生资源的过程中应遵循因地制宜的原则，充分发挥地区资源优势，建立合理的生态系统和生产布局。

可再生资源的开发利用过程表现为某一产业的经济再生和自然再生产的双重过程。合理开发利用再生资源就是要发挥资源优势，建立一个合理的、高效的、可调控的和永续利用的生态经济系统结构，其特征是生态-经济-社会效益的高度协调统一。鉴于不同可再生资源各具特点，以下 9.2 节至 9.4 节，分别以可再生公共物品资源——渔业资源、可再生商品性资源——森林资源以及可再生非生物资源——可再生能源为例，来研究可再生资源的生物、经济规律，以实现可再生资源的可持续利用。

9.2 可再生公共物品资源——渔业资源

9.2.1 渔业资源的概念及特征

9.2.1.1 渔业资源的概念及分类

渔业资源是人类食物的重要来源之一，它同时也是人类从事渔业经济活动的物质基础。《辞海》认为："水产资源是指水域中蕴藏的各种经济动植物（鱼类、贝类、甲壳类、海兽类和藻类）的数量。渔业上对经济动植物的数量通常称为渔业资源。包括已成熟的可供捕捞的部分和未成熟的预备捕捞的部分。"《农业大词典》和《中国农业百科全书》将渔业资源定义为："水产资源是指天然水域中具有开发利用价值的经济动植物种类和数量的总称。"《水产词典》认为："渔业资源亦称为水产资源。天然水域中蕴藏并具有开发利用价值的各种经济动植物的种类和数量的总称。"

渔业资源种类繁多，主要的类别有鱼类、甲壳类、软体类、藻类和哺乳类等，各类群的数量相差很大。鱼类是渔业资源中数量最大的类群，全世界有 20 000 多种，中国记录的有 2 800 多种，但主要的捕捞鱼类全世界仅有 100 多种。甲壳类主要指虾类和蟹类；软体动物主要包括贝类和头足类，其中头足类包括枪乌贼类、乌贼鱼类和章鱼类；海藻包括海带和紫菜类。

9.2.1.2 渔业资源的特征

渔业资源是一种可更新的生物资源，除具有有限性和稀缺性外，还有再生性、洄游性、共享性、渔获物的易腐性、波动性和产权模糊性等。

（1）再生性。渔业资源是一种可再生资源，具有自我繁殖能力。通过生物个体或种群的繁殖、发育、生长和新老替代，使资源不断更新，种群不断获得补充，并通过一定的自我调节能力达到数量上的相对稳定。反之，如果捕捞强度超过种群调节机制的补偿能力，将会造成捕捞过度。

（2）洄游性。渔业资源中除少数固着性水生生物外，绝大多数渔业资源都有在水中洄游移动的习性，这是渔业资源与其他可再生资源如草原、森林等有所不同，是区别于其他资源的最显著特征之一。洄游鱼群大量出现的水域就形成渔场，其出现时间就形成渔汛，所以掌握鱼类洄游规律在渔业上具有重要意义。了解鱼类洄游就可以准确判断渔汛，及时部署捕捞船队，确保捕捞的顺利进行。

（3）易腐性。渔获物容易腐败变质，失去其使用价值，即使没有腐败变质，若新鲜度下降，水产品的使用价值也会降低。在无保鲜措施的时代，渔场利用和流通的范围受到了很大的限制，而冷冻技术以及水产品加工技术的发展，促进了渔业资源大规模的开发和利用。

（4）波动性。不少鱼类资源的年际产量波动很大，除自然因素对发生量、存活率和鱼体本身的种群年龄结构、种间关系等有很大影响外，人为捕捞因素更能引起种群数量的剧烈波动。

（5）共享性。由于渔业资源广泛分布和大多数水产动物都有洄游的习性，不少渔业资源种群的整个生活过程不只是在一个区域或者国家管辖的水域内栖息，因此，这类渔业生物资源应该为几个地区或国家共同开发利用。这就要求必须由有关地区和国家共同组织的机构来协商管理。

（6）产权模糊性。海洋渔业资源属于可再生公共资源，具有非排他性和竞争性。由于不可能确定财产所属权，因此不能像私人养殖渔业资源、林业资源和其他可再生资源那样可以进行有效的管理。私人渔场可以自行决定捕捞数量和捕捞时间，然而在公海渔场，大多数鱼类的游动性很大，把渔业资源的专门捕捞权授予个人或团体就非常困难，或者说成本相当大。因此，私人不能拥有财产权，要做到有计划的捕捞是非常困难的，所以对海洋资源的利用必须由国家实施强制性规定和经济政策来加以控制和保护。

9.2.2　渔业生物模型

9.2.2.1　渔业资源的种群增长模型——逻辑斯蒂模型

为了研究可再生资源的经济规律，对渔业资源合理使用的分析，从生物学和经济学两个角度展开。每个渔业经济模型都是建立在生物模型基础上，常见的生物种群增长模型包括：几何增长模型、指数增长模型和逻辑斯蒂增长模型等。无限环境条件下最典型的数量动态变化特征是指数增长规律，而描述有限环境条件下待开发种群数量动态变化特征的最常用模型是逻辑斯蒂增长模型。

逻辑斯蒂生长模型的含义是，在一般情况下，受到种群密度、环境中的食物、空间和其他可供资源等因素的限制，鱼类种群数量的增长往往会经历开始期、加速期、转折期、减速期和饱和期等时期，种群数量随时间呈现 S 形增长，具有一个极限值。这个极限值由特定环境下的资源情况来确定，我们称之为负载容量，用 K 来表示。由于受到环境负载容量 K 的限制，一个未开发利用的资源群体的种群数量以 X_∞为极限值，如图 9-1 所示。

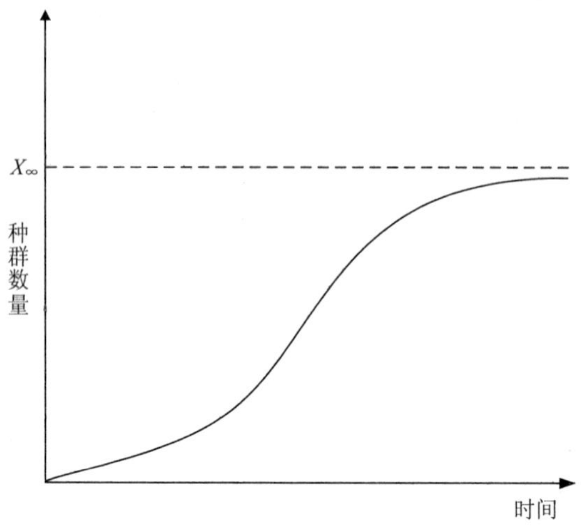

图 9-1　鱼类种群生长的 Logistic 方程

根据逻辑斯蒂增长方程，用 x 表示生物量，假定渔业种群在不受人为因素影响下的生物量变化特征为：

$$\frac{\mathrm{d}x}{\mathrm{d}t}=F(x)=rx(1-\frac{x}{K}) \tag{9.1}$$

式中：x——种群数量；

r——种群内禀增长率；

K——负载容量（自然平衡态生物量）。

9.2.2.2　Schaefer 生物模型

当存在人为因素影响时，即渔业资源被开发利用时，种群数量变化受到了收获率（h）的影响。假定收获量与资源存量成正比，则有：

$$h(t)=qEx \tag{9.2}$$

式中：q——收获系数；

E——收获强度；

x——种群数量。

渔业经济学家主要运用 Schaefer（1957）生物模型估算生物量的净增长。生物量的净增长可以用下面的简单的微分方程来描述：

$$\frac{\mathrm{d}x}{\mathrm{d}t}=F(x)-h(t)=rx(1-\frac{x}{K})-qEx \tag{9.3}$$

当 $\mathrm{d}x/\mathrm{d}t=0$，即 $h(t)=F(x^*)$，生物量在 x^* 点保持不变，则有：

$$x^*=K(1-\frac{Eq}{r}) \tag{9.4}$$

由此，可得到可持续的产出量公式：

$$Y = qEK(1 - \frac{Eq}{r}) = aE - bE^2 \tag{9.5}$$

其中 $a = qK$， $b = Kq^2 / K$ 。

式（9.5）由生物学家 Schaefer 提出，被称为 Schaefer 模型。可以看出是一条抛物线，如图 9-2 所示。

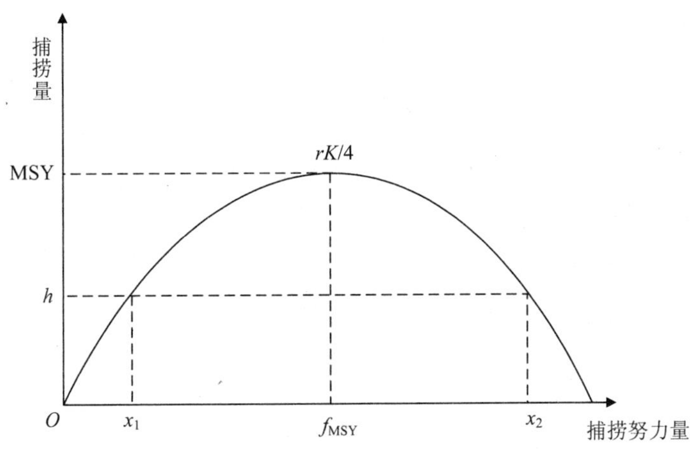

图 9-2　Gordon-Schaefer 模型的产量—捕捞努力量曲线

在不计生产成本的情况下，所能获得的最大产值就是最大持续产量（Maximum Sustainable Yield，MSY）。随着捕捞努力量水平的增加，平衡产量将增加到最大持续产量水平（Y_{MSY}），以后随着捕捞努力量水平的增加，而持续下降。

对式（9.5）求导后可得，资源的最大可持续产量为 $Y_{MSY} = rK / 4$ ，此时的生物种群数量水平为 $x_{MSY} = K / 2$ 。

在传统上，渔业资源管理曾是海洋生物学家的研究领域。生物学家们坚持认为合适的管理目标应达到 MSY，才能使得资源得到“全部利用”。根据 Schaefer 模型，如果资源卜降到 x_{MSY} 以下，则肯定发生了生物学意义上的过度捕捞。

但是经济学家们反对 MSY 准则，因为它忽略了捕捞投入量中捕捞的成本以及收益的真实性质。渔业资源管理者也逐渐丧失了对 MSY 准则的兴趣，正是由于经济学家的这种观点。

9.2.3　渔业经济学的静态分析

Gordon（1954）运用传统的、静态的微观经济学方法构造了一个渔业经济模型。几年后，Schaefer（1957）发表的论文为 Gordon 经济模型提供了坚实的生物学基础，因此，渔业模型通常被称为 Gordon-Schaefer 模型。同时，提出了最大经济产量（Maximum Economic Yield，MEY）以及经济学过度捕捞（economic overfishing）的概念，是渔业管理生物经济模型研究开始的标志。

Gordon-Schaefer 模型是单一鱼种模型，并有以下两个假定：①单位渔获物 P 的上岸价格固定不变，上岸价格精确地代表了捕鱼的边际社会效益；②单位捕捞努力量 E 的成本 c 固定不变，是捕鱼的边际社会成本的真实度量。

渔业的总收益 TR 可表示为

$$\mathrm{TR} = pY = p(aE - bE^2) \tag{9.6}$$

渔业总成本 TC 可表示为

$$\mathrm{TC} = cE \tag{9.7}$$

因此，该渔业的利润π 为

$$\pi = \mathrm{TR} - \mathrm{TC} = p(aE - bE^2) - cE \tag{9.8}$$

为求得利润π 的最大值，对式（9.8）进行求导，使得 $\mathrm{d}\pi / \mathrm{d}f = 0$，则可得最大经济可持续产量$Y_{\mathrm{MEY}}$，捕捞努力量 f_{MEY} 和最大经济收益 π_{MEY} 分别为

$$Y_{\mathrm{MEY}} = \frac{a^2}{4b} - \frac{c^2}{4bp^2} \tag{9.9}$$

$$E_{\mathrm{MEY}} = \frac{a^2}{2b} - \frac{c}{2bp} \tag{9.10}$$

$$\pi_{\mathrm{MEY}} = \frac{(pa - c)^2}{4bp} \tag{9.11}$$

另外，对式（9.8）求最大值后可得，边际收益（MR）等于边际成本（MC）时，即捕捞努力量为 E_{MEY} 时（图 9-3），渔业达到最大的经济利润。当捕捞努力量超过 E_{MEY} 时，边际成本超过了边际收益，开始出现报酬递减规律，即经济学上的过度捕捞。

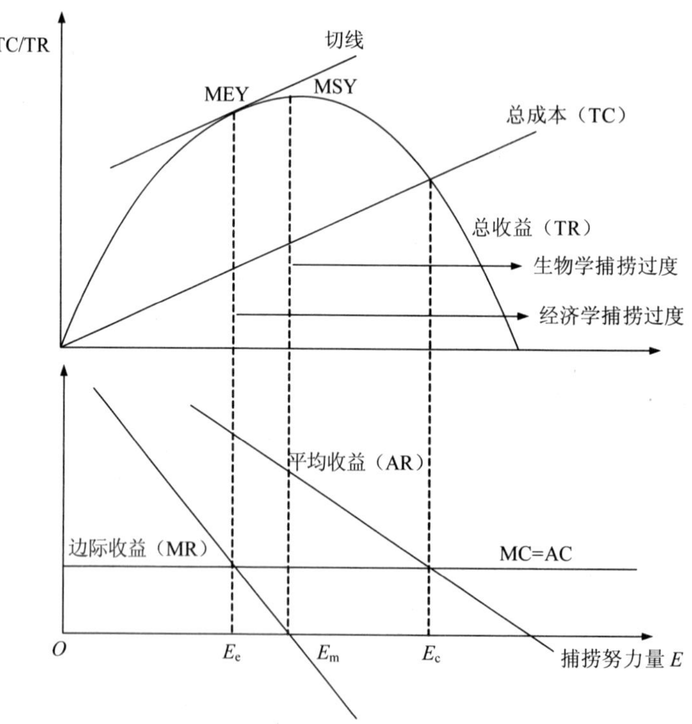

图 9-3 Gordon-Schaefer 模型的生物经济分析

经济学家的渔业静态模型对渔业政策制定者产生了决定性的影响，但是当经济学家的渔业静态模型越来越受到政策制定者的欢迎时，经济学家却发现了静态模型的弊端，从静态分析转向了动态分析。

9.2.4　渔业经济学的动态分析

Gordon（1954）在提供了渔业静态分析的基础后，并在 1956 年的论文中清晰而有力地提到了动态方法对渔业经济学研究的必要性。他认为“一个渔场开发的最优水平必须被定义为某种类型的时间函数。也就是说，需要考虑协调捕捞率、鱼类的群体动态和经济上的捕捞时间表或投资资本利率的相互关系，以实现每单位时间的最优捕捞量。”但是动态模型的求解十分困难，直到最优控制理论在渔业经济中得到应用。1976 年，应用数学家 Colin Clark 在 *Mathematical Bioeconomics: The Optimal management of Renewable resources* 中对最优控制理论在渔业经济学的运用做了全面的论述。

假设生物量 $x(t)$ 称为状态变量，或被控制变量。通过改变捕获率 $h(t)$ 控制 $x(t)$，如果捕获率小于可持续产出水平，生物量将增加，此时 $\mathrm{d}x/\mathrm{d}t>0$；如果捕获率大于可持续产出水平，生物量将降低，此时 $\mathrm{d}x/\mathrm{d}t<0$。因此，$h(t)$ 可称为控制变量。

在假定时刻 t，渔场的经济收益可表示为

$$\pi(x,h)=[p-c(x)]h \tag{9.12}$$

资源的最优配置是指资源所有者从资源开发中得到利润（经济租金）的最大贴现值，目标函数可表示为

$$\max PV=\int_0^T \mathrm{e}^{-\delta t}\pi(x,h)\mathrm{d}t=\int_0^\infty \mathrm{e}^{-\delta t}\{p-c[x(t)]\}h(t)\mathrm{d}t \tag{9.13}$$

式中：δ——贴现率。同时约束条件为：$x(t)\geqslant 0$ 和 $0\leqslant h(t)\leqslant h_{\max}$，$h_{\max}$ 为任意上界。

由式（9.3）可得 $h(t)-F(x)-\dfrac{\mathrm{d}x}{\mathrm{d}t}=F(x)-\dot{x}$ 代入式（9.13），得到：

$$\max PV=\int_0^\infty \mathrm{e}^{-\delta t}[p-c(x)][F(x)-\dot{x}]\mathrm{d}t \tag{9.14}$$

令 $\phi(t,x,\dot{x})=\mathrm{e}^{-\delta t}[p-c(x)][F(x)-\dot{x}]$ 运用经典欧拉（Eular）公式求最大值的必要条件为

$$\frac{\partial\phi}{\partial x}=\frac{\mathrm{d}}{\mathrm{d}t}\frac{\partial\phi}{\mathrm{d}\dot{x}} \tag{9.15}$$

对于单一解 $x^*(t)$，根据式（9.15）对式（9.14）进行求解，可以得到以下公式：

$$F'(x^*)-\frac{c'(x^*)F(x^*)}{p-c(x^*)}=\delta \tag{9.16}$$

式（9.16）没有包含时间参数 t，所以解 x^* 是一个稳定的状态值，该解是最优平衡水平的种群规模。

将式（9.16）变形后得式（9.17），是一个修正的黄金分割率公式，可以确定社会应该对资源投资或者撤资的规模。

$$\frac{\mathrm{d}\{[p-c(x^*)]F(x^*)\}/\mathrm{d}x^*}{p-c(x^*)}=\delta \tag{9.17}$$

式（9.17）左边为增长的资源投资所带来的边际可持续资源经济租金除以投资成本（即当前捕捞所放弃的经济租金），可以解释为边际资源投资的产出或资源的“自有利率”（own rate of Interest），右边 δ 为社会贴现率，该公式表明社会对资源的投资应该达到使资源的自有利率等于社会贴现率。

继续假设 x^* 为式（9.16）的唯一解，种群初始水平为 $x(0)$，可以对最优收获策略进行简单分析如下：收获率 $h^*(t)$ 应使得种群水平 $x=x(t)$ 尽快达到 x^*。假设 $h_{\max}$ 为最大可能的收获率，可以得到式（9.18）。

$$h^*(t)=\begin{cases} h_{\max} & x>x^* \\ F(x^*) & x=x^* \\ 0 & x>x^* \end{cases} \tag{9.18}$$

相应的最优种群生物量水平 $x=x(t)$，见图 9-4，如果 $x(0)$ 在点 A，即 $x>x^*$，最优收获率为最大收获率 $h_{\max}$，使得种群数量从 x 减少至 x^*；如果 $x(0)$ 在点 B，即 $x<x^*$，最优收获率为 0，渔场应该关闭，使得种群数量从 x 增加至 x^*。当 $x(0)=x^*$ 时，$h^*(t)=F(x^*)$，x^* 为最优解，即最有收获策略。

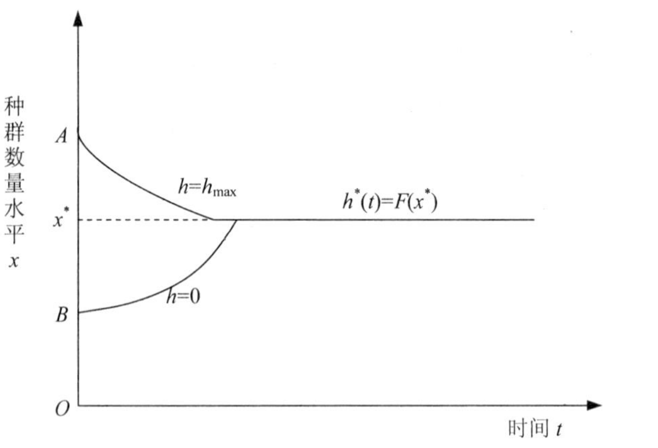

图 9-4　最优收获策略

9.2.5　渔业资源经济学的发展

根据国内外的研究现状，渔业资源的管理已由简单的单物种生物学模型转变为复杂的动态的生态-经济-社会模型，多鱼种、多船队、多生态环境因子也被考虑在渔业优化管理中。

渔业资源的开发和利用过程是一个复杂的系统，是人类社会经济系统和生态系统的相互耦合作用，不仅涉及渔业资源本身，还涉及经济、社会、市场、管理和海洋生态系统等。因此，一个完善的渔业资源优化配置模型不仅需要包括渔业资源本身，还需要包括渔业资源的使用者和管理者。渔业资源本身包括：鱼类的各种生物指标，如生产率、死亡率、补偿量、迁移量等；影响资源量和种类时空分布的生物和非生物因素；种类之间的相互作用关系，如竞争、捕食与被捕食的食物网关系。渔业资源的使用者包括：渔业捕捞，包括捕捞努力量的组成（不同的作业方式、作业时间、船队类型等），渔船渔民数量、按捕捞物种类、捕捞规格的选择性曲线以及目标和非目标鱼种的价格；渔获物的加工与销售；消费者需求与偏好等。渔业资源管理者应包括各种管理措施和政策，如休渔制度，包括保护区制度、禁渔期、禁渔区等；网目尺寸限制和渔获物幼鱼。

在充分掌握渔业资源生物学、经济和社会统计等数据的基础上，通过计算机技术来模拟不同开发利用策略下渔业资源优化配置的结果，将是今后的研究重点。

专栏 9-1　我国的伏季休渔制度

我国作为世界海洋大国，海洋捕捞产量早已跃居世界第一。然而，由于近海的过度捕捞，导致主要经济鱼类资源日渐衰退，一些优质海产品种濒临灭绝。为解决日益严重的渔业资源枯竭问题，我国从 1995 年起，在黄海、东海试行了夏季禁渔的“伏季休渔”制度。此后，历经数次调整，休渔时间逐渐延长，禁捕种类逐步增加，休渔范围也扩大到渤海、黄海、东海、南海四大海域。

伏季休渔是保护鱼类幼仔，养护渔业资源的一种强制性挽救措施。休渔时间选在主要海洋生物繁殖和生长期的春夏季，有利于保护海洋生物的产卵群体和幼体。黄海、渤海实施伏季休渔数年后，虽有“近海生态环境有所改善，海洋渔业生产总体稳定，捕捞产量和质量明显增加，取得了良好的生态、经济和社会效益”的报道，但伏季休渔政策也显露出许多问题。

现行的伏季休渔制度作为一种间歇性强制保护措施，虽然能改观近海的捕捞景象，但是难以改变渔业资源的枯竭现象。休渔让海洋生物得以暂时安生，但 3 个月的休养生息根本经不起 9 个月的酷渔滥捕，主要经济鱼类即使有增殖放流的补充，也抵不过变本加厉的捕捞。每年休渔结束后，渔船竞相出海，短时间就将鱼子鱼孙一网打尽，休渔成果几乎毁于一旦。据调查，开海后的 3～4 天，捕鱼量就直线下降 80%。许多鱼仔难在休渔期内长大，因而幼鱼捕获比例依然很高，多数小鱼只能当做饲料贱卖，渔业捕捞仍在恶性循环。所以说，伏季休渔只是将传统的“长跑慢捕”变为“短跑快捕”，若不给予高度重视和及时应对，极易酿成新的渔业生态灾难。

可见，伏季休渔并非解决过度捕捞、资源衰退与生态失衡的治本之策。要根本转变渔业捕捞大于资源补充的生产方式，维护海洋生态平衡，就要树立蓝色经济发展理念，让保护和开发渔业资源成为一项尊重自然、环境友好、惠及子孙的生态渔业系统工程。为此，必须放弃“短时间休渔、长时间捕捞”的间歇式、粗放型生产模式，创新实施科技含量高、经济效益好、资源消耗低、环境污染少，能够实现经济、社会、资源与环境协调可持续发展的海洋生态渔业。

资料来源：完善伏季休渔制度发展海洋生态渔业，青岛日报，2014-07-19。

9.3 可再生商品性资源——森林资源

9.3.1 森林资源的概念及其特性

9.3.1.1 森林资源的概念

森林是全球生物圈中重要的一部分，俄国林学家 G・F・莫罗佐夫 1903 年提出森林是林木、伴生植物、动物以及环境的综合体。生态学家认为，森林是以乔木为主体，包括灌木、草被、动物、菌类等生物群体与非生物类的地质、地貌、土壤、气象、水文等因素构成绿色自然体。

广义的森林资源是林地及其所生长的森林有机体的总称，它以林木资源为主，还包括林下植物、野生动物、土壤微生物等资源。通常所指的森林资源是狭义的森林资源，仅指以乔木为主体的森林植物组成部分。森林资源作为可再生资源，是人类生存不可缺少的物质基础，它不仅能够为生产和生活提供多种宝贵的木材和原材料，能够为人类经济生活提供多种食品，更重要的是森林能够调节气候、保持水土、防止和减轻旱涝、风沙、冰雹等自然灾害；还有净化空气、消除噪声等功能；同时森林还是天然的动植物园，哺育着各种飞禽走兽，生长着多种珍贵林木和药材。反映森林资源数量的主要指标是森林面积和森林积蓄量。森林数量的变化，不仅影响所在地的生态状况，而且影响整个地球生物圈。

9.3.1.2 森林资源的特点

（1）开发的永续性。森林属于可再生资源，森林资源消耗可以通过合理经营，根据森林生长特有的规律和再生能力的特点，采用科学的森林经营利用措施而实现永续利用。因而森林资源在没有受到自然灾害和人为破坏时，在科学、合理的经营下是不发生折旧问题的，而且每年都出售部分林产品，其森林资源的总量保持不变或略有增长，长期永续地实现其增值的目的。

（2）再生的长期性。森林资源对自然条件的依赖性较大。森林资源在自然因子的变化中构成森林生产力，每年的生长量是在原有积蓄量的基础上增长的，根据森林的生长规律，它的产品要经过很长的时间才能收获出售，通过投入某一森林资源经营的资金，少则数年，多则数十年甚至百年才能开采利用。因此，一块林地种上林木需要数十年才能成材出售。

（3）功能的多样性。森林资源结构复杂、形态各异，决定了它功能的多样性。除了有价值可以交换的商品属性外，还具有保持生态系统平衡、美化环境、涵养水源、防风固沙、保持水土等一些难以度量的生态效益。

（4）分布的辽阔性。森林资源是陆地上最大的生态系统，其分布在广阔的地域上，由于森林结构、地形、地势、交通运输等条件而形成不同的开发利用程度，使某一地域的森林资源与另一地域的森林资源在结构内涵与功能发挥上都有不可比之处，即不同的可及性。

专栏 9-2　我国的森林资源清查

我国的森林资源清查是 20 世纪 70 年代开始的，采用国际上公认的森林资源连续清查方法。第八次全国森林资源清查从 2009 年开始，到 2013 年结束，历时 5 年。第八次全国森林资源清查结果为：全国森林面积 2.08 亿 hm^2，森林覆盖率 21.63%，森林蓄积 151.37 亿 m^3。人工林面积 0.69 亿 hm^2，蓄积 24.83 亿 m^3。清查结果显示，我国森林资源进入了数量增长、质量提升的稳步发展时期。这充分表明林业发展和生态建设一系列重大战略决策，实施的一系列重点林业生态工程，取得了显著成效。但是，我国森林覆盖率远低于全球 31%的平均水平，人均森林面积仅为世界人均水平的 1/4，人均森林蓄积只有世界人均水平的 1/7，森林资源总量相对不足、质量不高、分布不均的状况仍未得到根本改变。可见，我国森林资源的经营管理水平有待加强。针对我国森林资源的现状，必须扎实推进森林科学经营，提升森林质量和效益，不断增强森林生态功能；严格森林资源保护管理，守住林业生态红线，落实好林地保护规划，推进依法治林进程。

资料来源：国家林业局. 第八次全国森林资源清查结果（2009—2013 年）. 2014. website: http://www.forestry.gov.cn/main/72/content-659780.html。

9.3.2　福斯特曼林业模型

9.3.2.1　单个轮伐期的林业模型

私人林场资源的管理类似于一般生产经营的管理，这类资源属于可再生商品性资源，研究其可持续利用问题主要是确定资源的最佳采伐期和最大可持续收获量，目标是使得净收益的现值最大化。以一个林场的经营决策问题为例，首先分析单个轮伐期的林业模型，即一片林地一次皆伐的最优采伐时间。单棵树木的商业价值 V 是由这棵树木能够生产木材的体积和质量决定的。因此 $V=V(t)$ 依赖于树木的年龄 t。典型的 $V(t)$ 曲线如图 9-5 所示。

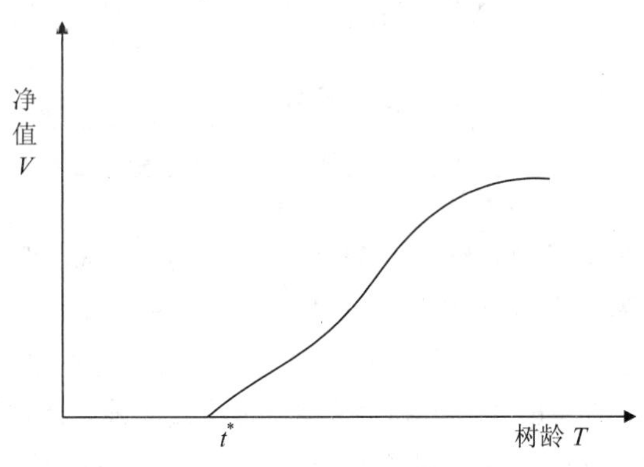

图 9-5　林业的净值随树龄的变化

由图 9-5 可知，树龄 $t<t^*$ 时，树木没有商业价值，这是因为树木太小；树龄 $t>t^*$ 的树木具有一定的商品价值，林木的采伐价值随着树木的生长而增大，但不可能无限增大。树木最终会衰老和死亡，而降低商业价值。假设单位树木的商业价值曲线 $V(t)$ 已知，采伐成本为C，社会贴现率为δ，则$V(t)-C$表示林木的净值，林场希望选择一个最佳采伐树龄t，使得林木采伐的净现值为

$$PV = \mathrm{e}^{-\delta t}[V(t)-\mathrm{C}] \tag{9.19}$$

求式（9.19）的最大值即可得到：

$$\frac{V'(t)}{V(t)-C} = \delta \tag{9.20}$$

9.3.2.2 无穷轮作林业模型

然而以上林业模型并没有包含森林轮种这一重要内容。在土地没有其他用途的情况下，只存在单个轮伐期，很难看出它的意义。如果价格和成本条件可以保证一个循环，那么林木采伐后，如果土地没有其他用途，则理性的林场主将会考虑下一个营林周期，这块土地便可用来种植新的树木。假设林场不仅希望采伐的树木净效益最大化，还希望林场的土地可持续总产出的净效益现值最大化。因为土地既可以生长树木，也可以种植新的树木，因此，林场所面临的经营决策问题就是如何确定土地上的轮作和择伐。

假设研究时间序列为$t_1<t_2<t_3$，…，$<t_n$，在每个时间t_k，生长着的树木被采伐，新的树木被种上。令$t=0$表示第一次种植的时间，假定森林的固有生长率、所有价格和成本均为常数，设C为采伐和在种植新树木的成本综合，则未来收益的总现值为：

$$PV = \mathrm{e}^{-\delta t_1}[V(t_1)-C] + \mathrm{e}^{-\delta t_2}[V(t_2-t_1)-C] + ,\cdots, + \mathrm{e}^{-\delta t_n}[V(t_n-t_{n-1})-C] \tag{9.21}$$

现在的问题是如何选择t_1，t_2，t_3，…，n，使得式（9.21）的PV值最大，这里假设时间趋于无穷大，即$n\to\infty$，且假设各轮作的周期T长度相等，则：

$$T_k = kt,\ k=1,2,3,\cdots,n \tag{9.22}$$

则式（9.21）可转变为

$$PV = \sum_{k=1}^{\infty} \mathrm{e}^{-k\delta T}[V(T)-C] = \frac{V(T)-C}{\mathrm{e}^{\delta T}-1} \tag{9.23}$$

要实现最大化的值，T值必须满足以下条件：

$$\frac{V'(T)}{V(T)-C} = \frac{\delta \mathrm{e}^{\delta T}}{\mathrm{e}^{\delta T}-1} = \frac{\delta}{1-\mathrm{e}^{-\delta T}} \tag{9.24}$$

这个关于最优轮种周期T的方程是于1849年，在马丁·福斯特曼（Martin Faustmann）的论文中提出的，被称为福斯特曼模型。

式(9.24)的等号右边$\delta/1-\mathrm{e}^{-\delta T}$是轮伐周期$T$的减函数。当$T$变大时，此值逐渐变小，直到接近社会贴现率$\delta$。图9-6画出了利率为4%的函数曲线。公式等号的左边表示净采伐收入的相对增长率。我们以松木的产量绘制了相对增长率曲线，得到采伐树龄T^*位于两条曲线相交处。二阶条件指出，为了让交点对应于最大值，而不是最小值，相对增长率曲线从左上方下来与曲线$\delta/1-\mathrm{e}^{-\delta T}$相交，如图9-6所示。

解决这个问题的数学过程虽然较为复杂，但是图9-6很容易说明比较静态分析的结果。在正的再生成本条件下，持续较高的价格水平导致较短的采伐树龄解，因为较高的价格水平使得相对林木价值增长率曲线L_2向下移动，结果与曲线L_1交于较低的采伐树龄。而较

高的再生成本使得相对林木价值增长率曲线 L_2 上移，导致较长的采伐树龄解。较高的贴现率增加了 $\delta/1-e^{-\delta T}$ 的值，导致较短的采伐树龄解。

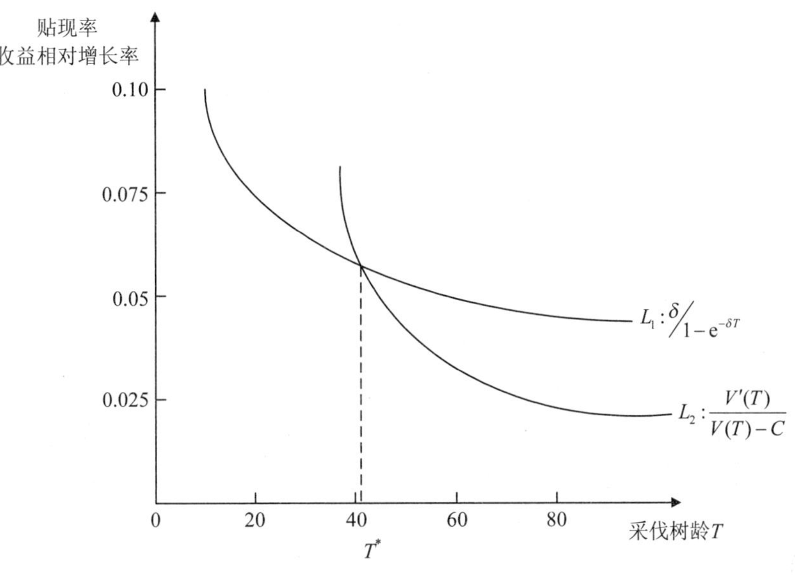

图 9-6 福斯特曼采伐树龄

如果没有再生成本，可得到式（9.25）如下：

$$\frac{V'(T)}{V(T)}=\frac{\delta}{1-e^{-\delta T}} \tag{9.25}$$

采伐树龄解为 T_0 与价格水平无关。再生成本为正时，福斯特曼采伐树龄解 T^*要大于 T_0，且当价格相对再生成本上升时，接近 T_0 这个极限值。可能的最大福斯特曼采伐树龄是通过 $\frac{V'(T)}{V(T)}=\delta$ 得到的。当再生成本很高或者价格很低而导致林地价值接近于零时，这个上界反映了利润率的上限。

9.4 可再生非生物资源——可再生能源

9.4.1 可再生能源概述

9.4.1.1 可再生能源的内涵

传统意义上理解的可再生能源（Renewable Energy）是指可以再生、循环利用、无污染的能源，如水能、风能、太阳能、生物能、地热能、海洋能及其所产生的二次能源氢能等。最早对可再生能源概念的界定是在 1981 年 8 月在内罗毕召开的联合国新能源和可再生能源大会上确定的，即“可以再生或者循环使用的能源，它不同于传统的化石能源，对环境和生态很少或不会带来污染，并需要借助新的技术才能够进行大规模的开发”，与此相对的便是如煤炭和石油等不可以再生的传统能源。我国 2010 年实施的《中华人民共和国可再生能源法》中第 2 条对可再生能源的概念进行了界定，这个概念并没有具体地进行描述，而是针对传统化石能源，用列举法对范围进行了界定，该法规定可再生能源是指太阳能、风能、生物质能、水能、地热能等非化石能源。从上述概念中可以得出可再生能源具有可以循环利用，无污染的特点，一方面可以为人类提供动力，另一方面对生态环境不会造成损害。

可再生能源为来自大自然的能源，如太阳能、风力、潮汐能、地热能等，是取之不尽、用之不竭的能源，会自动再生，是相对于会穷尽的不可再生能源的一种能源。除了核能、潮汐能、地热能之外，人类活动的基本能源主要来自太阳光。像生物能和煤炭、石油、天然气，主要通过植物的光合作用吸收太阳能储存起来。其他像风力、水力、海洋潮流等，也都是由于太阳光加热地球上的空气和水的结果。

传统化石能源的开发利用给气候变化和人类的可持续发展带来了严峻挑战。近年来，绿色发展在全球蓬勃兴起，其核心是减少对能源资源的过度消耗，追求经济、社会、生态全面协调可持续发展。可再生能源以其低碳能源的属性成为世界各国解决能源需求和碳排放矛盾的最佳选择。根据测算，单单是太阳光就可以满足全世界 2 850 倍的能源需求，风能可满足全世界 200 倍的能源需求，水力可以满足全世界 3 倍的能源需求，生物质能可以满足全世界 20 倍的能源需求，地热能可满足全世界 5 倍的能源需求。但现今人类实际使用可再生能源远远低于其上述可被开发的潜力。可再生能源在 20 世纪末才成为各国政府关注的领域，作为绿色能源、新的经济增长点在各国政策的支持下得到了迅猛发展。2010 年，可再生能源约占全球新增装机容量的一半，全球电力供应总量的 20%。与此同时，可再生能源的扶持政策本身也在质和量上得到了不断突破，政策工具多元化、市场化发展，并注重与其他政策如产业政策、区域发展政策、环境政策的协同效应。

9.4.1.2 可再生能源的技术经济特点

全球可再生能源产业的发展是以全球范围内的能源危机为背景的，由于世界经济在第二次世界大战后都经历了高速的发展，全球对能源的需求不断增加，而传统使用的煤、石油等一次资源的储藏有限，各个国家在寻求其自身可持续发展的同时，都把目光投向了可再生能源领域。但是由于可再生能源自身有以下特点，在现阶段，可再生能源的发展必须是以国家的政策倾斜为支撑的。

（1）生产成本较传统一次能源高。可再生能源由于其自身不稳定、难以开发等原因，其在现阶段的成本还比较高，如风电的成本明显比煤炭、天然气等传统能源生产的电力贵，而太阳能光伏产业由于多晶硅生产技术尚且不成熟，造成其发电成本更高，在目前还难以广泛开发利用。

（2）开发受地理条件制约。可再生能源的开发都在很大程度上受到各地自然条件的约束，并且随着各地季节的变化，都存在一定的不稳定性。如风电、太阳能等。风力发电的开展是以当地的风力资源为基础的，但是风是自然界大气流动的一种自然现象，存在着不确定性。例如，各地的季风性气候、我国北方在秋冬两季多风，而在春夏风则比较少等；同样，太阳能光伏产业的发展同样受到自然条件的制约，如天气的变化，阴天的光照条件很差等。

（3）初期投资规模大。投资于可再生能源行业，其在初始时的固定资产都是相当大的，而运行后的成本则比较低。例如，风电厂在开始建设时，要安装大面积的采风设备和风力发电机，而建成后的运行过程中，营运资本投入就很少；光伏产业的发展同样具有上述的特点，具有“一次投入、长期受用”的特点。

9.4.2　主要可再生能源的形式

9.4.2.1　风能

风能（Wind Energy）是因空气流做功而提供给人类的一种可利用的能量，空气流具有的动能称为风能。风能为洁净的能量来源，人们利用涡轮叶片将气流的机械能转为电能而成为发电机，随着风能设施日趋进步，大量生产降低成本，风力被使用在大规模风农场和一些供电被隔绝的地点，为当地的生活和发展做出了巨大贡献。

但是风电的环境影响也引发了地方性的强烈反对。例如，风力发电在生态上的问题是可能会干扰鸟类，如美国堪萨斯州的松鸡在风车出现之后已渐渐消失。风力发电需要大量土地兴建风力发电场，才可以产生比较多的能源。进行风力发电时，风力发电机会发出巨大噪声，所以要找一些空旷的地方来兴建。现在的风力发电还未成熟，有相当大的发展空间，目前的解决方案是离岸发电，离岸发电价格较高但效率也高。

风能资源开发分为海上风能开发和陆上风能开发。据中国气象科学研究院估算，我国海上可开发利用的风能约 7.5 亿 kW，陆地上可开发利用的风能约 2.53 亿 kW（按照地面以上 10 m 高度的风力资料计算），共计约 10 亿 kW。风能资源丰富的地区主要分布在内蒙古、新疆和甘肃河西走廊，东南沿海及附近岛屿，东北、西北、华北和青藏高原的部分地区。从全国各地的经济和社会发展水平来看，近期可以对风力资源进行大规模开发的地区有：华南沿海地区、华东、华北地区和东北地区，这些地区的资源都具备建成若干百万千瓦级大型风力发电所要求的条件，能源市场、经济、社会条件都较好。

9.4.2.2　水能

水能（Hydropower）是由水流体含有的能量天然资源，转化为人类利用的能源，例如水力发电。水电（Hydroelectricity）是通过涡轮机将流水的动能转化为电能，它在各种再生能源中历史最为悠久。由于水比空气的密度高 800 倍，即使是慢慢流的水都可以产生很大的能量。从污染物排放的角度来看，水电具有清洁性的特点，此外，水电还能提高国家的能源安全性。但是，水电大坝是鱼类洄游的重要障碍，大坝淤泥不仅会降低设施的寿命，而且会改变上下游的生态系统。

据 2004 年统计，世界上大约有 1/5（20%）的电力供应是来自水力发电，至 2011 年则下降至 16%，但全球水力发电仍占可再生能源发电的 75.9%。中国水能资源十分丰富，总储量居世界第一，据初步统计，中国境内流域面积在 100 km^2 以上的河流共有 5 000 余条。其中，河长在 1 000 km 以上的有 20 条；流域面积在 1 000 km^2 以上的有 1 600 条；水能蕴藏量在 10 MW 以上的有 3 019 条。除大江大河干流外，中小支流遍布全国，小水电资源蕴藏量十分丰富，其蕴藏量约为 1.6 亿 kW，预计 2020—2030 年，将基本完成开发全部的小水电资源，届时可以形成达 1 亿 kW 的装机水平，占到我国电力装机水平的 10%左右。

9.4.2.3　太阳能

太阳能（Solar Energy），一般是指太阳光的辐射能量，在现代一般用作发电或者为热水器提供能源。太阳辐射出的光和热被不断发展的一系列技术所利用，如太阳热能集热器、太阳能光伏发电、太阳热能发电和人工光合作用等。太阳能的利用有主动式利用（光电转换）和被动式利用（光热转换）两种方式。主动式太阳能技术，包括利用太阳能光伏板和太阳能集热器储存能量。被动式太阳能技术，包括导向建筑物在阳光下，选择材料具有良好的热质量或光分散性能和设计自然空气流通的空间。其他的太阳能应用包括通过太阳能建筑、采光、太阳能热水、太阳能烹调、高温工艺散热和用于工业用途的空间加热和冷却。

太阳能发电是一种新兴的可再生能源。广义上的太阳能是地球上许多能量的来源，如风能、化学能和水的势能，化石燃料可以称为远古的太阳能。太阳能资源丰富，对环境污染低，为人类创造了一种新的生活形态，使社会及人类进入一个节约能源减少污染的时代。利用太阳能发电的农村发电工程也慢慢延伸到发展中国家，尤其在那些仍未建成传统电网体系和输配线路的地区。通过太阳能发电系统可以向偏远地区提供电能，同时可以避免在这些地区建立电网所需要的高昂固定成本投入。

我国幅员辽阔，地处北半球欧亚大陆的东部，国土面积的 2/3 以上太阳能都很丰富，年辐射量超过 6 000 MJ/m^2。从全国 700 多个气象台站长期观测积累的资料中可以观察到，中国各地的太阳辐射年总量在 3.35×10^3 ～ 8.40×10^3 MJ/m^2，其平均值约为 5.86×10^3 MJ/m^2，目前，我国太阳能热水器利用量居世界第一，太阳能利用的主要方式是城乡居民热水供应。截止到 2010 年年底，太阳能热水器安装使用总量接近 1.6 亿 m^2，替代化石能源约 3 000 万 t 标煤。同时，我国还是当今世界上最大的太阳能光伏电池生产国，太阳能光伏电池的年产量为 4×10^6 kW，占全球产量的 40%。

9.4.2.4 生物质能

生物质（Biomass）是指能够用做燃料或者工业原料，活着或刚死去的有机物。生物质能最常见于种植植物所制造的生物质燃料，或者用来生产纤维、化学制品和热能的动物或植物。也包括以生物可降解废弃物（Biodegradable Waste）制造的燃料，但那些已经变质成为煤炭或石油等的有机物质除外。

生物质能是一种可再生能源，是碳循环的一个环节。光合作用将大气中的碳转化成有机物质，而有机物质在死亡或被氧化后会再以二氧化碳（CO_2）的形式回归大气。虽然使用生物质燃料替代化石燃料仍会排放一样多的 CO_2 至大气中，但用作燃料的生物质能还是被视为“碳中性”的，或者是温室气体的净消耗者，因为可以减少甲烷进入大气。

我国的生物质能源也很丰富，主要有农业废弃物、森林与林产品剩余物、城乡有机废水和城市生活垃圾等。据农业部颁布的《农业生物质能发展规划》，到 2015 年中国农作物秸秆产量预计达到 9 亿 t。此外中国还生产大量的能源作物，根据国家林业局编制的《全国能源林建设规划》，到 2020 年能源林将达到 2 亿亩，可以提供 600 多万 t 生物柴油，满足 1 100 万 kW 装机容量发电厂的燃料需求。国家科技部也启动发展生物质能源和化工的重大专项，还在“863”计划和“科技支撑计划”等相关科技计划中列项。2007 年发布的《可再生能源中长期发展规划》中对生物质能提出的发展目标是：“到 2020 年，生物质发电总装机容量达到 3 000 万 kW，生物质固体成型燃料利用量达到 5 000 万 t，沼气年利用量达到 440 亿 m^3，生物燃料乙醇年利用量达到 1 000 万 t，生物柴油年利用量达到 200 万 t。”据初步估算，我国的生物质资源平均每年可转化为能源的潜力，目前约为 5 亿 t 标煤，但远期发展势头迅猛，可达到 10 亿 t 标煤以上。此外，把荒山、荒坡种植的各种能源林计算在内，资源潜力在 15 亿 t 标煤以上。

9.4.2.5 其他可再生能源

除上述太阳能、风能、水能、生物质能外，还有海洋能、地热能等可再生能源资源。地热能在取暖和提供热水方面发挥了巨大作用，尤其是地源热泵技术在建筑物供热方面具有很好的前途，但在中国的应用还不算多。目前，海洋能主要的方式是潮汐能发电，由于受资源和成本的制约，应用还不够广泛。

9.4.3 各国的可再生能源政策

9.4.3.1 可再生能源政策的分类

为促进可再生能源开发利用，实现可再生能源国家目标，世界各国开发出很多种单项政策，其中仅使用频度较高、较具有普遍性的单项政策就有 20 多种，主要包括三大类型：①强制性政策；②以经济方式实行的激励政策；③研究开发与市场开拓政策，即通过加强技术研发的投入，加大对可再生能源的扶持力度，支持可再生能源的发展。

（1）强制性政策。强制性可再生能源发展政策，是通过国家法律和政策的形式对可再生能源的发展进行鼓励和支持。其中还包括可再生能源的标准、指南与建设规范的制定，这对于新建和改建的可再生能源设计项目具有非常重要的意义。国外已开始采用这种政策的是一些可再生能源发展较好的国家，如德国和比利时等。我国的可再生能源政策体系是围绕着可再生能源立法体系建立起来的，是以《宪法》为依据、《可再生能源法》为基础、《可再生能源法》的配套规则为主体、地方性法律和其他法律法规的规定为补充的一套有机体系。保障我国能源安全、推动可再生能源发展的有效途径之一便是健全和完善可再生能源立法体系。

（2）经济激励政策。世界各国都采取了一系列激励可再生能源发展的政策，这主要包括：购买可再生能源的电价及回报率的规定；实行企业“避免成本”定价和根据不同可再生能源来源征收产品补贴；实施以确定的价格向发电者购买可再生能源电力的保证金电价措施；实行回购率或从可再生能源独立电厂或自备电厂购电的市场保证机制；实施能够促进可再生能源项目增多或降低同类可再生能源项目建设成本的财政补贴措施；针对装置的类型、规模和用户差别所设立的资本补贴措施；减免税、信贷、延期纳税等激励措施，以及看好可再生能源的人自愿为可再生能源电力支付费用的绿电定价等。

（3）研究开发政策。能源技术创新具有周期长、资金投入大等特点，与许多其他产业相比，能源产业的发展就在更大的程度上依赖能源 R&D（研发）的技术选择与投入，特别是政府的投入。研究与开发的重要性及规模对国家的 TPES（一次能源供应总量）和经济具有显著的影响。IEA（国际能源机构成员国）国家政府资助可再生能源的研究和开发，并把研究与开发看作支持可再生能源发展的一部分，并在具体实施上能够得到工业部门的支持。IEA 国家用于不同种类可再生能源的资金量和支持程度差别较大，在 IEA 范围内，1994 年 IEA 与太阳能研究开发有关的经费总共占 59%（包括太阳能加热和冷却及发电），其中用于太阳能光伏发电的研究开发费用就占到可再生能源研究开发总费用的 32%，其研发得到了很大的资助，因此发展突飞猛进。而 IEA 的《全球光伏发展报告（1992—2013）》显示，中国光伏发展进程较快，2013 年光伏装机总量已经位居第一。这和我国对可再生能源的资金投入不无关系。根据联合国环境规划署（UNEP）的研究报告，中国 2013 年可再生能源投资达 563 亿美元，超过欧洲的 484 亿美元，成为全球可再生能源投资金额第一大国。

9.4.3.2 主要的可再生能源经济激励政策

（1）价格激励。可再生能源价格政策的表现形式包括固定电价体系、溢价电价体系、招标电价体系、市场电价体系、绿电电价体系 5 种。可再生能源电力价格机制经过长期演变，主要形成以德国为代表的固定电价、以西班牙为代表的溢价电价、以英国为代表的招标电价、以意大利为代表的市场电价以及以荷兰为代表的绿电电价。从各国电力价格机制的选择和实施经验看，不同可再生能源电力价格机制的有效性主要取决于可再生能源发电技术的成熟度以及电力市场的开放性程度，并且电价机制的演变过程中始终不变的一个目标是控制扶持成本和促进电力价格市场化。5 种电力价格形成机制的比较见表 9-1。

表 9-1 可再生能源电力价格形成机制比较

电价机制	电价的确定	适用性	优点	缺点
固定电价	政府定价，市场定量	规模较小的发展初期和电力垄断市场	投资风险低；投资者广泛；技术多样化；可以根据政府意图促进均衡发展或者优先发展	生产者之间缺乏竞争；各种能源成本差异大，政策规定复杂，实施难度大
溢价电价	固定奖励电价加浮动竞争性市场电价	可再生能源发电规模较大、成熟、开放的电力市场	投资收益稳定，可以鼓励技术进步和降低成本	溢价部分随市场价格和投资预期利润做调整
招标电价	由可再生能源发电项目公开招标竞价	可再生能源发电规模较小、发电项目较少的国家和地区	装机量和政策扶持成本可控；会形成竞争性价格，可为固定电价提供价格参考	存在出价过低、不能生产预计产量的电力、项目延迟等风险；招标制度设计复杂
市场电价	政府定量，市场决定价（平均上网电价—绿色可交易证价格）	充分竞争的完全市场化的电力市场，强制配额、交易制度、惩罚制度完善	有利于商业化程度高相对成熟的技术发展	高风险和不确定性，对相对不成熟的技术激励弱
绿电电价	政府定价，消费者资源认购	用于公众环保意识较强的国家和地区	增强公众参与和示范效应，进一步提高环保意识	可再生能源电力需求不稳定，只能作为补充手段

- 固定电价机制：该机制是指由政府直接明确规定可再生能源价格而可再生能源电力产品不参与竞争的机制。其最大优点是，政府可以通过调整价格水平和适用年限来确定可再生能源的投资水平，从而根据政府意愿选择某种可再生能源的发展速度。德国是应用固定电价比较成功的国家，自 1990 年就开始逐步建立促进可再生能源发展的固定电价体系。具体政策是按照标准成本法对可再生能源电力产品分门别类制定上网价格，并且根据市场反映状况，尽可能每隔两年修改一次购电价格。
- 溢价电价机制：该机制是参照常规电力销售价格制定一个适当比例，使可再生能源发电价格随常规电力市场变化而浮动，或是以固定奖励电价加上浮动竞争性市场电价，作为可再生能源发电的实际电价的机制。西班牙是实施溢价电价体系的典范。2004 年，西班牙开始对可再生能源电价实行“双轨制”，即固定电价和竞

争加补贴电价相结合的方式，企业可以选择任何一种适合自身的定价方式。2005年之后，随着全球能源价格上涨，90%以上的风电企业选择了溢价电价。

- 招标电价机制：该机制是指政府对一个或一组可再生能源发电项目进行公开招标，综合考虑电价及其他指标来确定项目的开发者的机制。1990—2000年，英国对可再生能源发电项目实行招标电价制度，这一竞争性电价政策对促进英国可再生能源发展起了一定作用。但是，招标电价体系最主要的缺点是，中标价格往往过低从而引起合同履行率很低，这也是英国很多可再生能源发电项目最终无法建成或拖延完成的主要原因，对行业发展有比较严重的负面影响。
- 市场电价机制：该机制是指由政府直接明确规定可再生能源入网份额，市场决定平均上网电价和绿色可交易证价格的机制。市场电价制度由于对电力系统市场化程度以及配额制、交易制度的要求比较高，只在少数发达国家试行。意大利在1999年《电力自由法案》和同年颁布的《意大利环境贸易与产业部法律》中要求2%的可再生能源入网份额，并引入绿色证书系统，一份绿色证书代表100 MW·h，有效年限为12年。随后，在2003年和2008年分别提高可再生能源强制入网比例（2004—2007年以每年0.35%的比例上升，2007年之后以每年0.75%的比例上升），同时延长证书有效年限（延长到15年）并降低证书所代表的电力数量（从100 MW·h到50 MW·h最后到1 MW·h）。
- 绿电电价机制：该机制是指由政府根据机会成本法制定可再生能源电力价格，能源消费者按规定价格自愿认购电力产品，认购证书一般不用于以盈利为目的的交易机制。荷兰是实行绿电电价体系的典型国家，消费者对可再生能源电力的自愿认购价每千瓦时8～9欧分。2010年，荷兰的绿电用户已经达到30%。这种价格机制是否可行，取决于消费者和企业对绿色能源的认同和支付能力。因此，只有在那些公众环保意识比较强、居民收入水平比较高的国家和地区才会有效。

中国现行火电标杆电价相当于固定电价体系，风电采用的是招标电价体系。而从实施的总体效果看，固定电价及其派生的溢价电价政策对可再生能源发电市场的刺激力度是最大、最有效的。但由于溢价电价体系的实施需要完善的电力市场，而我国目前尚未建立。因此促进我国可再生能源发展主要还是采用固定电价体系，即政府按照标准成本法，直接明确规定各类可再生能源电力的市场价格，电网企业必须按照这样的价格向可再生能源发电企业支付费用。

总体而言，电价制度的选择要基于本国电力系统市场的市场化程度、可再生能源技术的发展阶段以及可再生能源发展目标，固定电价在可再生能源技术相对不成熟阶段、电力市场相对垄断的环境里具有较低的经济成本；市场电价在可再生能源技术成熟阶段、电力市场完全竞争的环境里具有较低的经济成本；溢价电价可以作为固定电价和市场电价的一种过渡制度，消除可再生能源发电成本劣势的同时促进企业创新可再生能源技术；招标电价和绿电电价可以作为电价制度体系的一个补充，根据政府特殊项目的需要以及公众环保需求与其他主要电价制度同时开展。

（2）财政补贴。

- 投资补贴：即对可再生能源项目开发者直接进行补贴，是欧盟国家为促进可再生能源发展而采取的重要措施。投资补贴在没有明确制定价格政策的国家中非常普遍，并覆盖了多种可再生能源技术。如丹麦从 1996 年开始，就在可再生能源资源利用的法案中规定了投资补贴的有关事项，如投资补贴可以达到建设成本的 15%~30%，而对于一些试点示范类项目，可以得到高达 50%的投资补贴。生物质热电联产项目的补贴达到 16%，沼气发电厂的补贴更是高达 30%。欧洲大多数国家还对个人投资或参股的可再生能源项目进行补贴，各国政府对具体补贴形式都有详细的规定可以参照。这种机制的优点是可以调动投资者的积极性、增加生产能力、扩大生产规模，缺点是这种补贴形式与企业生产经营情况无关，不能起到刺激企业更新技术、降低成本的作用。

❖ 产品补贴：产品补贴是根据可再生能源设备的产品产量进行补贴。这种补贴具有明显的优点，即有利于增加产量、降低成本、提高企业的经济效益。丹麦政府曾在资助一定比例的风机安装费及规定风电等可再生能源的最低价格之外，每千瓦时给予 0.17 克朗的补贴，现已逐步取消。荷兰在《电力生产环境质量控制法》中规定可再生能源发电入网可以得到最多长达 10 年的补贴，补贴的金额随生产者采用的可再生能源技术变化而变化，补贴资金来源于对所有入网电力的征税收入。“挪威工业节能网络规划”重点支持大型工业企业和行业的减排和能效改进项目，提供金额最多可以达到部门能源管理和监控费用的 20%。

❖ 用户补贴：用户补贴即对消费者进行补贴。例如，英国为了赶超其他欧盟国家，完成欧盟 2020 年可再生能源目标，出台了一系列可再生能源补贴政策。2008 年颁布《能源法案》对可再生能源进行补贴。2010 年 2 月 2 日，英国能源与气候变迁部（DECC）宣布，从 4 月 1 日起英国将推行新的“可再生能源电力强制收购补助计划”，此次补贴对象锁定为规模小于 SMW（百万瓦）的小型太阳能发电系统家庭用户，补贴金额为每年返还 900 英镑，补贴年限为 10~25 年不等。同一天，英国政府还公布了“可再生能源供暖补贴”政策，它是全球首例以类似补贴电价的形式，鼓励可再生能源采暖的措施。

（3）税收优惠。税收政策有两类：①直接对可再生能源实施税收优惠政策，包括减免关税、减免形成固定资产税、减免增值税和所得税（企业所得税和个人所得税）等；②对非可再生能源实施强制性税收政策，如碳税政策等。

❖ 可再生能源税收优惠政策：各国的技术领域不同，支持方式也不一样。欧盟国家能源政策的核心是能源环保和可持续发展，减免税费是欧盟国家促进可再生能源发展的重要措施。欧盟国家对于生物质液体燃料的支持，除了提出明确的配额要求外，最重要的政策措施就是免征燃料税。目前，欧盟国家的汽油价格约为每升 1 欧元，其中 2/3 为燃料税，而对于使用生物燃料乙醇的免征燃料税。虽然目前在欧洲乙醇燃料比汽油成本要高近一倍，但通过这种税收政策，较好地促进了生物液体燃料的发展。中国对可再生能源行业最实际的支持之一是增值税优惠，自 2008 年 1 月 1 日起施行的新《企业所得税法》对企业购置用于环境保护、节能节水、安全生产等专用设备的投资额，可以按一定比例实行税额抵免。此外，国家还对利用风力生产的电力的增值税采用即征即退 50%的规定。

❖ 对非可再生能源实施强制性税收政策：强制性税收政策，尤其是高标准、高强度的收费政策，不仅能起到推动开发利用清洁能源的作用，还能够促使企业采用先进技术，提高技术水平。以碳税为例，与补贴政策和税收减免相反，对重排放的产品和工业进行强制性征税，也被认为是经济效益较高的一种政策手段。碳税是以化石燃料燃烧后排放的碳量为依据，根据化石燃料的生产、分配或使用来征税的。征收碳税使得使用污染性燃料的成本变高，因此促进了公共事业机构、商业组织及个人减少污染性燃料的消费并提高能源的使用效率。另外，碳税使可再生能源（风能、太阳能、生物能等）的成本竞争力提高，使其能与价格低廉的污染性燃料相抗衡。

9.4.4　可再生能源发展的未来展望

从可再生能源的发展历程来看，各国政策制定者对政策、市场和技术这3个领域的关注是有增无减。这3个领域也正是可再生能源摆脱政府主导形式的扶持，增强自身发生能力的关键。未来可再生能源的持续、稳定、自主的发展离不开科学合理的政策支持、高效运转的能源市场以及强劲持续的技术支撑。

9.4.4.1　政策支持

尽管存在不少政策设计和实施的漏洞和问题，但是政策在可再生能源产业发展的速度和范围上产生了深远的影响。同时从可再生能源政策发展历程中可以看出，可再生能源市场的快速成长得益于不同政策工具的组合应用，而不是单项政策的推动。然而，政策叠加的相互抵消也是政策制定者最不愿意看到的结果。因此，如何能够发挥政策组合效力是未来制定可再生能源政策必须要考虑的一个关键问题。对此，政策制定者要关注形势变动，明确政策时限、政策预期效果、不同层级政策间的关系以及随着经验增长政策机制的演变路线，以增强政策的预测性，提升市场主体参与的积极性和政策制定者的政策调整能力。

另外，基于对可再生能源的发展历程、发展现状的总结，战略规划的系统性设计能够对可再生能源产业的发展起到全局性的拉动作用。战略规划较长的时间跨度决定了其高度的稳定性，同时规划内容特别是规划目标的指导性作用决定了其在未来一段时间内可再生能源领域政策的发展方向。由此，可再生能源战略规划不但可以为未来可再生能源政策制定提供框架指导，而且还可以为市场上的投资者提供非常清晰的投资信号。

9.4.4.2　能源市场

按照经济学的一般规律，任何市场的发展都离不开价格机制的作用。促进可再生能源的发展，归根结底要充分发挥价格机制的激励作用，使每个市场主体发挥的作用都能通过市场交换得到公平合理的回报，这样才会有充分的动机和动力做出投资行为，在自觉促进可再生能源发展的过程中实现自身的利益目标。根据市场信号建立适时灵活的政策退出机制，21世纪以来可再生能源产业发展势头迅猛，远远超出了政策制定的目标和专家的预测。例如，国际能源署在2000年预测到2010年世界风能产能达到34 GW（千兆瓦），而实际水平达到194.4 GW；世界银行在1996年预测中国到2020年将实现9 GW风能产能和0.5 GW太阳能光伏产能，而实际上在2013年就达到了91.4 GW风能产能和18.3 GW太阳能光伏产能。产能过剩是政策制定者在未来制定可再生能源扶持政策时需要关注的一个重要问题。不能盲目大批量推动可再生能源开发利用项目，而是要根据市场信号，建立可再生能源技术市场需求反馈机制，对技术变动快、技术成本下调周期短、频率高的可再生能源，需要设计自动递减的扶持政策，以降低经常性政策调整的成本和整体政策扶持成本。

9.4.4.3 技术创新

在现有的条件下，许多可再生能源的开发利用仅仅依靠政府推动，政府投入大量资金，可再生能源市场机制未能发挥作用，造成这样现状的主要原因是缺乏技术创新，核心技术未能取得突破，使得可再生能源产品成本过高，与传统能源相比没有市场竞争力，最终政策体系不完善等障碍，其中技术创新是应对这些问题的关键因素。

技术不但是可再生能源发展的基础，而且成熟的技术可以使得可再生能源的开发利用更加切实可行、更具有经济性。可再生能源技术一直是可再生能源政策关注的重要领域，特别是发达国家，早在 20 世纪七八十年代就开始通过研发示范项目、财政金融激励政策加大对可再生能源技术的扶持力度。随着可再生能源产业及相关技术的发展，政策需要做出相应的调整来面对新的技术难题以及政策滞后的问题。新的技术难题是未来可再生能源政策制定需要特别关注的内容。比如，由于可再生能源发电，特别是风能、太阳能发电，存在随机性、间歇性的不确定性因素，在其可以进行大规模并网的阶段，这些特性会给并网技术以及电力储备技术带来很大的挑战；在可再生能源政策变迁的快速发展阶段，风力发电技术日臻成熟，而海洋能、地热能、太阳能技术比较弱，需要扶持政策的倾斜；扶持风光一体化的政策不但要考虑解决太阳能、风能发电间歇性问题以及风力发电场遇到电网突然故障造成风机失控等问题；而且还有将这一技术应用到电力贫困地区；填补偏远地区能源基础设施建设空白；扶持电网一体化的政策要加强智能电网建设项目规划以及电力需求反馈机制的建设；简化调整程序，根据技术发展状况对相关扶持政策进行常规、灵活的调整，增强政策调整的时效性，如设立扶持力度自动递减的政策来激励新旧技术更替。

此外，支持可再生能源发展的补贴、基金、奖励等政策还要关注可再生能源技术数据库的建立，跟踪国际先进的可再生能源技术，并随时记录国际间可再生能源技术转移交易和活动，促进可再生能源技术市场定价的合理化。

思考题

1. 以某一资源为例，阐述你家乡可再生资源分布、利用特征及发展趋势。
2. 图示并说明渔业最大可持续产量与最大经济产量，以及生物学过度捕捞和经济学过度捕捞的区别。
3. 森林资源的最佳采伐期如何确定？
4. 作为可再生资源，渔业资源和林业资源有何不同？
5. 简述各国鼓励可再生能源发展的主要政策。
6. 谈谈你所在的地区有哪些可再生能源，它们的发展前景如何？

参考文献

[1] Christy F T Jr. Territorial use rights in marine 1982 fisheries：definitions and conditions[M]. Food and Agriculture Organization of the United Nations，Fisheries Technical Paper，1982（227）.

[2] Clark Colin W. Mathematical Bioeconomics：The Optimal management of Renewable resources[M]. John

Wiley，New York，1976.

[3] Faustmann M. On the determination of the value which forest land and immature stands pose for forestry?[M] 1894//Gane M. Martin Faustmann and the Evolution of Discounted Cash Flow. Oxford Institute. Oxford，England，1968.

[4] Gordon H S. The Economic Theory of a Common-Property Resource：The Fishery[M]. The Journal of Political Economy，1954，62（2）.

[5] Gordon H S. Obstacles to agreement on control in the fishing industry[M]. 1956//Turvey R，Wiseman J. The Economics of Fisheries. Food and Agricultural Organization of the United Nations.

[6] REN21. Renewables 2014-Global Status report. 2014. Website：http://www.ren21.net/REN21Activities/GlobalStatusReport.aspx.

[7] Schaefer M B. Some considerations of population dynamics and economics in relation to the management of marine fishes[M]. Journal of the Fisheries Research Board of Canada，1957（14）.

[8] 阿兰·V·尼斯. 自然资源与能源经济学手册（第2卷）[M]. 北京：经济科学出版社，2009.

[9] 黄贤金. 资源经济学[M]. 南京：南京大学出版社，2010.

[10] 黄梦华. 中国可再生能源政策研究——借鉴欧盟的可再生能源政策经验[D]. 青岛：青岛大学，2011.

[11] 罗盼盼. 国际可再生能源政策变迁研究[D]. 兰州：兰州大学，2012.

[12] 曲福田. 资源与环境经济学[M]. 北京：中国农业出版社，2011.

[13] 杨正勇. 渔业资源与环境经济学[M]. 北京：中国农业出版社，2012.

第 10 章　可耗竭资源理论

随着经济的发展、人口的增长和科技的进步，人们对自然资源的消耗急剧上升，人口、资源与环境之间的矛盾尤为突出。可耗竭资源的开发利用方式日益受到人们的关注，从传统的掠夺式开发占用过渡到兼顾代际均衡的可持续发展。本章先介绍可耗竭资源配置的概念、特征，再阐述主要可耗竭资源的储量与分布，最后利用数理模型结合图示的形式详细研究可耗竭资源的优化配置问题。

10.1　可耗竭资源概述

10.1.1　可耗竭资源的概念

可耗竭资源，又称为不可再生资源，是指不能运用自然力增加其存量和流量的自然资源。不可再生资源的禀赋是固定的，因此可用数量逐渐减少。在某一时间点上的任何使用都会减少后续时点可供使用的数量。根据不可再生资源是否能重复使用，又可分为循环利用和不可循环利用两类，前者如大多数矿物，包括铁矿石、铜、金等金属资源（又称为矿物资源），经过利用虽然不完全消失，但其数量会有所损耗。后者如石油、煤和天然气等能源资源（又称为化石燃料），一旦利用便不复存在。

10.1.2　可耗竭资源的特征

10.1.2.1　不可再生性

可耗竭资源在自然环境下不能迅速再生，或者说其再生速度极其缓慢，因此，在我们看来，它们只能从自然界获取一次。对于这种资源，可在一定时间内耗竭性使用。即一旦这种资源被消耗殆尽，它们就不再存在，或者说，即使它们最后能够重新生成，但是再生过程过于缓慢，以至于这种再生不存在任何现实经济意义。比如，矿床的初始储量是固定的，当矿床的资源被开发，其存量就会减少，消费得越快，剩余资源的存量也减少得越快。虽然可开发的矿产数量可能增加，但任何矿床的资源存量不会增加。如果资源存量一旦减少至零，再进一步开发已是不可能。而且，资源的开采成本不仅取决于当前资源开采所使用的要素投入量及价格，也取决于过去开采时的要素投入量以及当前开采对未来资源开采收益的影响。即使存在着一定的存量资源，进一步开发也是不经济的。

10.1.2.2　资源消耗的不可逆性

可耗竭资源一旦开采，其消耗量不可能在短期内恢复到原储量水平，不能像一般商品那样可以根据价格变化而任意增加或减少。这个特点与资本品“一旦制造出来就只能按折旧速率消耗”的特点相似，对经济学中的一般均衡的存在性定理构成威胁。因为一般均衡存在性定理要求所有的商品都可以任意增加或减少，以便对价格变化做出足够灵敏的反应，而任意增加可耗竭资源是不可能的。

10.1.2.3 资源的可替代性

可替代性是因不同的资源具有相同或相近效用的缘故。以能源资源为例，石油、煤以及其他能源资源，在一定条件下可转化为可被人类所利用的相同能量。又如，过去工业产品以金属为基本材料，随着科技的发展，很多工业产品的零部件由塑料、复合材料等非金属制品所替代，并且在硬度、质量、材质等方面有更优越的品质。因此，耗竭资源是可以相互替代的。

10.2 主要可耗竭资源储量与分布

10.2.1 化石燃料

化石燃料是上古时期遗留下来的动植物遗骸在地层下经过上万年的演变形成的能源，属于地下矿产资源，具有不可再生性。其在地球上的储量是固定的，尽管有已探明和未探明之分，但化石能源终将走向枯竭，这是不可避免的事实。不同地区间在化石能源的形成条件和储藏的地质条件上存在着较大的差别，这就形成了化石能源在不同地区间储量差异大的现象。深刻地把握化石能源储量的分布规律，对化石能源在全球范围内的重新分配和合理利用有着重大意义。

根据《BP（英国石油公司）世界能源统计年鉴》的统计数据，2010 年全球石油资源总储量为 13 832 亿桶，天然气资源总储量为 1 871 000 亿 m^3，煤炭资源总储量为 8 609 亿 t。将 3 种化石能源用折标煤系数进行换算，得出 2010 年世界化石能源总储量为 $1.133\,4\times10^{15}$ kg 标煤，其中：石油资源为 $0.269\,5\times10^{15}$ kg 标煤，天然气资源为 $0.248\,9\times10^{15}$ kg 标煤，煤炭资源为 0.615×10^{15} kg 标煤，所占比例分别为 23.8%、22.0%和 54.2%，煤炭资源储量相对最为丰富。

10.2.1.1 石油资源

石油资源在全球范围内分布极不均匀，从国家层面上看，石油探明储量集中分布在少数几个国家，其中以沙特阿拉伯、委内瑞拉和伊朗最为丰富，占总储量的比例为 44.3%，共同构成了石油资源储量的第一梯级；第二梯级也只有 5 个国家，包括伊拉克、科威特、阿联酋、俄罗斯和利比亚；绝大多数的国家石油数量匮乏，属于最低等级。从区域范围上看，石油资源更多地集中在中东地区、北美地区、南美的北部地区以及欧洲的俄罗斯地区，这些地区的储量占全球总储量的 85%左右。中国是亚太地区石油储量最多的国家，但仅占全球的 2.1%。

10.2.1.2 煤炭资源

煤炭资源储量也呈现出分布严重不均的现象。全球有 100 多个国家有煤炭资源赋存，2010 年美国煤资源储量为 2 370 亿 t，位列全球首位，占煤资源总储量的 27.56%。俄罗斯的煤资源储量仅次于美国，位居世界第二位，其储量占总储量的 18.24%，包括位于西西伯利亚的库兹巴斯煤田以及位于俄罗斯在欧洲部分北部的伯朝拉煤田。中国也拥有着丰富的煤炭资源，煤田遍布全国各地，具体可分为华北、西北、东北、华南和滇藏 5 个含煤区，总储量位居世界第三位。但我国的煤炭资源主要集中在华北和西北地区，这两个地区的煤炭资源分别占全国煤炭资源的36.6%和50.3%，而经济相对发达的南方及东部沿海省份则缺煤严重，因而形成了北煤南运、西煤东运的格局。

10.2.1.3 天然气

俄罗斯是天然气资源储量最为丰富的国家，其储量为 $4.48\times10^{13}\ m^3$，占全球天然气总储量的23.9%。按现有开采水平，俄罗斯天然气的探明储量可供开采76年。中东地区的伊朗、卡塔尔分列第二、第三位，储量分别占总储量的15.8%和13.5%。此外，中东地区的沙特阿拉伯和阿拉伯联合酋长国的天然气资源储量也极为丰富，分别为 $8\times10^{12}\ m^3$ 和 $6\times10^{12}\ m^3$，分别位于全球第5位和第7位；美洲地区的美国和委内瑞拉的储量中富，分列第6位和第8位；非洲地区的尼日利亚和安哥拉分别位于第9位和第10位，中亚国家土库曼斯坦位于第4位，亚太国家的天然气储量，未进入前十，欧洲国家除俄罗斯排在首位外，其他国家的储量也未排在前列。由区域角度看，天然气的地域分布主要集中在中东和俄罗斯，共占全球总量的64.4%；亚太地区、北美、北非的天然气资源储量也较为集中，属于次一级的赋存地；其他地区储量较小。总体上说，天然气资源分布与石油资源的分布极为相似，天然气资源同样集中分布在北半球地区以及东半球地区，且在北半球的分布具有地带性。

10.2.2 矿石资源

世界上应用较为广泛的矿石资源有80多种，其中铁、铜、铝土、铅、锌、镍、磷酸盐、锡和锰9种具有产值大、国际贸易量较多等特点，地位相当重要。世界矿物开采的集中性明显，70%～75%集中在10余个国家里，特别是少数几个工业发达国家。前苏联和美国是世界上采矿业规模最宏大的两个国家，前者约占世界矿业开采值的18%，后者约占世界的15%。加拿大居世界第三位，约占世界的11%。澳大利亚和南非的采矿业，规模也很大。发展中国家中采矿业发达、规模较大的有中国、智利、赞比亚、扎伊尔、秘鲁、墨西哥、巴西和阿根廷等国家。这里主要介绍铁矿石、铜矿和铝土矿的分布与储量。

10.2.2.1 铁矿石

铁矿石是钢铁工业最重要的原料。它的开采、冶炼和贸易等，与钢铁工业的兴衰紧密相连。根据2012年美国地质勘探局（USGS）对全球范围内的铁资源勘探，到2012年年末，国际铁矿石储量为1 700亿t。从国家层面上看，国际铁矿石储量集中在澳大利亚、巴西、俄罗斯和中国，储量分别为350亿t、290亿t、250亿t和230亿t，分别占国际总储量的20.6%、17.1%、14.7%和13.5%，四国储量之和占国际总储量的65.9%；另外，印度、乌克兰、哈萨克斯坦、美国、加拿大和瑞典铁矿资源也较为丰厚。但由于铁矿石的档次不一样，国际铁元素的分布状况与铁矿石储量的分布状况并不共同。若按铁元素的储量统计，澳大利亚、巴西和俄罗斯是国际铁矿资源最丰厚的国家，三者的铁元素储量分别为170亿t、160亿t和140亿t，分别占国际总储量的21.3%、20.0%和17.5%，三国储量之和占国际铁元素总储量的58.8%。中国尽管铁矿石储量很大，但铁矿石档次低，铁元素的储量并不突出。

10.2.2.2 铜矿

铜在工业领域里，用途广泛，是一种重要的原料和材料。世界铜矿资源比较丰富，世界铜矿资源主要分布在北美、拉丁美洲和中非三地。根据USGS的统计，2010年年末陆地上的资源储量（金属含量）估计超过 30 亿 t，2013 年年末，全球可采铜资源储量为 6.9 亿 t，其中智利、秘鲁、澳大利亚、墨西哥、美国、中国合计占 65.78%。2014 年，我国地质调查局发展研究中心采用地球化学定量方法对全国铜矿定量预测研究，全国共预测了 1 184 个铜预测区，预测潜在资源量约 1.8 亿 t，是我国 180 个已知铜矿床资源估算总量（9 800.5 万 t）的 1.86 倍。

10.2.2.3 铝土矿

美国地质调查局（USGS）2012 年资料显示，全球已探明铝土矿储量 250 亿 t，远景储量 350 亿 t，储量非常丰富。按目前开采规模（1.4 亿 t/a 左右）进行计算，现有铝土矿储量可满足世界铝工业近 180 年的开采需要。这还不包括一些新增储量以及其他含铝矿物的储量。因此，全球铝工业资源的开发保证程度很高，但是世界不缺铝土矿资源，而中国是铝土资源相对贫乏的国家。我国铝土矿保有储量为 5.3 亿 t，仅占世界总储量的 2.3%，按目前资源消耗程度计算，其静态保障年限已不足 10 年。可见，我国铝工业可持续发展遇到的首要问题可能就是资源制约。

专栏 10-1　三次世界性石油危机

石油是经济发展的粮食，世界主要发达国家崛起多伴随着能源的重大发现。第二次世界大战后，石油危机的阴霾多次笼罩在世界经济的上空。

1973 年第一次石油危机，由于 1973 年 10 月第四次中东战争爆发，石油输出国组织为了打击对手以色列及支持以色列的国家，宣布石油禁运，暂停出口，造成油价上涨。当时原油价格曾从 1973 年的每桶不到 3 美元涨到超过 13 美元，原油价格的暴涨引发了严重的世界性金融衰退，据估计，美国 GDP 增长下降了 4.7%，欧洲的增长下降了 2.5%，日本下降了 7%，此次石油危机至少使全球经济倒退两年。

1979 年第二次石油危机，由于 1979 年伊朗爆发伊斯兰革命，而后伊朗和伊拉克爆发两伊战争，原油日产量锐减，国际油市价格飙升，每桶原油的价格从 14 美元涨到了 35 美元。第二次石油危机也引起了西方工业国的经济衰退，据估计，美国 GDP 大概下降了 3%。值得一提的是日本，日本由第一次石油危机吸取经验，进行了大规模的产业调整，增加了节能设备的利用，提升核电发电量，在第二次石油危机中保持了 3.35%的增长率，一举取代美国成为世界上最大的债权国。

1990 年第三次石油危机，由于 1990 年海湾战争爆发，原油价格 3 个月内从每桶 14 美元，涨到突破 40 美元，不过由于国际能源机构的及时运作，再加上沙特阿拉伯的支持，这次危机对国际经济的影响不大。

从 20 世纪 70 年代发生的 3 次石油危机来看，油价上涨都对经济产生了很大的影响。2004 年，石油价格暴涨，也使学者担心世界将出现第四次能源危机。世界银行行长沃尔芬森指出："国际市场原油价格一桶每上涨 10 美元并持续一年，世界经济增长率就会减少 0.5 个百分点，其中发展中国家减少 0.75 个百分点。"被比作"经济魔鬼"的石油反复无常的价格向人们警示：越是依赖石油，越是会被变本加厉地折磨。人类的出路在于寻找可替代能源，走能源多样化道路。

10.3 可耗竭资源最优配置原理

10.3.1 霍特林模型

自然资源的配置，一直是资源经济学关注的核心问题。自然资源的配置，不仅包括静态配置，即同一时期不同需求者之间的配置，还包括动态配置，即不同时期自然资源的利用问题。

对于可耗竭资源一个典型的问题就是关于可耗竭资源的最优开采率。应该以多快的速度开采？如何在现在和未来利用（代际间）找到准确的平衡点？1931 年，Hotelling 的文章对可耗竭资源的这些问题做了详尽严格的分析，并成为动态最优化在经济学领域的最早应用。

在制定最优化开采政策的过程中，其中之一就是决定如何在一段时间内对固定数量的资源进行最好的配置。该问题可以通过下面的公式简单地表示：

$$\begin{aligned}&\max \int_{t=0}^{t=T} U(c_t)\mathrm{e}^{-\gamma t}\mathrm{d}t \\ &\text{subject to}\, S_t = S_0 - \int_{t=0}^{t=T} c_t \mathrm{d}t,\ \mathrm{d}S/\mathrm{d}t = \dot{S} = -c_t,\ S_t \geqslant 0,\quad \forall t \in [0,T]\end{aligned} \tag{10.1}$$

式中：$U(c_t)$——资源消耗的瞬间效用；

γ——贴现率，$\gamma>0$；

c_t——时间 t 时的资源消耗速率；

S_t——时间 t 时的总剩余量；

S_0——可耗竭资源的初始量；

T——时间范围（可确定或不确定）。

如果我们直观地看资源的最优配置，必须选择一个消费水平使得边际消费效用的现值在所有时期内保持不变。由于资源可以储存，这表示对资源的配置可以在不同时期内无成本变换。

自然资源的跨时期配置问题，实际上是配置的动态效率问题。动态有效配置的要求，是资源使用的净收益的限制最大化，从而使资源在现在和将来使用中达到均衡。下面首先采用成本效益分析方法分析一种资源在两个时期的配置模型，再扩展到更一般化、更复杂的情况。

10.3.2 自然资源的两期配置

假定一种具有固定供给的可耗竭资源，在两期内使用，且资源在两期内储量是充足的。同时，在两期中需求不变，保持为常数。边际支付意愿可用公式 $P=8-0.4Q$ 表示（P 为价格，Q 为资源量），可耗竭资源的边际开采成本 MC 为 2，且固定不变。

从图 10-1 可见，需求曲线与供给曲线相交，对应的均衡资源量是 15 个单位。如果资源总供给量大于等于 30 个单位，两个时期间的配置就很容易实现高效率，而不需要考虑贴现率。因为供给充分，每个时期都能得到所需的 15 个单位资源量，时期 I 的消费不会影响时期Ⅱ的消费。在这种情况下，两个时期均实现本期的静态高效率标准，时间不是一个重要的标准。

但是，当供给数量小于 30 个单位，如假定等于 20 个单位时，怎样决定有效配置呢？按照动态效率标准，有效配置是指两期净收益的现值最大化。两期净收益的现值为每期净收益的现值之和。下面举例说明如何计算一种配置的净现值。

假定在第Ⅰ期配置 15 个单位，第Ⅱ期 5 个单位。第Ⅰ期净现值等于图 10-1（a）供给曲线之上、需求曲线之下的阴影面积，共 45。第Ⅱ期的净现值为图 10-1（b）中从原点到 5 的供给曲线上、需求曲线下的阴影面积，再乘以$1/(1+r)$，r 为贴现率。如果$r=10\%$，则第Ⅱ期收益的净现值为 22.73，两期收益净现值为 45+22.73=67.73。

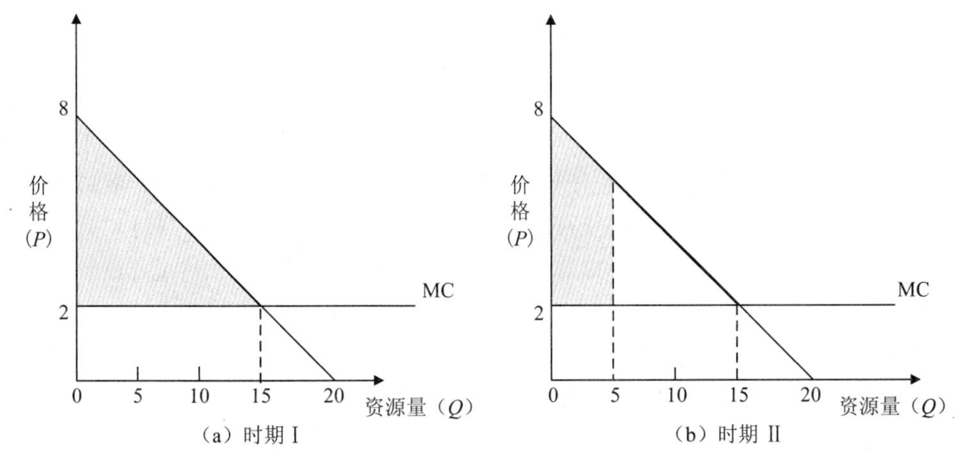

图 10-1 可耗竭资源充分供给时两期有效配置

但是，据此并不能确定上述净现值之和为最大值，也不能保证资源配置为最优配置，而要确定净现值之和为最大值，通常有两种方法：一种是借助计算机，试算所有和为 20 的组合，选择收益净现值最大的组合；另一种方法是根据经济学基本原理，资源动态优化配置必须满足的条件为：两个时期边际净收益现值相等。

图 10-2 描述了两期边际净收益的现值。时期Ⅰ的净收益曲线从左向右看，净收益曲线与纵轴交于 6，因为在 8 时需求为 0，边际成本为 2，而最大边际净收益等于最大边际收益减去边际成本，所以最大边际净收益为$8-2=6$。在需求为 15 时，其边际净收益为 0，因为在那个数量时支付意愿正好等于成本。

第Ⅱ期的净收益曲线从右向左看，第Ⅱ期使用资源的数量从右向左增加。这样，沿着水平轴的任何一点，形成了两期配置的 20 个单位，轴上的任何一点形成了两期间的唯一配置。另外，由于第Ⅱ边际净收益需要贴现，时期Ⅱ边际净收益的现值曲线与纵轴的交点不同于时期Ⅰ，交点较低。假设贴现率$r=10\%$，则边际净收益为 6，其现值为 6/（1+0.1）=5.45。

两期有效配置就是两期边际净收益的现值曲线的交点，即边际净收益相等。净收益总现值就是时期Ⅰ的边际净收益曲线下从原点到有效配置点的面积，加上时期Ⅱ的边际净收益的现值曲线从右轴到有效配置点的面积，即 $aebO_2O_1$，此时面积最大。

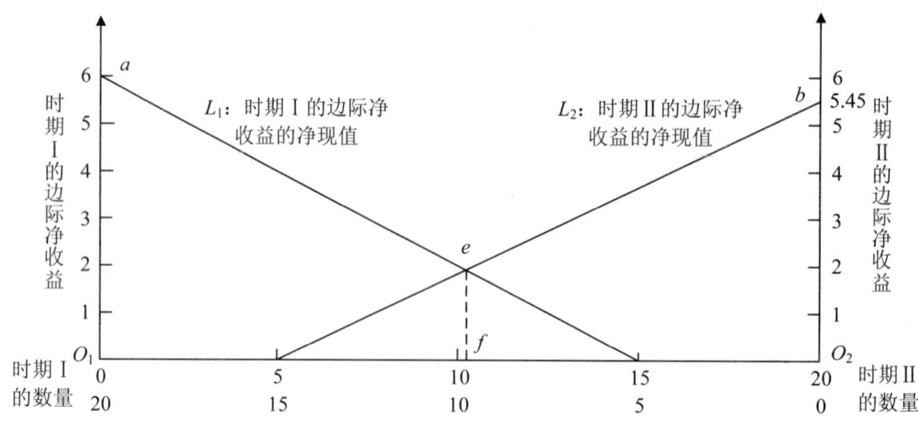

图 10-2　可耗竭资源的动态有效配置

当稀缺的资源跨时配置时，存在一个机会成本，称为边际使用者成本。由于资源是稀缺的，现在较多地使用会减少未来的使用机会，因此，必须考虑边际使用者的成本。当存在 30 单位以上的资源时，边际使用者成本为 0，但当仅存 20 单位的资源时，就存在资源的稀缺性，在这种情况下边际使用者成本不再为 0。从图 10-2 可以看出，边际使用者的现值用两个现值曲线的交点值 e 来表示，e 为高效率资源配置点，从图上或者公式可以计算得到为 1.905。在 e 点上两个时期净收益现值之和最大，每期的边际净收益的现值也是相同的。

根据两期的边际净收益现值曲线得出两期的有效配置数量分别为 Q_1=10.238 和 Q_2=9.762，代入支付意愿方程 $P=8-0.4Q$，可得资源在两个时期的价格为 P_1=3.905 和 P_2=4.095。

在一个有效的资源市场中，供给不仅应考虑资源的边际开采成本，也应考虑资源的边际使用者成本。在资源充足的情况下，资源的供给价格等于边际开采成本；在存在稀缺的情况下，资源的供给价格等于边际开采成本和边际使用者成本之和。因此，每期的边际使用者成本是价格与边际开采成本间的差值，如图 10-3 所示，在第 I 期，边际使用者成本的值为 1.905，在第 II 期，边际使用者成本的现值为 1.905，而实际边际使用者的成本为 1.905（1+r），当 r=10%时，第二期的边际使用者成本为 2.095。因此，两期边际使用者的现值是相等的，实际的边际使用者成本随时间不断上升。

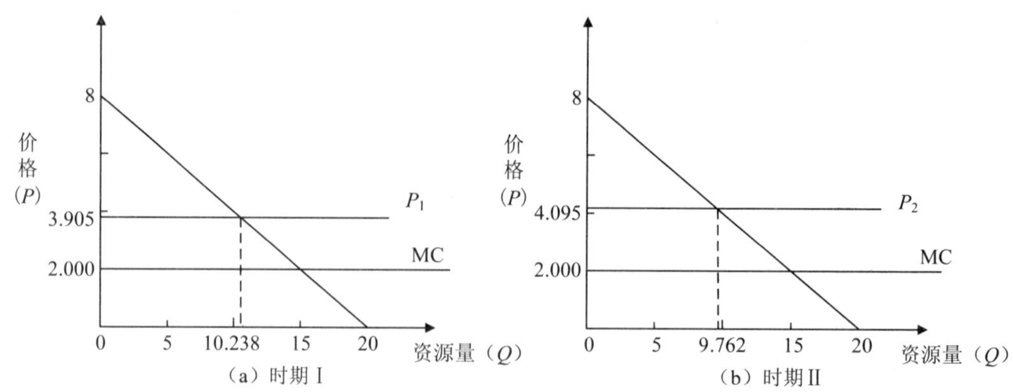

图 10-3　边际开采成本为常数时可耗竭资源的两期有效配置

将上述案例用一般数学公式表达，考虑资源配置净收益的现值在两期内达到最大。设 r 为贴现率，Q_t 表示在第 t 期的资源利用数量，第 t 期的需求函数为 P（Q_t），总收益 B 为需求函数的积分（即需求曲线以下面积）：

$$B(Q)=\int_0^Q P(x)\mathrm{d}x \qquad (10.2)$$

则边际净收益 $B'(Q)$ 为反需求函数，即 $B'(Q)=P(Q)$，假定资源的边际开采成本为常数，即 $C(Q)=c$，因此在第 t 期开采数量为 Q_t 的资源总开采成本为 $C_t=cQ_t$，c 为边际开采成本。则资源在两期的动态配置必须满足净收益最大化：

$$\max_{Q_1,Q_2}\left\{B(Q_1)-cQ_1+(\frac{1}{1+r})[B(Q_2)-cQ_2]\right\} \qquad (10.3)$$

如果资源的总有效数量为 $\overline{Q}$，约束条件为两期总的开采率不应超过 $\overline{Q}$：

$$Q_1+Q_2\leqslant\overline{Q} \qquad (10.4)$$

建立拉格朗日（Lagrangian）方程求解最大化问题：

$$L=B(Q_1)-cQ_1+(\frac{1}{1+r})[B(Q_2)-cQ_2]+\lambda(\overline{Q}-Q_1-Q_2) \qquad (10.5)$$

最大化的必要充分条件如下：

$$\frac{\partial L}{\partial Q_1}=P(Q_1)-c-\lambda=0 \qquad (10.6)$$

$$\frac{\partial L}{\partial Q_2}=\left(\frac{1}{1+r}\right)\left[P(Q_2)-c\right]-\lambda=0 \qquad (10.7)$$

$$\frac{\partial L}{\partial \lambda}=S-Q_1-Q_2=0 \qquad (10.8)$$

式（10.6）表示在动态有效配置中，时期 I 的边际净收益的现值 $P(Q_1)-c$ 应等于 λ。式（10.7）表明，时期 II 的边际净收益的现值也应等于 λ。因此，两期边际净收益的现值必须相等。这种关系在图 10-2 中已经清楚地显示出来。

边际使用者成本的现值用 λ 表示。因此，式（10.6）表明，第 I 期的价格 $P(Q_1)$ 应等于边际开采成本 c 和边际使用者成本 λ 之和。将式（10.7）乘以（$1+\gamma$）可以看到，第 II 期的价格 $P(Q_2)$ 等于边际开采成本 c 加上第 II 期高的边际使用者成本 $\lambda(1+r)$。这表明，边际使用者成本的当期值随着时间不断上升，而其现值不变。

10.3.3　自然资源的多期配置

首先，保持前述边际开采成本为常数、需求为常数的假设，时间由两个时期延续到 n 个时期，如图 10-4 所示。

图 10-4（a）表示可耗竭资源开采量随时间的变化趋势，图 10-4（b）表示可耗竭资源的总边际成本和边际使用成本随时间变化的趋势。总边际成本为边际开采成本和边际使用成本之和。从图中可见，多期配置情况与两期配置情况相似，尽管边际开采成本不变，但边际使用成本随时间逐渐增加。边际使用成本的增加，反映了随着资源稀缺性的增加，资

源消费的机会成本提高。

随着时间的延续，边际成本上升，资源的开采量逐渐下降，直到最后为零。在图 10-4 中，当时间 t=9 时，总边际成本为 8，等于人们愿意支付的最高价格，资源需求（消费量）和供给（开采量）同时为零。可见，即使边际开采成本是不变的，一个有效的配置，使资源呈现出平滑的耗竭，避免了时间上的突然耗竭。

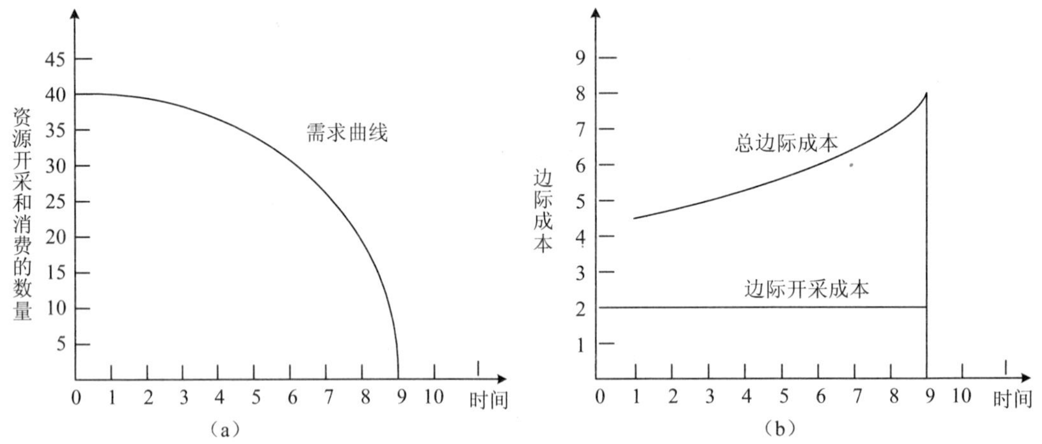

图 10-4　没有替代资源，边际开采成本为常数时开采数量和边际成本之间的关系

用一般数学公式表达多期、不变成本、无替代的可耗竭资源跨时期最优配置。根据前面推导的净收益现值最大化条件式（10.6）至式（10.8），可得：

$$\frac{P(Q_t)-c}{(1+\gamma)^{t-1}}-\lambda=0\text{，}t=1\text{，}2\text{，}\cdots\text{，}T \tag{10.9}$$

$$\sum_{t=1}^{T}Q_t-\bar{Q}=0 \tag{10.10}$$

如何解释 λ？从约束优化理论来讲，它可以理解为 t 时间资源约束的影子价格。在这个案例里，λ 表示边际使用成本的现值，也可把 λ 称为稀缺租金（scarcity rent），因为在最优解中 λ 等于价格和边际开采成本之差，是稀缺资源拥有者所获得的租金。

10.3.4　存在可替代资源时的资源配置

10.3.4.1　存在可耗竭资源替代时的资源配置

下面我们讨论两种可耗竭资源的转换。例如，煤和天然气，一开始某地区的煤比天然气的边际开采成本要低，这时当地普遍使用煤作为燃料，但是随着煤的资源量不断减少，煤的总边际成本要高于天然气的总边际成本时，人们就改用天然气作为燃料。

假设有两种可替代资源，边际开采成本为常数，第一种资源的边际成本较低，第二种资源的边际成本较高，在适当的条件下，边际开采成本低的资源能够被边际开采成本高的可耗竭资源所替代。此时，资源之间的有效配置如图 10-5 所示。

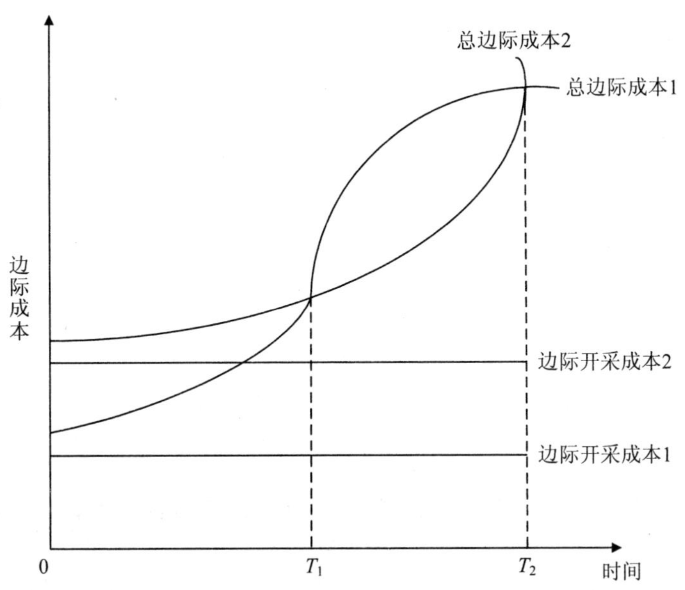

图 10-5　两种边际开采成本不变的可耗竭资源之间的替代

首先，在转折点 T_1 以前的时期，人们使用边际开采成本较低的第一种资源，随着第一种资源使用数量的增加，资源的稀缺性也增加，边际使用成本增加，总边际成本也增加。到转折点 T_1 时，两种资源的总边际成本相等，两种资源都可消费。在经过 T_1 以后，只有总边际成本低的第二种资源才会被利用。而随着时间的延续，第二种资源的总边际成本也会逐渐增加，最终两条总边际成本曲线又会相交，该交点对应于横轴 T_2，又实现了第一种资源对第二种资源的替代。

可见，不可再生资源随着时间的延续实现了周期性的彼此间的相互替代，但无论怎样替代，只要人们存在着边际支付意愿，两种资源最终还是要被耗竭，只是相对地减慢了资源的耗竭速率。

10.3.4.2　存在可耗竭资源替代时的资源配置

以上讨论了两种可耗竭资源的相互替代，下面讨论以不变边际成本获得可再生资源作为替代时，可耗竭资源的有效配置问题。假设存在可替代某种资源的一种可再生资源，并且以不变的边际成本（对于可再生资源，边际成本等于边际开采成本）供给，如存在太阳能替代石油或者天然气，如何对资源进行有效配置？

通过举例说明，假定可耗竭资源存在完全替代，消费者对替代资源的支付意愿是每单位 6 元时，可以无限供应该资源。这样可再生资源替代可耗竭资源最终将发生，因为它的边际成本（6）小于可耗竭资源的最大支付意愿（8）。当存在单位成本为 6 的完全可替代资源时，可耗竭资源的总边际成本永远都不会超过 6，因为只要作为替代资源的可再生资源更便宜，社会总会用它来替代不可再生资源。因此，当没有存在替代资源时，最大支付意愿给可耗竭资源的总边际成本设置了上限。而存在替代资源时，如果替代资源的边际成本更低，那替代资源的边际成本为可耗竭资源的总边际成本设置了上限，但是却使得边际开采成本固定在更高的水平上，见图 10-6。

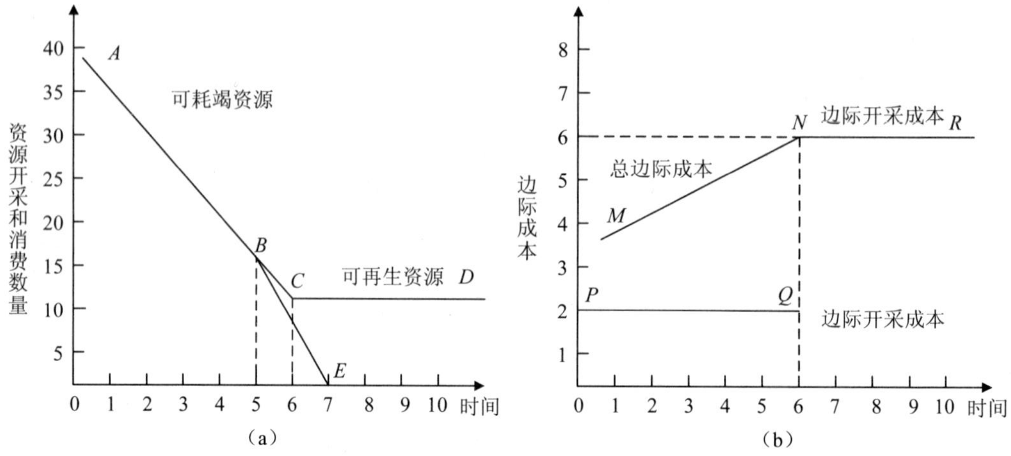

图 10-6 具有替代资源及边际开采成本为常数时开采数量、边际成本随时间变化的趋势

从图 10-6（a）可以看出，在有效的资源配置中，实现了可耗竭资源向可再生资源的平稳过渡。资源的开采量随着边际使用成本的增加而逐渐减少，直到替代资源的出现，并最终代替它。由于可再生资源的边际开采成本高于可耗竭资源，从而提高了人们对资源的支付意愿。因此，可再生资源的出现，加速了对可耗竭资源的早期支付意愿。因此，可再生资源的出现，就加速了对可耗竭资源的开采（如图中折线 *BE*），直到可耗竭资源的总成本等于可再生资源的边际开采成本时，人们对可耗竭资源的开采才会停止，而转入开采可再生资源。在本例中，转换发生在第 6 期（对应于 *C* 点），在没有可再生资源替代时，最后一单位资源将在第 8 期耗竭。

从图 10-6（b）中可见，可再生资源的使用开始于转折点，在转折点之前，只使用可耗竭资源，在转折点，只使用可再生资源。这种资源的相互替代导致了资源成本的变化。在转折点之前，可耗竭资源相对便宜，在转折点上，可耗竭资源的总边际成本（包括边际使用成本）等于替代资源的边际成本。

10.3.5 边际开采成本递增时的资源配置

前面我们扩展了对可耗竭资源有效配置的分析，包括多期配置、存在完全替代的可耗竭资源和可再生资源的配置。下面，我们进一步分析可耗竭资源的边际开采成本随着开采量的增加而上升的情况。这种情况在现实中是普遍存在的，例如，矿物品位的降低和采掘深度的加大都会带来开采成本的上升。

这种情况和前面的分析相同，但描述边际开采成本的函数稍微复杂，随着开采数量的上升而增加。这种资源的动态有效配置可通过净收益的现值最大化得到，而收益采用修正的开采成本函数。其资源有效配置的路径如图 10-7 所示。

这种情况与前面相比，最大的差别在于边际使用成本，在前面的分析中，边际使用成本在时间上是以百分比率 r 增加的，当边际开采成本随着开采量的增加而增加时，而边际使用成本随着时间的增加而降低，直到下降为零，过渡到可再生资源。

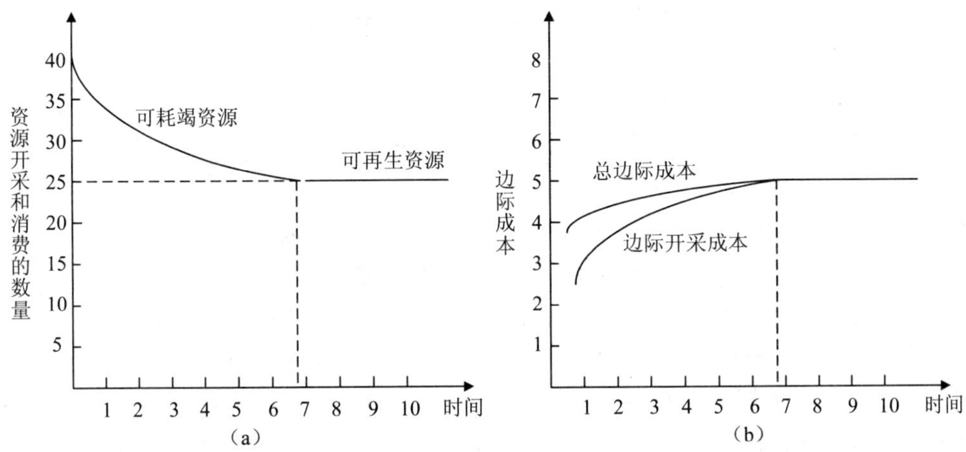

图 10-7 具有替代资源及边际开采成本递增时开采数量、边际成本随时间变化的趋势

边际使用成本反映了放弃未来边际净收益的机会成本，与边际开采成本不变的情况正好相反，当边际成本随着时间而增大时，未来开采发生的机会损失就会减少。边际开采成本就越大，说明越来越多的资源被开采，未来从资源节约中获得的净收益也就会越小，最后，如果边际开采足够高时，相比之下，起初的边际开采成本就可以忽略不计。此时，边际使用成本下降到零，总边际成本就等于边际开采成本。应当指出的是，边际开采成本递增的情况与成本不变的情况相比，还有个重要的不同点，在成本不变的情况下，可耗竭资源的所有储量都完全耗尽。而在成本递增的情况下，储量将会耗竭，而在地质中还有一些未开采的资源储量，由于开采的代价太高而被保留下来。

10.3.6 资源勘探和技术进步

在前面所考虑的情况中，还没有包括新资源的勘探和技术的进步，而它们是两个决定实际资源配置的主要因素。实际上，回顾工业发展史，可以发现资源的储量随着时间的推移不是减少而是增加了。

当地理位置优越和高品位的资源将耗竭时，人们不得不转向开采地理位置不好和品位较低的资源，如深海资源、陆地底层深处等。因此发现新的资源储量的边际成本是随着时间不断增大的，现实中，当一种资源的总边际成本随着时间不断增加时，社会就会积极组织力量去勘探新的资源。如果新发现的资源储量的边际成本足够低的时候，就会降低或者减慢总边际成本的增长速度。新资源储量的发现会加速资源的消费。

技术进步也对资源的有效配置带来了重要影响，技术进步可以降低开采成本，对于一种以不变边际开采成本的资源来说，技术进步会降低边际开采成本，更快地转向开发替代资源。对于边际成本递增的资源，技术进步将使更多的资源储量得到发现和利用。但是，由于可耗竭资源数量是有限的，其总边际成本的下降仅仅是暂时的，最终必然还会上升。因此，技术进步只是延长了可耗竭资源被替代的时间。

专栏 10-2　美国战略石油储备

美国是世界上最大的石油消费国，其人口占世界总人口的比例不到 5%，但却消费着世界石油供应量的 25%。由于进口依赖度相当高，所以美国对石油市场的动荡特别敏感。因此，美国制定了比较详细的石油战略，以提高本国能源需求的安全度。美国的石油储备包括 3 种，即战略石油储备、海军石油和油页岩储备、东北家庭取暖油储备。

其中，美国战略石油储备（SPR）源于 1973 年的石油危机。1973 年 10 月第四次中东战争爆发，引发世界性石油危机，一度造成美国石油进口中断，导致美国国内石油产品供应紧缺，给经济带来巨大损失，最终使美国经济陷入长时期的严重衰退。因此，1974 年 11 月，在美国等西方市场经济国家的倡导下，国际能源机构（lEA）成立，其主要职能是协调成员国的石油储备行动。1975 年 12 月 22 日，福特总统签署且美国国会通过了《能源政策和储备法》（EPCA），其中最重要的内容之一就是决定建立战略石油储备，目的是在此后发生类似事件时，可以对美国能源市场起到保护和缓冲作用。按照该法的要求，美国能源部于 1977 年 2 月 16 日提出了战略石油储备计划，将战略石油储备基地建在石油加工业发达、大油轮出入方便、盐丘构造的墨西哥湾沿岸地区。自 20 世纪 70 年代后期以来先后建成了 5 个地下岩洞式战略石油储备基地，形成了 3 个集储备、中转、输送为一体，毗邻炼油基地、依托大中城市的储运体系，设计储备能力为 7.5 亿桶原油。根据国际能源机构 2011 年 5 月 31 日的数据，目前美国战略石油储备的实际储备量为 7.27 亿桶，达到了历史最高位。美国能源部 2011 年 6 月 23 日宣布，为了稳定市场供应，美国将向市场投放 3 000 万桶战略石油储备，占到了国际能源机构协调的各成员国投放石油总量的一半。

资料来源：何晓伟，郑宏凯．美国战略石油储备的经验及借鉴[J]．宏观经济管理，2011（12）。

思考题

1. 当地有哪些可耗竭资源？能否满足当地经济社会发展的长期需求？
2. 简述不可再生资源耗竭最优配置的基本原理。
3. 图示并说明边际开采成本不变时两种可耗竭资源之间的替代模型。
4. 图示并说明边际开采成本递增时的资源配置模型。
5. 结合你学习所在地区的能源问题，分析实施能源储备的现实意义。

参考文献

[1] Hotelling H. The economics of exhaustible resource[J]. Journal of political economy，1931，39：137-175.
[2] 阿兰・V・尼斯．自然资源与能源经济学手册（第 2 卷）[M]．北京：经济科学出版社，2009.
[3] 汤姆・泰坦伯格．环境与资源经济学[M]．北京：经济科学出版社，2003.
[4] 黄贤金．资源经济学[M]．南京：南京大学出版社，2010.
[5] 曲福田．资源与环境经济学[M]．北京：中国农业出版社，2011.

[6] 鲁传一. 资源与环境经济学[M]. 北京：清华大学出版社，2010.

[7] 田立新，等. 能源经济系统分析[M]. 北京：社会科学文献出版社，2005.

[8] 王小马. 可耗竭资源最优消耗问题研究[D]. 北京：中国地质大学，2007.

[9] 徐寿波. 能源经济[M]. 北京：人民出版社，1994.

[10] 赵春升. 全球化石能源的地理分布与中国能源安全保障的政策选择[D]. 兰州：兰州大学，2011.

第 11 章　水资源经济理论

水是生命之源、生产之要、生态之基。水资源的不可替代性，决定了水资源配置的极端重要性。水资源兼具可再生和不可再生资源的属性，因此，单独成章予以介绍。本章主要阐述水资源需求理论、水资源供给理论、水资源价格理论和水资源产权理论。

11.1　水资源需求

11.1.1　水资源需求的含义及分类

11.1.1.1　水资源需求的含义

水资源需求是指消费者在一定时间内对符合一定质量的水商品或水要素愿意而且能够购买的数量与价格之间的关系。由此可以看出，水资源需求既包括消费者对自来水、矿泉水等水商品的直接需求，也包括生产者对地表水、地下水等水要素的引致需求。另外，水资源需求与水资源需求量是有所不同的。水资源需求量是指在某一时期、某一特定市场条件下，对应于某一水资源价格，消费者对符合一定质量的水商品及水要素愿意而且能够购买的数量。因此，水资源需求量是一个单一的数量概念，是在确定了水资源需求水平后，具体分析在该需求水平下某一水价所对应的需求数量；而水资源需求强调的是水价与水资源需求量之间的对应关系。

11.1.1.2　水资源需求的分类

水资源需求包括水量需求和水质需求，它是质与量的统一。不同的水资源需求对水质和水量的要求差别较大，如人们对饮用水需求的水质要求较高，但是水量需求较少；灌溉用水需求对水质要求不高，但是水量需求却较大。

按人们需求的必要程度，水资源需求可以分为基本需求和非基本需求。人们对水资源的基本需求是为了维持正常生命、保障基本生活的日常用水；非基本需求是除基本需求之外的其他需求。在这两类需求中，基本用水需求的数量较少，非基本用水需求的数量较大。

按用途来分，水资源需求可以分为生活水需求、生产水需求、生态水需求。生活水需求是指人们在日常生活中对水的需求，如饮用、烹饪、洗澡、洗涤等，这部分水需求也可以称为家庭生活用水需求。生产水需求是指生产者在生产活动中对水资源的需求，是一种引致需求。生产水需求又可以分为农业水需求、工业水需求、服务业水需求。农业水需求是指在农业生产中的水需求，包括灌溉、养殖等；工业水需求是指在工业生产中的水需求，包括原料用水、冷却设备用水、排污用水等；服务业水需求是指各服务部门在为社会提供服务产品时对水资源的需求，主要包括代理业、旅游业、饮食业、仓储业、租赁业、金融业等对水资源的需求。生态水需求是指为了维持生态环境平衡、逐步改善生态环境所产生的水需求。在这些水需求当中，生活水需求属于最基本的水需求，在水资源配置时首先要保证这部分水需求。

11.1.2　影响水资源需求的主要因素

11.1.2.1　水资源需求曲线

在微观经济学中，价格被认为是影响需求的最重要因素。如果不考虑其他非价格因素，只分析水价变动引起水资源需求量变动的规律，就可以得到通常意义上的需求函数：$Q_d = F(P)$，其中，Q_d 表示需求量，P 表示水价。一般来说，水价与水资源的需求量之间成反向变动的关系，即 $\frac{\mathrm{d}Q_d}{\mathrm{d}P}<0$，需求曲线向右下方倾斜。如图 11-1 所示，曲线 D 代表了水资源的需求曲线。

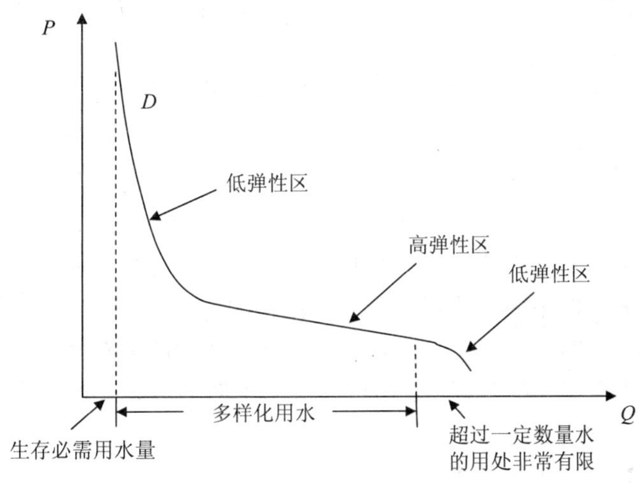

图 11-1　水资源需求曲线

如图 11-1 所示，水资源需求价格弹性经历了“低弹性—高弹性—低弹性”3 个阶段。在低用水量阶段，水是生活必需品，主要是用来满足生存生活等基本需求，水需求价格弹性较低。随着用水量的增多，就可以多样化用水（生产、生活、景观用水等），此时水需求价格弹性较高，若水价提高，人们就会减少一些可有可无的水消费。随着用水数量的进一步增加，水需求价格弹性越来越大，超过一定数量以后，水资源的用途也非常有限，此时水资源需求仍处于低价格弹性区。

11.1.2.2　水资源需求的影响因素

除了水价之外，影响水资源需求的因素还有很多，不同类型水需求的影响因素也各有不同。由价格之外的其他因素引起的水需求量与其价格之间对应关系的整体的变动，在图中表现为需求曲线的整体移动。下面对不同类型水资源需求的非价格影响因素进行分析。

对于生活用水，其需求主要受 4 个因素的影响。①人口因素。人口因素包括人口的数量、年龄、家庭结构。一般来说，人口数量越多，水需求数量越大，但它们之间的关系并不是线性的。对于年龄，一般认为老年人比青年人节水意识更强。不同家庭结构的人均用水量也有很大差异，比如在英国单人家庭的人均用水量是 120～130 L/d，而 6 人家庭的人均用水量是 70～80 L/d。如果人口数量增多、青年人占比增大、单人家庭人数增加，就会使水资源需求增加，需求曲线向右移动。②技术因素。技术进步是增加水消费强有力的驱动因素，也是控制水消费的有效办法。技术的发展使洗衣机、热水器等各种用水设备出现，这改变了人们的水消费习惯，增加了水资源需求，在需求曲线图中表现为需求曲线向右移动。而随着节水技术的发展、节水设备的应用，技术对水需求的增长也有很强的抑制作用，在需求曲线图中表现为需求曲线向左移动。技术进步到底是促进水需求增加还是减少取决于这两方面影响的强弱。③家庭收入状况。收入水平的增加使得人们有能力消费更多的水，人们不仅消费更多作为生活必需品的水，而且消费作为生活奢侈品的水，从而导致需求曲线向右移动；反之，收入水平的减少，将使得需求曲线向左移动。在经济社会发展过程中，随着消费者收入水平的上升，人均生活用水呈现出不断上升的趋势。④生活习惯。例如在我国人们洗头洗澡的频率比几十年前高了很多，在当今社会，洗澡不仅仅是一种清洁方式，还是一种减压方式，这种生活习惯的改变将会促使人们对水资源需求的增加，使得需求曲线向右移动。

对于农业用水，其需求主要受 4 个因素的影响。①气候因素。气候因素主要是指气温和降水量。降水量越大，农作物就可以依赖雨水灌溉，相应的补充灌溉就越小，对水资源的需求就越小，表现为需求曲线向左移动。②作物因素。不同类型的作物和同一作物的不同品种生长的需水量是不同的。需水型作物种植面积越大，对水资源的需求就越大，在需求曲线图中表现为需求曲线向右移动；相反，耐干旱型作物种植面积越大，对水资源的需求就越小，在需求曲线图中表现为需求曲线向左移动。③灌溉方式。先进的灌溉方式和灌溉技术能够有效节水。节水灌溉方式使用越广，对水资源的需求就越小，在需求曲线图中表现为需求曲线向左移动。④农民收入水平。一般来说收入增加会使水需求增加，需求曲线向右移动，反之则向左移动。

对于工业用水，其需求主要受 4 个因素的影响。①经济结构。随着第二产业向第三产业转型，企业对水资源的需求将减少，在需求曲线图中表现为需求曲线向左移动。②企业特性。不同类型的企业用水量有很大的差别，我国工业用水中，火电是第一大部门，占工业用水量的 1/4 左右，其次是造纸、化工、冶金、食品 4 个行业。即使是同一类型的企业，由于节水态度、生产工艺的不同，相同规模的同类企业用水量也不同。如果一个地区的产业中火电、造纸、化工等企业增多，又没有改进生产工艺、没有采用节水技术，那么势必会造成水需求的增加，在需求曲线图中表现为需求曲线向右移动。③技术革新。各种技术革新将加快节水和循环用水技术的应用，将会提高水资源的利用效率。如果技术革新加快，将会有效地促进水资源需求的减少，使得需求曲线向左移动。④政府用水管制。政府用水管制主要是指政府的计划用水、定额管理等行政措施。如果政府用水计划数减少、用水定额减少，将会有效促进水需求的减少，使得需求曲线向左移动。

对于服务业用水，影响其需求的因素基本上与生活用水的影响因素相同，主要有以下 4 个：①消费习惯。随着社会的发展，人们外出就餐、休闲旅游等服务性消费增加，从而对水资源的需求增加，使得需求曲线向右移动。②居民收入水平。当收入增加时，人们享受各种服务的欲望和能力也就越大，对水资源的需求就会增加，促使需求曲线向右移动；相反，收入减少时，对水资源的需求就会减少，促使需求曲线向左移动。③技术因素。一些商业活动为了吸引消费者会采用各种人造水景观，这就有赖于技术水平的高低。技术水平越高，人们就越有能力建造更大规模的人工水景观，对水资源的需求也就越大，表现为需求曲线向右移动。④相关商品的价格。水商品没有替代品，只有互补品。水的互补品如水上娱乐等的价格上升，会导致水与该互补品组合使用的成本上升，一定程度上会遏制其需求，导致需求曲线向左移动；反之，则向右移动。

对于生态用水，其需求主要受两个因素的影响：①生态系统的类型，不同的生态系统为维持系统平衡所需的水量有很大不同；②民众对生态环境质量的要求，当民众对生态环境的质量要求提高时，政府为了政绩就会有动力去改善环境，保障生态环境的水需求。影响不同类型水资源需求的主要因素如表 11-1 所示。

表 11-1　不同用水需求的影响因素分析

分类	影响因素	分类	影响因素
生活用水需求	①人口因素 ②技术因素 ③家庭收入状况 ④生活习惯	工业用水需求	①经济结构 ②企业特性 ③技术革新 ④政府用水管制
农业用水需求	①气候因素 ②作物因素 ③灌溉方式 ④农民收入水平	服务业用水需求	①消费习惯 ②居民收入水平 ③技术因素 ④相关商品的价格
生态水需求	①生态系统的类型 ②民众对生态环境质量的要求		

根据以上分析，影响水资源的因素概括起来主要有以下几个方面：①自然因素，包括气候因素等；②社会因素，包括人口因素、生活习惯等；③经济因素，包括水价、收入水平、相关商品的价格等；④行政因素，包括政府用水管制等；⑤技术因素，包括技术革新、灌溉方式等；⑥其他因素，包括企业特性、农作物种植情况等。

11.1.2.3　水资源需求价格弹性及收入弹性

在经济学中，需求弹性包括需求的价格弹性、需求的收入弹性和需求的交叉弹性等。由于水资源具有不可替代性，所以需求的交叉弹性几乎为零，这里只讨论水资源需求的价格弹性和收入弹性。

需求价格弹性，是指在一定时期内一种商品需求数量的相对变动对于该商品价格的相对变动的反应程度，可用需求量变动的百分比与价格变动的百分比之比来表示。不同类型水资源的需求价格弹性有所不同。基本需求部分水资源的需求价格弹性小，而其他部分的水资源的需求价格弹性相对较大。对农业用水来讲，由于灌溉水的收益较高，而价格较低，提高较小数量的灌溉水收费标准几乎不会对需求造成影响；对于工业用水来讲，企业用水成本占投入要素总成本的比例很小，企业对水价不大敏感，小幅度提高水价不足以促使其进行节水技术改造；而对于城市生活用水，水需求价格弹性远小于收入弹性，随着收入水平提高，水需求会呈持续增长的势头。

需求的收入弹性是指一定时期内一种商品需求数量的相对变动对于消费者收入的相对变动的反应程度，可用需求量变化的百分比与收入变动的百分比之比来表示。在价格不变的条件下，收入水平的提高一般会引起需求的增加，因而收入弹性为正数。通常将收入弹性大于 1 的商品称为奢侈品，如珠宝等；而把收入弹性小于 1 的商品称为必需品，如水、报纸等。

有很多国内外研究对不同国家和地区的水资源需求价格弹性和收入弹性进行了定量测量。比如，1991 年世界银行年度发展报告中对发展中国家水需求弹性估算结果是价格弹性为 –0.25，人均收入弹性为 0.30。沈大军等学者基于 1996 年全国价格和工资水平建立的居民生活需水函数显示，我国的水需求价格弹性为 –0.33，需求收入弹性为 0.56，见表 11-2。

表 11-2 城市生活用水需求的价格弹性与收入弹性估算值

内容	价格弹性	收入弹性
世界银行 1991	–0.25	0.30
日本	–0.125 5	0.65
中国 1996	–0.33	0.56
北京	–0.164	0.388
上海	–0.168 2	0.559 5
南京	–0.288	0.428

如表 11-2 所示，选择不同的研究区域，得到的生活用水需求价格弹性和收入弹性有所不同。总的来说，各研究结果基本证实，居民用水的需求价格弹性小于收入弹性，要使水价发挥更大作用，只有使价格弹性高于收入弹性，才能抑制用水量的增长，但随着人们生活水平的不断提高，用水量不断增加却是一个事实，这也是导致用水增长的一个主要原因。如果人均收入增长速度高于水价增长幅度，则生活用水总量仍将保持增长态势。

与居民用水相比较，企业需水量对价格变动的反应具有以下特点：①作为生产成本的一部分，企业的水费支出可以通过产品销售实现价值的转移，因此，水价上涨因素可以通过产品提价传递出去。②工业用水的价格弹性要大于居民生活用水的需求价格弹性。③水费支出占产品总成本的比重较小，我国工业企业水费支出一般仅占工业产品成本的 0.1%～0.4%。据统计，当城市用水价格提高 10%左右时，用水量可能下降 2%～7%；水价提高 40%，用水量下降 20%。只有在水价大幅提高时，企业的用水量才会明显下降。

11.2 水资源供给

11.2.1 水资源供给的含义及特征

11.2.1.1 水资源供给的含义

水资源供给是指生产者在一定时期内在各种可能的价格下愿意而且能够提供出售的水商品或水要素的数量与价格的关系。根据定义，如果生产者对水商品或水要素只有提供出售的愿望而没有提供出售的能力，则不能形成有效供给，就不算作供给。由此可知，水资源供给受到生产者供给能力的限制，水资源供给量存在最大值。

按供给源的不同，水资源供给可以分为地表水供给、地下水供给和再生水供给等。地表水供给是比较容易获得的，现今一些大型的水利设施都是针对地表水供给的，它是水供给的主要来源。随着用水需求的增加与地表水的污染，生产者逐渐增加地下水供给。地下水可以分为浅层地下水和深层地下水，浅层地下水开采容易，成本较低但是容易受到污染，在我国大部分农村的生产生活用水是以汲取浅层地下水为主。深层地下水开采成本较高，水质较好。但是地下水过度开采容易形成地下水漏斗，造成地面沉降、地面塌陷和地下水环境污染等危害。我国华北地区就因为地下水超采形成了我国最大的地下水漏斗区并产生各种地质危害。再生水供给是随着水资源短缺问题的不断深化而逐步产生的，它是指将工业废水、生活污水等进行处理达到一定的水质要求后，供给给用户重新使用。例如，美国加利福尼亚州，就将这种再生水以低于一般饮用水 20%的价格供给给用户。另外，我国的一些沿海地区对海水进行净化、脱盐增加一部分水供给，或者直接利用天然降水，这部分水资源供给可以称为其他水源供给。这样，就能够构造出水供给总方程，见式（11.1）。

$$TS = SW + GW + RW + OW \tag{11.1}$$

式中：TS ——水资源供给；

SW ——地表水供给；

GW ——地下水供给；

RW ——再生水供给；

OW ——其他水水源供给。

前面介绍过水资源需求包括生态环境水需求，如果人们过量使用地表水、地下水达到一定幅度时将会破坏生态平衡，导致各种灾害的发生。因此，可以假设供水存在一个极限值 Q_{max}，$SW + GW \leqslant Q_{max}$，则有：

$$TS - RW - OW = SW + GW \leqslant Q_{max} \tag{11.2}$$

由式（11.2）可知，在生态环境不被破坏的前提下水供给要满足水需求的不断增长，可以采用两个方法：一是增加 RW，二是增加 OW。由于其他水供给（OW）比如雨水、海水等，数量相对较少而且局限于特殊地区（如沿海），所以增加 RW 即再生水的数量可以认为是一个更加可行和适用性更广的方法。1 t 水在循环使用一次后就相当于 2 t 水，循环使用两次后就相当于 3 t 水，这将在很大程度上缓解水资源的供求矛盾。当然这种假设是在不考虑循环使用中水的消耗以及水质恶化的前提下进行的。

人们对水资源的需求包括水量需求和水质需求，它是质与量的统一，所以水资源供给方面也要做到与水需求在质和量上的匹配。水资源供给按水质来划分至少可以分为饮用水供给和非饮用水供给两大类。饮用水主要用于各种饮用、烹饪、食品加工等，这部分用水对水质的要求比较高但数量较少，所以饮用水的供给就要求在保证一定数量的前提下尽量提高水资源的质量。非饮用水主要用于灌溉、冲厕、绿化、消防、生产冷却等，这部分用水对水质的要求相对较低但数量较大，所以非饮用水的供给要注重供给数量的增加而对水质要求适当放宽。如果相同的水源经过各种处理要达到一定的水质要求，那么水质要求高低和处理成本高低成正比。所以对人体所需的饮用水要进一步提高水质，对水质要求不高的非饮用水可适当降低水质标准，以实现“水尽其用”，这样既可以缓解供水紧张的现状，又可以节约大量的人力、物力和能源。

11.2.1.2 水资源供给的特征

（1）供给的不确定性。水资源供给受气候情况和地域特征等外部条件的影响，随时间、空间的变化而变化，无论在质上还是在量上都具有不确定性。质上的不确定性源于降水质量的不确定性、人类活动对水质影响的不确定性、水中生物及微生物活动对水质影响的不确定性。量上的不确定性主要表现在不同地区、不同年份、不同季节的降雨量都很难准确预测，雨季和旱季相差悬殊。

（2）供水的多来源性。尽管降水是人类利用水资源的总补给源，但由于水资源在地表的赋存方式不同，人类对水资源的开发利用方式是多途径的。目前，人类广泛大规模开发利用的水资源有河川径流和地下水两种，还有少量的污水回用、海水利用、土壤水利用和雨水利用等。供水的多来源性，使得水资源开发利用模式不同，继而形成了不同的水市场价格。由于水资源的循环性，这几种来源之间有时是可以相互转换的，如地表水与地下水，雨水与径流等。

（3）水资源供给的规模经济。在既定的需求变化范围内，当产品或服务的成本随着生产规模的扩大而下降时，由一家大企业或者直接由政府控制生产比由几个规模较小的企业同时生产更能有效地利用资源，因此由单个生产厂商提供这种产品或者服务是最有效的组织形式。水资源供给就是属于这种情况。但在这种情况下，供水企业的产量会低于最优产量，而定价会高于最优价格，因此，政府通常把水资源供给作为公共管制的对象，以免定价过高损害消费者的利益。

11.2.2 影响水资源供给的主要因素

11.2.2.1 水资源的供给曲线

水资源供给受制于供水设施和天然来水两方面。从短期来看，供水设施是一定的，供给一单位水资源的成本基本不变，同时自然因素（主要包括气温和降雨量）、生产技术也基本没有变化，此时在现有的供水能力下，价格是影响水资源供给的主要因素，随着价格的增长，水生产企业愿意供给更多的水资源，如图 11-2 所示，曲线 SS 即表示水资源的短期供给曲线。当供给量达到一定数量，供给能力完全发挥，水价上升对供给量增加的促进作用很有限或者是根本不能带来供给量的增加，表现为图 11-2 中曲线 SS 后半段比较陡峭。

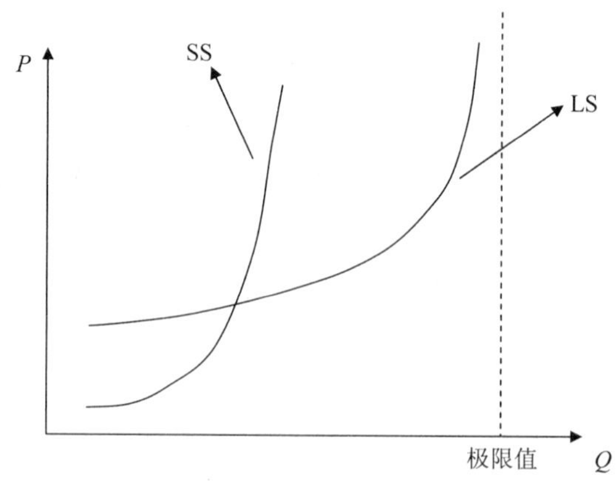

图 11-2 水资源供给曲线

水利设施建设投资周期一般较长，一旦建成就能大大增加供水能力。从长期来看，水供给将会有一个跳跃式的增长，图 11-2 中，曲线 LS 即为水资源的长期供给曲线。但是水资源供给存在着自然供给极限，同时也应认识到极限值不是一成不变的，随着科学技术的发展，人们可以开拓更多的水源，从地表水到浅层地下水再到深层地下水，从淡水利用到海水利用，极限值在不断增长但总是存在。

11.2.2.2 水资源供给的影响因素

影响水资源供给的因素有很多，除水价之外还有自然因素、生产成本、技术水平、生产者预期等。

（1）自然因素（包括气温、降雨量、湿度、大气运动等）。它将作用于水循环的各个环节，从而影响某一地区的地表径流量、地下水补给以及水质，这是影响水资源供给的一个客观因素。如果众多自然因素综合作用后是促使符合一定质量的可供水源增多，那么供给曲线将向右移动，反之向左移动。

（2）生产成本。水资源生产成本的大小主要受供水企业劳动者的工资水平的高低、水资源费的高低等因素的影响。在水价不变的条件下，生产成本上升会减少利润，从而使得水资源的供给量减少，供给曲线向左移动；相反，生产成本下降会增加利润，从而使得水资源的供给量增加，供给曲线向右移动。

（3）技术水平。技术进步会使每生产一单位水商品的成本下降，因此，企业向市场索取的价格也相应下降，从而导致供给曲线向右移动；反之，则向左移动。

（4）水源的增减。水源的增加可以使原水供应增加，会导致供给曲线向右移动；反之，则向左移动。影响水源的因素主要有：①水源地保护因素，如水土流失的治理、环境保护的加强等，相当于可供原水的增加。②水资源用途的调整，如我国大量水库的兴建原来是为了发展水电，由于电力供应的替代性方案日益增多，而饮用水是一种难以替代的资源，因此，将水库的发电功能转换为饮用水水源，便会导致原水的增加。③环境污染的治理。水环境污染是导致水资源危机的重要原因。如果将被污染的河流、湖泊、地下水进行整治，达到某种水资源的功能要求，就等于增加了水资源的供给。④新型水源的开辟，如在沿海和海岛地区发展海水淡化工程，在特别干旱无雨的季节实施人工降雨等，都会增加水资源供给。

（5）生产者预期。如果生产者对未来看好，预期水价会上涨，生产者往往会扩大生产，增加水资源供给，表现为水资源供给曲线向右移动；相反地，如果生产者对未来预期是悲观的，如预期水价下降，生产者往往会缩减生产，减少水资源的供给，表现为水资源供给曲线向左移动。

（6）政府税收。政府税收增加，会使供给曲线向左移动；反之，则向右移动。

11.3 水资源价格决定

11.3.1 水资源均衡价格

11.3.1.1 水资源均衡价格的形成

在市场上，水资源作为一种商品或要素，在交换中实现价值，其价格的确定和变动要受到供求规律的影响和支配。在市场上，水资源的实际供给量和需求量直接影响着水资源的价格，反过来，水价也会对水资源的供求产生影响。

如图 11-3 所示，水资源的供给曲线和需求曲线交于点 a，此时供给量和需求量相等，价格 p_1 就是均衡价格，q_1 就是均衡数量。

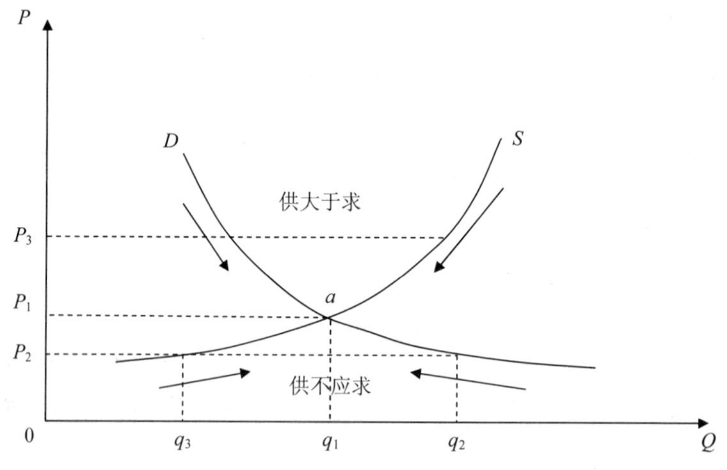

图 11-3　水资源的均衡价格

由于供求信息的时间差和资源开发、供给的时间差，供给与需求的平衡要靠价格的变动和调节才能实现。当市场上水价低于均衡水价，如 $p_2 < p_1$，则水需求数量为 q_2，水供给数量只有 q_3，存在 $(q_2 - q_3)$ 的短缺数量。此时水资源供不应求，一方面消费者会提高价格抢购短缺的水资源，另一方面供给方会增加水资源的供给数量，经过供需双方的共同作用，水价会重新回到均衡价格。相反，如果市场水价高于均衡水价，如 $p_3 > p_1$，则会供大于求，一方面需求者会压低水价来够买水资源，另一方面，又会使供给者减少水资源的供给。由此可见，在完全竞争市场中，水价一旦偏离均衡价格，市场就会自动调节至均衡点 a。

价格是市场经济最敏感的杠杆，合理的定价具有提高资源利用效率和维持可持续发展的功能。对于水资源来讲，水资源的需求可以分解为两部分：一部分是维持生产生活所必需的水。这部分水的需求价格弹性几乎为零。另一部分是在保证生产生活正常运行的基础上，用于改善居民生活、提高生产效益和特殊运营需要的水。根据边际效用递减规律，这部分水的边际效用逐渐降低，人们意愿支付的价格也就越来越低，水价对于水资源利用的杠杆调节主要是在这部分发挥作用。

11.3.1.2　福利水价的福利损失

长期以来我国一直实行福利水价，水资源价格远低于供水成本、更大幅度低于社会成本。这种水价政策既造成了我国水资源的短缺又造成了水资源的严重浪费。如图 11-4 所示，福利水价加剧了水资源供需的矛盾，导致水资源的过量需求比均衡数量超出 $(Q_2 - Q_1)$。此时水价不能反映水资源的全部经济价值，理性个体也会从自身的利益出发，过度消耗水资源。

这种福利水价政策将会造成社会总福利的下降。在均衡水价 P_1 时，水消费者的收益为

$ABOQ_1$，水资源使用成本是 AP_1OQ_1，消费者剩余为 ABP_1；水供给者的收益是 AP_1OQ_1，水供给成本是 $ACOQ_1$，生产者剩余为 AP_1C，所以社会总剩余面积为 ABC。当实行了福利水价 P_2 之后，生产者只愿意提供 Q_3 数量的商品水，此时水消费者的收益为 BOQ_3G，水资源使用成本是 OQ_3DP_2，消费者剩余为 BP_2DG；水供给者的收益是 P_2OQ_3D，而水供给成本是 COQ_3D，生产者剩余为 P_2CD，此时社会总剩余面积为 $BCDG=(ABC-ADG)$。福利水价导致 ADG 面积的社会净福利损失。可见，福利水价并不福利。相反，若将水价从 P_2 提高到 P_1 却能够增加 ADG 的社会福利。

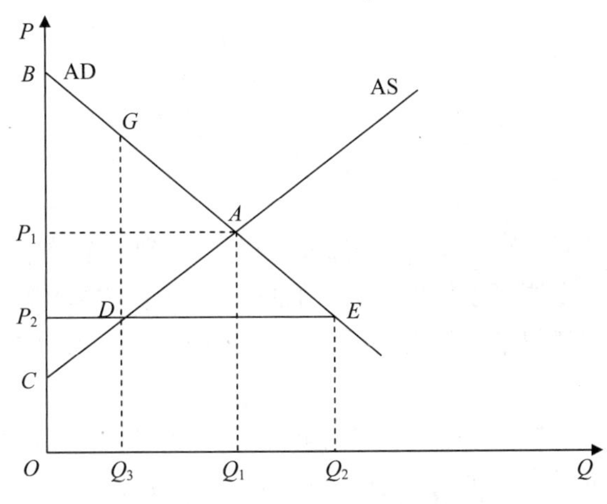

图 11-4 福利水价的福利损失

实行福利水价，水生产者根据自己的供给曲线只愿意供给 Q_3 数量的商品水，政府为了满足消费者的需求必定要对生产者进行补贴，这样才能使生产者在亏损的情况下向市场供给 Q_2 数量的商品水。这种水价政策使大部分的水成本转嫁给了政府，而且挤占了大量的生态用水，对社会的可持续发展产生影响，这实际上也是将现代人的用水成本转嫁给了后代人。

这种过低的水价，不仅会造成水资源掠夺性开发，而且会阻碍用水效率的提高以及节水技术的推广。比如，对于生产而言，在水价偏低的情况下，节约用水并不能给企业带来太大的经济效益，反而会增加运行成本，因此企业缺乏节水的积极性和动力。对于生活用水而言，如果居民实际支付的水价低于意愿支付的价格，价格的杠杆作用得不到发挥，浪费在所难免；反之，实际支付价格相对较高时，人们的节约意识就会大大增强，在选择洗衣机、卫生洁具时更倾向于选择具有节水性能的产品，而厂商在了解消费者的需求倾向后，转而加大节水性能更好产品的开发力度，从而高效节水的产品在市场上占据主导地位，水以更节约的方式满足了人们的需求，而效用并未降低。

11.3.2 两部制水价

11.3.2.1 两部制定价的含义

两部制定价模式是一种基于成本分摊的定价模式。它包含两个部分：第一部分是与使用量或者购买量无关的、定期支付的“基本费”，即不论消费者的消费量为多少，他都要交纳这一部分费用。消费者在此主要是分摊了生产或者服务的固定投入成本。第二部分是按使用量支付的“从量费”，即按消费者使用产品或者服务的数量来进行收费。消费者在此主要分摊的是生产或者服务运行的可变成本。因此，两部制定价实际上是定额收费与从量收费合一的一种定价模式。

假定某产品的消费者数量为 n，该产品的固定成本为 K，则首先向每个消费者收取的基本费为 $\frac{K}{n}$，假设企业向每一单位产品收取的从量费为 t。如果某一消费者的使用量为 Q，则两部制定价对该消费者的收费定额为

$$F=\frac{K}{n}+tQ \tag{11.3}$$

价格定额可以表示为

$$P=\frac{K}{nQ}+t \tag{11.4}$$

如果“从量费”按照边际成本进行定价，便可以得到一个效率价格，同时，通过基本费来弥补固定成本，这样便可以使生产企业的总收益与总成本相等。因此，两部制定价可以通过固定费用的设置使得单位价格接近于边际成本，从而使总的社会福利损失减少，是社会福利的帕累托改进。

两部制定价具有下列特征：①两部制定价模式是一种非线性定价模式，它不同于平均成本定价或边际成本定价等线性定价模式。②产品供给的单位产品的边际成本的变动较小，而单位产品的固定成本则是随着产品供给量的增加而降低。③供给产品的企业，其总成本通过分解固定成本和变动成本得到完全分摊。其中基本费用用来补偿由于边际成本价格给企业带来的效益损失。

两部制定价中，按照固定成本由基本费或从量费补偿的比例关系，两部制定价的计算通常有 4 种基本类型：①固定变量法：固定成本全部从基本费中得到补偿，这是完全意义上的两部制定价；②容量法：所有固定成本由商品从量收费中得到补偿，这种方法类似于统一从量收费；③大西洋海岸公式法：固定成本的 50%由基本费补偿；④联合公式法：固定成本的 25%由基本费补偿。

11.3.2.2 两部制水价的定价模式

两部制水价模式是运用两部制定价原理而形成的一种水价模式。其实质就是将由供水价格分成两部分，分别由基本水价和计量水价补偿的一种定价模式。

两部制水价模式可以分为两种：①基本水价和计量水价相结合的两部制水价模式。该模式中，基本水价和计量水价分别补偿一部分固定成本和变动成本。②容量水价和计量水价相结合的两部制水价模式。该模式中，容量水价补偿供水的固定成本，而计量水价则补偿供水的运营成本。所谓容量水价，是指用水量在某一定额范围内不管用水与否或用水量是多少，均按固定水费计收。它主要用来补偿供水的固定成本。所谓计量水价，是指用水量超过某一定额后，对超过的用水量按可变单价收费。它主要用于补偿供水的运营成本。

该模式的主要优点在于它既考虑了社会低收入群体的用水需求，体现了公平性原则；同时，又通过价格杠杆促进了水资源的节约，减少了对水资源的浪费，体现了一定的效率原则。

（1）容量水价和计量水价相结合的两部制水价通用定价模式。参照《城市供水价格管理办法》的规定，水利供水工程中的大型工程采用容量水价和计量水价相结合的两部制水

价模式，其容量水价用于补偿供水工程的固定成本，而计量水价则用于补偿供水工程的正常运营成本，用水户不论是否用水都应缴纳容量水费。容量水价和计量水价相结合的两部制水价模式如图 11-5 所示。

该模式下两部制水价定价和实际供水年计费的基本公式如下：

容量水费 = 年固定资产折旧额 + 年固定资产投资贷款利息
容量水价 = 容量水费/年分配水量
计量水价 =（成本 + 费用 + 税金 + 利润 – 容量水费）/年取水量

当水资源的供需平衡时，即年分配水量等于年取水量时：

两部制水价 = 容量水价 + 计量水价

计费公式：

计量水费 = 计量水价 × 实际年供水量
两部制水价计费 = 容量水费 + 计量水费

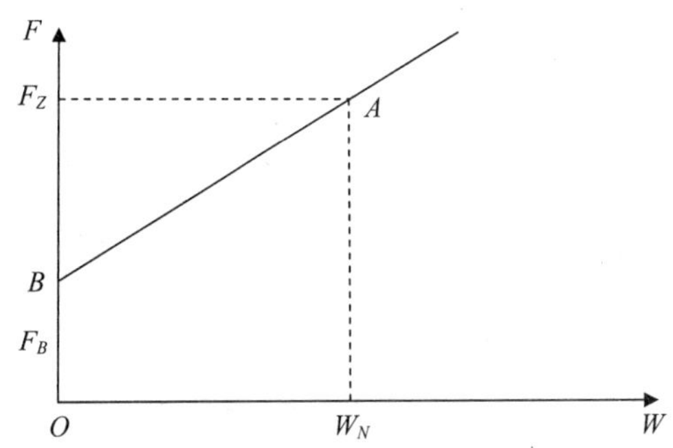

图 11-5 容量水价和计量水价相结合的两部制水价模式

W——水量；W_N——年供水量；F——水费；F_Z——总水费；F_B——容量水费

图 11-5 中，BA 为容量水价和计量水价相结合的两部制水价—水量关系曲线。在 A 点，水量 = 年供水量；水费 = 总水费，即 $W=W_N$， $F=F_Z$。在 B 点，水费 = 容量水费；水量为零，即 $F=F_B$， $W=0$。

（2）基本水价和计量水价相结合的两部制水价通用定价模式。基本水价和计量水价相结合的两部制水价的通用定价模式，是指供水经营者每年向用水户提供一定数量的基本水量，用水户缴纳相应的基本水费，用水超出基本水量后，再按照超过的水量和计量水价缴纳计量水费。其定价的基本思路是：对已经运行多年的供水企业，用多年平均供水量来表示其年供水量；并对比供水经营者 3～5 年的各年的实际成本，取定价前 3～5 年平均数作为计算用的年成本，据此计算出总水费，再按《水价办法》将其分解为基本水费和计量水费；基本水量可以根据不同的供水对象和来水情况，按相应方法确定后，即可确定出基本水价和计量水价；最后，根据年实际供水情况，计算供水经营者实际供水收入。具体的计算过程如下：

总水费＝成本＋费用＋利润＋税金

基本水费＝直接工资＋管理费＋0.5×（折旧费＋修理费）

定价公式：

基本水价：基本水费/基本水量

计量水价＝（总水费－基本水费）/（年供水量－基本水量）

两部制水价计费＝基本水费＋计量水费＝基本水价×基本水量＋计量水价×（年实际供水量－基本水量）

此组公式适用于年实际供水量大于基本水量的正常情况。

在正常情况下，实际供水量应大于基本水量，在遇到特殊情况时，如用水户自身原因不需要供水，或者年实际需水量大于零，但小于基本水量时，则两部制水价计费等于基本水费，如图 11-6 所示。

图 11-6 中，W 表示用水量，F 表示水费，BKA 表示通用模式的两部制水费—水量关系曲线；BA 表示两部制水费—水量关系曲线的一种特例（基本水量为 0）；在 A 点，水量＝年供水量；水费＝总水费，即 $W=W_N$，$F=F_Z$；在 B 点，$OB=F_B$＝基本水费；在 K 点，$BK=W_k$＝基本水量。

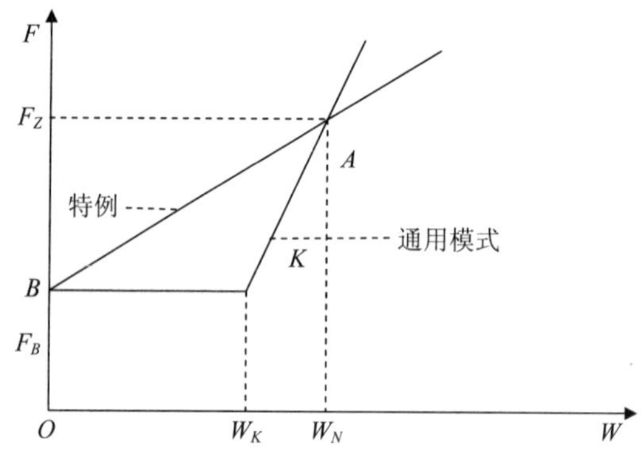

图 11-6　基本水价和计量水价相结合的两部制水价模式

在两部制水价实行过程中，还存在一种特例（见图中的 BA 线），即基本水量为零。此时，用水户缴纳一定的基本水费后，再按照每年的实际用水量与计量水价缴纳计量水费。

总水费＝成本＋费用＋利润＋税金

基本水费＝直接工资＋管理费用＋0.5×（折旧费＋修理费）

定价公式：

计量水费＝计量水价×年实际供水量

两部制水价计费＝基本水费＋计量水费＝基本水费＋计量水价×年实际供水量

11.3.3　阶梯式水价

所谓阶梯式水价，是在合理核定居民用水及各类企业用水等基本用水量的基础上，对定额以内的用水实行低价，超过基本用水量的部分实行超额累进加价，对公共服务用水、居民基本生活用水实行低价，对合理工业生产用水实行中价，对营运用水实行高价。

阶梯式水价的理论依据是二级价格歧视，当然二者也存在一定的差异，它们的差异主要体现在：实行二级价格歧视时，企业为了获得更多的利润对高消费量的消费者制定低价，对低消费量的消费者制定高价；而实行阶梯式水价时，供水企业则是在较低的消费量执行低价，在较高的消费量执行高价。存在这种差别的主要原因是：垄断企业采用二级价格歧视的主要目的是获取更多的消费者剩余、售出更多的产品、获得更多的利润；而作为政府部门所属的供水企业实行阶梯式水价的主要目的则是兼顾水资源利用时的公平和效率，即通过低水价保证水资源的公平利用，同时也通过高水价来保证水资源利用的效率。

11.3.3.1　实施阶梯式水价的前提条件

实施阶梯式水价需要具备 3 个基本要素：①需要完备的计量设施。完备的计量设施是实施阶梯式水价的前提。必须达到一户一表、水表出户、抄表到户。如果缺乏计量设施，则无法准确地计量用户的用水量，就无法确定其利用的水量是多少，无法划分基本水量和超额水量。②需要科学的阶梯定额。合理的阶梯定额是阶梯式水价顺利实施的基础。对于工业用水，应根据行业特点和企业规模核定基本用水定额，确定阶梯标准；对于居民用水，应根据各地区的实际情况确定每户每月或每人每月的基准用水量；对于服务业、机关、学校等则应结合实际情况核定基准定额。③相应法律法规的支持。阶梯式水价需要完备的行政法规等作为支撑。在制定行政法规时，应注意法规的可操作性。

11.3.3.2　阶梯式水价的制定

（1）相关参数的确定。制定阶梯式水价，必须确定 3 个参数：用水量分段的数量、每一分段的用水量和每一分段的单位水价。原国家计委和建设部联合颁布的《城市供水价格管理办法》第十二条规定：阶梯式计量水价可分为三级，级差为 1∶1.5∶2，具体比价关系由所在城市政府价格主管部门同同级供水行政主管部门结合本地实际情况来确定。

（2）制定方法。国内外实行阶梯式水价的地区，有按每月每户用水量进行分级的，也有按每人每月用水量进行分级的。按每月每户和每人每月用水量进行分级各有优缺点。按每月每户用水量分级的优点在于便于计量收费和管理，根据“一户一表”，每个水表代表一户，不管家庭人口的多少，对总用水量按照分级收费。其缺点在于如果家庭用水人口少于平均家庭人口，就可以使用较多的低价水，可能会造成浪费；如果家庭用水人口多于平均家庭人口，平均每人只能使用较少的低价水，造成补贴不公平。而按每人每月用水量分级的优点在于对每个用水人进行公平补贴；缺点在于由于人口具有流动性，用水人口可能经常变动，一些家庭还可能为了多用低价水谎报人口，对用水计量和管理造成一定困难。

（3）阶梯式水价分段。阶梯式水价一般分为两段和多段。根据用水现状（包括收入水平、用水习惯、水费支出、支付意愿等）和对未来用水状况的估计，可将用水量分为三级，如图 11-7 所示。

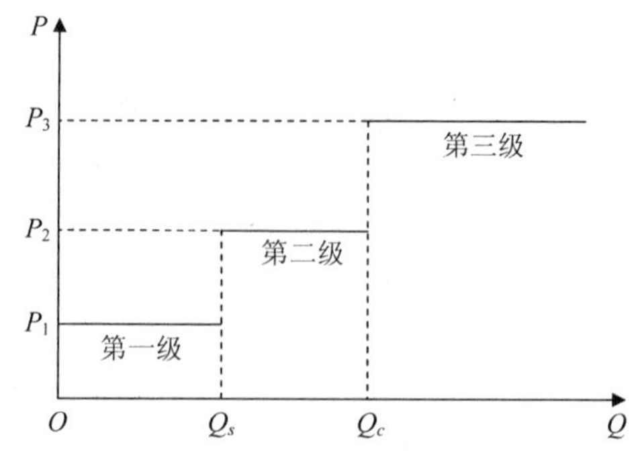

图 11-7 阶梯式水价的分段

❖ 生存水量 Q_s：生存水量是阶梯式水价的第一级水量，采用水价低于成本或者免费，其造成的亏损由后续的两个阶段进行弥补。用水量 Q 小于生存水量 Q_s 的用水户，除可以享受经国家财政补贴后的第一阶水价 P_1，其未用完的生存水量部分，还可以凭水费单到相关部门领取国家财政补贴余额，或将余额转入水费账户，这一余额称为返还水费 R，R 的大小由下式计算：

$$R=(P_2-P_1)(Q_s-Q);\quad 0\leqslant P_1,\quad 0<Q<Q_s \tag{11.5}$$

❖ 生活水量 Q_c：生活水量是第二级水量。它主要是用于改善和提高用水户生活质量，满足多样化用水。用完 Q_s 的用水户，需要以第二级水价 P_2 来使用生活水量 Q_c。第二级水价 P_2 根据水价各项成分核定的全成本 C（包括工程投资成本、运行和制水成本、服务成本和环境成本等）确定，即假设用第二级水价 P_2 作为单一计量水价的话，供水可实现全成本 C 回收。计算公式如下：

$$C=P_2\left(\sum Q_s+\sum Q_c+\sum Q_1\right) \tag{11.6}$$

❖ 享受水量 Q_1：第三级水量主要用于满足用水户的奢侈性用水。第三级水价 P_3 需根据市场价格满足特殊需求的原则制定，考虑供、排水行业的利润率 r 来确定，其计算公式如下：

$$rC=(P_3-P_2)\sum Q_1 \tag{11.7}$$

专栏 11-1 南京市实施阶梯水价的可行性分析

尽管南京市地处长江下游地区，过境水量大，但仍属于缺水城市。为了解决南京市水资源供需矛盾，实现可持续发展，可以考虑采用阶梯式水价模式，在不增加居民负担的同时，实行水资源的节约。

根据对南京市居民生活用水现状的调查（包括收入水平、用水习惯、水费支出、支付意愿等）和对未来用水状况的科学估计，可以将南京市居民用水量分为 3 个级别并分别实行不同的水价。第一级水价为低价水价或者免费水价，即对居民生存用水量，实行低价或者免费；第二级水价为全成本水价，即对作为城市居民生活用水的居民基本生活用水量，实行全成本水价；第三级水价为超额水价，即对用于满足居民高质量生活用水的辅助生活用水量，实行超额水价。

如果南京市对已实行“一户一表、抄表到户”的居民生活用水的供水价格实行阶梯式计量水价，则每月每户居民生活用水 20 m^3 以内（含 20 m^3）为第一级，按原来居民生活用水供水价格 2.3 元/m^3 收费；每月每户居民生活用水在 20～30 m^3（含 30 m^3）为第二级，超过 20 m^3 的用水量按居民生活用水供水价格的 1.5 倍收费；每月每户居民生活用水超过 30 m^3 为第三级，超过 30 m^3 的用水量按居民生活用水供水价格的 2 倍收费。举例说明，居民王先生家平均每月用水 25 m^3，属于第二级，那么他应交水费为：$2.3\times20+2.3\times1.5\times5=63.25$ 元；居民李先生家平均每月用水 40 m^3，属于第三级，那么他应交水费：$2.3\times20+2.3\times1.5\times10+2.3\times2\times10=126.5$ 元。南京城区民用自来水总用户有 71 万多户，按每户平均 3.13 人计算，南京城区居民每月户均用水量为 11.417 m^3。对现有 44 万户“一户一表、抄表到户”的居民进行了调查统计：这些居民每月户均用水量为 8.9 m^3，其中，每月用水少于 20 m^3 的居民占 94.9%，超过第一级的居民只占 5%左右。因此，阶梯式水阶在促进居民节水的同时，对绝大多数居民水费开支将不会产生很大的影响。

资料来源：朱颂梅，唐德善. 南京城市水价变化趋势及阶梯水价可行性分析[J]. 价格月刊，2007（3）.

11.4 水资源产权

11.4.1 水权的内涵

所谓水权就是水资源产权，它是由所有权、使用权、经营权等组成的一组权利束。对水权的理解主要应把握以下几个方面：①水权在本质上不是反映人与物之间的关系，而是反映人与人之间的经济权利关系。②水权是一组权利束，而不是单项权利，尤其不能将水权仅仅理解为狭义的所有权。也就是说，水权是由一系列权利构成的，主要包括水资源所有权、使用权、经营权、支配权和收益权等。同时，这组权利束是可以分解的。③水权是独立于水资源所有权的一项制度，是水资源的所有人依照法律的规定或合同的约定所享有的对水资源的使用或收益权。因此，水资源所有权是水权之母，水权是由水资源所有权派生而来的。若不存在独立的水资源所有权或者所有权属不清，水权将无从产生。④水权是可以实现的权利。如果水权是无法实现的，则水权对于合理利用水资源也就无法起到应有的作用。政府应负责保护和强制执行水权，因为它承担这项职能所花费的成本要比由私人承担该项职能所花费的成本低。

11.4.2 水权的分类

水权的外延非常丰富，可以按照不同的角度对水权进行划分：①根据水权的排他性大小进行划分；②根据水权的功能不同进行划分。

11.4.2.1 根据水权的排他性强弱划分

根据排他性强弱，可以将水权划分为国家水权、区域水权（流域水权）、俱乐部水权以及私有水权。

国家水权是指在一国国境范围内的所有居民都可以享有的水权，在这一范围内，这种水权没有任何的排他性。这种水权一般由中央政府或者其派出机构直接管理。国家水权对于整个国家的居民都存在着开放性。当然，由于不同地区居民对享用国家水权的成本是不同的，实际上不可能人人都能享用这些水权。

所谓区域水权是指以行政区划为单位、由区域政府管理、在该区域范围内所有居民可以共同享有的水权。与区域水权相对应的是流域水权。流域范围内，由流域机构管辖的所有居民可以共同享有的水权就是流域水权。区域水权（流域水权）对区域外（流域外）的居民或单位具有排他性，而对于区域内（流域内）的居民没有排他性。

俱乐部水权是指在某一较小范围内由某个区域内组织或社团拥有的水权。这种水权按照我国《水法》上的提法也可以称为集体水权。这种水权对于俱乐部内部成员没有排他性，而对于俱乐部以外的成员具有排他性。多数情况下，俱乐部水权由俱乐部成员自主管理、通过社会机制进行配置。

私人水权是指明确由某个用水户使用、支配和让渡的水权。这种水权具有最强的排他性。

从国家水权、区域水权（流域水权）、俱乐部水权直至私人水权，其排他性从无到有、由弱到强。但是，产权界定是要花费成本的。之所以即使需要成本也要使产权具有排他性，是因为产权界定越明确，财富被无偿占有的可能就越小，因此产权的价值就越大。我国的水权制度从所有权来说只有国家水权、区域水权和俱乐部水权，还没有私人水权；从使用权来说，各种水权均已存在。2002 年 8 月 29 日第九届全国人大常委会第二十九次会议修订通过的《中华人民共和国水法》根据水权的可分解性，既强调了水资源国家所有这一“所有权”的规定，又强调了单位和个人可以合法使用水资源这一“使用权”的规定。

与上述水权的排他性相对应的是水资源的配置效率。作为稀缺资源的水权，排他性越大，水资源的配置效率就越高；反之则亦然。从我国的国情来看，水权制度改革的趋势是使水权制度的排他性不断增强。这是由于产权制度的出现本身就是资源日渐稀缺的产物。在水资源相对充裕时，对水资源设置排他性的成本往往高于收益，这是得不偿失的。随着资源稀缺性的增强，设置排他性水权制度的相对成本下降，使得排他性水权制度的建立是有利可图的。

11.4.2.2 根据水权的功能划分

根据水权的不同功能，可以将水权划分为生活用水水权、生产用水水权和生态环境用水水权。

生活用水水权，即满足城市和农村居民及牲畜基本生活用水的那部分水权。生活用水是应该优先得到保障的，而且对于生活用水的质量要求也比较高，因此在对这部分水权进行分配的时候，必须要优先给予满足。这部分水权的价格也不应由市场单独决定，而应由政府根据居民的承受能力结合市场情况来决定。生活用水水权具有非常显著的特点：①生活用水水权要求保证率高。水是人类最基本的必需品之一。生活用水供给首先考虑的是社会效益，其次才是经济效益。生活用水涉及千家万户，关系到人民群众的切身利益，供水保证率要求高。②供水水质要求高。生活用水水权的供水水质要求高，必须达到国家生活饮用水标准，否则，将对人民群众的健康造成极大的危害。生活用水处理过程要求严格，一定要经过沉淀、过滤、消毒、软化等一系列处理措施之后才能饮用。③生活用水量变化较大。一年中季节和温度变化决定了生活用水的水量变化较大。一天之内，城镇居民在工作单位滞留时间较长，所以其住所的供水小时变化系数较大。除节假日用水增加外，生活用水日变化系数波动较小。

生产用水水权可以分为工业用水水权、农业用水水权等多样化的用水水权，生产用水水权具有竞争性、排他性和利益关联性等私有物品的特征，需要通过市场来协调。其中农业用水水权和生活用水水权、工矿企业用水水权有很大不同，以灌溉为主的农业用水水权具有自身的规律和特点。①用水的随机性很强。农业用水与降雨情况密切相关，用水量的随机性很强，表现为“水少多用，水多少用”的特点。②用水季节性很强。根据农业作物的种植结构、灌溉制度和当地自然气候条件，农业用水时间非常集中。农业用水一年就集中在作物生长关键期的几个月，是农作物的“救命水”，是农民的“保命水”。③作物地域性需水差别较大。农业用水随着温度、雨量、土壤、作物品种和供水条件的不同有较大的变化，同种作物在西北内陆地区耗水可能比东部沿海地区高出几倍。④农业用水分散性强，农民没有节水积极性。农村以家庭为基本生产单位分散用水的生产特点和供水计量设施落后的现状，使得我国绝大部分地区均按亩计收农业水费，水费与用水多少没有直接关系，导致农民和水管单位没有节水积极性，普遍采用漫灌方式。

生态环境用水水权是指维持生态系统和环境而必需的那部分水权。其中生态用水水权是指动物、植物能够保持正常生存状态所需要的那部分水权，生态用水侧重人和自然的关系；环境用水水权是指保持水体自净能力的用水水权，其侧重人和资源的关系。显然不管是生态用水还是环境用水都是一种非排他性的公共物品，难以进入水市场，应该由政府负责提供。按照水权配置的原则，生态环境用水权仅次于基本生活需求用水的优先权，应该优先满足。因为生态环境用水影响着经济社会的可持续发展，水资源的开发利用必须优先考虑生态环境用水份额，而且这一份额应满足维持区域生态系统稳定和使生态环境保持良性动态平衡所需的水量。

11.4.3　水权的分配

水权的分配包括水权的初始分配和再分配，后者属于水权交易的范畴，这里主要讨论水权的初始分配。

11.4.3.1　水权分配的关键参数

（1）水权优先权的确定。初始水权优先权的确定应以生活用水优先保证为基本原则，同时兼顾效率及公平原则，并适当考虑其他用水。要确定水资源的需要层次，当水资源比较紧缺的时候，要优先满足基本生活用水的需要；在满足生活需要之后还有剩余时，再考虑生产用水和生态用水的需要。对于生产用水这部分用水需求，可以采用取水许可证制度。这部分水权的分配应以效率原则为主，同时也应兼顾公平原则，以兼顾不同流域、区域、企业及个人对水资源的需要。对于水资源相对紧缺，枯水期会发生用水冲突的地方，特别是个别用水的总取水量超过实际可更新的水资源总量的地方，可通过不同的取水保证率条件，明确界定优先级别。

（2）水权量的确定。要确定水权量，必须明确设计取水能力、取水许可指标、实际用水量之间的关系。设计取水能力往往是在工程建设之初经有关部门批准的针对特定取水状态而设立的，其目的和依据都是取水量，因此它不应成为初始水量确定的依据。而对于取水许可指标和实际用水量而言，则须根据实际情况加以区别对待。首先，取水许可指标是一个平均量的概念，而实际用水量是一个波动的概念。正常情况下，实际用水量的多年平均值应小于且接近取水许可量。这时，初始水权的水量应以取水许可的总量为依据。由于我国取水许可管理对总量控制不够严格，个别实际用水量明显小于取水许可量，这时，应本着适度紧缩用水和坚持合理用水的原则，以实际用水量确定初始水权。此外，取水许可制度允许的无需取水许可的少量用水，水权初始分配则应以实际用水量为依据。

（3）水权质的界定。水权质的确定，是明晰水权所必不可少的一项内容。不同水质的水，其使用价值不同，如Ⅰ类水通常指自然状态下的洁净水，甚至可以直接灌装饮用；Ⅱ类水则可以直接进入自来水厂；Ⅲ类水已属轻微污染，需经处理才可进入自来水厂；Ⅳ类水属于工业用水以及人体非直接接触的娱乐用水；Ⅴ类水则一般只可用于农灌和一般景观用水。可见，作为一项财产权，水权的质与其财产价值密切相关，必须加以明确界定。在实际界定中，不应局限于目前国家规定的这五类水标准。可在此基础上，结合实际情况，针对特定的水质指标作更为细致的界定。

11.4.3.2 水权分配模式

（1）人口分配模式。按照平均主义的思想，位于同一水源地的所有居民都有平等享用水资源的权利。沿用这一思路，在进行水权分配时，将可分配水量按人口分解到各用水户。由此，各用水户可分到的水权数量为

$$\mathrm{WR}_i = \mathrm{WR} \times (P_i / P),\quad i = 1, 2, \cdots, n \tag{11.8}$$

式中：P——该水资源辖区的总人口数；

P_i——该用水户的人口数；

WR——可分配的水权总量；

WR_i——该用水户的水权量。

这种平均主义的分配模式强调了所有的用水户拥有同等的用水权，体现了资源分配的公平性。这一模式在智利的部分地区得到广泛使用。如果在我国采用人口分配模式分配水权，就忽略了不同行业与地区从业人员对水资源的需求差异，将城镇居民与农村居民等同看待，将沿海地区和中西部地区也等同看待。对城镇居民而言，水资源仅仅是生活资料，而对农村居民来说，水不仅是生活资料还是生产资料。况且城镇居民已经享用了较大的社会资源（如就业、交通、社会最低保障等），平等参与分配对农民有失公允。同时，根据人口数量分配水资源，容易导致劳动密集型产业获得较多的水权，不利于产业结构升级。

（2）面积分配模式。水权分配的另一模式是按照水源地周围地区面积进行分配。以此模式用水分配的水权量为

$$\mathrm{WR}_i = \mathrm{WR} \times (M_i / M),\quad i = 1, 2, \cdots, n \tag{11.9}$$

式中：M——该水资源辖区的总面积；

M_i——该用水户所辖的区域面积，其他符号的含义同式（11.8）。

面积分配模式与国外的河岸权相类似，它规定水权属于沿岸的土地所有者。河岸权是在土地开发初期自然存在并发展的一种水权形式，有其自然的合理性，在英国和美国的东部丰水地区应用较为广泛。但这一模式有其片面性，因为流域面积与相应的耕地面积及其他生产要素的分布并不是简单的比例关系，如黄河上游地区流域面积普遍较大，如果按照这一模式进行分配，可能会使黄河下游在枯水年份更加无水可用。因此，这种分配模式明显不具有现实可能性。但该分配模式对农用水权的分配而言，将公式中 M 换成耕地面积也许更具有指导意义。

（3）产值分配模式。一般来说，一个地区的用水量与其经济发展是相对应的，而 GDP 指标是反映地区经济发展水平的重要指标。因此按 GDP 指标分配水权，较上述两种分配模式，更接近经济社会的现实。按 GDP 进行水权分配的计算公式为

$$\mathrm{WR}_i = \mathrm{WR} \times (\mathrm{GDP}_i / \mathrm{GDP}),\quad i = 1, 2, \cdots, n \tag{11.10}$$

式中：GDP——整个水资源辖区的国内生产总值；

GDP_i——各用水户的 GDP 指标，其他符号的含义同式（11.8）。

从理论上讲，这种按 GDP 进行水权分配的模式更能体现资源配置效率，有利于提高整个国家和地区的经济发展水平，但与平等发展权利理论相抵触。平等发展权利理论认为，公共资源是人类的共同遗产，其使用最终要促进每一个人的福利。对于在发展机会上居于劣势的地区，在资源的使用上需要分配更多的资源，而且要求发达地区帮助落后地区实现在发展机会上的均等。例如，在我国黄河流域，按照平等发展权利理论，上游省份由于经济发展缓慢，在水权分配上应该得到更多的照顾。若按产值分配模式，上游地区只能得到较少的水权份额，长期下去，将会加重上下游两极分化。从产业发展角度而言，这种分配模式将会导致农业等产值低的行业水权量逐年减少，而农业又是一个需水量大且对水资源高度依赖的产业，长此以往，必将导致农业等低产值产业的退化，造成产业发展的失衡。因此产值分配模式在施行过程中难度较大，但对于各行业内部的水权再分配，具有一定的参考价值。

（4）混合分配模式。上述 3 种水权分配模式由于配置依据的不同，配置结果也不同。一般而言，不同地区、不同行业和不同社会群体对水权分配模式的偏好各不相同。例如，在黄河流域，像青海、甘肃、内蒙古等上游地区偏好流域面积配置模式；陕西、山西、河南等中游地区偏好人口配置模式，选择该模式对该地区的经济发展可能更为有利；黄河下游山东省则偏好产值配置模式。由此可见，任何一种模式都会得到偏好者的支持，同时也会遭到其他区域的反对。因此，上述任何一种模式在实践中均难以落实，必须选择一种折中的、为各方所接受的分配模式。一种比较简单的方式就是对上述 3 种配置模式进行加权，即混合分配模式：

$$\mathrm{WR}_i = [W_1 \times (P_i / P) + W_2 \times (M_i / M) + W_3 \times (\mathrm{GDP}_i / \mathrm{GDP})] \times \mathrm{WR},\quad i = 1, 2, \cdots, n \tag{11.11}$$

式（11.11）中，W_1、W_2、W_3 分别为上述 3 种模式的加权值，其他符号的含义同式（11.8）。混合分配模式的关键是上述权重的确定，其大小取决于各方的谈判能力和决策者的偏好。政府部门或其授权的管理机构在综合各方意见的基础上，合理地确定权重，以决

定各用水户的初始水权配额。就分配难度而言，由于该分配模式综合了各方面的因素和意见，其分配结果易为各方接受。

实践中，水权分配模式的选取必须考虑政府所要达到的主观目标以及信息量的获取程度等因素，在综合各方面因素基础上，做出最佳的选择。对于不同的分配模式，表 11-3 从适用范围、可操作性、公平与效率、行业偏好和实施难度等方面对人口分配模式、面积分配模式、GDP 分配模式、混合分配模式进行了比较。

表 11-3 不同水权分配模式的比较

特性＼模式	人口分配模式	面积分配模式	GDP 分配模式	混合分配模式
适用范围	跨区域分配	跨区域分配、农用水分配	跨区域分配、行业内部分配	各个层面的水权分配
可操作性	简单	简单	简单	复杂
公平与效率	公平	公平	高效率	二者兼顾
行业偏好	非农业	农业	非农业	兼顾
实施难度	难度大	难度大	难度小	难度小

此外还有一些学者提出了“现状分配模式”“行政分配模式”“民主协商分配模式”和“市场分配模式”等。现状分配模式是在承认用水户用水现状的基础上，以现有的用水量（上一年或近几年的加权平均值）为标准，依据这种“溯往原则”进行水权分配。行政分配模式也可以称作行政管制分配模式，即由政府负责和管理水资源的开发建设，提供水利建设经费，统筹向用水户分配水权，并收回水权再重新分配，同时禁止水权的移转与交易，以维护政府计划调控的延续性。民主协商分配模式是指由具有共同利益的用水户自行组成并参与决策的组织，如水利灌溉组织、流域用水组织以及用水者协会组织，通过内部民主协商的形式分配水权。市场分配模式即通过公开拍卖的方式对水权进行分配。一般而言，这部分水权的拍卖价格高于上述初始分配的水权价格，参与竞买者一般是水资源边际产出较高的行业，由于有较高的收益预期，往往会对这部分水权支付较高的价格。

11.4.4 水权交易

11.4.4.1 水权交易的含义

水权交易是通过市场机制来配置水权，根据供求关系调节水权供需的一种交易机制，是水权拥有者出让全部或部分水权而潜在的水权需求者买进全部或部分水权的行为。

水权交易最早出现在美国西部的部分地区，如加利福尼亚、新墨西哥等州，具体做法是允许优先占有水权者在市场上出售富余水量。20 世纪六七十年代以来，水权交易的理论逐渐被广泛接受，越来越多的国家已经开始或者准备开始实行水权交易制度，例如，除了美国的西部地区外，智利和墨西哥分别于 1973 年和 1992 年开始实行水权交易制度，中东的一些缺水国家也于 20 世纪末开始讨论和准备实行这种制度。可以说，水权交易理论的形成和水权交易制度的发展反映了世界水资源管理的新趋势。

水权的交易应该具备 3 个基本前提：①可交易的水权。这意味着水资源使用者同意再分配水权，并且他们可以从水权交易中得到补偿。②定义明晰的水权。它有利于提高个人

（如农民）或群体对于公共灌溉管理部门讨价还价的能力。③安全的水权。用水者在考虑了全部机会成本之后，可以在卖水和用水之间作出合理选择，从而促进投资和节约用水。

11.4.4.2 水权交易的分类

按交易主体、交易涉及产业、交易时间和交易空间的不同，水权交易可以分成不同的类型。

（1）按水权交易主体的不同划分。按交易主体的不同可以将水权交易分为：政府与政府之间的交易、政府与厂商之间的交易、厂商与厂商之间的交易等。这里的“厂商”就是微观经济学中生产者行为理论所指的厂商，它可能是一个企业，也可能是一个农户。

如果就“厂商”和“政府”分别作为买方和卖方进行两两组合，可能存在以下几种情况：①政府（买方）与政府（卖方）之间的交易；②政府（买方）与厂商（卖方）之间的交易；③厂商（买方）与政府（卖方）之间的交易；④厂商（买方）与厂商（卖方）之间的交易。

（2）按水权交易涉及的产业划分。按水权交易所涉及的产业来划分，可以将水权交易分为产业内水权交易以及产业间水权交易。

产业内水权交易是在同一产业内部，如农业部门或工业部门内部，由于用水效率的差异，或者由于生产过程中使用新工艺、新设备或采用新方法，水权利用效率较高的一方就会将节约下来的水权，与水权利用效率较低的一方进行交易，形成市场对水权的重新配置。

产业间水权转让主要发生在农业和工业之间。农业是用水大户，大部分水权分配给了农业，但是与工业部门相比，农业部门用水效益不高，如果通过修建水利工程，对渠道衬砌防渗处理，提高农业用水利用效率，或者改变种植结构，减少高耗水植物种植面积，增加低耗水植物种植面积，加强田间管理等措施节约农业用水，通过交换将用水水权转让给工业，这种农业和工业之间的水权转让即是一种产业间的水权转让形式。

（3）按水权交易时间长短划分。按水权交易时间长短可将水权交易分为：临时交易和永久交易。

临时交易主要发生在一年内的水调配量在不同用户之间的转移，但水权仍旧由原所有者掌握。由于是临时性的水权交易，因此价格也相对低一些，如在澳大利亚，一般每年的价格在 0.02～0.04 澳元/m^3，价格的变化主要取决于水权拥有者提供的水量可靠性，以及水量调配基准、作物生长期及特殊作物的市场价格等因素。

永久的水权交易意味着部分或全部水权的完全转让，其中包括销售者的部分或全部水权的永久减少或签发新的水权许可证给购买者。与临时交易不同，永久交易需要经过一定的法律程序，因此也需要相当长的时间。如果一个灌溉企业的水权进行永久交易获得成功，那么灌溉取水许可证相应地取消，灌溉农田将成为旱地。同样在澳大利亚，一般情况下州内永久水权交易的价格范围是 0.4～1.2 澳元/m^3，其变化主要取决于特定地区作物的栽培、交易前水的可靠性及水权许可证的有效年限。

（4）按水权交易空间划分。按照水权交易的空间跨度来分，水权交易又可分为流域内水权交易和跨流域水权交易。流域内水权交易，又可以分为流域内不同区域的水权交易和同一区域不同类型用水户之间的水权交易。与流域内水权交易相比，跨流域水权交易涉及水权交易的定价、水权交易中的法律保障，以及其他相关的各种生态、经济等问题，更为复杂的是，需要更加系统的研究。根据交易时间长短又可以把流域内水权交易和跨流域水权交易划分为以下4种：

- 流域内临时交易：这是一种非常常见的交易形式，临时交易主要发生在不同用户之间的转移。由于是临时性的水权交易，因此价格也相对低一些，价格的变化主要取决于水权拥有者提供的水量可靠性、水量调配基准、作物生长期及特殊作物的市场价值等因素。
- 流域内永久交易意味着部分或全部水权的完全转让，其中包括销售者的部分或全部水权的永久减少或签发新的水权许可证给购买者。永久交易与临时交易不同，需要经过一定的法律程序，因此也需要相当长的时间。
- 跨流域临时交易是指不同水资源流域（地区）之间进行的水权临时交易，相应地，流域（地区）水管理法规中有关水资源计量和销售的规则也需进行相应的修改，使之符合跨流域临时交易的要求。
- 跨流域永久交易中，由于不同流域（地区）之间的水资源管理法则和水权交易程序及水定价原则不尽相同，因此，进行跨流域交易前需要对相应的法律问题、产权问题、成本回收和定价、水交易中的交易系数以及包括防止盐碱化在内的环境问题等进行研究。

思考题

1. 影响水资源需求和供给的因素有哪些？哪些因素是主导因素？
2. 运用消费者剩余和生产者剩余理论图示并说明“福利水价”的福利损失。
3. 阶梯式水价的节水效应如何？
4. 中国水权制度改革的总体趋势如何？

参考文献

[1] Berrittella M，Hoekstra A Y，Rehdanz K，et al. The Economic Impact of Restricted Water Supply：A computable general equilibrium analysis[J]. Water Research，2007，41（8）：1799-1813.

[2] Kenel P P，Schlaman J C. Preserving Sustainable Water Supplies for Future Generations[J]. American Water Works Association Journal，2005（7）.

[3] Jain A，Ormsbee L E. Short-term Water Demand Forecast Modeling Techniques-Conventional Methods Versus[J]. American Water Works Association Journal，2002（7）.

[4] Nicolas Spulber，Asghar Sabbaghi. Economics of Water Resources：From Regulation to Privatization[M]. Kluwer Academic Publishers，1998.

[5] Abu Qdaisa H A，Al Nassay H I. Effect of Pricing Policy on Water Conservation：A Case Study[J]. Water Policy，2001（3）.

[6] Becker N. A comparative analysis of water price support versus drought compensation scheme[J]. Agricultural Economics，1999.

[7] Anderson Terry. Water Rights：Scarce resource Allocation，Bureaucracy，and the Environment[M]. Cambridge，MA：Ballinger，1983.

[8] Archibald G G. Forecasting Water Demand-A Disaggregated Approach[J]. Journal of Forecasting，1983（2）.

[9] Green C．水资源经济学手册：原理与实践[M]．夏军，庞进武，译．北京：中国水利水电出版社，2005.

[10] 巴泽尔．产权的经济分析[M]．上海：上海三联书店，上海人民出版社，1997.

[11] 郑通汉，任宪韶．水利工程供水两部制水价制度研究[M]．北京：中国水利水电出版社，2006.

[12] 贾绍凤，姜文来，沈大军．水资源经济学[M]．北京：中国水利水电出版社，2006.

[13] 王亚华．水权解释[M]．上海：上海三联书店，2005.

[14] 沈满洪．水权交易制度研究——中国的案例分析[M]．杭州：浙江大学出版社，2006.

[15] 沈满洪，陈庆能，等，水资源经济学[M]．北京：中国环境科学出版社，2008.

[16] 沈满洪，魏楚，高登奎，等，生态文明视角下的水资源配置论[M]．北京：中国财政经济出版社，2011.

[17] S·梅瑞特，江莉．水需求的几种解释[J]．水利水电快报，2005（1）.

[18] 李晓琳．水价研究的理论、模型与实践[J]．河海大学学报，2002（3）.

[19] 李眺．我国城市供水需求侧管理与水价体系研究[J]．中国工业经济，2007（2）.

[20] 陈贺，杨志峰．基于效用函数的阶梯式自来水水价模型[J]．资源科学，2006（1）.

[21] 王亚华．水资源特性分析及其政策含义[J]．经济研究参考，2002（20）.

第四篇　环境价值评价

第 12 章　环境资源价值评价概述

不像竞争性产品和要素，市场机制能够直接显示其价格。环境资源的价格未必可以通过市场机制予以显示，因此，研究环境资源价值评价问题就显得十分重要。本章概要性介绍环境资源价值评估的意义、环境资源价值的类型、环境资源价值的评价方法以及方法的选择。

12.1　环境资源价值评价的起因与意义

环境资源价值指的是用货币的形式表示的对环境资源所提供的产品或服务的估价。由于环境资源有很强的外部性和公共产品的特征，因此对于环境资源的配置存在市场失灵，市场机制并不能自动形成一个可以达到环境资源供求平衡的均衡价格。为此，环境经济学家提出了环境资源价值的概念，并发展了各种价值评估方法。

12.1.1　环境资源价值评价的起因

环境资源价值评估的最初也是最基本的动机是使环境影响能够纳入成本-效应分析中。人们对环境资源价值的认识是在自然资源与经济发展的矛盾日益激化阶段体现出来的。在20 世纪 70 年代以前，人们认识、适应、改造资源环境的能力较低。人们普遍认为环境资源是取之不尽、用之不竭的。尽管人们认识到被消耗掉的自然资源的自然再生需要一定的条件和时日，但是他们只是单纯地向人自然索取甚至掠夺，而不是平衡、保护。人们没有认识到社会经济再生产与资源环境再生产之间的协调平衡关系。当社会经济发展到一定时期，经济发展对资源环境的需求将大大超过资源环境的自然再生能力所提供的供给时，环境资源供给与社会经济发展需求之间的紧张关系开始呈现。

1973 年的世界石油危机引起了人们对环境资源问题的关注与重视。此时，一个国际性民间学术团体——罗马俱乐部也于此前一年发表了名为《增长的极限》的研究报告，它预言经济增长不可能无限持续下去，因为石油等自然资源的供给是有限的，世界环境资源的基础正在不断削弱，真实的资源生态环境恶化，经济发展后劲不足，环境资源与经济发展之间的矛盾日益激化。其后果是使人类与自然处于尖锐的矛盾之中，并不断地受到自然的报复。也就在此时，人们才真正认识到环境资源的价值。

人们开始认识到地球上的自然资源是有限的，资源是稀缺的；人们认识到资源环境与经济协调发展的重要性；人们认识到需要依靠科技进步降低对自然资源的消耗或开拓新的可替代资源，以缓解资源枯竭之势；人们认识到需要增大对资源环境的投入，以保护和促进资源环境的新陈代谢和再生产循环，并扩大资源环境的再生产总量；人们认识到储备的自然资源也是真正的财富，具有价值，应纳入国民经济核算体系中。

12.1.2 环境资源价值评价的内涵

环境资源价值评估是通过对环境资源的经济使用价值、非使用价值、选择价值等进行定量化研究，特别是对生态系统服务功能的定量化研究，揭示环境资源价值构成。环境资源价值评估能为国家制定环境资源可持续发展利用经济政策提供依据，并能促进自然资源利用补偿税和生态环境补偿税等经济手段的完善与实施，进而促进国家可持续发展战略的实施。例如，在自然保护区进行一项开发活动——发展采矿业或者开发旅游胜地。如果开发活动进行的话，自然保护区提供的环境服务将会减少，或者完全损失，对此争议的关键在于如何评价环境服务，并比较项目的成本与效益，只有在评估之后才能作出正确的决策。又如，引进污染控制标准，将会对环境产生有利的影响，但是会提高经营活动的成本。制定合理的控污标准，有必要对各种污染水平降低带来的效益变化进行货币计量。

专栏 12-1 环境价值评估的作用——英国石油公司石油泄漏赔偿评估

2010 年 4 月 20 日，英国石油公司（BP）在墨西哥湾租用的一个钻井平台发生爆炸，大量原油侵入墨西哥湾，严重威胁墨西哥湾的生态环境。尽管美国政府、BP 及钻井出租方正在采取各类方式试图尽快阻止原油蔓延，但原油污染仍未得到全面的控制。

这一事件不仅对墨西哥湾沿岸生态环境造成了难以估量的损失，也对美国沿岸各州的渔业、旅游业和航运业造成了严重影响。5 月 3 日 BP 公司承诺对油轮的石油泄漏损失承担责任，包括：清除泄漏石油，尽快恢复该地区原貌；对当地生态造成损失的赔偿。5 月 24 日，美国成立总统委员会彻底调查漏油事件。

事件处理的一个关键性问题是：如何从一般性的生态损失概念转变为赔偿金的实际估计？这一石油泄漏事件造成的损失至少包括 3 个方面：① BP 公司损失数十亿美元；②美国渔业损失，美国渔民索赔 500 万美元；③海洋环境损失不可估量。即使是在墨西哥湾石油泄漏事故过去了四年，该区域的动物仍深受其害。例如，美国野生动物协会的一篇报告显示，在石油泄漏事件过去四年之后，该水域约 14 种生物表现出各种由于石油影响而产生的病症。该报告中还写道，自 2010 年石油泄漏事件发生以来，共计有超过 900 只处于食物链顶端的宽吻海豚死于溢油地区，或搁浅在海滩上。受石油影响，墨西哥湾北部的牡蛎繁殖率降低，抹香鲸体内金属元素含量较其他地区偏高。另外，科学家认为，要想掌握该事件对海洋生物的全部影响，可能还要再过几年。

资料来源：http://topic.eastmoney.com/BPoil/。

12.1.3 环境资源价值评价的意义

环境资源价值评估是非常活跃而且迅速发展的研究领域。特别是近年来，环境资源价值评估方面的需求增长迅速，这不仅仅是因为环境问题越来越受到人们的重视，有必要在对项目或政策的经济效果评估中考虑环境损害的影响，而且也是因为在确定由对环境损害负有责任者进行赔偿支付时，经济学家们需要对环境损害做出合理的价值评估，使之成为可接受的依据。大多数学者认为环境资源价值评估是可以接受的，只是对进行环境资源价值评估的方法是否令人满意存在分歧或争议。

因此，环境资源的价值评价至少具有下列三大意义：①通过环境资源价值评价，体现环境资源论、环境价值论、环境稀缺论，实现外部性的内部化，优化配置自然资源和环境资源。②通过环境资源价值评价，体现环境与经济协调发展理念，在项目开发时充分考虑经济发展的环境代价。只要包括经济净收益和环境净收益在内的社会净收益大于零，就可能可以开发；只要包括经济净收益和环境净收益在内的社会净收益小于零，就肯定不可以开发。③通过环境价值评价，鼓励生态投资，体现“绿水青山就是金山银山”“保护生态就是保护生产力”“投资环境保护也能获得盈利”等价值观，从而保障生态资本的增值。

12.2 环境资源价值的类型

环境资源价值被称为总经济价值（Total Economic Value，TEV），又可以进一步被分为使用价值（Use Value，UV）、选择价值（Option Value，OV）和非使用价值（Non Use Value，NUV）三部分，用等式来表示即为 TEV=UV+OV+NUV。下面结合热带森林的例子来考察这些概念。

12.2.1 使用价值

环境资源的使用价值是指环境资源被使用时，通过满足人们的需要或偏好而体现出来的价值。应当注意的是，环境资源经济学中所指的使用价值与政治经济学中所指的使用价值完全是两个概念。政治经济学中的使用价值属于劳动价值论的范畴，而这里的使用价值则属于效用理论的范畴。环境资源的使用价值可以进一步分为直接使用价值（direct use value）、间接使用价值（indirect use value）两部分。

直接使用价值是指人们当前直接使用环境资源时所获取的价值。例如，从海洋中捕鱼，从森林中采伐木材，从溪流中汲取用于灌溉的水，还有自然风景赋予景观美感。以热带森林为例，它的直接使用价值包括可持续的木材、非木材产品、休闲娱乐、药材、植物基因、教育、人类住区等。相反的例子则是，当大气污染使得人类更容易受到疾病侵害、石油泄漏给渔业带来不利影响时，或者当烟雾笼罩自然景观时，污染就会引起使用价值的损失。

间接使用价值指的是人们目前间接地使用环境资源时所得到的价值，它类似于生态学中的生态服务功能，对于热带森林，营养循环、水域保护、减少空气污染、小气候等都是其间接使用价值。

12.2.2 选择价值

选择价值又被称为期权价值，反映了人们对未来能够使用的环境资源赋予的价值。选择价值反映这样一个事实：即使当前没有人使用资源，人们也愿意保留在未来使用的选择权。使用价值反映的是当前使用价值，选择价值则反映了保留未来可能使用的一种潜在性的意愿。

选择价值相当于实物的期权价值。它同环境资源的风险和不确定性相联系，环境资源的选择价值类似于保险费，是为人们将来需要的时候能够使用它，在构成上它包括环境资源未来的直接使用价值和未来的间接使用价值。

12.2.3 非使用价值

环境资源的价值不仅包括使用价值，还包括非使用价值。

非使用价值反映了这样一种普遍的观点，即人们非常愿意为改善或保护那些永不使用的资源付费。纯粹的非使用价值也可以称作存在价值。人们对一种环境资源即使没有使用它的意图，仅仅因为它的存在，也有一定的支付意愿，这就是存在价值。它可以从人们的责任感、对其他物种的同情及其文化以及继承价值等角度去理解。仍以热带森林为例，一些人可能现在和将来都不会去那里，因此谈不上享受它的使用价值，但这些人可能拥有热带森林的知识并希望去保护它，因此愿意为它的存在而支付，随着人们生活水平的提高，存在价值越来越引起人们的重视。表 12-1 列出了热带森林的总经济价值构成。

表 12-1 热带森林的总经济价值

使用价值		选择价值	非使用价值
直接使用价值	间接使用价值		存在价值
可持续的木材	无	无	无
非木材产品	营养循环	未来使用（根据直接+间接价值）	森林作为内在价值的客体，具有遗赠、作为他人的礼物、责任等方面的价值，也包括文化和继承价值
休闲娱乐	水域保护	无	无
药材	减少空气污染	无	无
植物基因	小气候	无	无
教育	无	无	无
人类住区	无	无	无

资料来源：戴维·皮尔斯，杰瑞米·沃福德．世界无末日——经济学·环境与可持续发展[M]．张世秋，等，译．北京：中国财政经济出版社，1996.

12.3 价值评估方法分类

环境价值评估方法，又称环境影响的经济评价技术，有时也称货币化技术或环境经济评价技术。通过一定的手段，对环境资产（包括组成环境的要素、环境质量）所提供的物品或服务进行定量评估，并通常以货币的形式表征出来。对环境进行经济价值评估就是要衡量人们对环境物品或服务的偏好程度。环境经济评价的基础是人们对于环境改善的支付意愿（Willingness To Pay，WTP），或是忍受环境损失的接受赔偿意愿（Willingness To Accept，WTA）。根据获得支付意愿或接受赔偿意愿过程中，市场信息的完全与否，可将环境资源价值评估方法分为三类：市场价值法（或直接市场评价法，Market Value Approach）；替代市场价值法（Substitution Market Approach）；假想市场法（或陈述偏好法，Market Creation Approach）。

12.3.1 市场价值法

所谓市场价值法是从直接受到影响的物品的市场信息中获得人们的支付意愿和接受赔偿意愿。该法将环境资源看成是一个生产要素，认为资源环境质量变化引起生产率和生产成本的变化，即这种变化引起在给定其他条件下影响市场商品的供应量，或者导致产量或预定收益的降低，因而可以用市场商品数量或产量的变化来表示，其变化值以市场价格或货币价格测算，以此作为评估资源环境的价值。例如，化工厂的空气污染对厂周围的农业生产有不利影响，可用损失农作物产量的价值作为减少污染措施的效益来计算资源环境价值。该方法的一个基本前提是选取的价格能反映资源的稀缺性，是一种有效价格。

市场价值法主要包括 3 种方法：①生产率变动法（changes in productivity approach）；②疾病成本法（cost of illness approach）和人力资本法（human capital approach）；③机会成本法（opportunity cost approach）。

生产率变动法是一种利用生产率的变动来测算环境变化影响结果的统计估算方法。这种方法把自然环境看做一种传统的生产要素，人类的经济活动向自然环境排放废弃物，引起环境质量下降，降低了环境要素的服务功能。这也可以看做环境资产的生产率下降，其直接表现是在初始投入，如在资金、劳动力等不变的情况下，产出量下降。因此可以利用减少的产出量的市场价值来计算环境损害的价值。

疾病成本法和人力资本法是用来评估环境状况变化对人类健康影响的方法。环境恶化对人类健康的不利影响需要进行货币化衡量，这方面的损失包括：过早死亡、疾病、医疗费用开支增加、病休收入损失、精神或心理代价等。疾病成本法以损害函数为基础，它需要计算所有由疾病引起的成本或收入损失。

机会成本法是针对一定资源存在着多种用途时的情形，当资源被选择其中一种使用方式后，同时也就失去了其他使用方式的机会，把失去使用机会的方式中能获得的最大收益称为该资源的使用机会成本（Opportunity Cost）。例如，某水域被划为保护区后，不能进行水产养殖，该水域则失去了作为渔业生产的机会价值。

12.3.2 替代市场法

替代市场法是从与环境质量相关的商品的市场信息中获得人们的支付意愿和接受赔偿意愿。具体而言，它是通过考察人们在与环境联系紧密的市场中的相关行为，间接推断人们对环境的偏好。例如，为获得一片森林产生氧气的价值评估，可以用氧气厂生产相同数量的氧气的费用来替代。替代市场法一般包括：重置成本法（Replacement Cost Approach）、重新选址法（Relocation Cost Approach）、防护支出法（Defense Expenditure）、旅行费用法、享乐价格法和最近新发展的 GIS 估值法等。

重置成本法是由于环境危害而损坏的生产性物质资产的重新购置费用估算损失。重置成本法有时也被称为恢复费用法，当某一生态环境污染恶化，其功能降低，为了能将其各种功能恢复到受污染破坏前的水平而采取措施，所花的各种费用相当于该生态环境质量的最低价值。例如，当某湖泊遭破坏退化后把湖泊恢复到受破坏以前的状态所需的费用，即可看做湖泊的价值；矿山开采完后，对周边环境的恢复费用，计为矿区原有环境的价值。

重新选址成本法是由于环境质量的变化而重新安置某一物资设备的地理位置的实际

成本来估价环境损失效益。

防护支出法是指人们为了减少和消除环境污染或生态恶化的影响而支付的费用，避免了损失，就相当于获得了效益，因此用防护费来替代资源环境的价值。例如，为了得到安全卫生的饮用水而购买安装净水设备；治理噪声污染、避免噪声干扰的花费，计为选择低噪声或无噪声环境的价值。由于通常情况下，人们用于预防问题的支出不会大于问题本身导致的损失，因此，防护支出能够提供污染损害估值的一个下限。

旅行费用法是属于间接性经济评估方法，它不是直接以游憩费用作为森林游憩的价值，而是利用游憩的费用常以交通费和门票费作为旅行费用资料求出“游憩商品”的消费者剩余，并以此作为森林游憩的价值。

享乐价格法，也称资产价值法、内涵价格法或特征价格法。它的理论基础是人们赋予环境的价值可以从他们购买的具有不同属性的商品价格中推断出来。特别是固定资产的价格体现了人们对其综合评价。因而，享乐价格法经常被用来估计房地产价格。

GIS 估值法是从享乐价格法中衍生出来的一种新的环境资源估值技术。它纳入了 GIS 技术形成的数据库，通过计算机化的制图模型和分析工具进行估值。它能显示数据的空间结构和相关分析结果。特别适用于区域生态系统的资源价值评估。

12.3.3 假想市场法

假想市场法是通过直接调查，得出人们的支付意愿或接受赔偿意愿。它通过人为构造一个假想市场来衡量生态系统服务和环境资源价值，假想存在一个市场或者存在一种支付方式，人们愿意支付多少钱来获得该商品，或者人们希望得到什么样的补偿才愿意放弃对该商品的消费。其代表性的方法是意愿调查评估法（Contingent Valuation Method，CVM），即利用效用最大化原理，通过问卷调查得出物品价值的调查方法。意愿调查评估法现在已经成为世界上应用最广泛，也是应用比较成功的方法。但由于受到问卷设计及调查技巧的影响而易于产生多种偏差。因此，如何规避这些可能出现的偏差，就必须科学设计问卷和具备熟练的调查技巧。

另外，实验市场法也越来越受到重视。它包括现场实验（Field Trials Method）、实验室实验（Laboratory Experiments Method）、选择实验方法（Choice Experiments Method），它们弥补了意愿调查法的不足，并且增加了更多的可控因素，在模拟环境资源市场方面具有独特的优势，也能获得比较合理、客观的环境资源价值评估结果。

12.4 环境价值评估法的特点与选择规律

12.4.1 各种环境价值评估方法的特点

市场价值法是在估算环境资源的经济价值方面最直观的一种方法。这种方法易观测计量，其结果普遍能被接受。大多数估值研究，特别是在发展中国家进行的估值研究全部或部分依赖这种方法。但是，当市场发育不良或存在严重扭曲时，它的局限性就表现出来。由于不计算消费者剩余并且忽略了外部性的影响，市场价值法常常会低估真实的经济价值。另外，当市场价格失真时，就需要作出修正，或采用以边际价格为基础的影子价格，但很难准确确定。当每年的生态环境系统收益受到气候、水文等自然因素和人为因素的影响时，实际误差可能就很大。

替代市场法是将无市场的生态服务功能或环境资源转化为有市场价格的物品，从而实现其价值，这种方法主要适用于属于经济资产的自然资产的存量估价，如海洋捕鱼、采伐原始森林等，因为鱼类、木材都有市场价格，但对于自然资源的流量或者环境的损害等则无法使用该方法。旅行费用法、享乐价格法都是一种比较成熟的方法，但这两种方法需要收集大量数据，估算过程较为繁琐。同时，这两种方法都不涉及非使用价值，会低估总的经济价值。但是，又由于这两种方法都是建立在实际市场数据的基础之上，所以它又比假想市场评价方法有较少的系统误差。

假想市场法，特别是意愿调查法的适用范围很广，因为它可以评估非使用价值。但是它要求的数据多，需要花费大量的时间和费用并且需要非常细心的策划和解释，而且意愿调查法依赖于人们的观点，不以人们的市场行为为依据，在回答中会产生偏差。同时，意愿调查法还取决于调查对象对环境问题的理解，并假定人们有一定的文化水平和环境意识，这些条件有时并不容易达到。

衡量环境资源价值方法的分类及比较见表 12-2、表 12-3。

表 12-2 衡量环境资源价值方法的分类

显示偏好方法		非显示偏好	
市场价值法	生产率变动法	假想市场法	意愿调查法
	疾病成本法和人力资本法		
	机会成本法		
替代市场法	重置成本法		实验市场法
	重新选址法		
	防护支出法		
	旅行费用法		
	享乐价格法		

表 12-3 环境价值评估方法比较

类型	具体方法	适用条件	优点	局限性
市场价值法	生产率变动法 人力资本法 机会成本法	有市场价格的物品和服务	简便易行、结果较客观	只能评估直接实物使用价值；行为与产出的物理关系难以估测
替代市场法	重置成本法 重新选址法 旅行费用法 防护支出法 享乐定价法 GIS 估值法	适合于能够观察或找到替代某种生态服务功能的情况	比较成熟、特别适用于评估间接使用价值	需要大量的数据调查；替代品选择可能影响结果的真实性；存在取样偏差
假想市场法	意愿调查价值法 实验市场法（现场实验、实验室实验、选择实验）	要求样本人群具有代表性，对所调查的问卷感兴趣并且有一定的了解；有充足的资金、人力和时间	能够揭示生态系统服务的存在价值，是最后的方法	存在信息偏差、战略偏差等；WTP 与 WTA 结果不同；确定相关群体的困难性；价格与范围的敏感性；评估结果的可信度变化幅度大

12.4.2 各种价值评价方法的选择规律

12.4.2.1 方法选择的规律

关于对生产力的影响，最直观的方法就是市场价值法，它对生产的实际影响（如酸雨造成的作物损失）赋予市场价值。但是，如果这些影响引致了一些防护措施时（如为减少噪声污染而增加的防噪声装置的费用），也可以采用防护支出法、机会成本法等。对于环境影响方面的评价技术选择可参见表 12-4。

表 12-4 环境影响及其价值评估技术选择

环境影响	评估技术选择
生产力	生产率变动法
	机会成本法
	重置成本法、防护支出法
健康影响	疾病成本法和人力资本法
	防护支出法
	意愿调查法
舒适性	旅行费用法
	享乐价格法
	意愿调查法
非使用价值	意愿调查法

对于健康（包括安全）的影响，可以采用疾病成本法和人力资本法。由于疾病成本法和人力资本法是基于收入的减少以及直接医疗费用的增加进行估算的，因此用这两种方法所得的数值仅仅是环境质量变化的最低价值。防护行为（如为逃避污染而搬迁）和防护支出法（如安装私人饮水过滤器以防止污染）也可以用来评估健康影响。全面的健康影响评估往往采用意愿调查法，这种方法能够度量人们为防止和减少疼痛、不舒服风险的支付意愿，以及货币损失，由于意愿调查法评估健康影响比较全面，对健康影响的研究正越来越多地采用此方法。

对于舒适性的影响，旅行费用法和享乐价格法分别基于到达某地的旅行费用以及因环境原因造成的财产价值的差别来进行评估。意愿调查法也可以用于评估人们对舒适性的偏好。

意愿调查法是唯一能够揭示环境资源非使用价值（如珍稀物种生物多样性的保护）的方法，因为其他方法考虑的都仅仅是使用者的直接和间接成本与收益。

12.4.2.2 方法选择的依据

一般而言，不宜针对一个问题采用所有的价值评估方法。在选择评估方法时，主要应考虑以下几个方面。

（1）环境影响的相对重要性。以砍伐森林为例，假设：农业开发、木材加工、出口等导致了对热带原始森林的砍伐。根据当地情况，主要的环境影响有：

- 非木材类的森林价值的损失（药材、果实、纤维等）。
- 长期可持续的木材产量的减少（通过木材蓄积量衡量）。

- 土地暴露引起的土壤侵蚀给下游造成的泥沙沉积和洪水风险。
- 生物多样性和野生动物的丧失，影响环境的存在价值和生态旅游。

对于影响以上前两条而言，可以用直接市场法评估；对于影响第三条，则可以通过防护支出法解决；对于影响第四条，则可以通过直接市场法和意愿调查法解决。

（2）信息的可得性。选择价值评估方法的第二个因素是考虑可以得到的信息的种类和数量，以及获得信息的费用。对于可交易的物品和服务来说，数据相对容易获得，可以采用直接市场法；对于缺乏市场或者市场发育不完善的商品和服务（如基本食物、非木材的森林产品等），尽管也可以采用直接市场法，但需要进行必要的调查以获得评估所必需的数据，如所涉及的产品的种类和使用情况以及他们的替代品和替代品的市场价格等；当难以获得环境影响的数据信息时，人们往往采用历史上记载的有关数据及有关专家的意见代替，此时宜采用防护支出法和专家调查法等。

对于那些不在市场上交换的物品和服务，或者在直接信息非常缺乏的情况下，适宜采用意愿调查法。意愿调查法和旅行费用法都是以调查为基础，要求调查者具有较高的调查和统计技巧。享乐价格法在所有方法中数据需求量最大，因此它仅能用于少数的价值评估案例。

（3）研究的经费和时间。选择什么样的价值评估方法还要考虑到研究经费的多少以及时间的长短。时间和资金供给充足的研究项目，与资金短缺、时间急迫的研究项目相比，在评估方法的选择上会有许多不同的考虑。

当资金和时间有限时，可以借用其他项目（或研究成果）的数据、具有可比性的其他国家或地区的数据、当地专家的意见、历史记录、对有关人群进行调查所获得的比较粗略的数据，并运用一些比较简单的方法进行评估。

当项目的时间比较宽裕、资金供应充足时，可以采用一些复杂的方法。例如，旅行费用法、享乐价格法、意愿调查法等。

（4）其他影响因素。各种环境资源价值评估方法的应用取决于评估过程所提供的研究对象、时间、资金以及各种资源的特征属性，同时还与研究人员的研究习惯和偏好密切相关。不仅如此，具体的评估方法还与研究人员的自身有关，有些方法需要评估人员具有较好的经济学背景和丰富的统计分析经验，比如享乐定价法；有些方法对评估人员在这些方面的要求就相对低一些，比如防护支出法，除此之外，各种方法的具体使用还取决于一国的环境政策、环境重视程度、统计制度和技术体系、统计传统等多种因素的影响。

思考题

1. 为什么要进行环境资源价值评价？
2. 环境资源的价值是如何构成的？
3. 环境资源价值评价有哪些方法？

参考文献

[1] 戴维·皮尔斯，杰瑞米·沃福德．世界无末日——经济学·环境与可持续发展[M]．张世秋，等，译．北

京：中国财政经济出版社，1996.

[2] 汤姆·蒂坦伯格，琳恩·蒂坦伯格. 环境与自然资源经济学[M]. 北京：中国人民大学出版社，2011.

[3] 查尔斯·科尔斯塔德. 环境经济学[M]. 北京：中国人民大学出版社，2011.

[4] 谢贤政. 环境资源经济价值评估[M]. 北京：中国环境科学出版社，2011.

[5] 罗杰·珀曼，马越，詹姆斯·麦吉利夫雷，等. 自然资源与环境经济学[M]. 北京：中国经济出版社，2002.

[6] A·迈里克·弗里曼. 环境与资源价值评估——理论与方法[M]. 北京：中国人民大学出版社，2002.

[7] 冯俊，孙东川. 资源环境价值评估方法述评[J]，财会通讯，2009（9）.

[8] 冯俊. 环境资源之家核算与管理研究[D]. 广州：华南理工大学，2009.

第 13 章　市场价值法

环境污染对自然系统或人工系统的生产率会产生影响，从而导致使用该系统生产并进入市场交易的产品的数量和价格发生变化，用货币的形式衡量这种变化从而对环境资源的价值作出评估的方法就是市场价值法。

13.1　生产率变动法

13.1.1　生产率变动法概述

这种方法把环境资源看成一种生产要素，它同劳动力、资本等生产要素一起对生产作出贡献，环境质量的变化引起生产率的变化，从而导致生产者成本、收益、利润的变化。例如，土壤的流失会导致农作物产量的下降，水污染将使水产养殖业的产量下降或成本上升。我们可以把这种方法简洁地表述为如下的生产函数形式：

$$Q=f(L,K,E) \tag{13.1}$$

式中，Q 代表产出，L 代表劳动，K 代表资本，E 代表环境，且 $\partial Q/\partial L>0$，$\partial Q/\partial K>0$，$\partial Q/\partial E>0$。如果知道生产函数的代数形式和参数值，就可以利用相关信息估计在保持 K 和 L 不变的条件下，环境因素变化对产出量变化的影响，或者还可以将产出量进一步转换为货币计量。

在实际估算中如何衡量环境污染对产出的影响呢？一般有两种思路：一种是将环境污染的治理费用作为要素投入来考虑，污染减少就必须增加用于污染治理的资源投入。但问题是，这种方法很难厘清要素资源投入中哪些用于污染治理、哪些用于好产品的生产，因此在实证研究中较少采用此类方法。另一种思路是将污染作为一种不受欢迎的副产品，减少这种副产品必须将一部分资源用于污染治理，其结果必将导致好产品的减产。这种方法需要大量的样本数据和较为复杂的计算。不过，因为许多统计数据中都有污染物排放量指标，因而第二种方法在实际分析中使用较多。

13.1.2　生产率变动方法的评估步骤

具体来说，该方法的估计步骤：

（1）估计环境变化对受者（财产、机器设备或者人）造成影响的物理效果和范围。例如，评估森林砍伐导致农作物减产的价值影响，首先，可以估计环境变化造成的物理效果，如森林砍伐导致土壤损失 3%，受影响区域 100 亩。一般而言，环境改变可能产生的影响效应如表 13-1 所示。

表 13-1 环境改变的生产效应

环境变化	产出	投入
土壤质量提高	增加	降低
渔业污染减少	增加	不变
保护森林	增加	增加
工业用水质量提高	不变	降低
土壤侵蚀	降低	增加
渔业污染增加	降低	不变
森林损失	降低	降低
工业用水质量降低	不变	增加

（2）估计该影响对成本或产出造成的影响。例如，土壤损失对产出的影响为：3%的土壤降低了玉米产量，产量损失为 150 kg/亩。

（3）估计产出或者成本变化的市场价值。例如，产出损失的市场价值为：1.0 元/kg×150 kg/亩×100 亩=15 000 元。

或者，上述计算方法可表示如下：

$$\text{环境状态变化的价值}=\sum_{i=1}^{n}(p_iq_i-c_iq_i)_2-\sum_{i=1}^{n}(p_iq_i-c_iq_i)_1 \tag{13.2}$$

式中：n——假定有 n 种受影响的产品；

p——产品的价格；

q——产品的数量；

c——产品的成本；

下标 2——环境变化后的情况；

下标 1——环境变化前的情况。

专栏 13-1 尼泊尔一项森林开发项目的效益评价

尼泊尔的这项森林开发项目主要为了改进土地利用，包括：改善 7 000 hm^2 的立木质量以及 16 000 hm^2 的灌木林地的管理；新建围栏以阻止对牲畜的危害；建立 4 000 hm^2 的森林用于饲料、薪柴以及围栏用木。该项目的目标主要包括：增加薪柴和饲料数量、提高土地生产力、减少水土流失。

Dixon 等比较了两种情况：①采用该项目时土地的全部产出及实施该项目的成本；②不采用该项目时土地的全部产出。

通过计算项目实施带来的产出增加，对产出增加的现值和实施该项目的成本现值的比较，结果表明该项目的内部收益率为 8.5%。

资料来源：戴维·皮尔斯，杰瑞米·沃福德著. 世界无末日——经济学·环境与可持续发展[M]. 张世秋，等，译. 北京：中国财政经济出版社，1996.

专栏 13-2 菲律宾帕拉万岛（Palawan）砍伐树林对沿海地区影响研究

菲律宾帕拉万岛是著名旅游景点。该岛是菲律宾西南部一个狭长形的海岛，以它的自然和探险吸引着越来越多的游客，这块亚马逊式的丛林内陆地区是菲律宾的最后一块生态处女地，加上周围还有一千多个大小岛屿，被称为海边乌托邦。普林塞萨港（公主港）(Puerto Princesa）是巴拉望的首府，它的地下河公园世界闻名。巴拉望周围有许多大小岛屿，因此也是潜水和浮潜的乐园，较著名的潜水地点有里塔岛（Rita)、潘丹岛（Pandan)、邦里玛群礁（Panglima）和图巴塔哈群礁（Tubbataha）等，其中图巴塔哈是观赏大海龟和飞禽的好地方。帕拉万岛是菲律宾迄今为止自然生态环境保护最完好的地方，故又被称为“最后的边疆”。

该岛的经济主要是伐木、手工捕鱼、潜水及旅游业。砍伐树林将对该岛沿海经济产生重要影响。例如，伐木产生的泥土流到湾里，损坏了珊瑚礁，破坏了食物链，对捕鱼业和旅游业有不利影响。我们采用生产率变动法比较两种情况收入水平，以 10 年期、10%的贴现率计算：

一是继续伐木，损害海湾的生态系统，使捕鱼和旅游业收入减少。

二是禁止伐木，失去伐木收入，但能够增加另外两种收入的来源。

两种情况下 3 种产业总收入比较如下：

两种情况下 3 种产业总收入比较 单位：美元

项目	1 禁止伐木	2 继续伐木	差额（1–2）
旅游业	25 481	6 280	19 201
捕鱼业	17 248	9 108	8 140
伐木业	0	9 769	–9 769
总计	42 729	25 157	17 572

从继续伐木和停止伐木两种情况下的 3 种产业总收入比较，可以得出结论：

禁止伐木得到总收入最大，伐木损失可以由捕鱼及旅游收入弥补。

如果该岛继续伐木，那么不仅旅游收入受到的负面影响最大。而且整个地区的总收入将显著下降。因此，应选择禁伐！

专栏 13-3 20 世纪 90 年代中期中国环境污染经济损失估算

中国自 20 世纪 70 年代开始关注环境污染问题以来，曾针对不同行业的不同污染物进行过不同尺度上经济损失的评估工作。早期工作主要集中于污水准治问题；以后则关注大气污染和水污染对人体健康影响的问题；自 80 年代后期以来，则开始注意到区域性污染（酸雨、湖泊富营养化等）的生态破坏方面的影响。

郑易生等综合运用生产率变动法、疾病成本法、人力资本法、旅游成本法等评估方法对 20 世纪 90 年代中期中国环境污染造成的经济损失进行了估算，包括：大气污染、酸雨、水污染及综合因素污染四方面的经济损失估算。其中，环境污染价值影响估算如下：

（1）按照计算结果，1993 年中国环境污染造成的损失为 1 085 亿元，占当年 GNP 3%以上。

（2）水污染造成的全国渔业损失合计 340.6 亿元；全国农业污染性缺水的损失 59.5 亿元；全国 1997 年因粮食农药污染超标粮食 7 931 万 t，按降价 10%计，粮食损失达 104.7 亿元；水污染对国内 59 个旅游城市旅游资源的经济损失在 1996 年合计 50.2 亿元。

（3）郑易生等估计 1993 年固体废弃物污染对农业造成的经济损失为：1993 年垃圾堆存面积 52 052 hm^2，占地按绝产、污染按减产 1/3，全部算蔬菜，则算出共损失蔬菜 427.9 万 t，经济损失 33.2 亿元。1995 年工业固体废弃物增加到 10.2 亿 t。经济损失合 68 亿元。

环境要素	损失项目	损失价值/亿元	环境要素	损失项目	损失价值/亿元
大气污染	城市污染对人体健康	78.0	酸雨	农作物	16.0
	农业及畜牧业	33.0		森林	250.0
	洗涤清扫费用	60.0		建筑材料侵蚀	22.5
水污染	人体健康	165.0	综合性污染	农业环境污染事故	7.0
	污染灌溉对农业损失	47.4		农产品超标损失	42.8
	渔业损失	48.8		乡镇企业污染对人体健康	72.0
	工业缺水损失	65.0		固体废弃物对农业	33.2
				农用化学物质	144.4
总计	1 085.1				

资料来源：郑易生，阎林，钱慧红. 90 年代中期中国环境污染经济损失估算[J]. 管理世界，1999（6）：189-207。

专栏 13-4　DEA 模型和 Malmquist 指数测算环境投入对产出效率的影响

（1）DEA（Data Envelopment Analysis）模型可以从输入、输出角度评价环境因素对部门产出的影响。涂正革在其研究中将工业生产排放废气、废水等污染物视作不受欢迎的副产品或“坏”产品，正常的产出称为“好”产品。他通过 DEA 模型分析包括“坏”产品在内的产出与要素资源投入之间的技术结构关系。用产出集合模拟环境技术：

$$P(x)=\{(y, b)\text{: } x \text{ can produce } (y, b)\}\text{，}x \text{ 属于投入集}$$

集合 $P(x)$是指 N 种要素投入 x 所能生产的“好”产品与“坏”产品产量的所有组合。投入向量 $x=(x_1, \cdots, x_n)$；“好”产品向量 $y=(y_1, \cdots, y_m)$；“坏”产品向量 $b=(b_1, \cdots, b_j)$。“坏”产品是指生产过程中排放的污染物，如 SO_2 等废气、废水。

环境技术是衡量环境效率的基础。环境技术实际上给出了环境产出的可能前沿，即在给定投入 x 条件下，最大产出、最小污染的集合。基于环境产出前沿就可以测度环境技术效率。衡量的环境技术效率，有两种思路：第一种思路是给定污染物 b，以“好”产品的实际产量与最大产量之间的比率衡量环境技术效率。这种方法经常会招致批评，特别是在环境污染严重时期，因为公众的愿望往往是既要求工业快速增长，又要求污染排放减少。为此，他提出了测度环境技术效率的第二种思路：既要求产出增长，又要求污染减少。这就是方向性环境距离函数的思想。方向性环境距离函数值测度了在给定方向、投入和环境技术结构下,“好”产品扩大和“坏”产品缩减的可能性大小。即构造:

Dt(yt,xt,bt,; gy,–gb)=sup[*B*:(yt+*B*×gy,bt–*B*×gb)属于 Pt(xt)]

这里,“好”产品与“坏”产品被同样地对待,对于给定投入(x),当产出(y)和污染(b)按照相同比例扩张和收缩,B 就是 y 增长、b 减少的最大可能数量。因此,方向性距离函数值衡量了生产者相对于前沿环境技术水平,非效率(inefficiency)的大小程度。

环境技术效率为“好”产品的实际产出量 yt 与环境技术结构下的前沿产出量(1+*B*)×yt 的比率:

ETE(yt,xt,bt; yt,–bt)= 1/[1+ DT(yt,xt,bt; yt,–bt)]

环境技术效率与传统意义的技术效率的区别就在于产出前沿不同。按照一定方向,方向性环境产出距离函数同时考虑“好”产品扩张、“坏”产品减少的最大可能性。环境技术效率不仅反映“好”产品与最大“好”产品的差距,也反映“坏”产品与最少“坏”产品的差距。假若生产者的实际投入产出为(yt,xt,bt)=(4,1,2),环境前沿产出(y,x,b)=(6,1,1),于是,方向性环境产出距离为 0.5,环境技术效率为 0.66。

涂正革的研究结果显示:

2005 年环境效率的平均得分,上海以 100 分位列第一名、广东(99.8)第二名、云南(99)第三名、山东和江苏(98)并列第四名。前 8 名基本上都是东部沿海发达地区。陕西、山西、广西、甘肃和宁夏西北地区的 5 省(区)环境与工业协调性恶化,环境技术效率达不到 60 分。

(2)王兵等运用 Malmquist-Luenberger 生产率指数和 DEA 序列相结合的方法测度并比较了对 CO_2 排放做出不同管制的 3 种情形下 APEC 17 个国家和地区 1980—2004 年的全要素生产率增长。

他们发现,如果不考虑环境管制,APEC 生产率的平均每年增长率为 0.44%。然而,如果政策的目标是保持 CO_2 排放量不变或者减少 CO_2 排放量,生产率的增长率为 0.55% 或者 0.56%,并且主要是由于技术进步的推动。因此,从平均意义上讲,考虑环境管制后,APEC 的生产率增长水平提高了。

资料来源:涂正革. 环境、资源与工业增长的协调性[J]. 经济研究,2008(2);王兵,吴延瑞,颜鹏飞. 环境管制与全要素生产率增长:APEC 的实证研究[J]. 经济研究,2008(5)。

13.1.3 生产率变动法对数据与信息的需求及应注意的问题

一般而言,采用生产率变动法进行环境价值评价,需要下列数据与信息:生产或消费活动对可交易物品的环境影响数据;有关所分析物品的市场价格的数据;在价格可能受到影响的地方,对生产与消费反应的预测;如果该物品是非市场交易品,则需要与其最接近的市场交易的信息;由于生产者和消费者对环境损害会做出相应的反应,因此,需要对可能的或已经实施的行为进行识别和评价。

在生产率评价法要注意以下几点:①如果市场中的产品只有少量来自受污染的地区,

那么可以认为环境变化前后产品的价格不变；如果市场中的产品大量来自受污染的地区，那么环境变化前后产品的价格将发生变化，两种情况应区别对待。②由于市场的不完全竞争，价格补贴等因素的存在，会导致价格的扭曲，分析时应对此进行修正，如把补贴也加到价格中去。③把握使用该方法的时机，生产者和消费者在面对环境变化时，会改变自己的行为而适应这些变化。如消费者将不再购买被污染的粮食，生产者会用对污染不敏感的良种代替以前的粮食品种。如果在出现这种变化之前做出评价，则会高估环境变化的价值；如果在这些变化之后做出评价，则会低估环境变化的价值。

13.2 疾病成本法和人力资本法

13.2.1 疾病成本法和人力资本法概述

疾病成本法和人力资本法是估算环境变化对人类健康和劳动力数量及质量影响的方法；或者说是评价反映在人体健康状况和劳动力上的环境价值的方法。又称为修正的人力资本法。从经济学的角度看，人力资本是指体现在劳动者身上的资本，它主要包括劳动者的文化技术水平和健康状况。人力投资是对劳动者健康状况和文化技术水平所进行的投资。人力投资的成本（费用）包括个人和社会用于教育及卫生保健等方面的支出，人力投资的收益（效益）包括个人受教育和接受卫生保健后所带来的个人收入增加和社会效益。

该方法主要从两个方面来刻画环境变化造成的对人体健康的影响。①通过疾病成本法计算由于环境变化而造成的患病率和医疗费用的增加，以及患者在患病期间收入的减少，它是计算直接费用；②通过人力资本法来衡量环境变化造成的过早死亡的损失，它是计算间接费用。在实际应用中，常把两者结合起来。

13.2.2 疾病成本法和人力资本法的评估步骤

疾病成本法和人力资本法的评估步骤如下：

（1）识别环境中可致病的特征因素。即识别出环境中包含哪些可导致疾病或死亡的物质。首先要确定污染物的量。其次运用扩散模型确定周边环境质量受影响的程度。

（2）确定致病原因疾病发生率和过早死亡率之间的关系，即建立损害函数（damage function）或剂量-反应函数（does-response function），只有当环境污染与健康存在明确关系的情况下，计算疾病的成本才是可能的。这里，损害函数把人们接触到的污染水平与污染对健康的影响联系起来。

一般来说，损害函数属于医学范畴，它是建立在病例分析、流行病数据资料分析和实验室实验基础之上的。

（3）评价处于风险中的人口规模，即估计上述周边环境水平下的人体暴露（human exposure）程度。

（4）估算由于疾病导致收入的减少和医疗费用的增多、提前死亡所造成的收入的减少。对疾病所消耗的时间与资源赋予经济价值，其计算公式如下：

$$I_c=\sum_{i=1}^{n}(L_i+M_i) \tag{13.3}$$

式中：I_c——由于环境污染导致的疾病损失成本；

L_i——特定个人由于环境污染导致的工资损失；

M_i——特定个人由于环境污染导致的医疗费用支出；

n——受到影响的人的总数。

M_i 与特殊污染物有关的疾病所增加的及其他费用。它一般包括患者到医院及诊所就诊的费用，如用以治疗哮喘病等的药品费用。

L_i 是人们患病以后的误工时间、缺课时间以及因哮喘病等疾病早亡所损失的生产率的机会成本。L 可以用工人在未来收入的贴现值来表示，则年龄为 T 的人过早死亡的损失可用下式表示：

$$L_T = \sum_{t=T}^{\infty} Y_t P_T^t (1+r)^{T-t} \tag{13.4}$$

式中：L_T——年龄为 T 的人过早死亡的损失；

Y_t——预期个人在第 t 年可获得的人力资本收入；

P_T^t——个人活到第 t 年的概率；

r——贴现率。

在式（13.4）中，暗含着只要活着就有机会和能力工作的假定。

确切而言，疾病成本还应包括减少疾病风险的避免成本、医疗保健和药物治疗的缓解成本。采用人力资本法计算时，要考虑：①人的过早死亡损失的生命年数是社会期望寿命与平均死亡年龄之差，而社会期望年龄随着时间的推移逐步增加，要对社会期望寿命进行合理的预测。②由于误工和丧失娱乐活动的非直接成本，还有不容易测量的由于不适、焦虑、疼痛和忍受带来的成本。

专栏 13-5　环境污染程度与人类健康损害之间的联系研究

空气和水污染会对人类健康产生一系列不良影响，从轻微的胸部不适或头疼到需要住院治疗的急性中毒。长期以来，空气污染一直被认为是造成相关地区人类死亡率和发病率上升的元凶，这一方面是由有毒污染物的意外排放造成的，另一方面也与人们长期暴露在如二氧化硫及悬浮颗粒物之类的污染物之下有关。除此之外，支气管炎、肺气肿、肺癌、哮喘等疾病的发病原因也都或多或少与空气污染有关。同样，水污染也对人类的健康造成损害，这主要是由于饮用水受到污染而造成的。除了周边环境的污染程度之外，还有许多因素会对人类健康产生影响——生活习惯、饮食、遗传因素、年龄等。为了从中分离出污染对人类健康的影响，需要先确定其他因素对人类健康的影响，否则就有可能将实际当中由其他因素（如吸烟）造成的影响归结到污染上。

在美国，最早的一项有关空气污染与人类健康之间联系的研究是由拉夫（Lave）和塞斯金（Seskin）在 20 世纪 70 年代进行的。他们采用标准都市统计区（SMSAs）于 1969 年公开发布的数据，经过研究发现，总的来说，空气污染程度每降低 1 个百分点，死亡率就会下降 0.12 个百分点。

在过去的几十年当中，科学家们就污染和人类健康之间的联系进行了成千上万次研究，研究内容包括过早死亡率及发病率两个方面。加州空气资源委员会的一项研究表明，儿童肺功能降低的发病率和接触空气污染物之间存在着明显的联系。Ritz和她的同事研究发现，新生儿的先天缺陷和孕妇接触空气污染物有关。Bell和他的同事考察了全国数据，发现臭氧含量提高之后，死亡风险明升。

资料来源：巴利·菲尔德，玛莎·菲尔德. 环境经济学[M]. 大连：东北财经大学出版社，2010。

专栏 13-6　青岛市大气污染对人体健康经济损失的评估

胡雁用修正的人力资本法对青岛市大气污染对人体健康的经济损失作了评估。

他选取的大气污染物是 SO_2、TSP（总悬浮颗粒）、氮氧化物（NO_x）。他选取青岛市为污染区，市郊某县为对照区。其中所用的环境监测资料主要取自青岛市环境质量年报、青岛市区各空气站点的 SO_2、TSP、NO_x 连续监测资料、流行病学资料则来自青岛市统计年鉴、青岛市卫生局以及青岛市防疫站的历年统计报告、调查资料。

他所采用的计算方法如下：

$$S=[P\sum T_i(L_i-L_{oi})+\sum Y_i(L_i-L_{oi})+P\sum H_i(L_i-L_{oi})]M$$

式中：S——环境污染对人体健康的损害值，万元；

P——人力资本，一般取人均净产值，元/（a·人）；

M——污染覆盖区域内的人口数，10万人；

T_i——第 i 种疾病患者人均丧失劳动时间，年；

H_i——第 i 种疾病患者陪床人员的平均误工，年；

Y_i——第 i 种疾病患者平均医疗护理费用，元/人；

L_i，L_{oi}——分别为污染区和对照区第 i 种疾病的标化死亡率，1/10万。

他以肺癌的死亡率增加而带来的经济损失计算为例。由其所得的资料得到 T_i=12（年），H_i=0.2（年），Y_i=15 000（元/人），以青岛市职工的人均收入为 P 值，P=7 518 [元/（a·人）]，M=12（10万人）。

对于污染区青岛市的肺癌标化死亡率 L_i=17.04/10万，而对照区 L_{oi}=6.12/10万，从而大气污染导致肺癌死亡率增加带来的经济损失为1 398万元。用同样的方法，他将慢性支气管炎、哮喘、肺炎以及其他呼吸道疾病指标作为健康效应终点，得出青岛市大气污染对人体健康的经济总损失约为 3.53 亿元。并且指出，大气污染对人体的危害主要是难以量化损失值的亚临床变化和体内生理功能的变化，其实际损失要大于3.53亿元。

资料来源：胡雁. 青岛市大气污染对人体健康经济损失评估[J]. 中国公共卫生，2003（8）：19。

专栏 13-7 雾霾对中国人寿命的影响

一项由美国、中国和以色列学者共同完成的研究发现，雾霾导致中国人均寿命南高北低，具体来说，20 世纪 90 年代以来，北方居民人均寿命缩短的幅度超过 5.5 年，这项研究结果为中国环境恶化的巨大代价提供了一种新的评估。

该项研究基于中国的区别性煤炭政策所导致的“自然实验”，它是基于对生活在淮河南北的人口群体的分析。淮河位于长江与黄河之间，并与这两条河流走向相同。一直以来，在淮河以北，中国政府一直坚持为锅炉提供免费煤炭以便冬季供暖。该政策及北方随处可见的用煤作为燃料的工厂，使得南北之间的燃煤污染物排放差距巨大。

他们采用了下列估算公式：

$$Y_j = \beta_0 + \beta_1 \mathrm{TSP}_j + X_j \Gamma + \varepsilon_j$$

式中：TSP_j——城市 j 中的悬浮状微粒物质浓度；

X_j——除了空气质量之外的影响城市居民生活质量和健康的其他因素；

Y_j——居民死亡率。

$$\mathrm{TSP}_j = \alpha_0 + \alpha_1 N_j + \alpha_2 f(L_j) + X_j \kappa + v_j$$
$$Y_j = \delta_0 + \delta_1 N_j + \delta_2 f(L_j) + X_j \varphi + u_j$$

式中：N_j——虚拟变量，当城市 j 处于淮河以北时，它等于 1；

$f(L_j)$——一个维度的多项式；

X_j——除了空气质量之外的其他人口特征和城市特性变量。

研究结果表明：

（1）淮河以北的颗粒物浓度比南部高 184 μg/m^3，也就是高出 55%。

（2）因为室外空气污染，生活在淮河以北的 5 亿中国人将失去 25 亿年的预期寿命。而在中国南方的平均污染水平之上每增加 100 μg/m^3 微粒物质，出生时的预期寿命就减少 3 年。

研究的一个不足是无法对现在的污染水平与研究所覆盖的 1981—2001 年进行比较。在那一段时期，测量颗粒物的方法是不同的。对于那些并非一生都在北方的人，或是经常或长期去污染较少的地区旅行的北方居民，研究者无法显示中国北方的污染会对他们的预期寿命造成什么样的影响。

资料来源：Chen Yuyu，Ebenstein A，Greenstone M，et al. Evidence on the impact of sustained exposure to air pollution on life expectancy from China’s Huai River policy[J]. PNAS，2013，110（32）：12936-12941。

13.2.3 该方法对数据与信息的要求及其局限性

13.2.3.1 疾病成本法和人力资本法的信息要求

疾病成本法和人力资本法对数据与信息的要求较高，它需要下列信息：

（1）暴露人群评估所需统计数据。包括人群活动的一般分布规律、敏感人群统计资料等。

（2）需要确定剂量—反应关系，即环境污染与人群发病率之间的联系机制。需要排除环境因素以外的影响效应，如环境未受污染前，某一区域人口中得某种疾病的比例为 10%，环境污染后，得病比例增加至 40%，并假定其他因素没有发生变化，由此确定污染事件对疾病发病率的影响效应。

（3）与上述发病率对应的工时损失数和医疗费用耗费。单位工时工资、医生工资、设备折旧、药品价格等相关数据或资料。例如，假定某项与环境污染问题紧密相关的疾病，如果人们得此病，人均失去劳动时间大约为 100 个工作日，非医护人员护理每个病人大约需 80 个工作日，人均医疗费用大约为 2 000 元，污染区的人均国民收入大约为 6 000 元/a，假定污染区人口为 1 万人，以这些数据求得环境污染所带来的总经济损失为 1 500 万元，其中疾病引起的医疗费用增加额为 600 万元，疾病引起的误工损失为 900 万元。

13.2.3.2 疾病成本法和人力资本法的局限性

对疾病成本法和人力资本法尚存在下列争议：

（1）该评估法通常无法涵盖整个问题。例如，在利用损失的生产率测算价值时，该方法忽略了诸如亲戚朋友之间物质和精神上交流收益。另外，在通过计算医疗费用来估计环境质量下降的损失时，这种直接评估损害的方法忽视了人们患病的痛苦。假设我们估计某人因患感冒所造成的损害，得到的估算结果可能是 10 元，这是服用阿司匹林以消除不适症状的费用。但是这笔费用是对感冒所造成的损害的最为保守的估计。如果要问他愿意花多少钱来避免感冒，答案可能要比服用阿司匹林的费用大许多。治疗由空气污染所导致的肺癌而花费的高额医疗费用远远高于一瓶阿司匹林的价格。

（2）它用未来收入的现值来评估个人死亡的损失，有时会有违伦理道德观念。试想若一个老年人由于环境污染而过早死亡，那么她未来人力资本收入的现值很可能是负的（她可能不再工作，而依靠以前的储蓄生活，因此收入小于支出）。人力资本法隐含了这种人的死亡对社会有利的观点，这显然不能为伦理道德所接受。

（3）没有考虑风险的因素。政府的污染控制政策不是为了挽救特定的人的生命，而是减少人群因污染而死亡的风险，由此，一些学者提出了生命的统计价值（value of statistical life）的概念。若人们愿意支付 a 元来减少 1%的致死风险，那么生命的统计价值就是 $100a$，以此作为对人力资本法计算生命价值的替代方法。

（4）医生的工资、药品的价格普遍存在价格扭曲，使用这些数据时应加以修正。

（5）发病率由多种因素导致，一时难以区分，影响估计的准确性。

13.3 机会成本法

13.3.1 机会成本方法概述

机会成本是指将某种资源用于某种特定的用途时所放弃的其他各种用途的最高收益。由于资源是稀缺的，将某一种资源用于某种特定的用途后它就不能再被用于其他用途，由此引出了机会成本的概念。与此相对应，用机会成本法来评估环境变化的价值时，不是直接用保护环境资源所得的收益来衡量，而是用为了保护环境资源所牺牲的替代选择的最高收入来衡量。例如，保护自然保护区的价值，不是直接用保护它所获得的收益来衡量，而是用该资源作为其他用途（如农业、林业综合开发）时可能获得的收益来表示。因此，机会成本法尤其适用于自然系统选择性应用评估。

在现实中，很多自然资源的使用具有不可逆性。以自然保护区为例，若进行农业、林业综合开发，可能会破坏其自然生态系统，并且这种影响是不可恢复的，因此，用机会成本法得出的往往只是环境资源的最低价值。

13.3.2 机会成本方法的估计步骤

边际机会成本由边际生产成本（MPC）、边际使用成本（MUC）和边际环境成本（MEC）三部分组成。自然资源的价格 P 就是边际机会成本 MOC。用公式表示为

$$P=\text{MOC}=\text{MPC}+\text{MUC}+\text{MEC} \tag{13.5}$$

边际生产成本包括收获自然资源的开采成本和未收获自然资源的勘探成本、再生产成本和管理成本。边际使用成本是指用某种方式使用某一自然资源时所放弃的以其他方式利用同一个自然资源可能获取的最大纯收益。边际环境成本是指资源开采或使用过程中，对生态环境造成的损失，或者说是对生态环境质量的损害。边际环境成本的高低，不仅取决于受害者受到的损失的大小，还取决于受害者对这些损失的评价，也就是取决于受害者的支付意愿。随着经济的发展，实际人均收入的增加和生活水平的提高，人们对环境的支付意愿会越来越高。所以从动态的角度来看，即使因外部不经济而造成的物质损失保持不变，环境成本也会随着支付意愿的上升而上升。

边际使用成本和边际环境成本合起来相对于资源与环境本身价值部分，其中边际使用成本相当于有形的资源价值部分，边际环境成本相当于无形的生态价值部分。一方面，用机会成本确定自然资源价格，意味着将一部分利润计入成本；另一方面，由于自然资源（特别是质量和开采条件都比较好的自然资源）具有实物意义上的稀缺性。现在使用资源，就意味着丧失了今后利用同一资源获取纯收益的机会，所以机会成本也意味着必须将未来所牺牲的收益计入成本。

专栏 13-8 千岛湖引水工程生态补偿的价值评估

千岛湖主要位于浙江省淳安县境内，其境内的集雨面积占千岛湖总集雨面积的 99.7%（其余 0.3%位于其邻近的建德市内），它是新安江水库蓄水后形成的巨大人工湖。淳安县为了保护这一湖水，付出了巨大的经济代价。浙江省为了解决杭州市区等地日趋紧张的饮用水问题。曾设想启动浙北引水工程，虽然目前对于在千岛湖、富春江还是太湖引水还没有定论，但千岛湖因为其优质的水源而特别受人关注。如果从千岛湖引水，就涉及千岛湖生态补偿问题，即受益者（饮用水的使用者）应对保护者（淳安县为主）作出补偿，沈满洪的研究以从千岛湖引水为前提。

生态补偿的范围及其现实依据：由于千岛湖主要位于淳安县境内，为了案例叙述的方便，在此限定淳安县为唯一的补偿对象，对淳安县作生态补偿的现实依据主要有 3 个方面：

（1）新安江水库建设竣工后，淳安县为了保护千岛湖，严格限制发展各类有污染的工农业项目，并且对原来的农药厂、造纸厂、化工厂等 20 多家工矿企业进行了关、停、并、转。

（2）淳安县每年花费大量人力、物力、财力进行植树造林，封山育林，使千岛湖库区的森林覆盖率由建库当初的23%提高到现在的95%。

（3）淳安县拥有5.3 hm^2水面，但为了保护千岛湖，水产养殖受到种种限制，每年只有400万t的产量。因为湖中曾发现藻类，甚至实施过3年的封库禁渔政策。

淳安县在新安江水库建设以前，在杭州市的经济发展水平不亚于萧山，明显高于相邻的包括临安在内的几个县。新安江水库的建设导致29万淳安人举家搬迁，经济发展水平倒退20年，人均收入水平直到1978年才恢复到1958年的水平，并沦为贫困县，甚至今仍是浙江省25个经济欠发达县之一，因此对淳安县做出生态补偿有坚实的现实依据。

沈满洪运用机会成本法的计算方法和研究结论对此进行了研究：

年补偿额度=（参照县市的城镇居民人均可支配收入－库区县市城镇居民人均可支配收入）×库区城镇居民人口+（参照县市的农民人均纯收入－库区县市农民人均纯收入）×库区农业人口

以淳安县为补偿对象时，参照同类区位条件和发展基础的县市，分别以建德市、桐庐县、临安市、富阳市和萧山区作为参照县市，那么测算出来的补偿额度分别为3.5亿元、7.5亿元、9.5亿元、13.0亿元和19.0亿元。沈满洪进一步指出，若以每年3.6亿元为生态补偿额，每年引水量若为18亿m^3，那么每立方米水的生态补偿额将为0.20元。

资料来源：沈满洪，蒋国俊，徐云华，等. 绿色制度创新论[M]. 北京：中国环境科学出版社，2005。

专栏13-9　机会成本方法评估受保护的热带森林的生态服务价值

热带森林所面对的主要威胁之一在于林地被转变成其他用途，如农业、居住等。经济激励是否有助于支持土地利用方式的变化取决于该转变过程中丧失的价值量。丧失的价值有多大？是否大到值得人们支持保护措施？

一组生态学家在哥斯达黎加的一组特定的热带雨林区域寻求上述问题的答案。他们选择了当地热带森林的一种具体的生态服务进行价值评估：野生蜜蜂利用附近的热带森林作为栖息地，并进行有利于咖啡生产的授粉服务。这种咖啡（*C. arabica*）可以自花传粉，而野蜜蜂的授粉可以使其产量提高15%～50%。

当生态学家对这种生态服务的经济价值进行度量时，他们发现对于两片特定的受保护的森林（大小分别为46 hm^2和111 hm^2），授粉服务为哥斯达黎加附近的一个大农场每年带来大约6万美元的收益。研究者得出下列结论：

仅就森林提供给农作物授粉这一单项服务而论，其重要性至少等同于大多数其他土地用途的价值。进一步地说，它比大多数政府认定的森林的零价值相比，它的价值趋于无穷大。

由于研究者只是估算了这些森林的部分价值（如这些森林也提供碳存储、水体净化服务，但没有在计算范围之列）。不过，尽管计算存在偏差外，但是这些计算证明了：即使只考虑森林的某一特定使用价值，它也是非常重要的。

资料来源：汤姆•蒂坦伯格，琳恩•蒂坦伯格. 环境与自然资源经济学[M]. 北京：中国人民大学出版社，2011。

13.3.3 机会成本方法的局限性

机会成本法能够弥补资源市场价格扭曲、直接评估数据不足以及忽视资源使用对后代人及受害者的利益考虑等问题。但是它也存在一些缺陷：

（1）应用起来比较困难。在公式 MOC=MPC+MUC+MEC 中，MPC 的求解比较容易，而对 MUC、MEC 的计算比较困难。其主要原因在于，资源用途多样性、资源不可替代性、资源供求的区域性以及资源利用对自然环境的影响目前尚难全面把握等。如果某些资源不合理运用导致生态环境的恶化，甚至物种灭绝，其价值难以度量。

（2）缺乏可比性。由于不同地区 MUC、MEC 采用不同的计算方法，这样，就使 MOC 缺乏可比性。

（3）忽视了资源质量因素。资源价格不仅与量有关，更重要的是与质有关。只从量的方面考察资源价格是片面的。如污水表现为负的价值，优质的矿泉水其价格较高，而 MOC 则没有考虑资源质的方面。

思考题

1. 如何使用生产率变动法评价环境资源价值？
2. 运用疾病成本法和人力资源法评价环境资源价值的基本步骤有哪些？
3. 机会成本法评价环境资源价值的条件是什么？
4. 几种不同的市场价值法评价环境资源价值的使用条件和特点有何不同？

参考文献

[1] Chen Yuyu，Ebenstein A，Greenstone M，et al. Evidence on the impact of sustained exposure to air pollution on life expectancy from China's Huai River policy[J]. PNAS，2013，110（32）：12936-12941.

[2] 汤姆·蒂坦伯格，琳恩·蒂坦伯格. 环境与自然资源经济学[M]. 北京：中国人民大学出版社，2011.

[3] 罗杰·铂曼，马越，詹姆斯·麦吉利夫雷，等. 自然资源与环境经济学[M]. 北京：中国经济出版社，2002.

[4] A·迈里克·弗里曼. 环境与资源价值评估——理论与方法[M]. 北京：中国人民大学出版社，2002.

[5] 沈满洪，蒋国俊，徐云华，等. 绿色制度创新论[M]. 北京：中国环境科学出版社，2005.

[6] 郑易生，阎林，钱薏红. 90 年代中期中国环境污染经济损失估算[J]. 管理世界，1999（6）.

[7] 涂正革. 环境、资源与工业增长的协调性[J]. 经济研究，2008（2）.

[8] 王兵，吴延瑞，颜鹏飞. 环境管制与全要素生产率增长：APEC 的实证研究[J]. 经济研究，2008（5）.

[9] 胡雁. 青岛市大气污染对人体健康经济损失评估[J]. 中国公共卫生，2003（8），19.

[10] 查尔斯·科尔斯塔德. 环境经济学[M]. 北京：中国人民大学出版社，2011.

[11] 谢贤政. 环境资源经济价值评估[M]. 北京：中国环境科学出版社，2011.

第 14 章　替代市场法

当所研究的对象本身没有市场价格来直接衡量时，可以寻找替代物的市场价格来衡量。这类方法被称为替代市场法（Substitute Market Approach）。替代市场法使用替代物的市场价格来衡量没有市场价格的环境物品的价格。这种方法又包括重置成本法、重新选址法、防护支出法、旅行费用法、享乐价格法等具体方法。

14.1　替代市场法的基本原理

替代市场法的基本原理如下：

假定一个个体的效用函数为

$$u = u(X, q) \tag{14.1}$$

式中：X——私人物品数的向量，即 $X = (x_1, x_2, \cdots, x_n)$；

q——资源和环境质量水平。

假定个人会感受到资源环境变量变化所产生的影响，那么 q 的变化会影响到人们为了减少 q 下降所作出的价值支付行为选择，但是个人的这种支付意愿最终受到收入约束。因此，个体在约束方程下最大效用：

$$\sum_{i=1}^{n} p_i q_i = M \tag{14.2}$$

其中，M 为货币收入，求解得到需求函数：

$$x_i = x_i(P, X, q) \tag{14.3}$$

其中，P 为私人物品的价格向量。进一步可以得到在效用大于或等于某一期望效用水平下的支出函数：

$$e(P, q, u) = M \tag{14.4}$$

对任意商品价格求微分，可以得到希克斯补偿需求函数：

$$\frac{\partial e}{\partial p_i} = h(P, q, u) \tag{14.5}$$

对 q 进行微分，就可以得到希克斯补偿反需求函数或者得出 q 变化产生的边际支付意愿：

$$w_q = -\frac{\partial e(P, q, u)}{\partial q} \tag{14.6}$$

令 W 表示 q 供给的非边际增加对个人所产生的效益，则 W 的积分为

$$W = -\int_{q'}^{q''} \mathrm{e}(P,q,u)\mathrm{d}q = \mathrm{e}(P,q',u) - \mathrm{e}(P,q'',u) \tag{14.7}$$

上述就完成了对环境质量变化的个体支付意愿的计算。

14.2 重置成本法

14.2.1 重置成本法概述

重置成本法是估算环境被破坏后将其恢复到原状所要支出的费用，属于替代市场评价法。近些年来，人们更愿意采用重置成本作为环境损害或环境资源价值的评估指标。重置成本包括修复、重建、重置或获取等价资源的成本。

从表面上来看，评估复原成本要比估计环境资源价值损失容易得多。复原看似是物理学及生物科学领域的工程行为，但实际上，“复原”是非常复杂的概念。在某些情况下，复原在技术上是不可行的。比如，当受损资源中含有一些稀有成分时，即使资源的物理价值得以恢复（如土壤的 pH 值、水温、森林覆盖率），也无法重现先前的全部生态特征，或者此时的技术恢复费用太高。人们可以设计另一个作为原有环境质量替代品的补充项目，以便使环境质量对经济发展和人民生活水平的影响保持不变。同一个项目（包括补充项目）通常有若干个方案，这些可供选择但不可能同时都实施的项目方案就是影子项目。在环境污染造成的损失难以直接评估时，人们常采用这种能够保持经济发展和人民生活不受环境污染影响的影子项目的费用来估算环境质量变动的货币价值。

14.2.2 重置成本法的估计步骤

在采用重置成本评估方法时，最主要有 3 个步骤：①确定资源质量的初始水平；②确定可供选择的复原资源的成本有效性；③确定自然资源或环境资源损失的价值。

重置成本方法的计算公式为

$$V = C_{\mathrm{re}} - D_f - D_p - D_e \tag{14.8}$$

式中：C_{re}——重置成本；

D_f——功能性贬值；

D_p——实体性贬值；

D_e——经济性贬值。

功能性贬值是指由于技术进步造成的贬值，比如计算机，由于更新换代，贬值很快。功能性贬值包括成本的相对增加和利润的相对减少，因此，可以采用下面两式计算：

$$D_f = \Delta Cr_c$$
$$\text{或}\ D_f = \Delta Pr_c \tag{14.9}$$

式中：ΔC——使用被评估资源生产成本相对增加额；

ΔP——使用被评估资源生产销售额相对减少值；

r_c——剩余使用年限年金折现系数。

实体性贬值是指资源使用或开采造成的折旧，可以用观察法或使用年限法来估算。观察法也称为成新率法，即成色新旧率法，计算公式为

$$D_p = C_{re}(1-n) \tag{14.10}$$

使用年限法计算公式为

$$D_p = (C_{re} - M_r)Y_1 / Y \tag{14.11}$$

式中：n——资源成新率；

M_r——资源报废清理时的残值；

Y_1——资源实际使用年限；

Y——资源总使用年限。

经济性贬值是指由于通货膨胀、市场变化等引起的贬值，计算公式为

$$D_e = M_1(1-t_1)r_c \tag{14.12}$$

式中：M_1——资源年收益损失金额；

t_1——所得税率；

r_c——剩余使用年限年金折现系数。

专栏 14-1　环境复原的损害评估依据

1997 年 12 月 7 日，一家位于福罗里达州波尔卡郡玛百利地区的化肥工厂把近 5 500 万加仑的高度酸性工业用水排放到阿莱菲亚河。酸水沿阿莱菲亚河向下流经约 48 km（30 多英里），污染了其上游河段的淡水以及河流入海口，造成从排放处到河鱼类和其他永生动植物的死亡，最后流入坦帕湾。此外，酸水还大大增加了湾水域中的营养元素。数家公共机构对因污水排放造成的自然资源的损害进行评估，并要求污染企业支付相应的损失。经过共同努力，这些公共机构及其保险公司于 2002 年达成协议，5 年内后者要支付 365 万美元以补偿公共资源的损失。根据相应法律及处理条款的规定，这笔资金要用于计划、执行和监督那些已发生的自然资源损失的复原行动。近 130 万美元资金加上判决以来的部分利息，可用来计划和执行复原行动方案，以弥补因倾泻造成的河口资源的损失。另外，2 363 000 美元可用于计划和实施淡水河岸环境复原工程，以弥补淡源的损害。

正如最终损害评估及复原计划/环境评估（DARP/EA）所规定的，复原的目的是恢复因污水倾泻而损失的鱼类、蟹类、虾类的数量。最终 DARP/EA 选择了两种合适的方案实现这一目标——河口湿地复原方案和牡蛎礁再造方案。因为湿地和礁地既能为鱼类和其他永生生物提供繁衍、栖息以及觅食的场所，为鸟类提供筑巢、捕食的去处，还能防止海岸腐蚀，提高水质，为捕鱼和观察野生动物的人们增添消闲体验，所以生态系统的协调性得以提高。

资料来源：巴利·菲尔德，玛莎·菲尔德. 环境经济学[M]. 大连：东北财经大学出版社，2010。

14.2.3 重置成本法的局限性

重置成本法以恢复或者保护环境资源不被破坏所需要的费用作为环境资源的经济估值。重置成本法有其合理性，比较适用于对资源或环境损失的估价。但也有缺点：①这种方法的评价结果只是对环境资源经济价值的最低估计；②不能反映资源的效用价格、需求价格；③对不可恢复资源（如石油开采、种群灭绝）用重置成本法是无法估测其价格的；④资源的完全重置基本不可能，有些只能是部分的重置。例如，用化肥替代土壤流失的营养元素但并不能重建土壤结构，植树难以恢复因修路砍伐的林木的多样性，难以全面地估算环境资源多方面的功能效益。

14.3 重新选址法

14.3.1 重新选址方法概述

重新选址成本法是重置费用法的变种。这种方法使用由于环境质量的变化而重新安置某一物资设备的地理位置的实际成本，来估价环境保护的潜在效益。当某一建设项目由于环境质量遭到破坏而受损时，而且在技术上无法恢复或恢复费用太高时，人们可以同时设计另一个作为原有环境质量替代品的补充项目，以便保持对经济发展和人民生活水平的影响不变。同一个项目（包括补充项目）通常有若干个方案，这些可供选择但不可能同时都实施。重新选址的项目建设成本就构成了对环境污染造成的损失或价值的直接评估。

例如，上游炼油厂的爆炸导致污水流入附近的河流。这对环境有很多影响，其中之一是对下游自来水厂的影响。为了保证供水质量，该厂可能要迁移到别的地点。新的厂房建设成本、设备的迁移成本等，都可以用来估价炼油厂污染对下游饮水造成的效益损失。

14.3.2 重新选址方法的估计步骤

以项目设施重新选址的成本估算环境价值必须考虑两大类因素：经济因素和非经济因素。这些因素，有的从地区选址宏观角度考虑的市场条件、资源条件、运输条件、社会环境等因素，它们对地理位置与设施特点的关系有很大的影响；有从选址的具体地点微观角度考虑的地形地貌条件、地质条件、施工条件、供排水条件等因素。对于上述因素必须进行定量分析，并用货币的形式加以反映。具体估计步骤：

（1）对重新选址的各个备选方案的经济因素（直接成本因素）和非经济因素进行区分与细化。经济因素包括：土地购置费、场地平整费、基础工程费、场外运输费、场外公用工程投资、环境保护投资、建筑项目建安工程费等。

（2）确定重新选址项目的设计使用年限。

（3）直接加总经济因素（直接成本因素）的货币化值，得到重新选址的直接建设、安置成本。

（4）采用综合因素评价法对影响设施选址的非经济因素（非直接成本因素）进行量化

分析。综合因素评价法在设施选址上的应用目前包括加权因素法和因次分析法，一般采用加权因素法，该方法简单、直接，应用起来方便。其应用步骤是：

- 对设施选址涉及的非经济因素通过决策者或专家打分，再求平均值的方法确定各非经济因素的权重，权重大小可界定为 1～10。
- 专家对各非经济因素就每个备选场址进行评级，可分为五级，用五个字母元音 A、E、I、O、U 表示。各个级别分别对应不同的分数，A＝4 分、E＝3 分、I＝2 分、O＝1 分、U＝0 分。
- 将各方案的各种非经济因素所得分数进行货币化赋值，并相加，即得各方案非经济因素价值衡量，作为间接成本。

（5）加总项目设施重新选址的直接成本和间接成本，得到重新选址项目的总成本。并处以项目设施的使用年限，得到每一年的分摊成本，以此计算每一年环境资源的使用价值。

专栏 14-2　由上海自来水厂重新选址估算水资源价值

从 20 世纪以来，上海水源地不得不历经数次变迁：先是苏州河水质逐步恶化，上游水源取水口迁到了黄浦江军工路段。时至 1978 年，黄浦江下游的水质状况也让人很失望，水厂的取水口被迫顺流而上。1987 年，取水口移到了黄浦江上游临江段。尽管水源地一再迁移，但上海并未摆脱“水质恶化”的阴影。取自上游的开放式、流动性原水，大多属Ⅲ～Ⅳ类水，仍然存在一定的安全隐患。

上海市政府在 20 世纪 90 年代决定再次对自来水厂取水点重新选址，取水口继续上移，移到了松浦大桥附近。当时上海拥有 1 400 万人口，在自来水供应上面临日益严重的困难。黄浦江下游被工业废水、船舶废水和城市污水处理厂排出的废水严重污染。若发生重大事故可能停水若干天，造成巨大的经济和社会损失。

有关部门考虑了若干可供选择的方案：①全面治理工业污水；②把自来水厂的取水点改在上游。方案①可以消除污染的根源，但成本很高。方案②可以减少治理成本，同时减少自来水受到污染的可能。虽然重新选址的成本也很高，方案②的成本仍低于方案①。因此，最后采取了方案②。世界银行对这一工程提供了部分贷款。

20 世纪 90 年代初，上海市政府决定将长江开辟为上海的第二水源地，从而结束了上海以黄浦江为唯一水源的历史。①长江引水一期工程于 1992 年 6 月前建成供水，向月浦水厂提供 10 万 m^3/d 的优质长江原水，陈行水库库容为 553 万 m^3，1993 年 6 月供水能力增加到 20 万 m^3/d，投资额 1.34 亿元。② 1994 年 5 月，上海市原水股份有限公司投资建设长江引水二期工程，通过增设取水设施、水库扩容、新增增压泵站和敷设输水管线等项目建设，使长江系统的供水能力从一期原有 20 万 m^3/d 的基础上逐步增大到 130 万 m^3/d；水库的有效库容从 553 万 m^3 扩大至 830 万 m^3，总投资 10.15 亿元。到 1998 年的黄浦江引水二期工程实际耗资 30 亿元，又将城市的取水口向上游推进了数十公里，放在离黄浦江源头不远的松浦县松浦大桥附近的江面上。③ 2005 年长江引水三期工程启动，总投资 25 亿元。④ 2008 年 12 月上海市青草沙原水引水工程启动，它是上海市建设的第三个水源基地，工程总投资 174 亿元，为国家级重点工程。该工程投产后，将使上海的原水水质达到国家Ⅱ类水质标准，日供水能力达到 719 万 m^3，覆盖上海全市，受益人口将超过 1 000 万人。

上海市自来水厂选址由于资源环境恶化而不断变换，如果仅仅从重新选址的直接建设成本进行估算，就可以得出上海市水资源价值至少在 100 亿元以上。

资料来源：上海自来水百年历史变迁：百年水厂五换水源地，http://sh.eastday.com/qtmt/20101230/u1a841334.html。

14.3.3 重新选址法的评价

重新选址法只是对环境资源价值的一种间接估计方法，它是对环境价值估算的一种保守方法，往往只能得到环境资源价值的最低值，并且由于决定项目设施重新选址的经济因素和非经济因素众多。因而，估算结果的准确性较弱。

14.4 防护支出法

14.4.1 防护支出法概述

防护支出法根据人们为避免环境危害而做出的支出来衡量环境资源的价值。例如，关于噪声污染的例子非常典型，防止高速公路噪声的支出是多少？在一个房间里，你可以安装额外的窗户，使用更厚的墙，建筑防噪声的屏幕或者墙。遭受噪声污染的用户可能会在防护措施上投资，直到添加措施的边际成本超过降低噪声的边际收益。又如农民为了防止水土流失，会修筑沟渠。在沙尘暴肆虐的地区，人们将花一定的钱来购买口罩。在空气质量日益严峻的中国，“氧吧”这词也已不再陌生。人们采取与空气污染相关的一个有效措施就是在屋里安装空气净化器或者空调。

14.4.2 防护支出法的简单模型

考察一个用户遭受来自附近公路的噪声污染的例子，噪声污染采用 P 表示。对于个人而言，他们喜欢房子内保持安静，其安静程度用 Q 表示。房屋的所有者可能买消声器或其他设备来降低噪声水平 P。把这种购买称为防护支出：D（Q，P）。

图 14-1 可以表示一种典型的防护支出函数。当合意的室内安静水平 P 上升，对于给定的室外噪声水平，必需的防护性支出也会增加。此外，边际防护性支出随着 Q 的增加而增加。这表明了通过当前的技术来获取越来越高的安静程度变得越来越困难，或者成本越高。同时图中还描述了两种防护性支出函数，一种是关于室外噪声水平 P_1，另一种是关于程度稍高的室外噪声水平 P_2。当室外噪声水平上升时，保持室内噪声污染水平不变所需的防护性支出就会增加，而要达到更高的安静水平 Q 所需的防护性支出将更多。防护支出法的使用要满足几个条件：①人们要知晓他们受到的环境威胁；②他们采取了行动来避免自身受到危害；③这些行动可以通过市场价格来体现。

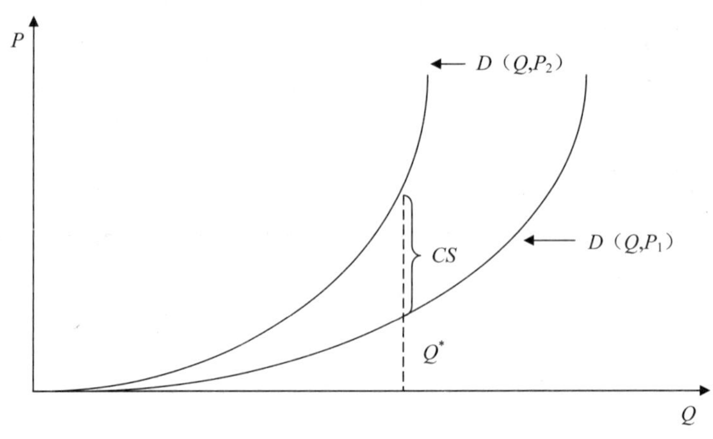

图 14-1 防护性支出模型

14.4.3 防护支出法的评估步骤

（1）识别引致防护支出的主要因素。一项防护支出往往有多个原因。口罩一般是为了应付沙尘暴而购买的，但在 2003 年“非典”时期，最主要的因素可能是预防“非典”。人们购买瓶装水部分原因是因为水渠污染，部分原因是不想自己烧水。在多个原因存在的情况下，防护费用的水平显然会夸大单个因素的危害，尽管我们很难将各个因素分离出来，但在应用防护支出法时至少要找出主要原因，并将防护支出归到这个主要原因上。

（2）界定受影响的人群。对于给定的某个环境危害，应该确定受影响的人群，区分出受到重要影响的人群和受影响相对较小的人群。这个范围的确定往往因环境有害因素的不同而不同。汽车的噪声往往会危害在道路边生活和工作的人；水体的污染则会影响到水体沿岸的人；而空气的污染传播范围可能更广，季风会将受污染的空气带到很远的地方。

（3）信息来源。在受影响人数很少时，信息的收集可以采用直接调查法。人数较多时，宜采用抽样调查法。作为补充，还可以征询相关领域专家的意见，对调查所得的数据进行修正。

专栏 14-3 采用防护支出法评估地下水污染损失的价值

防止地下水被污染需要配置多少资源？部分取决于污染引发的风险的严重程度。会导致多大的损害？一种可以获取损害下限估值的办法是去确定人们为保护自己远离威胁而愿意支付的金额。

1987 年后期，在宾夕法尼亚州东南部的柏卡西镇的一口水井中检测到了三聚氨胺（TeE）。这种化学物质的浓度是 EPA（美国国家环保局）规定的安全标准的 7 倍。由于没有临时可行的办法可将浓度降至安全水平，郡要求城镇告知消费者三聚氨胺的浓度超标。

消费者获悉上述情况后，就纷纷采取如下一种或多种行动：①采购更多的瓶装水；②开始使用瓶装水；③安装家庭水处理系统；④从其他水井拖水；⑤将水煮沸后饮用。通过调查，分析人员可以发现每项行动影响的范围，并将其与它们所对应的成本予以关联。

结果表明，在为期 88 周的水污染期间，居民水消费支出在 61 313.29～131 334.06 美元不等。进一步的研究表明，有小孩子的家庭比没有孩子的家庭更愿意采取防护性行动，也愿意为这些行动花更多的钱。

资料来源：Abdalla CharlesW，et al. Valuing Environmental Quality Changes Using Averting Expenditures，An Application to Groundwater Contamination[J]. Land Economics，1992，68（2）：163-169。

14.4.4　防护支出法的信息来源及适用范围

采用防护支出法所需信息一般包括：对防护措施及其支出的直接观察；对所有受到危害的人进行广泛的调查；对感兴趣的人抽样调查；或者是通过专家意见得到相关数据资料。

防护支出法一般适用于空气污染、水污染与噪声污染等相关问题的环境资源价值评估；土壤侵蚀、滑坡以及洪水风险等造成的相关环境损失价值评估；土壤肥力降低，土地退化等有关的价值评估；海洋和沿海海岸的污染和侵蚀等相关价值评估。

14.4.5　防护支出法的局限性

防护支出法通过人们的支付行为，而不是口头言语作为对环境资源价值的评估依据，其更有可信性，但也存在以下一些缺点：

（1）不完全信息。防护支出法假定人们能完全了解他们所面临的环境风险。但在实际生活中，部分由于环境破坏方故意隐瞒这种风险，部分由于人们缺乏相应的知识，他们对环境风险的认识是不完全的。人们不能够完全了解和理解来自于环境的威胁，并采用有效措施保护他们自己免受影响。

（2）即使信息是完全的，人们的防护行动仍然受到收入水平的制约。一个穷人即使清楚自己所面临的环境风险，他也无力采取防护行动。

（3）一些人由于对环境风险特别敏感（如支气管炎患者对大气污染敏感，婴幼儿对各种环境风险普遍比较敏感），他们中的一部分可能会搬离受污染区。因此，研究仍然留下来的人对环境变化的反应，会低估环境的实际破坏程度。同时，由于很难找到能完全替代环境质量的物品，这也会导致对环境资源价值的低估。

（4）不连续决策过程的影响。一方面，人们对环境风险都有一定的忍耐程度，超出这一程度人们才会采取防护行动，这将导致低估；另一方面，人们会认为值得对未来投资，如投资修建一口比目前需求量更大的水井，这会导致高估。

（5）这种方法也往往只评价使用价值，因此它得出的只是环境资源的最低价值。

14.5　旅行费用法

14.5.1　旅行费用法概述

旅行费用法（Travel Cost Method，TCA 或 TCM）是通过旅行消费行为来对非市场环境产品或服务进行价值评估，即把旅游消费者对环境产品的支付意愿作为环境价值。它经常采用旅行费用作为参观旅游景点的近似价格，由此推导出替代需求曲线（Surrogate Demand Curve），然后用相应的消费者剩余对旅游景点进行评价。之所以用旅行费用而不用旅游景点的门票价格，是因为一些旅游景点的门票通常是免费的或价格很低，不足以反映游客的支付意愿。

旅行费用法最早是在20世纪40年代由Harold Hotelling写给美国林业署的一封信中提出的。当时，美国国家公园管理部门（National Park Service）想知道如何应用经济学原理评估国家公园产生的经济价值。Hotelling提出，可以按照游客到达公园的旅行距离和对公园的访问率之间的经验关系，估计出人们对公园的需求，进而计算公园对游客产生的总效益，该总效益应该等于游客费用支出加上消费者剩余。其后该方法得到美国学者Marion Clawson等的推广应用。国内一些学者采用旅行费用法先后研究了圆明园的使用价值、福州国家森林公园等地价值。目前旅行费用法的适用范围有：①娱乐场所；②自然保护区、国家公园、用于娱乐的森林和湿地、热带雨林；③大坝、水库、森林等有娱乐性副产品的场所。

采用旅行费用法评估景点需要满足一定的条件，主要有：①这些景点可以到达，至少在部分时间内可以到达；②这些景点没有直接的门票费用，或费用较低；③人们为了到达这些景点，要花费相当长的时间或其他费用。

14.5.2 旅行费用模型法分类

TC模型的两个基本模型是分区旅行费用模型（Zonal TC）与个人旅行费用模型（Individual TC），在此基础上还发展出混合旅行费用模型（Hybrid TC）、随机旅行费用模型、享乐旅行费用模型（Hedonic TC）等。分区旅行模型得到最广泛的应用，它是以访问地为中心的同心圆划分区域，每个区域到访问地的距离大致相等。这样的做法有助于简化旅行成本的计算。后来学者们逐渐认识到，以行政区划定义区域更好，因为可以从官方获得人口统计资料，而且更准确。

分区旅行费用模型（ZTC）存在一些缺陷。①该方法把游客按区域划分，并假设来自同一区域的游客对某个旅游点具有相同的偏好，并且旅行费用是相同的，这个假设在现实中很难成立。②旅行成本与旅行时间之间存在高度相关，容易引起回归中的多重共线性问题。取舍中可能会省去旅行时间，但是旅行时间的价值对消费者剩余有很大影响。

个人旅行费用模型（ITC）是根据个体游客建立起新的TC形式，其中因变量是个体或家庭在每个时期内旅行的次数。ITC模型能把旅行时间、旅行成本及社会经济变量结合进去。相对于ZTC模型，ITC模型更多地考虑了数据的内在变化，而不是依靠对区域数据的聚合，因而在统计上更有效率。ITC模型也有缺陷，即很多数据是现场调查取得的，因而忽略了潜在的游客，导致样本截尾问题，即只观测到正的访问次数，存在“零访问”样本删去现象。

混合旅行费用模型是将分区旅行费用模型和个人旅行费用模型结合起来。它是把个体方法和人均方法结合起来，把样本中每个游客的旅行次数进行折算，使之代表区域总的旅行情况，然后除以区域总的人口，即以区域人口除以游客数量。

享乐旅行费用模型是描述旅行费用与景点特性之间的关系。它把景点的质量纳入旅游价值和效益的分析中。不过，该方法是把景点的各种属性看做是捆绑在一起购买的不同产品。

14.5.3 旅行费用方法的评估步骤

旅行费用法的使用步骤与方法：

（1）定义和划分游客的出发区域。划分区域时应遵循同一区域内到景点的旅行费用大致相同的原则。一个简单的方法是以景点所在地为圆心作同心圆来划分区域。当然，在实际应用时，各区域的形状可以是不规则的。划分时主要考虑的还是旅行费用。

（2）对游客进行抽样调查，收集所需数据。抽样调查可在景点进行，也可在游客从居住地去景点的旅途中进行，还可以在这些地点联合进行，重要的是要获得有代表性的回答。收集的数据应包括旅游人次、出发地点、旅行费用、游客的社会经济特征（如收入、教育水平）等。

（3）计算各个区域的旅游率。用各个区域的总参观人次（V_i）除以各个区域的人口（P_i）得到各个区域的旅游率。

（4）估计第一阶段的需求函数。用旅行费用和游客的社会经济特征变量对旅游率进行回归，每个区域的数据作为一组观察值。

$$V_i / P_i = \mathrm{f}(C_{\mathrm{Ti}}, X_1, X_2, \cdots, X_n) \tag{14.13}$$

式中：V_i——根据抽样调查推算出的 i 区域的人到景点的旅游人次；

P_i——i 区域的人口总数；

C_{Ti}——从 i 区域到景点的旅行费用，旅行费用应包括车费、食宿开支、门票费、导游费、使用游乐设施的支出、时间的机会成本等；

X_n——i 区域游客的社会经济特征变量。

例如，如果用游客的收入和旅行费用对旅游率进行简单的线性回归：

$$V_i / P_i = a_0 + a_1 C_{\mathrm{Ti}} + a_2 Y_i \tag{14.14}$$

式中：Y_i——i 区域游客的收入水平。

（5）对每一区域计算第二阶段需求函数，以式（14.8）的回归模型为例：

$$C_{\mathrm{Ti}} = \beta_{0i} + \beta_{1i} V_i \tag{14.15}$$

式中：$\beta_{0i}=-(a_0+a_2Y_i)/a_1$，$\beta_{1i}=1/(a_1\times P_i)$，$i$=1，…，$n$。

和式（14.14）不同，式（14.15）有 n 个等式，分别对应于 n 个区域，每个等式的β_{0i}，β_{1i}值也是各不相同的。

（6）绘制各个区域的需求曲线，并求出各个区域的消费者剩余。得到式（14.15）后，就可以画出 i 地区的需求曲线。把 i 地区实际的旅行费用代入式（14.15），便可得到 i 地区总参观人次的预测值，以前者为纵坐标值，后者为横坐标值，可以得到需求曲线上的一个点，如图 14-2 所示的 E 点。求得图 14-2 中阴影部分的面积，这就是 i 地区旅行者所享受到的消费者剩余。之所以不是计算需求曲线和坐标轴之间的所有面积，原因在于旅行费用一般大于零，在一个大于零的旅行费用下，旅行者实际所享受的消费者剩余只能是左边阴影部分的面积。

（7）加总各个区域旅行者的消费者剩余。

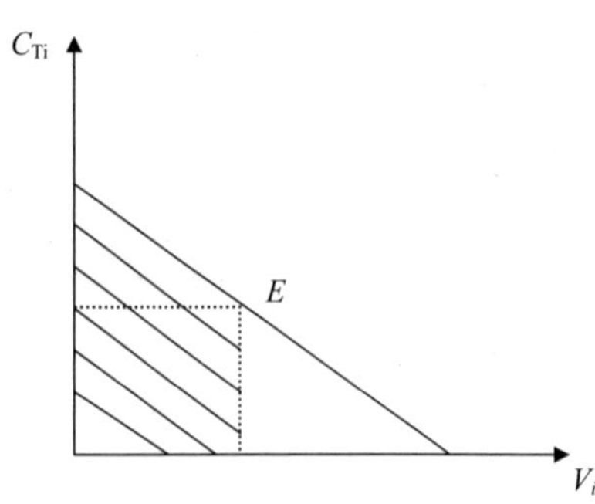

图 14-2 阴影部分的面积即为该地区的消费者剩余

14.5.4 旅行费用方法的注意事项

（1）多景点、多动机的旅行。旅行费用法隐含的假设是：游客是作单一目标、单一动机旅行的。但在实际生活中，对于游客而言，景点 A 可能仅仅是一次旅行中所要游览的几个景点之一，或者游客是在办公事之余，顺便游览附近的景点的。此时，显然不能把全部旅行费用归到所要研究的那个景点，而要把旅行费用在各个景点，各个动机间作一些简单的分配。一些研究已经对多目的地旅行进行了考虑，如把分散在许多地方的固定成本组合成合成成本（Joint Cost），并考虑成本分配或旅行成本的分摊因子，如以门票价格占所有景点总价格的比例作为旅行成本的分摊因子。还有的学者采用层次分析法确定各个目的地旅行费用分摊问题。

（2）评价闲暇时间的价值问题。对旅行者来说，利用闲暇时间旅行从某种意义上来说，是一种获得愉悦的方式，而不一定是时间的浪费，即不一定意味着是一种成本。

（3）抽样、回归函数形式的选择。一方面抽样得到的数据其数量、质量都会受到经费的制约，另一方面，回归函数的形式对最后的结果也有很大的影响。函数形式的选择通常是基于回归中 R^2 的大小，但是依据这个单一标准并不合适，应该考虑多种统计标准，如 R^2、预测访问人数与实际访问人数之间的差异、不同区域的预测分布与实际访问率之间的相关等，来选择函数形式。除了最常见的线性关系式外，还有二次方程、线性对数、双对数、双曲线等函数形式。

（4）旅行费用法会低估总的环境价值。旅行费用法不能评估非使用价值，因此会低估总价值，使用旅行费用法时，应尽可能把它与其他的评估技术结合起来。

（5）其他尚待解决的问题，如人口统计特征效应、景点质量和拥挤效应等。人口统计特征包括消费者的年龄、性别、家庭构成、种族、收入、教育、职业等。通常的做法是，从需求估计的最终方程中，删去统计上不显著的变量，这样通过区域方法估计的需求方程一般不包括人口统计变量。质量包括景点状态和拥挤程度等，拥挤既是影响地点使用的独立变量，也隐含在依存变量里，比较难以分析。

从近年来的研究和应用来看，旅行费用法有 3 个方面的延伸：①连续模型和离散模型的结合；②与意愿调查法的结合；③与地理信息系统（GIS）的结合。3 个方面的延伸能对消费者的环境资源偏好提供更全面、更准确的信息。例如，GIS 拥有强大的空间数据分析能力，它可以按照人口特征分区而不是按距离分区，也可以改善分区旅行费用模型。

专栏 14-4　用旅行费用法对圆明园的价值所作的评估

靳乐山于 1996 年 10 月 18 日—27 日对圆明园游客进行了抽样调查，得到了 258 份有效调查表。调查的内容包括旅行费用以及游客所在地区、年龄、家庭收入、教育以及旅行目的等社会经济变量，并用以下公式计算出了各地的游园率：

$$\mathrm{VR}_i = \frac{X_i}{258} T / Y_i$$

式中：VR_i——i 地区的游园率；

X_i——258 份有效调查表中来自于 i 地区的人数；

T——圆明园公园年总游客量（采用 1995 年数据，为 215 万人次）；

Y_i——i 地区的非农业人口。

由于北京游客与外地游客在旅行费用、旅游目的等方面差异较大，在整理和调查数据时分别加以处理。考虑到潜在游客基本上都是非农业人口、城镇人口，作为计算游园率基础的人口数据不包含农村人口。具体的调查数据和计算结果参见表 8-1（外地）与表 8-2（北京）。

根据这些数据，运用回归分析，他得到了第一阶段的需求函数，下面列出的是最佳模拟方程：

外地：$\mathrm{VR}=3.775\ 84-0.039\ 298\mathrm{TC}+0.001\ 36\mathrm{IN}$

北京：$\ln\mathrm{VR}=13.938\ 402-2.505\ 6\ln\mathrm{TC}$

式中：TC——旅行费用；

IN——收入水平。

他再根据上式推导出各地区的第二阶段的需求函数，并用分区积分法计算出各地区的消费者剩余，再将其相加，得出圆明园公园在 1996 年的环境服务价值为 1.169 7 亿元，每人每次游览圆明园可以享有平均 44 元的消费者剩余。

由以上分析为基础，得出圆明园的资本化价值：

当 $r>g$ 时，$K=\dfrac{V(1+g)}{r-g}$；当 $r\leqslant g$ 时，$K=+\infty$。

式中：K——圆明园的资本化价值；

V——圆明园每年的净收益；

g——圆明园价值年递增率；

r——贴现率。

当取 g=5%，r=10%，V=1.169 7−0.2=0.969 7（亿元）时，则 K 为 20.4 亿元，即圆明园的资本化价值为 20.4 亿元。

资料来源：靳乐山. 用旅行费用法评价圆明园的环境服务价值[J]. 环境保护，1999（4）。

表 14-1　圆明园外地游客调查数据及游园率

地区	城镇人口/万人	游园抽样人数/人	游园率/‰	旅行费用/（元/人）	收入水平/（元/人）
天津	510	6	9.80	41.3	4 930
河北	1 099	11	8.34	58.6	3 921
山西	736	4	4.53	64.4	3 306
内蒙古	728	2	2.29	125.7	2 863
辽宁	1 796	8	3.71	120.2	3 707
吉林	1 078	6	4.64	117.5	3 175
黑龙江	1 600	7	3.65	118.1	3 375
上海	922	9	8.13	141.2	7 192
江苏	1 708	8	3.90	124.7	4 634
浙江	802	8	8.31	161.7	6 221
安徽	1 044	6	4.79	103.8	3 795
福建	590	3	4.24	168.0	4 507
山西	822	5	5.07	119.3	3 377
山东	2 170	12	4.61	97.5	4 264
河南	1 478	4	2.26	90.7	3 299
湖北	1 502	8	4.44	105.3	4 029
湖南	1 135	7	5.14	132.0	4 699
广东	2 035	8	3.28	211.0	7 439
广西	745	5	5.59	135.6	4 792
海南	165	1	5.05	143.9	4 770
四川	1 891	9	3.97	99.7	4 003
贵州	462	2	3.61	172.7	3 931
云南	528	2	3.16	157.5	4 085
陕西	705	3	3.55	101.1	3 310
甘肃	426	1	1.96	146.9	3 153
青海	128	1	6.51	81.1	3 320
总计	26 805	146	平均 4.54	—	4 283

表 14-2　圆明园北京游客调查数据及游园率

地区	非农人口/万人	游园抽样人数/人	游园率/‰	旅行费用/（元/人）	收入水平/（元/人）
东城	64	6	78	46.6	9 072
西城	79	12	127	41.8	8 970
崇文	43	4	78	39.7	7 518
宣武	57	5	73	37.4	8 097
朝阳	117	20	142	35.5	8 683
丰台	60	4	56	55.1	7 362
石景山	30	4	111	42.9	8 728
海淀	129`	57	368	28.3	8 296
总计	—	112	—	—	平均 8 144

14.6 享乐价格法

14.6.1 享乐价格法概述

享乐价格法认为人们赋予环境质量的价值可以通过他们为包含环境属性的商品所支付的价格来推断。该方法的理论基础源于特征价值理论，特征价值理论认为商品的价值其实是商品内在一系列特征价值的总和，这些特征也包括环境特征。例如，房地产的价格既取决于占地面积、房龄、交通便利程度、当地犯罪率等特征，也取决于当地的空气质量水平、噪声水平等环境特征。显示偏好的经验表明人们愿意支付的房屋价格与周围空气质量之间存在明显的正相关性，所以分析房屋资产价格可以获得清洁空气的价值。在实际应用中，享乐价格法往往借助于房地产市场进行。

除了房地产市场，在不同职业和地点的工资差别中也可以发现类似的情形。在劳动力市场中，噪声的高低、是否接触污染物等环境因素也会对工资水平产生影响。在其他条件相同时，劳动者会选择工作环境比较好的职业或工作地点，为了吸引劳动者从事工作环境比较差的职业并弥补环境污染给他们造成的损失，厂商就不得不在工资、工时、休假等方面给劳动者以补偿。这种通过工资水平的差异来衡量环境资源价值的方法，被称为工资差额比较法。在发展中国家，由于劳动力市场并不活跃，工人特别是低收入和不熟练工人，往往对环境风险了解甚少，贫困常常和恶劣的工作环境并存。因此，工资差额比较法在发展中国家的适用性，仍然是存有质疑的。

14.6.2 享乐价格法的评估步骤

享乐价格法一般是采用多元回归分析对房产价格或租金与影响房产价格的所有属性之间的关系进行估计得到。假设其他变量保持不变，所得到的估计结果就是确定房产价格与空气污染之间的关系。确定房产价格的估计方程就是“享乐价格方程”。其他变量包括房产的一系列属性，例如房屋大小、周围环境、距离就业地的远近以及邻居的特征，这些数据都可以得到。

使用享乐价格法要满足一定的假设，以房地产市场为例，这些假设包括：消费者了解决定房价的各种信息；所有变量都是连续的；这些变量的变化都影响住房价格；房屋市场处于或接近于均衡状态。

享乐价格法的计算步骤如下：

（1）建立房产价格与各种特性的函数。

$$\mathrm{PH}=f(h_1, h_2, \cdots, h_k) \tag{14.16}$$

式中：PH——房产价格；

$h_1, h_2, \cdots, h_{k-1}$——房产的地点变量（如占地面积、房间数目）和邻里特征（如住房密度、当地犯罪率、当地学校的质量等）；

h_k——环境变量（如空气质量）。

如果该函数采用线性形式，则可用下式表示：

$$\mathrm{PH} = a_0+a_1h_1+a_2h_2+,\cdots,+a_kh_k \tag{14.17}$$

如果是非线性关系，如采用 lg-linear 形式，则函数关系：

$$\lg \mathrm{PH} = a_0 + a_1 \lg h_1 + a_2 \lg h_2 +,\cdots,+a_k \lg h_k \tag{14.18}$$

函数类型的选择是影响到环境资源价值估算的重要技术问题，半对数形式是比较常用的一种函数形式，精确确定函数形式往往要通过统计分析得到。

图 14-3 表示当其他特性不变时，房产价格与环境变量的关系。在图中的一系列房产价格与环境变量的组合中，消费者会选择边际支付意愿等于边际购买成本的点，以使自己的效用最大化。

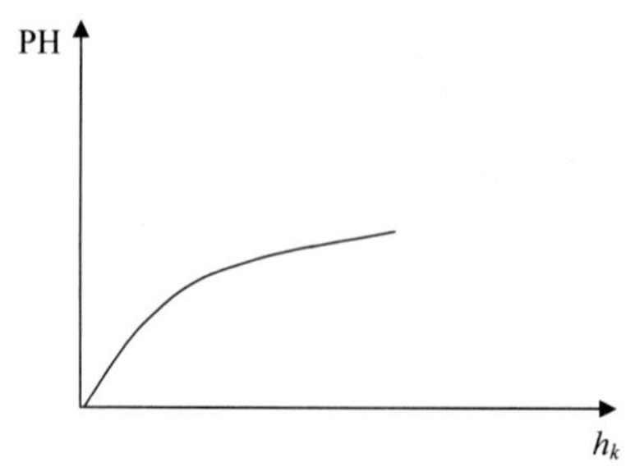

图 14-3 房产价格与环境变量的关系

（2）计算环境变量的边际隐含价格。把房产价格对环境变量求偏导，可以得到环境变量的边际隐含价格。

$$p_{h_k} = \partial \mathrm{PH} / \partial h_k \tag{14.19}$$

对于线性函数 $p_{h_k}=a_k$，边际隐含价格是常数，而采用 lg-linear 形式时，$p_{h_k}=a_k\cdot \mathrm{PH}/h_k$，此时，边际隐含价格是变化的，如果房地产市场处于均衡状态，边际隐含价格便可以被解释为边际支付意愿。

（3）估算环境改善的效益。求得边际隐含价格后，对于环境变量的边际变化所带来的福利，可以直接计算。但对于非边际变化，则要估算环境特性的需求曲线。此时，要根据一组居民户的特征变量如收入、家庭规模以及环境变量对边际隐含价格进行回归：

$$p_{h_k}=g\ (b_1,\ b_2,\ \cdots,\ b_m,\ h_k) \tag{14.20}$$

式中：b_1，b_2，…，b_m——居民户的特征变量；

h_k——环境变量。

在回归得到的需求曲线之下的面积（在相应的环境变量水平之间），就是改善环境变量的效益。

14.6.3 享乐价格法的适用条件

享乐价格法适用下列情况：①当地空气质量和水质的变化；②噪声污染，尤其是飞机、铁路、公路等交通噪声；③对社区福利舒适程度的影响；④对环境有不良影响的设施（如污水工程，电站等）的选址，铁路和公路的路线规划；⑤在城市贫困地区进行改造计划的影响评价。

采用享乐价格法，应具备以下条件：①房地产市场交易活跃；②环境因素被人们视为和财产价值相关的一个因素；③环境质量在时间和空间的变化易为人们所感知；④房地产市场交易比较透明，价格没有被扭曲。

14.6.4 享乐价格法的局限性

享乐价格法是研究像污染这样的非市场商品的需求的最传统方法之一。这种方法的长处是价值由真实的市场交易决定，这是这个方法的最大优点。相反，由于缺乏真实市场交易的分析基础，意愿调查价值评估方法经常受到批评。

当然，享乐价格法也有其缺点：

（1）必须找到一种可以进行市场交易的物品，它的价值受环境因素的影响（如住房价格受空气质量影响）。所有环境因素的损失都必须反映在可进行市场交易的物品的价格上，这一点很重要。

（2）居民可能有很大一部分时间不住在家中，故而，房屋周边环境造成的损失将无法反映在特征价值中。

（3）很多环境问题并不直接影响观察到的市场物品。水污染影响了什么物品，它可能降低生活质量或者造成水供应污染？植物品种的消失影响了什么物品？在这些情况中，必须使用其他方法。

（4）享乐价格法还是一种非常复杂的方法，需要大量的数据，在使用中它存在以下局限性：①房地产市场可能不够活跃、透明度不高或者无法得到所需的数据；②即使有良好的房地产市场，也要收集、处理大量的数据，这需要相当高的统计和计量经济学技巧；③环境变量可能难以度量；④享乐价格法的估算结果很大程度上依赖于函数形式；⑤房地产价格可能反映了消费者对未来的预期，其中也包括对环境变化的预期。

专栏 14-5 对洛杉矶空气质量改善的价值评估

Brookshire 等（1982）选取洛杉矶大都市地区从 1977 年 1 月到 1978 年 3 月购买房屋的 634 户单身家庭作为样本进行调查。选取 SO_2 和 TSP（总悬浮颗粒物）作为反映空气污染的变量，数据从被研究地区的空气监测站进行定期收集。这项研究的目的在于估计房屋租金与洛杉矶不同地区的空气质量改善之间的关系。

假设房屋销售价格是 H、N、A、Q 四个变量组的函数，其中：H——房屋结构变量组（居住面积、洗漱室的个数等）；N——邻居变量组（犯罪率、学校质量、人口密度等）；A——可及程度变量组（到就业中心、海岸的距离等）；Q——空气质量变量组（SO_2 和 TSP）。

研究者估计了两个享乐价格方程，分别用于计算每种污染物。这里列出的函数形式是各种可供选择的函数形式中拟合程度最好的。在这两个方程中，因变量都是房屋销售价格的自然对数形式（1978 年的价格，单位是 1 000 美元）。

Brookshire 等计算结果表明，如果空气质量由"差"变为"中等"，那么各地区房屋租金的上涨幅度为每月 15.44～45.92 美元（1978 年的价格）；如果空气质量由"中等"变为"好"，那么房屋租金的上涨幅度为 33.17～128.46 美元（1978 年的价格）。

资料来源：罗杰·珀曼，等. 自然资源与环境经济学[M]. 北京：中国经济出版社，2002。

在实际应用中，享乐价格法常用来分析大规模的空气污染、飞机噪声和愉悦度对房地产价格的影响。在发达国家，已经有很多用享乐价格法进行的研究；在发展中国家，享乐价格法的应用依然不多。由于并不能评估非使用价值，享乐价格法会低估总的环境价值。

14.7 GIS 估值法

14.7.1 GIS 估值法概述

地理信息系统（Geographic Information Systems）是计算机化的制图模型和分析工具。一份 GIS 地图由不同的图层叠加而成，利用数据叠加可以同时看到很多变量。GIS 辅助经济分析成为新近增加的有力工具。GIS 拥有强大的描述和检验空间关系的工具集。利用 GIS 产生图形，可以显示数据的空间结构和分析结果。

Hedonic 价值法最早纳入 GIS 技术。自然具有空间特性，从空气质量到露天场所的可得性的空间特征能够影响整个周边地区的资产价值。Hedonic 价值模型非常适用于 GIS 技术，利用 GIS 技术可以预期一个邻近地区到另一个邻近地区的房产价格系统变化。GIS 技术也可以纳入分析一个地区（如县域）的生态系统价值。通常的生态系统直接利用价值评估方法存在诸多不足，如缺乏空间表达、对数据要求高、评估效率低等不足。但是利用 GIS 技术可以弥补这些缺陷。

专栏 14-6　利用 GIS 显示 Hedonic 资产价值：数据可视化

GIS 为经济学家和其他研究者提供了强有力的分析空间数据和空间关系工具。对于非市场价值评估，由于能够近似地将环境特征及其规模或数量纳入分析，GIS 已被证明特别有助于增强 Hedonic 资产价值模型。GIS 研究也能够将反映附近土地使用类型和多样化的变量纳入分析。

地理编码的住宅交易系统为每个在售的住宅项目分配纬度和经度坐标。GIS 将土地使用、河道和人口调查数据等诸如此类的其他空间数据分层显示在地图上。如果圈出每一个房子期望的周边范围，GIS 能够帮助计算圈中每一种环境舒适性的数量和居住此地的人类类型和密度。还可以得到许多人口数据，例如收入、年龄、教育程度、犯罪率、通勤时间等变量。GIS 也可以计算出到想要去的地方的距离，例如公园、湖泊、学校或垃圾填埋场的直线距离。

在《眼不见，心不烦吗？利用 GIS 将视觉景观纳入到 Hedonic 资产价值模型》的文章中，Paterson 和 Boyle 利用 GIS 衡量了视觉景观影响康涅狄格州房屋价格的程度。在他们的研究中，视觉景观用房产方圆 1 km 范围内可见土地的比例表示，既包括土地的总量指标，也包括细分的各种土地利用方式的比例。最后他们增加了表示每项开发住宅项目方圆 1 km 范围内的农业、森林和水面比例的变量。

他们发现，除了视线可及范围物质的性质外，视觉景观确实是一个重要的能够解释房产价值的环境变量。然而，简单地看到一个景色并不是资产价值的一个重要决定因素，能够看到一定种类的土地利用方式所形成的景观才是资产价值的重要决定因素。例如，只有当开发发生在视觉可及范围内的景观时，才会降低房产的价值，这暗示了眼不见，实际上就等于心不烦！他们的结论认为，任何分析如果忽略了反映周边环境状况的变量，得到的土地利用影响资产价值的结论都可能是误导或是错误的。GIS 是一个强有力的工具，可以帮助研究者在分析中纳入这些重要的变量。

资料来源：汤姆·蒂坦伯格，琳恩·蒂坦伯格. 环境与自然资源经济学[M]. 北京：中国人民大学出版社，2011。

14.7.2 GIS 估值法的评估步骤

基于 GIS 技术的环境资源价值评估步骤如下：

（1）区域环境资源的直接利用价值的界定。对于一般的县域而言，自然生态系统提供的资源价值主要包括 3 个部分：农业服务价值、森林木材价值和旅游价值。

（2）研究区域的识别。研究区域的识别包括综合考察研究区生态系统特征、识别评估对象、确定评估项目。

（3）利用 GIS 平台建立空间数据库与属性数据库。收集评估工作需要的相关资料与图件。图件主要包括数字高程模型（DEM）、土地利用图、森林资源分布图、旅游资源分布图和行政区划图等，其来源包括测绘局、国土资源局、林业局、旅游局和民政局等。部分县域可能无森林资源分布图，可从土地利用分布图中提取，或者通过遥感影像解译得到。纸质图件通过 GIS 软件（如 MapInfo）进行坐标配准和矢量化，也可直接购买电子数据。所有数据图层按研究区边界拼合、裁剪处理后，转换为一致的投影坐标系统，以便于后续的空间分析。此外，还需收集或购买统计年鉴、旅游资源调查报告、森林资源调查报告等有关资料，用于建立属性数据库。

（4）GIS 分析与空间表达。确立基于生态系统产品和娱乐文化资源（如景点）的空间分布，确定评价指标与相关系数。

（5）利用 GIS 的空间分析功能，进行价值计算与可视化表达。

专栏 14-7　利用 GIS 技术评估浙江省天台县环境资源价值

下面以县域环境资源直接利用价值评估来说明 GIS 技术在其中的应用。陈能汪等（2008）提出了一套基于 GIS 的科学高效的农业服务价值、森林木材价值和旅游价值的空间表达技术方法。他们对浙江省天台县生态系统服务直接利用价值进行空间分配与评估。2005 年全县生态系统服务直接利用价值达 5.38 亿元，其中以农业服务价值为主（65%），其次是森林木材价值（30%），旅游价值所占比例较低（5%）。生态系统服务直接利用价值与产品及服务的空间分布状况密切相关，存在高度的空间变化。

县域环境资源价值主要包括：自然生态系统提供的农业服务价值、森林木材价值和旅游价值，又称娱乐文化价值，共3部分。具体而言：农业包括种植业、林业、牧业和渔业等；种植业主要包括粮食、油料、糖料、棉花、麻类、甘蔗、烟叶、药材、蔬菜、花卉、瓜类和其他农作物，以及来自茶园、果园、桑园的产品；林业的直接使用价值包括林木栽培、林产品的采集和林木采伐；牧业则包括除渔业养殖以外的一切动物饲养和放牧。森林木材价值，主要计算森林生产活立木的价值。旅游价值则体现为一个地区的旅游收入，它是旅游者置身其中享受陶冶性情、净化心灵和增长见识等服务时的支付意愿。

就区域环境资源价值计算而言，可以分为3部分：

（1）农业服务价值评估。从统计资料中获得各种农产品和林产品的产值和产量，结合土地利用图，在GIS技术支持下进行农业服务价值评估与空间表达。

具体评估步骤：

- 统计区域内单位面积产值计算。

单位面积产值=各种农产品和林产品净产值/种植面积

其中，各种农产品和林产品净产值是一定时期内农业劳动者从事农业生产劳动中新创造的价值，等于总产值扣除中间消耗；种植面积是播种面积除以复种指数。

- 将各种农产品的单位面积产值经种植面积加权后赋给相应的土地利用图斑。土地图斑考虑到土地利用分类与产品分类不能一一对应，如耕地可能种植粮食，也可能种植蔬菜，因此在赋值前，应根据各种产品的实际种植面积进行加权平均。
- 对产品提供能力空间差异的修正。因为土壤肥力空间差异大，各地农作管理水平也不尽一致，因此同种产品的产量即产品提供能力在地区之间，如不同乡镇必然存在差异，为准确表达农业服务价值的空间分布，可计算各种农产品在各个乡镇中的亩产与全县平均亩产的比值作为修正权重系数，并赋给相应的行政区划（乡镇）图斑。
- 将土地利用图与行政区划图进行叠加分析，利用修正权重系数乘以加权得到的单位面积产值，即得各个图斑的农业服务价值；并对价值字段进行栅格化，形成农业服务价值空间分布图。

（2）森林资源价值评估。其评估步骤如下：

- 确定森林生态系统林分分布（优势物种），根据森林资源调查资料，统计林分年净生长蓄积量；确定活立木林价，乘以蓄积量，得到各种林分木材价值。
- 利用GIS软件将各种林分木材价值赋给相应的森林资源分布图斑，栅格化后形成森林木材价值空间分布图。

森林资源价值计算公式为

$$\mathrm{Vf}=M\cdot P$$

式中：M——蓄积量，m^3；

P——活立木林价，元/m^3。

（3）旅游价值评估。根据DEM和景点分布图，从景点可达性与景点可视性两个方面进行旅游收入或价值的分配与空间表达。

其评估步骤具体如下：

- 假设旅游收入主要由景点可达与景点可视两个部分贡献，并对半分配作为景点可达性计算和景点可视性计算的价值基数，各占1/2旅游收入。

- 遵循距离景点越近价值越高的原理，利用景点分布图进行距离分析，基于专业经验和文献资料，按距离景点 100 m、500 m、1 000 m、5 000 m 划分成 5 个距离等级图斑，并假设其价值分别占 1/2 旅游收入的 30%、25%、20%、15%、10%，除以各等级图斑的栅格总数，完成旅游收入在景点可达性方面的空间分配过程。
- 利用景点分布图和 DEM，通过 Arc View 的视域分析模块，确定景点可视与不可视单元格，不可视单元格价值为 0。对于可视单元格，首先统计各单元格可见到的景点数（1～n），再将不同景点数与相应的栅格数相乘加和，得到参与分配的总栅格数，最后平均分配另外 1/2 旅游收入，从而完成旅游收入在景点可视性方面的空间分配过程。
- 加总景点可达与可视两部分价值分配结果，产生旅游价值空间分布图。

资料来源：陈能汪，张潇尹，卢晓梅. 基于 GIS 的生态系统服务直接利用价值评估方法[J]. 中国环境科学，2008（7）。

专栏 14-8　GIS 技术与 Hedonic 模型结合估计北京市居民对空气质量支付意愿

以显示偏好理论为基础，利用 GIS 技术建立起的北京市商品住宅项目和城市设施空间数据库，结合 Hedonic 模型可以估计居民对空气质量的支付意愿。郑思齐的实证结果表明，北京居民对居住区位周边的空气质量有明显偏好，空气中可吸入颗粒状物的含量每下降 1 μg/m^3，周边的住宅价格将上升 0.93%。该结果在统计意义上十分显著。

中国在过去的 20 多年中，快速的城市化和工业化进程导致能源消耗量快速增长，城市中的空气污染也日趋严重。根据世界银行 2006 年的研究报告，2003 年 341 个监测城市中有 53%的城市的年平均可吸入颗粒物超过了 100 μg/m^3，这一污染浓度是美国年平均值的两倍。

然而对污染的管制措施往往会引起争议。因为污染管制政策具有很高的成本，它需要大量公共投资来实施监控和改良，也会导致污染企业的产量大幅削弱和工人失业。为了让北京每年增加 10 天的蓝天，是否值得投入 10 亿元的公共财政资金？

郑思齐利用居民在城市内部进行住宅选择模型。在城市内部，空气质量随着区位的不同而存在差异。北京市环境保护局在市内设置了 11 个空气质量监测站并发布各监测站每日的空气质量指数（API），这提供了一个观测城市内部空气质量空间差异性的很好机会。论文利用了 GIS 将各类数据进行空间化。GIS 显示了北京 900 个商品住宅项目的空间分布，并提供了这些项目的平均售价为 7 340 元，平均每套住宅的面积为 130 m^2。项目距离天安门广场的平均距离为 10.64 km。GIS 还标注了 39 个市区地铁站，30 个不与地铁站重合的主要公交站和 60 个大型公园的空间位置信息。并利用 GIS 的计算功能计算了每个住宅项目距离天安门广场、最近地铁站、最近的公交站和最近大型公园的空间距离。

实证结果表明：空气中可吸入颗粒状物的含量每下降 1 μg/m^3，周边的住宅价格将上升 0.93%，平均约为 68.3 元。

资料来源：郑思齐. 空气质量的经济价值估计——北京居民对空气质量支付意愿的实证研究//李善同. 环境与经济政策. 北京：科学出版社，2010。

14.7.3 GIS 估值法的评价

利用 GIS 技术可以建立区域生态系统服务价值的空间分配与表达，随着 GIS 技术的越来越成熟，这种应用将会越来越广泛。这种空间表达具有 3 个方面的重要作用：①根据服务价值大小可确定不同区域的主导生态服务功能，在此基础上进行生态环境功能区划，明确生态保护和生态系统管理的重点，实现不同功能分区的差别化管理；②依据生态系统服务价值评估结果可以为生态补偿机制的建立提供定量数据支持；③根据生态服务能力和贡献大小，计算环境保护基本公共服务财政转移支付额度。

思考题

1. 环境价值评价的替代市场法有哪些方法？
2. 运用某种替代市场法针对某个特定环境进行价值评价。
3. 各种替代市场法的适用条件有何不同？
4. 各种替代市场法有何不同的利弊？

参考文献

[1] 谢贤政．环境资源经济价值评估[M]．北京：中国环境科学出版社，2011.

[2] 陈能汪，张潇尹，卢晓梅．基于 GIS 的生态系统服务直接利用价值评估方法[J]．中国环境科学，2008（7）.

[3] 靳乐山．用旅行费用法评价圆明园的环境服务价值[J]．环境保护，1999（4）.

[4] 汤姆·蒂坦伯格，琳恩·蒂坦伯格．环境与自然资源经济学[M]．北京：中国人民大学出版社，2011.

[5] 查尔斯·科尔斯塔德．环境经济学[M]．北京：中国人民大学出版社，2011.

[6] 罗杰·珀曼，马越，詹姆斯·麦吉利夫雷，等．自然资源与环境经济学[M]．北京：中国经济出版社，2002.

[7] A·迈里克·弗里曼．环境与资源价值评估——理论与方法[M]．北京：中国人民大学出版社，2002.

[8] Clawson M. Methods of Measuring the Demand for the value of outdoor recreation[M]. Reprint 10. Resources for the future，Washington. 1959.

第 15 章　假想市场法

替代市场法使用替代物的市场价格来衡量没有市场价格的环境物品的价格，在连替代市场都难以找到的情况下，假想市场法（Market Creation Techniques）用人为地创造假想市场的方法来衡量环境质量及其变动的价值。它是环境评价的最后一道防线，任何不能通过其他方法进行的环境评价几乎都可以用假想市场法来进行。特别是，假想市场法能用于估价环境资源的总经济价值（即使用价值和非使用价值之和）。

15.1　意愿调查法

15.1.1　意愿调查法概述

意愿调查法（Hypothetical Valuation Methods）或条件价值评估法（Contingent Valuation Methods，CV）是假想市场法的主要代表，与市场价值法和替代市场法不同，它不是基于可以观察到的或预设的市场行为，而是基于调查对象的回答它通过直接向有关人群询问来获得对环境变化的估价。特别地，在评价环境资源的非使用价值时，意愿调查法是唯一可行的方法。

直接询问调查对象的支付意愿是意愿调查法的特点，同时也是它的最大优势，即灵活性，它在环境方面有着广泛的应用。该方法最早出现在 1963 年，Bob Davis 利用这一方法估计美国缅因州未开垦地区用作户外休闲娱乐所能带来的收益。他的研究显示，每个家庭对未开发的休闲娱乐资源的支付意愿为每天 1～2 美元。还有些学者研究了人们对狩猎情况的支付意愿，如射杀一只野鸭的支付意愿可能是 80 多美元，而狩猎区域的人数多少会对这一结果产生较大的影响。一些学者还研究了对生态环境的改善，如人们对纽约州的水和空气质量改善的支付意愿，可能为 40～100 美元。Stevens 等运用意愿调查法估计了降低新罕布什尔州白山地区的电厂空气污染程度给人们带来的收益。自然景观地区空气能见度的降低会影响观光效果。在研究过程中，研究人员向受访者提供电脑合成的景观图片，图片中显示了不同污染程度下的景观。研究表明，将空气能见度改善到中等水平，人们对此的支付意愿为 3～12 美元。

意愿调查法可以大致分为三类：①直接询问调查对象支付意愿或接受赔偿的意愿；②询问调查对象表示上述愿望的商品或服务的需求量，以此来推断支付意愿或接受赔偿的意愿；③通过调查相关领域专家的方式来评定环境资源的价值。表 15-1 列出了几种常用的意愿调查法。

表 15-1　意愿调查法的分类

直接询问支付意愿	投标博弈法、比较博弈法
询问选择的数量	无费用选择法、优先评价法
征询专家意见	专家调查法

15.1.2　意愿调查法的基本原理与评估步骤

15.1.2.1　意愿调查法的基本原理

意愿调查法的唯一假设是：被调查者知道自己的个人偏好，因而有能力对环境物品或服务进行估价，并且愿意诚实地说出他或者她的支付意愿。这一支付意愿可以包含非使用价值或使用价值。

意愿调查法的经济学原理是：个人对各种商品和环境舒适性具有消费偏好，其对商品的消费用 x 表示，环境物品用 q 表示，其不受个人支配。个人的效用函数可以表示为：u（x，q）。个人对商品的消费受其可支配收入 y 和商品价格 p 的限制。在一定的收入限制下，个人力图达到效用最大化的消费：

$\max u(x,q)$，其中 $\sum p_i x_i \leqslant y$

受约束条件限制的最优化解产生一组常规需求函数：

$x_i = h_i(p,q,y)$，其中 $i=1,2,3,\cdots,n$ 为商品的种类。

定义间接效用函数为

$$v(p,q,y)=u[h(p,q,y),q] \tag{15.1}$$

此时，效用为一般商品的价格和收入的函数，同时也是环境物品的函数。

假定 p，y 不变，某种环境物品或服务 q 从 q_0 到 q_1，相应地，个人的效用从 $u_0=v$（p，q_0，y）到 $u_1=v$（p，q_1，y）。

如果这一变化是一种改进，即 q_1/q_0，则有：$u_1=v$（p，q_1，y）$/u_0=v$（p，q_0，y）。这种效用变化可以用间接效用函数来测量：v（p，q_1，$y-C$）$=v$（p，q_0，y）。式中的补偿变化 C，即是当 q 从 q_0 变化到 q_1 而效用在变化后与变化前保持不变时所要推导的个人所愿支付的金钱数量，即意愿调查法导出了被调查者个人的 WTP。

由于环境物品的公共物品特性，总的 WTP，即环境物品或服务的总经济价值由个人的 WTP 加总获得。

15.1.2.2　意愿调查法的评价步骤

意愿调查法的基本步骤如下：

（1）对要评价的环境质量特征或待估的健康影响进行识别和描述，如可以大量使用地图、彩色照片和其他可视辅助物等。调查要明确地表明某一项目或政策对环境的影响，是改善环境的措施还是遏制环境恶化的措施。

（2）确定所要调查的对象，以及对象的选取过程。调查可以采取分层随机抽样的方法。

（3）设计问卷，可以先进行试验性访问和试点调查，最后形成调查表。调查询问被调查者对调查项目或政策的支付意愿或接受赔偿意愿。

（4）通过走访、电话或者邮件的方式进行问卷调查。进行面对面的调查有几点优势，显著的优势是可能有较高的调查问卷回收率和收集比较有效的信息，但是这种方式的成本较高。电子邮件相对便宜，但是调查问卷的回收率低。电话调查也相对便宜，但是获得的信息量受到限制，且不能使用图表。采用哪一种方法直接影响调查工具设计的细节。

（5）当问完支付意愿以后，调查人员可以再向被调查者问一些详细的问题，如作出该回答的动机、与支付方案或赔偿方案相关的态度和信念等。获得最终的调查结果。

（6）对调查结果进行平均，估计群体的平均支付意愿或接受赔偿意愿，并评价调查结果以确定其精度。平均数可以采用中值或平均值。一般而言，要利用统计模型对调查数据进行处理。例如，有的调研假设 WTP 的分布为威布尔分布，采用极大似然法估计该分布的参数。

（7）评价调查结果的标准程序是使用调查结果估计“估价”函数或者“出价”函数。以被调查者的人口特征、社会经济状况、信念、态度和其他特征作为解释变量，以 WTP 或者 WTA 作为因变量进行回归分析从而估计出估价函数，然后用其结果来表明这种解释的可行性。如果估计的参数与经济理论和以前的经验相吻合，那么可以认为所有的调查结果是可信的。否则，调查结果不可信。例如，理论和经验认为高收入者应该有较高的 WTP，如果利用调查结果估计的估价函数中关于收入的回归系数为负，并且统计分析结果显著，那么对其平均 WTP 结果持怀疑态度。

（8）计算相关群体的总支付意愿或总接受赔偿意愿，以便于环境成本-效益分析。一般是采用平均 WTP 与相关群体的总量相乘得到总的 WTP。

（9）进行敏感性分析。可以利用不同的样本，或者可能的话，利用变异更小的调查方案进行重复调查。

15.1.3 意愿调查方法的主要类型

15.1.3.1 投标博弈法（bidding game approach）

投标博弈法要求调查对象根据假设的情况，表达他对不同水平的环境物品或服务的最大支付意愿或最小接受赔偿意愿。由此得到个人的需求曲线，再把其垂直加总，就可以得到社会对环境质量的需求曲线。投标博弈法被广泛地应用于对环境资源等公共物品的价值评估。

投标博弈法又可以分为单次投标博弈和收敛投标博弈两种。

在单次投标博弈中：①调查者应向被调查者描述环境变化的影响（如某流域水体污染可能带来的影响）。可以采用专栏或图片的形式，尽量使被调查者对问题有客观和全面的了解。②描述解决问题的具体措施，如采取何种工程，何时动工，预计何时完成，完工后环境质量可达到何种水平等。③询问被调查者为了保护水体不受污染最多愿意付多少钱（最大支付意愿），或者反过来问被调查者最少要付其多少钱他才能接受水体被污染的事实（最小接受赔偿意愿），并以此为基础建立总和的支付意愿函数或接受赔偿意愿函数。

在收敛投标博弈中：被调查者不用自行说出一个确定的支付意愿或接受赔偿意愿，而是被问及是否愿意对某一物品或状态支付给定的数额或接受给定的数额。如询问被调查者是否愿意为改善流域水质支付 30 元/a，若得到否定回答，则降低数额，直到得到肯定回答，如在 20 元/a 时得到肯定回答，那么再提高此数额，直到得到一个收敛点，如在 25 元/a，低于 25 元/a 时被调查者愿意支付，高于 25 元/a 时被调查者拒绝支付。如表 15-2 所示。将被调查者的收敛点平均，即可以得到总体的平均支付意愿或平均接受赔偿意愿，以此为基础可以对决策进行指导。

表 15-2 收敛投标博弈的收敛点

支付数额/（元/a）	被调查者的回答
＜25	接受
25（收敛点）	接受
＞25	拒绝

15.1.3.2 比较博弈法（trade-off games approach）

比较博弈法又称权衡博弈法，该方法要求被调查者在环境物品和货币的多种组合中作出偏好选择。在环境资源的价值评估中，通常给出一定数额的货币和一定水平的环境商品或服务的不同组合。给定被调查者一组环境物品或服务以及相应价格的初始值，然后询问被调查者愿意选择哪一项。

例如，考虑表 15-3 中的情况，支出方案 I 提供数量为 a 的环境物品或服务，且无需被调查者支付货币；方案 II 提供数量为 b（$b>a$）的环境物品或服务，但被调查者需为额外的环境物品或服务支付数量为 c 的货币。用这两个方案询问被调查者，要求其对二者进行选择，根据被调查者的反应，不断提高（或降低）支出方案 II 中的货币数量，直到被调查者认为选择二者中的任何一个是无差异时为止。此时，支出方案 II 中的货币数量 c_0 就是对额外的环境物品或服务[数量为（$b-a$）]的支付意愿。通过访问足够多次数，有代表性的人群和统计显著性检验，就可以估计出对额外的（$b-a$）数量的环境物品或服务的总支付意愿。

表 15-3 供被调查者选择的支出方案

	支出方案 I	支出方案 II
环境物品或服务的数量	a	b（$b>a$）
需要支付的货币数量	0	c

下面举例说明该方法的应用。某缺水农村为解决村民的饮用水问题，拟在村内出资打一口公用井。有两个方案可供选择：A 方案的井较浅，预计完工后井水的水质可达到 II 类水质标准；B 方案的井较深，预计完工后井水的水质将达到 I 类水质标准。A 方案预计花费 2 000 元，B 方案预计花费 5 000 元，村内共有 200 户居民。

决策者对村民进行了支付意愿的调查，为简单起见，假设决策者选了 4 个有代表性的农户进行调查，通过比较博弈法我们得到了其支付意愿，见表 15-4。通过计算两个方案的消费者剩余，决策者最终选择了 B 方案。

表 15-4 村民对两个方案的支付意愿

备选方案	井水水质	预计花费/元	被调查者的支付意愿					总支付意愿/元	消费者剩余/元
			农户 1	农户 2	农户 3	农户 4	平均		
方案 A	Ⅱ类	2 000	11	16	12	13	13	2 600	600
方案 B	Ⅰ类	5 000	24	35	30	31	30	6 000	1 000

15.1.3.3 无费用选择法（costless choice approach）

无费用选择法通过询问个人在不同的物品和服务之间的选择来估算环境物品或服务的价值。该方法模拟市场上购买商品或服务的选择方式，给被调查者以两个以上的方案，每一个方案都不用被调查者付钱，从这个意义上讲，选择是无费用的。

下面以两方案的选择为例加以说明。A 方案是无价格的环境物品，B 方案是一定数量的货币，如果被调查者选择 A 方案，那么 A 方案中环境物品的最低定价就是 B 方案中的货币数量；如果被调查者选择 B 方案，那么 A 方案中环境物品的最高定价就是 B 方案中的货币数量。如果改变 B 方案中的货币数量而保持 A 方案中环境物品的数量不变，这个方法就变成投标博弈法了，所不同的是无费用选择法中被调查者不必做出任何支付。

举一个例子说明无费用选择法的应用。

假设某地区沙尘暴肆虐，严重影响该地区居民的生活，林草业专家建议通过种草种树覆盖该地区裸露的地表，可降低沙尘暴的频率和强度，并预计若执行这一计划，沙尘暴的频率和强度将降至原来的 50%水平，对该地区居民进行调查，并通过无费用选择法进行试验。

首先向该地区居民详细介绍沙尘暴的危害，然后提出以下两个方案供被调查者选择。方案Ⅰ：每年赠与被调查者一笔款项；方案Ⅱ：执行绿化计划，将沙尘暴危害降至原来的 50%水平。每人只有一次选择的机会。如果被调查者全部选择方案Ⅱ，则说明减少沙尘暴危害的价值至少等于被放弃的款项。进一步提高款项，对另一组调查者调查，直到被调查者全部选择赠款，这就意味着减少沙尘暴危害的价值低于最后一个款项，调查结果见表 15-5。

表 15-5 减轻沙尘暴危害的无费用选择法调查结果

调查人数/人	选择本方案的人数/个	
	接受赠款（括号内为赠款数）	降低 50%水平的沙尘暴危害
100	0（20 元）	100
100	15（25 元）	85
100	35（30 元）	65
100	55（35 元）	45
100	80（40 元）	20
100	100（45 元）	0

表 15-5 表示，对每一套方案都随机抽取 100 人进行调查，当赠款额为 20 元时，第一组的所有被调查者都选择降低 50%水平的沙尘暴危害，说明被调查者对绿化计划的最低支付意愿为 20 元。当赠款提高到 45 元时，第六组的 100 个被调查者都选择接受赠款，说明

被调查者对绿化计划的最高支付意愿小于 45 元。但是，该实验只能给出被调查者的平均支付意愿在 20～45 元，并不能给出精确的支付意愿数值。

15.1.3.4 优先评价法（priority evaluation technique）

优先评价法以完全竞争下消费者效用最大化原理为基础，由被调查者对一组物品（其中包括环境物品）进行选择，按一定规则调整这些物品的价值，直到收敛到一组使消费者效用最大化的均衡价值，该法模拟市场上购买商品最佳数量的选择。

微观经济学关于消费者个人在预算约束下使效用最大化的基本原理指出，个人在安排预算时，如果使每一种商品的边际效用与价格之比都相等，那么就可以获得最大总效用，如果不相等，就可以通过调整购买的商品数量，使总效用达到最大。用公式表示为

$$\frac{\mathrm{MU}_1}{P_1}=\frac{\mathrm{MU}_2}{P_2}=\cdots=\frac{\mathrm{MU}_n}{P_n} \tag{15.2}$$

如果上述条件不满足，就可以通过调整购买的商品数量，使总效用最大。

优先评价法的步骤如下：

（1）选择若干种物品，其中之一是无价格的环境物品，其他是一般商品。这些物品必须满足下列条件：它们在生产中必须是相互无关的，在生产和消费中的变化必须是可变的，它们的效用必须与其他消费无关（既不是互补品，也不是替代品）。

（2）把每一种物品按几种不同的数量水平分类。例如，将上衣分为一件上衣、2 件上衣、3 件上衣等。将每种物品的每种数量水平作为一个选择方案。例如，如果有 5 种物品，每种物品有 3 个数量水平，那么就有 15 种选择方案。确定每种物品各个数量水平的初始价格，初始价格可以采用市场价格。

（3）访谈。给被调查者一个预算。向被调查者详细叙述每一种选择方案。叙述包括每种物品每种数量水平（即每一种选择方案）的价格。预算要足够大，但不能大到能购买所有物品的最大数量水平。

（4）由被调查者进行选择。要求①在各种物品中，每种最多只能选择一个数量水平，而且至少要选择一个数量水平；②要把预算全部用完。

（5）计算每一种方案的实际选择次数，并把实际选择次数和预期选择次数进行比较：

$$r=\mathrm{OQ}/\mathrm{EQ} \tag{15.3}$$

式中：OQ——实际观测到的选择次数；

EQ——预期选择次数。

如果独立的价格是准确的，是完全竞争下的均衡价格，那么每一种方案对个人都是一样的。因而一组被调查者对每一种选择的预期频率都是随机的。例如，一组人对 5 种物品的 3 个数量水平进行选择，选择每一方案的频率都是 1/15。总选择次数与预期选择次数相比，在均衡状态下，该比值应为 1。

（6）在所有方案的 r 比值不全为 1 时，调整比值不为 1 的方案价格。如果 $r>1$，则初始价格低于均衡价格，应提高。相反，则应降低价格。调整价格后，进行下一轮访谈。这样反复进行，直到 r 值不显著地偏离 1。

求出各种物品的均衡价格后，环境物品的均衡价格作为其中之一也就求出来了。

15.1.3.5 专家调查法（delphi 法）

专家调查法是一种综合直接询问专家的意见，来评判特殊物品价值的评价调查方法。该方法不同于上述方法，它不是调查消费者，而是征求专家的意见，试图让专家们为某一特定商品定价。

专家调查法的具体做法是：①将一些专家组织起来，要求他们独立地为某一特定商品的价格提供答案；②将每人最初的定价意见分发给所有成员，要求他们参考他人意见后再次确认某种定价，并解释选定某一特定价格的原因；③让每个人都考虑这些意见，重新估价并做出新的定价决定。在理想的情况下，每一轮征求意见的结果，都会使定价的数值更趋于集中，直到形成一个紧紧围绕中值分布的数列为止。

这种方法的要点是，专家们可以“背靠背”地发表意见，而不进行“面对面”的交流，以避免任何一种意见影响控制全局的情况发生。专家调查法的结果依赖于所涉及的专家们的素质，反映社会价值的能力和这种方法所采取的形式。

15.1.4 意愿调查法的两个应用

这一调查问卷的主要目的是环境舒适度估价和健康影响估价。

15.1.4.1 环境舒适度估价

其目的是获得环境特征对于受访者的价值，或者人们对于改善某项环境特征的最大支付意愿。为了得到合理有效的调查结果，需要在调查过程中运用一定的技巧。最为普遍的方法是，让受访者在没有任何提示或对所询问内容没有任何研究的情况下直接作答。

有关环境舒适度的调查问卷由 3 个部分组成：

（1）对人们将要评价的环境舒适度及其特征进行简介、准确、清晰的描述。

（2）询问受访者有关收入、居住条件、年龄、某些物品的使用情况等，这些因素可能与所分析的环境资源改善要求以及受访者的支付意愿都具有一定经济相关性。在获得相关数据后，可以控制部分因素，获得某一群体对环境舒适度的真实支付意愿。

（3）一系列旨在询问受访者支付意愿的问题。对应于不同的环境舒适度或环境改善程度，询问受访者相应的支付意愿。

专栏 15-1 某一区域水质改善的意愿价值评估

调查问卷可以设计如下：

1．你的家庭中未满 18 岁成员的人数有多少？

2．在过去的 12 个月中，你本人或你的家人是否在本地区的内河、湖泊、池塘或者溪流划船、垂钓、游泳、涉水或者滑水？

3．下面是国家或地方政府对本地区的水污染治理目标：

目标 C：99%的内河水域至少可以划船。

目标 B：99%的内河水域至少可以垂钓。

目标 A：99%的内河水域至少可以游泳。

在下列 3 种情况下，你每年最多愿意为此支付多少金额？

①实现目标 C；

②实现目标 B；

③实现目标 A。

资料来源：巴利·菲尔德，玛莎·菲尔德．环境经济学[M]．大连：东北财经大学出版社，2010。

专栏 15-2　东湖水质改善的经济价值调查研究

东湖位于武汉市武昌区东北，是我国著名的风景休闲区。自 20 世纪 70 年代末起，东湖的游客人数每年突破百万，最高达 337 万人次。除观光旅游之外，东湖还兼有水上运动、水产养殖、饮用水水源和工农业用水水源等多种功能。

然而，地处城区的东湖，由于其价值没有得到足够认识，近 30 年来随着城市建设的发展，受到严重破坏和污染。目前，环湖建有大批工厂、机关、医院、学校，沿湖地区人口已近百万。源源不断的生活及工业污水排入东湖，使东湖湖水污染，导致功能失调、生物多样性锐减。至 80 年代初水体已呈富营养化状态，透明度大幅度下降。据测定，东湖每日接纳污水 18 万 t，年积累氮 440.7 t，积累磷 39.6 t。8 个子湖中有 3 个子湖的水质为国家规定的地表水资源分类标准的最低一级（Ⅴ级）。

杜亚平等在 1995 年春采用意愿调查法来研究东湖水质改善的价值分析。问卷调查在东湖风景区的主要游乐观光区进行，以随机抽样方式共获取问卷 185 份，调查中被调查者普遍态度严肃，认真答卷。除去不协调答卷（支付意愿过高或过低）、不愿支付答卷等，共获取有效分析问卷 144 份，占全部问卷的 77.8%。

所采用的调查问卷主要包括以下六部分：

（1）调查目的及东湖水污染状况信息；

（2）被调查者利用东湖的情况和他们对湖水污染的认识程度；

（3）被调查者改善东湖水质的支付意愿；

（4）测试人们支付意愿的态度和想法；

（5）收集被调查者的经济与社会状况特点；

（6）给予被调查者机会让其提供他们认为有用的信息。

研究者将水质级别用较为形象的用途代表之，以使被调查者明确水质差异。他们将东湖水质分为 5 个等级，依水质递减顺序分别用饮用、游泳、养鱼、划船、散步等用途代表之。统计分析表明：

（1）游人的支付意愿随水质的好坏而不同。总的趋势是，水质越好支付意愿越高。按上述水质递减顺序，其支付意愿分别是每人每年 14.2 元、9.28 元、5.81 元、4.58 元、2.19 元。这种趋向与理论预期是一致的。但值得注意的是，这种水质与支付意愿的关系包含明显的指数变化特点。饮用水与游泳水的支付相差达 4.92 元；而游泳、养鱼、划船之间的支付意愿差只有 3.47 元和 1.23 元。可见，游人对于观赏养鱼和划船游玩所需水质支付意愿差别并不大。

（2）人们的支付意愿受制于商品的效用及支付能力。游人所选择的最理想水质并非最好的饮用水质，而是游泳水质（仅次于饮用水质）。原因很简单，游人并非饮用湖水，而在于游乐休闲。而且，实现饮用水质要消耗大量投入，费用太高。武汉的夏季炎热且持续时间长，东湖作为游人的天然游泳池无不给人们在炎热的夏季带来极大的享受和乐趣，无怪乎游人对水质情有独钟。

（3）人们的支付愿受其他因子的影响。如收入水平、文化程度、年龄以及游玩东湖的频次等。收入是决定支付能力的基本条件，是主要影响因子。收入越高支付意愿越高。例如，为实现宜游泳水质，高收入组（月收入 900 元）的支付意愿为 28 元/（人·a），是低收入组（月收入 200 元）的 4 倍。教育程度与支付意愿也存在密切的相关性，受高等教育的人的支付意愿平均为 15 元/（人·a），而只有初等教育水平的人的支付意愿只有 6 元/（人·a）。形成良好的环境意识需要一定的文化知识积累。

（4）以平均支付意愿及游人总数计算，为满足游泳水质要求，游人的总支付意愿为每年 2 719 万元，这一数据同时也反映了消费者的福利损失。

资料来源：杜亚平．改善东湖水质的经济分析[J]．生态经济，1996（6）。

15.1.4.2 健康影响的估价

基于人们对环境改善的支付意愿，意愿调查法可以被用于评估各种环境污染对健康影响以及避害行为。调查问卷可以分为两种类型：①估计受访者对避免过早死亡的支付意愿；②估计受访者对降低发病率的支付意愿。

在第一类研究中，可以将健康影响以死亡率的概率形式表达出来，即人们对于一定程度地降低过早死亡率的支付意愿。它可以形成统计意义上的人们对生命价值的估计值。在第二类研究中，某一疾病的研究也可以以概率形式表达，如降低患慢性支气管炎发病率的支付意愿。

专栏 15-3 各种健康影响支付意愿估计值

下面是来自三份不同研究报告中的与健康相关的支付意愿测度结果：

健康影响	估价/美元		
	美国国家环保局	加拿大	欧洲
降低发病率（暗含统计意义上的生命价值）	4 800 000	2 900 000	3 000 000
避免一例慢性支气管炎的支付意愿	260 000	186 000	103 000
避免一例慢性哮喘病的支付意愿	25 000	—	—
避免一例一次急症室就诊的支付意愿	194	399	218
避免一个“限制活动日”的支付意愿	38	51	73

资料来源：巴利·菲尔德，玛莎·菲尔德．环境经济学[M]．大连：东北财经大学出版社，2010。

15.1.5 意愿调查法的适用范围、条件与局限性

15.1.5.1 意愿调查法的使用范围

意愿调查法的适用范围：①空气和水的质量；②娱乐（包括垂钓、打猎、公园和野生动物）；③无市场价格的自然资源（如森林和野生区域）的保护；④生物多样性的选择及

其存在价值；⑤生命和健康风险；⑥交通条件改善；⑦污水和排污。意愿调查法在发展中国家也常常用于估价公共物品或私人物品，如估计在无自来水或下水道的地方修建供水工程或下水道的价值，用来指导设计和定价。

15.1.5.2 意愿调查法的使用条件

当具备以下条件时，可以采用意愿调查法：①环境变化对销售额无直接影响；②不能直接了解人们的偏好；③抽样调查的人有代表性，了解调查的主题并有兴趣；④有足够的资金、人力和时间进行充分研究。

15.1.5.3 意愿调查法的局限性

意愿调查法分析本身具有一定的灵活性，研究人员已经成千上万次运用意愿调查法来估计人们对于环境特征的支付意愿。但是，该方法仍然存在一些问题。由于意愿调查法不是依据人们的市场行为，而是依据人们的回答来评估环境资源的价值的，特别是人们面对的是一个假想的情况，其所作出的回应可能会违背现实中市场规律。因此，在使用中也存在着如下局限性：

（1）支付意愿和接受赔偿意愿往往不一致。在新古典主义福利理论中，WTP 和 WTA 被认为是两种等价的度量福利效应的方法，但是，许多意愿调查法的研究者发现，WTP 远小于 WTA（通常为 1/3），这一点也被越来越多的实验经济学的研究所证实。究其原因，一方面可能是由于人们对损失其已有之物的估价高于获得其未有之物的估价，另一方面也可能是由于 WTA 不受被调查者收入的限制。正因为如此，采用 WTA 还是 WTP 来评估环境资源的价值，其结果往往会有较大的差别。一些意愿调查法的研究指出，使用 WTP 能得到相对理想的结果。

（2）意愿调查法往往存在下列偏差。

- ❖ 信息偏差：理论上被调查者应得到清楚、完整、准确的信息。但在实践中，调查者可能向被调查者提供了太少或错误的信息。对意愿调查法的研究表明，人们掌握的信息集的改变，将会改变他们对环境资源的估价。例如，Hanly 和 Munro（1994）在保护英格兰石楠丛林的调查中发现，当向被调查者提供完整的信息时，被调查者保护特定地点石楠丛林的 WTP 比仅仅向其提供基础信息时提高了 52%。
- ❖ 部分—总体偏差：部分—总体偏差的出现是由于被调查者把调查的主题与该主题在其脑子中引出的更大范围的其他问题混为一谈。例如，当被问到就某一特定自然栖息地的保护有何支付意愿时，被调查者的回答可能会扩大到对全国甚至对全球的自然栖息地进行估值，防止这一偏差的方法是力求使背景资料清楚明了，使提问紧扣主题。
- ❖ 起点偏差：当被调查者被问及支付意愿或接受赔偿意愿时，他们的回答往往会受到调查者给出的初始水平的影响。例如，在收敛投标博弈中，调查者给出的初始价格的高低，会直接影响被调查者的回答。
- ❖ 支付工具偏差：这是由支付方式引起的偏差。被调查者的支付意愿往往会因支付方式的不同而不同，如一些被调查者可能偏好捐款、税收等支付方式，而不喜欢门票的支付方式。
- ❖ 策略性偏差：当被调查者回答的支付意愿与其内心真实的支付意愿不一致时，便出现了策略性偏差。当被调查者认为他们的报价将被如数收缴上去时，那么他们会使其报价偏低，这是“搭便车”问题，当被调查者认为较高的报价会引起对被调查问题更多的关注时，他们则倾向于使其报价偏高。

❖ 假想偏差：假想偏差在意愿调查法中普遍存在。它的产生是由于被调查者对假想问题的反应（回答）与对真实市场问题的反应并不一样，在实际应用意愿调查法时，它是很难避免的。①人们不一定确切知道自己的真实偏好，并且能够基于自身的偏好做出有效的反应。②即便是人们知道自己的偏好，他们是否有动机向调查者隐瞒自己的真实想法？这两个问题值得深入研究。许多时候，当人们被问及没有市场价格的物品的货币价值时，人们很难表达其自身真实的支付意愿。③环境特征属于公共物品，当人们预计到自己的回答将会被用作制定公共物品收费计划的依据时，他们会有意识地降低其对公共物品的偏好。

（3）抽样结果的汇总问题。在处理诸如选择价值或存在价值这类非使用价值时，由抽样结果预测有关真实结果的技术非常复杂。另外，如果是针对互不相关的问题对样本人口的支付意愿进行调查，则需要解决把不同种类的支付意愿加总的问题。

专栏 15-4 用意愿调查法估计阿拉斯加海岸原油泄漏事件所造成的损失

1989 年，埃克森（Exxon）石油公司的瓦尔蒂兹（Valdez）油轮，在满载原油驶离 Valdez 港口不久，撞上了浸沉在水中的岩石，导致 1 100 万加仑原油从断裂的油箱向阿拉斯加海岸的 Prince William Sound 水域扩散，这是在美国水域发生的最大的原油泄漏事件，由于发生在具有良好自然景观的自然保护区，因而被广泛认为是一场环境灾难。

阿拉斯加海岸原油泄漏事件发生后，阿拉斯加政府组织了研究小组采用意愿调查法对因原油泄漏所应起的损失进行了评估。

研究者用了大约 18 个月的时间来设计调查表。调查者向被调查者通报了原油泄漏事件所造成的环境影响以及为防止此类事件再次发生而准备采取的具体措施：用两艘沿海保护船护送每艘油轮穿越 Prince William Sound 水域，这些船主要有两个作用，第一个作用在于减少碰撞和沉没发生的可能性，第二个作用是如果发生事故，这些船可以阻止泄漏的原油从其油箱向外扩散。同时向被调查者说明这些措施所需费用将以一次性税收的方式向使用 Valdez 港口的石油公司和所有家庭征收。调查者向被调查者询问其对这种税收的支付意愿之前，还展示了被调查者可能不愿意支付这种税收的理由，使其明白回答“不”也是为社会所接受的。

WTP 的问题是问被调查者是否愿意支付数量为 X 美元的税收来支持这个项目。调查包括 4 种不同数量的税收支付方案，在不同的方案中 X 是变化的，见表 15-6。表头 A-1 的那一栏是调查中的第一个 WTP 问题，根据对第一个问题的回答情况，把第二个 WTP 问题提供给被调查者。如果对 A-1 的回答是“是”，询问被调查者是否愿意为这个项目支付 A-2 那一栏所示的更高的税收水平，如果对 A-1 的问题回答是“否”，那么询问被调查者是否愿意为这个项目支付 A-3 那一栏所示的更低的税收水平。

问完 WTP 问题之后，调查者再向被调查者问一些详细的问题，如作出该回答的动机、方案相关的态度和信念以及被调查者的社会统计和社会经济方面的特点等方面的问题。

调查采取分层随机抽样的方法，对象是美国居民区，选取了大约 1 600 个居民，把不讲英语的家庭从样本中剔除，在剩下的家庭中随机抽取被调查者。被调查者随机地回答 4 个 WTP 方案中的任何一个，样本回收率为 75.2%。

以其中的 A 方案为例加以说明，对于 A 方案，有 45.08%的被调查者不仅愿为 A 方案支付 10 美元，且愿为 A 方案支付 30 美元；22.35%的被调查者仅愿为 A 方案支付 10 美元，但不愿为 A 方案支付 30 美元；有 3.03%的被调查者虽不愿为 A 方案支付 10 美元，但愿为 A 方案支付 5 美元；而有 29.55%的被调查者则既不愿为 A 方案支付 10 美元，也不愿为 A 方案支付 5 美元（值得注意的是，在这 29.55%的比例中，还包括以下两种情况：被调查者认为护航计划不可能执行或者认为作为一项原则，石油公司应该承担全部费用）。

为了利用调查数据估计 WTP 的平均值，有必要采用统计模型对调查数据进行处理。这项研究假设 WTP 的分布为威布尔分布，采用极大似然估计法估计该分布的参数，得到 WTP 的中值估计值为 30.30 美元（95%的置信区间为 26.18～35.08 美元），WTP 的平均值的估计值为 97.18 美元（95%的置信区间为 85.82～108.54 美元）。

以被调查者的信念、态度和其他特征作为解释变量，以 WTP 作为因变量进行回归分析从而估计估价函数，然后用其结果来表明这种解释的可行性。例如，据发现，认为没有护航项目的情况下未来发生泄漏的损失比在此次事件中的损失更大，这种信念与 WTP 有正向联系；而认为造成损失更小的信念与 WTP 有负向联系。同时，还发现被调查者作为环境保护主义者的自我定位与 WTP 呈现正相关，其他情况也是如此，如未来期望到阿拉斯加旅行的被调查者其 WTP 较高，WTP 与收入水平呈现正相关等。

把估计的 30.30 美元的 WTP 中值作为平均水平乘以美国讲英语家庭的户数，得到对护航项目的总 WTP 为 27.5 亿美元。这可以解释为此次泄漏事件所造成的损失的下限。

研究者最后还对所得的结果进行了敏感性分析，并且作了第二次调查。上述调查是在 1991 年做的，两年以后，采用相同的调查工具又进行了全国性样本调查，所得的结果“几乎相同”。

资料来源：罗杰·珀曼，等. 自然资源与环境经济学[M]. 北京：中国经济出版社，2002。

针对意愿调查法中存在的种种问题，专栏 15-5 介绍了一些经济学家对采取意愿调查法提供的指导性建议。

专栏 15-5 阿拉斯加海岸石油泄漏事件与 NOAA 对意愿调查法的指导性建议

为了反对针对埃克森石油公司的巨额索赔，埃克森石油公司资助了一系列研究，其主要目的是批判意愿调查法作为衡量价值损失的方法是不恰当的（Cambridge Economics，1992）。与此相对应，负责监管石油泄漏事故的美国国家海洋和大气局（National Oceanic & Atmospheric Administration，NOAA）也组织了一个优秀的经济学家小组于 1992 年对意愿调查法的有效性进行了研究，这个小组的成员包括罗伯特·索洛（Robert Solow）、肯尼斯·阿罗（Kenneth Arrow）、爱德瓦·里默（Edward leamer）、保尔·波特里（Paul portney）、罗伊·让多（Roy Radnor）和胡瓦德·斯卡门（Howard Schuman）。

这个小组研究后认为对意愿调查法应持谨慎接受的态度，并提出了以下一些建议：

（1）应该使用一种二分选择模式（dichotomous choice，即回答“是”或“否”）；

（2）至少要有目标样本 70%的回复率；

（3）应该采用面对面访谈的调查形式，在初步调查阶段也可以采用电话访谈的形式，但不宜采用邮件方式进行调查；

（4）应该采取 WTP，而不是 WTA；

（5）在排除了一些抗议性的报价后还应该进行检验，以判定 WTP 对环境破坏程度是否敏感；

（6）意愿调查法应该通过检验结果来校准，否则应对意愿调查法的结果打 50%的折扣；

（7）在运用意愿调查法时，应提醒被调查者，他们面临着预算约束。

当然，以上建议也存在争议，如打 50%折扣的规则能否经受住实证的检验。但是这些建议发展成了美国法律采取意愿调查法的指导方针，并且对意愿调查法的发展产生了较大的影响。

资料来源：罗杰·珀曼，等. 自然资源与环境经济学[M]. 北京：中国经济出版社，2002。

表 15-6　WTP 问题　　单位：美元

方案	A-1	A-2	A-3
A	10	30	5
B	30	60	10
C	60	120	30
D	120	250	60

表 15-7　回答比例　　单位：%

方案	是—是	是—否	否—是	否—否
A（10，30，5 美元）	45.08	22.35	3.03	29.55
B（30，60，10 美元）	26.04	26.04	11.32	36.60
C（60，120，30 美元）	21.26	29.13	9.84	39.76
D（120，250，60 美元）	13.62	20.62	11.67	54.09

15.2 实验市场法

15.2.1 实验市场法（Experiment Market Method）概述

对于前述的意愿调查法的最大批评就是源自其操作上的假设性质——当人们在陈述支付意愿时，没有金钱上的相关利益。解决此问题的方案之一就是构建一个以前没有存在过的市场。这样的方式一般有 3 种：①现场实验（Field Trials Method）；②实验室实验（Laboratory Experiments Method）；③选择实验方法（Choice Experiments Method）。现场实验方法较为真实地模拟一个在之前的“现实世界”中都没有存在过的市场。而实验室实验非常像心理学中进行的实验。一组志愿者被召集起来，给他们现实的货币让他们参与实验，然后他们面临选择：放弃真实货币，还是接受真实货币去换取实验者额外提供的物品。

实验市场方法的一个特点是，它不仅可以获得某种物品的价值评估，而且可以在一个可控制的环境中测试某个理论。这与很多其他评估方法的目的不一样。其他一些评估方法的目的是，产生边际支付意愿函数来指导政策分析或用于某些特殊的用途。但是由于是实验，实验者可以控制实验条件，它可以弥补一般评估方法存在的一些缺陷。通常而言，大多数评估存在的主要问题是放弃物品的补偿意愿（WTA）与获得物品的支付意愿（WTP）之间可能存在分歧。尽管一些理论表明，两者之间的差别很小，但是有相当多的证据证明，它们之间依然存在不同。这一问题可以采用实验方法解决，因为通过实验方法可以控制那些造成补偿意愿与支付意愿不一致的变量。

15.2.2 现场实验方法

现场实验方法或田野实验方法（Field Trial Method）是通过构造一种模拟市场来探索被试者对环境资源的补偿意愿和支付意愿，以及研究这两者之间的差异。现场实验的最关键特征是其实验过程结合了相应的真实环境资源需求，现场实验数据要真实可靠。被试者往往也是环境资源的真实需求者，实验场景也是真实的环境，不过，实验者能对实验过程以及一些可控因素进行合理设计，通过被试者的真实反应得出这些真实补偿意愿和支付意愿。在现场实验中，真实补偿意愿和支付意愿之间的区别或差异将会非常的小。其原因就在于，该方法与意愿调查法而言，被试者在环境因素选择方面具有真实的金钱利益。下面案例就显示了现场实验方法。

专栏 15-6 威斯康星州射猎鹅的支付意愿实验估计

在一篇关于价值评估的经典论文中，研究了在威斯康星州设计的一个射猎鹅的人工市场。在威斯康星地区，大约有 10 000 hm^2 的区域是为捕鹅专门设计的。在这里，人们可以野外徒步行走几天，并可能偶尔射杀到鹅。事实上许多人都喜欢野外打猎的经历。

在这一特定设计的打猎场中，打猎需要使用打猎许可证，而打猎许可证是短缺的。并且，这些许可证不是通过市场发行的，而是通过抽签。研究者采用了 3 种方法对这一地区猎鹅的支付意愿进行了分析：旅行成本、意愿调查价值评估和实验市场价值法。意愿价值评估方法包括询问抽取的许可持有者愿意为多少钱而放弃手中的许可证（即对他们的许可证的补偿意愿是多少？）。在确定许可证支付意愿之前，先进行了类似的样本抽取。这样就计算了对支付意愿和补偿意愿的估计。

实验市场方法是研究者抽取了 237 位许可持有者的样本，并给他们邮寄面额为 1～200 美元的支票，让收到者选择两件事情中的一件：①将支票兑现然后将他们的许可证归还；②归还支票保留许可证。只有一个人选择了第三种方式（兑现了支票但是留着许可证）。

研究者发现意愿调查价值评估的结果受很多因素的影响。根据不同的启发询问，意愿价值评估的调查中补偿意愿的均值为 67～101 美元不等。相反地，根据提问方式的不同，而支付意愿的均值为 11～12 美元。补偿意愿和支付意愿存在明显差异。

现场实验方法的均值是 63 美元。而对许可证价值的旅行成本估计是 32 美元。实验市场结果的最大意义是，被访者做出的决定与真实货币有关。尽管市场是人为的，但它不是假设的。

资料来源：查尔斯·科尔斯塔德. 环境经济学[M]. 北京：中国人民大学出版社，2011。

15.2.3 实验室实验方法

与现场实验方法相比，实验室实验方法（Laboratory Experiment Method）的特点是可严格控制无关变量，有计划地操纵自变量，以观测因变量的变化。各种心理活动是相互联系和相互影响的，而引起和制约心理活动的内部和外部条件又是很复杂的。实验室实验方法能控制影响心理活动的条件，特别是控制外部的刺激条件，以便于观察和分析心理活动的变化和条件变化间的依存关系。

实验室实验方法通常选择几组被试者，他们一般是在校大学生，这些被试者大约花几个小时参与实验并能获得固定的报酬。实验通常要求被试者用真实货币交换实验商品。设立真实支付款项是为了满足两个标准：①参与者做出关于真实货币的真实决定；②参与者可以从实验中获益。下面两个案例就是与污染物性质相类似的厌恶品的支付意愿估价。

专栏 15-7 与污染物性质相类似的厌恶品的支付意愿估价

1. 蔗糖八醋酸酯价值评估实验

蔗糖八醋酸酯是一种食品添加剂。它可能是当前唯一的一种味道难闻，但是无毒的物质。在建构避免厌恶品（如污染）的支付意愿实验中，必须确保不会对被试者造成伤害，虽然这一点极大地限制了实验，但是它又是非常重要的。无论如何，如果将被试者有意地暴露在伤害面前，来确定他们对于避免危险的支付意愿，这是非常不道德的。

实验设计从几个问题开始：①如何比较对避免蔗糖八醋酸酯的味道的假设支付意愿与“真实”支付意愿？同时，对于补偿意愿也可以提同样的问题。②在实验市场场景中如何比较补偿意愿和支付意愿？

为了回答这些问题，研究者设计了两项基本实验，每个实验由几个部分组成。一项是关于避免品尝蔗糖八醋酸酯的支付意愿实验；另一项是关于品尝蔗糖八醋酸酯的补偿意愿实验。每个实验都有 8 位经济学专业的学生。每一项实验在开始时都是询问相关价值评估问题，然后被试者都要尝几滴蔗糖八醋酸酯。

在支付意愿实验中，每个学生在开始时都会被问到相关的价值评估问题。之后，学生会参加一系列的拍卖。每个学生都要投标表明他们为了不品尝（所谓品尝是指将一杯一盎司的蔗糖八醋酸酯在嘴里停放 20 秒）一盎司（大约 30 ml）蔗糖八醋酸酯愿意支付的钱。给出的标价被收集起来并且从高到低排列。位列第五的竞价被宣布为避免品尝的时价（真实货币）；4 个竞价最高的人只需支付时价，就可以不品尝蔗糖八醋酸酯；其他 4 个人必须品尝蔗糖八醋酸酯。

如此重复实验，前四次实验，没有人品尝蔗糖八醋酸酯，这是余热实验。但是在第四次实验之后，真的品尝就出现了。参与每个支付意愿拍卖的学生都能获得 10 美元。补偿意愿实验也采用了相似的程序。

实验得出了两个有趣的结果。一个结果是，在开始的时候，学生对蔗糖八醋酸酯没有什么经验，补偿意愿都很高。在重复实验后，补偿意愿就降了很多。与此相反，支付意愿竞价更稳定一些，在拍卖实验重复进行后变化不大。这表明，与补偿意愿相比，支付意愿是更好的评估方法，尤其是在实验者对商品还不是很熟悉的时候。

与来自实际拍卖中的“真实”价值相比，补偿意愿的价值评估似乎偏高，而支付意愿方法与实际拍卖的结果更一致一些。

2．诺福克油松价值评估实验

该实验是对科罗拉多大学的 115 名职工进行了四项基础实验，其中两项是关于支付意愿的，另外两项是关于补偿意愿的。每个人都只能参与其中的一个实验，参与实验者都会得到 30～40 美元的报酬。实验中的商品是一种小型盆栽植物：诺福克岛泊松树，这种泊松通常用来做家居植物。

在其中的一项实验中，会发给每个被试者一棵树，并且要求他们提交他们认为合适的出售价格给实验者（补偿意愿）。这样就会随机产生价格，所有低于这些价格的供给都可以接受。相似的实验中，被访者还被要求提交他们对购买松树愿意支付的价格（支付意愿）。这些竞价都被看做诺福克松树的使用价值的表述。

从统计数据上来看，二者之间有着很大的差别，平均的补偿意愿竞价要比平均的支付意愿竞价高 66%。

实验的下一步就是测试植物的存在价值是否高于使用价值。实验者通过稍微调整实验来实现这一点。他们使被试者相信，如果植物仍然跟实验者在一起（如果被试者不购买或者停止出售这盆植物），实验者最终会把植物杀死。实验者发现杀死植物的威胁使支付意愿和补偿意愿上升。支付意愿上升了 60%，受偿意愿上升了 130%，这两项增长从统计上来看都是十分显著的。这表明，对于人们来说，树的存在是有价值的。更进一步说，补偿意愿受树的死亡的影响更大这一事实倾向于强化道德义务的重要性，这一重要性在树归某一主体所有时会更高。

这一实验表明了存在价值的重要性。但是，更重要的贡献是发现实验市场在价值评估中的重要性，特别是在没有市场交易的环境物品的情况下。

资料来源：查尔斯·科尔斯塔德．环境经济学[M]．北京：中国人民大学出版社，2011。

15.2.4 选择实验方法

最近十几年，选择实验（Choice Experiments Method）被越来越多地应用于资源环境领域的非市场价值评估，被经济学家公认为是资源生态价值评估领域最具前景的方法。

选择实验方法的基本思想是创造一个假设的市场环境，通过问卷让受访者在几个备选项之间进行选择来得到人们对某一环境物品的偏好。问卷备选项由环境物品的一系列属性和不同状态值组成。选择实验需要精心设计选择任务，这个选择任务必须有助于揭示影响选择的各种因素。而且，选择实验方法包括构建选择方案的统计设计理论的使用，通过这个统计设计理论能够得到不受其他因素影响的参数估计。

选择实验方法大致可以分为 6 个步骤：①属性及状态值的定义；②实验问卷的设计；③样本的选择；④调研的实施；⑤数据的处理；⑥结果的分析。

专栏 15-8 家庭用水可靠性的支付意愿选择实验研究

学者 Hensher 利用选择实验研究了消费者对于用水服务（包括饮用水和废水）的各方面属性的支付意愿。研究是 2002 年在澳大利亚首都堪培拉（Canberra，Australia）进行的。在选择实验中，每个受访者必须进行两套实验：一个是关于饮用水服务，另一个是关于废水服务。关于设计选择实验所需要的水的各项属性的描述以及每种属性的不同状态值的信息是通过与居民消费者举行的 3 次焦点小组讨论确定的，而不同属性状态值的组合是通过随机选择最后呈现给受访者。

下表是该选择实验关于饮用水服务问卷的一个案例。该研究使用混合对数模型（Mixed Logit Model）进行参数估计。在每一个选择情形下，受访者面临 j=2 个选项。每个受访者要在 t=6 个情形下进行选择。价格项以占受访者目前每年支付总额比例的形式进入模型。研究估计了受访者每年为减少停水的次数和持续时间的支付意愿。边际支付意愿的计算如公式：

$$\text{WTP} = -(B_A/B_M)$$

式中：B_A——效用关于该属性的导数；

B_M——效用关于价格的导数。

用水可靠性居民问卷

属性	选项 A	选项 B
家里停水的次数	每年 1 次	每年 2 次
家里每次停水持续时间	8 小时	5 小时
家里每次停水的时间选择	周末	周一至周五的早上 8 点
每次家里停水前提前几天通知	1 天	2 天
家里停水时用电话询问时得到的回答	直接得到	人工服务
全年为饮用水和污水支付总额	800 元	850 元

为了能够方便地估计出边际支付意愿的分布，价格项系数被固定。停水的次数和停水持续的时间都以对数形式进入模型。这两个对数项的系数在总体上呈现正态分布。根据上边计算边际支付意愿的公式，可以通过估计出的系数得出受访者为减少停水次数和停水持续时间的边际支付意愿。当然，因为这两个非价格属性的系数是随不同消费者而不同，因此计算出的边际支付意愿也是变化的。同时，研究还表明，随着每年停水次数的增加，为减少停水次数的边际支付意愿在减少；将停水持续时间从 2 小时减少到 1 小时比从 24 小时减少到 23 小时对消费者来讲更有价值。

资料来源：樊辉，赵敏娟. 自然资源非市场价值评估的选择实验法：原理及应用分析[J]. 资源科学，2013（7）。

15.2.5 实验市场方法评述

实验市场方法在实验者合理、科学地设计与控制条件下，可以从受访者处获取更多信息以及验证内部一致性选择。实验市场方法避免了意愿调查法存在的一些不可避免的偏差，因而其应用领域将越来越广泛。

实验市场方法也存在一些局限性，如它通常要求满足两个基本的条件：①物品必须是排他的（所以实验市场可以运作）；②所研究的市场没有存在过。例如，在猎鹅的例子中，打猎许可证碰巧实质上是一种由州政府分配而不是由市场分配的私人物品，这就使得研究者可以建立人工实验市场。

思考题

1. 运用意愿调查法评价环境资源价值的基本步骤有哪些？
2. 运用实验市场法评价环境资源价值的基本步骤有哪些？
3. 阅读并评述假想市场法的某篇经典文献。

参考文献

[1] Bob Davis. The Value of Big Game Hunting in a Private Forest. in Transaction of the Twenty ninth North American Wildlife Conference，Wildlife Management Institute，Washington，DC，a964.

[2] H. Spencer Banzhaf，Dallas Burtraw，David Evans，et al. Valuation of Natural Resource Improvements in the Adirondacks[J]. Land Economics，2006，82（3）：445-464.

[3] Stevens T H，Halstead J M，Harper W J，et al. The value of visibility：a comparison of stated preference methods.Presented at the U.S. EPA National Center for Environmental Economics and National Center for Environmental Research Conference. Stated Preference：What Do We Know? Where Do We Go? Washington，DC，2000，12-13.

[4] 保罗·R·伯特尼，罗伯特·N·史蒂文斯．环境保护的公共政策[M]．上海：上海人民出版社．2004.

[5] 杰瑞米·沃福德．世界无末日——经济学·环境与可持续发展[M]．北京：中国财政经济出版社．1996.

[6] 罗杰·珀曼，马越，詹姆斯·麦吉利夫雷，等．自然资源与环境经济学[M]．北京：中国经济出版社．2002.

[7] 汤姆·蒂坦伯格，琳恩·蒂坦伯格．环境与自然资源经济学[M]．北京：中国人民大学出版社，2011.

[8] 查尔斯·科尔斯塔德．环境经济学[M]．北京：中国人民大学出版社，2011.

[9] A·迈里克·弗里曼．环境与资源价值评估——理论与方法[M]．北京：中国人民大学出版社，2002.

[10] 杜亚平．改善东湖水质的经济分析[J]．生态经济，1996（6）.

[11] 樊辉，赵敏娟．自然资源非市场价值评估的选择实验法：原理及应用分析[J]．资源科学，2013（7）.

[12] 施涵，陈松，译．环境项目和政策的经济评价指南[M]．北京：中国环境科学出版社，1996.

[13] 张帆．环境与自然资源经济学[M]．上海：上海人民出版社，1998.

[14] 马中．环境与资源经济学概论[M]．北京：高等教育出版社，1999.

[15] 姚志勇．环境经济学[M]．北京：中国展望出版社，2002.

[16] 鲁传一．资源与环境经济学[M]．北京：清华大学出版社，2004.

[17] 钟水映，简新华．人口、资源与环境经济学[M]．北京：科学出版社，2005.

[18] 童宛书．环境经济学[M]．杭州：浙江大学出版社，1993.

第16章　绿色核算理论

绿色核算是绩效考核的重要依据，而环境价值评价为绿色核算提供了基础条件。本章从剖析传统国民经济核算体系在反映资源与环境的经济价值、经济活动的生态代价、自然资源的损耗以及环保费用支出等几方面的局限性和弊端出发，分析了对传统国民经济核算体系进行绿化改革的必要性。当前国际上对绿色国民经济核算体系的研究探索尚处于起步阶段，本章介绍了目前国际上两种对传统国民经济核算体系的改革思路，即总量调整和卫星账户，并探究了绿色 GDP 核算的理论基础，介绍了联合国、发达国家以及发展中国家几大以绿色 GDP 为核心的国民经济核算体系，总结了绿色国民经济核算体系改革的经验和成果。

16.1　传统国民经济核算理论

16.1.1　传统国民经济核算体系

国民经济核算是以整个国民经济为对象的宏观核算，是一种以一定的经济理论为指导，综合应用统计、会计和数学方法，对一国（或一个地区、部门）的经济状况进行系统描述，以监测经济运行过程，为经济理论分析、经济政策制定以及国际经济比较提供系统资料的经济统计方法。为进行系统的国民经济核算而形成的一套核算理论和制度称为国民经济核算系统（The System of National Accounts，SNA）。国际上介绍国民经济核算理论和方法的标准工具书目前已有3个版本，分别是1953年版、1968年版和1993年版。前两个版本由联合国单独编写，1993年版本由联合国、世界银行、国际货币基金组织等共同编写，是迄今为止公认的较为完善的一个版本。国民经济核算体系是观测宏观经济运行与进行经济管理的“数据库”“平衡仪”和“晴雨表”。

GDP 是英文名称“Gross Domestic Product”的简称，即国内生产总值，是国民经济核算体系中的核心指标，指的是一国国内常住居民在一定时期内（通常指一年内）所创造的最终产品和劳务的市场价值的总和，是社会总产品价值扣除了中间产品价值之后的余额，也就是当期新创造的价值总量。GDP 与国民经济的投入产出、收入分配、资金流量、资产负债、国际收支等账户之间形成了密切的关系，是一个综合反映从生产到分配、消费、储蓄、再到投资流程的总量指标，这一流程通过账户形式来反映国民收入与支出之间的平衡。GDP 有3种核算方法：①生产法，由各产业总产值减去中间消耗得到；②收入法，从要素收入的角度去核算最终产品价值，用劳动者个人收入、国家税收、企业利润和折旧三者的总和来核算；③支出法，用居民消费支出、政府消费支出、固定资本形成总额、净出口等加总得出。3种方法所得的结果从理论上讲应该是相同的。

由于国民经济核算体系是对国民经济运行状况的反映，它所显示的信息是宏观经济决策和分析、研究的依据，因此，国民经济核算体系的建立及发展，与经济形势和政治形势的发展变化密切相关。我国的国民经济核算体系随着我国计划经济体制、有计划的商品经济体制向社会主义市场经济体制的转变经历了 3 个阶段。第一阶段：1952—1984 年。这一阶段采用的是物质产品平衡表体系，即 MPS 体系，产生于苏联、东欧国家，是为了适应计划经济要求而制定的。随着经济体制的发展变化，MPS 的缺陷日益突出，主要表现在体系不完整，不能反映国民经济循环全貌；生产范围狭窄，不能反映包括大量服务业在内的非物质生产部门发展的情况；提供的经济信息少，不能系统地反映社会资金运行情况；核算方法单一，缺少联系性和严密性，不能反映国民经济各环节之间的联系和衔接情况等。因此我国在继续实行 MPS 体系的同时，逐步引入了产生于市场经济国家并被世界大多数国家广泛采用的国民账户体系（SNA）。第二阶段：1985—1992 年。这一阶段是 MPS 和 SNA 两种核算体系共存阶段，在改革开放和建立社会主义市场经济的背景下，国民经济核算体系改革需要平稳过渡。其改革既要考虑计划指令为主导所需要的指标体系，又要包含市场调节为辅所需要的数据资料，以适应我国经济体制的发展变化过程，满足国民经济发展和政府决策部门的需要。在这个时期，国家统计局同有关部门制定了《中国国民经济核算体系（试行方案）》。第三阶段：1993 年至今。为了适应社会主义市场经济体制发展的要求，我国国民经济核算体系取消了 MPS，建立了与联合国新 SNA 接轨的中国国民经济核算体系。2000 年以来，国家统计局同国务院有关部门对 1992 年颁布实施的《中国国民经济核算体系（试行方案）》做了修订，制定了《中国国民经济核算体系（2002）》（以下简称新核算体系）。新核算体系对 1992 年颁布的《试行方案》进行了全面系统的修订，取消了其中的 MPS 核算内容，澄清了某些基本概念，修订了机构部门和产业部门分类，调整了基本框架，增加了核算内容，修改和细化了有关表式的指标设置，基本上与联合国等国际组织于 1993 年推出的国民账户体系相衔接。这标志着我国国民经济核算体系在与国际标准接轨方面迈出了重要步伐。

新核算体系由五套基本核算表、一套国民经济账户和两张附属表组成。五套基本核算表包括国内生产总值表、投入产出表、资金流量表、国际收支表和资产负债表；一套国民经济账户，包括经济总体账户、国内机构部门账户和国外部门账户；两张附属表，即自然资源实物量核算表和人口资源与人力资本实物量核算表。

16.1.2 传统国民经济核算体系的意义

国民经济核算体系为人们分析和评价经济运行状况提供了一组范围宽泛的核算概念、核算框架和宏观经济数据库，在制定经济发展政策中发挥了重要的作用。

16.1.2.1 国民经济核算体系是经济活动监测的基础

国民经济核算所提供的经济信息，涉及各种不同类型经济活动以及经济活动中的不同部门。管理者可以通过这些信息来监测许多主要的经济流量，如生产、货物和服务的消费、资本形成、货物和服务的进出口、工资、财政信贷等的动态状况；以及一些只能在国民经济核算框架内界定和计算的关键平衡项目或比率信息，如预算盈余赤字、各个部门或经济总体收入中用于储蓄或投资的份额等。

16.1.2.2 国民经济核算体系是宏观经济分析的基础

经济运行中的各种数据是宏观经济分析不可或缺的重要组成部分。按照国民经济核算体系界定的有关生产、消费、收入等基本概念，运用计量经济方法，通过编制各种时间序列数据，估算不同经济变量之间的相关系数，建立各种宏观经济模型，可以对宏观经济进行分析。

16.1.2.3 国民经济核算体系是经济政策制定的基础

各级政府在制定长期和短期经济政策，以及各类企业在制定企业经济发展战略时，所依赖的经济预测，需要国民经济核算基础数据作为支撑，经济发展计划的主要成分也由国民经济核算中的流量所组成，经济政策和经济发展战略的制定都离不开国民经济核算所提供的强大的基础信息。

16.1.2.4 国民经济核算体系是国际经济比较的基础

联合国开发的国民经济核算体系（SNA）目前已经在国际上通用，它的概念、定义和分类已经标准化并被大多数国家所接受，一些总量和经济结构方面的指标已被广泛用于国际间比较，如国内生产总值或人均国内生产总值，投资、税收和政府支出占国内生产总值的比重等。

作为国民经济核算体系的核心指标，GDP 代表着目前世界通行的国民经济核算体系。作为多年来诸多经济学家和统计学家共同努力的结果，GDP 已经成为世界公认的衡量一个国家或地区国民收入的统一指标，并成为国民经济核算体系的代表性名词。GDP 在经济分析中的功能是：①衡量一个国家或地区的经济实力。GDP 是反映一个国家或地区在一定时期内的经济总产出的指标，因此，可以依据 GDP 来判断一国财富存量，判断一国的贫富程度和经济实力的雄厚程度。GDP 总量越大，意味着综合国力越强；人均 GDP 越大，意味着人民越富裕。②分析一个国家的经济发展潜力。一个国家或地区的经济发展规模和增长潜力的评判依据是 GDP 和人均 GDP 的拥有量及其增长速度。增长速度快，表明经济发展潜力大。GDP 存量丰裕的国家或地区，每增长 1 个百分点，都会引起其社会财富绝对量的巨大增加，经济大国 GDP 的微小变动就相当于经济小国的巨大变动。比如，美国的 GDP 总量是我国的 9 倍多，这就意味着美国的 GDP 增加 1 个百分点，我国就需要增加 9 个百分点，新增的财富才能和美国新增的财富一样多。③分析一个国家的经济结构。三大产业在 GDP 中的比例大小，代表了一个国家经济结构的良莠。第一产业在 GDP 总量中的比值大，说明该国经济处于较低、较落后的阶段；第三产业在 GDP 总量中所占的份额大，说明该国经济较先进发达。④判断一个国家的国际地位。根据 GDP 的存量和流量信息，还可以对世界各国的综合经济实力和物质财富进行国际比较和排序。一国国际地位和国际威望与该国 GDP 数值即经济实力呈正相关的关系。世界银行（WB）和国际货币基金组织（IMF）等国际组织，在进行国际援助时，也主要依据国家的 GDP 和人均 GDP 数据确定贷款资格和贷款数量。

16.1.3 传统国民经济核算体系的弊端

目前世界各国的国民经济核算，基本上按照联合国制定的 SNA 进行。其理论基础是国民收入统计和凯恩斯的宏观经济学。凯恩斯的宏观经济理论把国民生产总值作为经济统计体系的核心，把 GDP 作为评价经济福利的综合指标和衡量国民生活水准的标准。因此，构建在这套理论之上的国民经济核算体系必然是以国民生产总值（Gross National Product，GNP）或国内生产总值（GDP）为主要指标的单一投入产出核算。在经济发展史上，这种单一的投入产出核算在实现工业化和推动经济增长方面发挥着重要作用。

但是，随着现代社会经济的发展，社会各界对经济发展单一目标的过度追逐，驱使着人们的发展行为和发展方式的改变，其片面性、局限性和弊端逐渐暴露并日益突出。① GDP 不能反映一个国家的真实产出。GDP 所统计的仅仅是通过了市场交换的产出，那些没有经过市场交换的经济活动（如家务劳动、社区服务、地下经济等）不能从 GDP 中反映出来。② GDP 不能完全反映一个国家的真实生活质量和幸福程度。按照现行 GDP 核算体系，以牺牲闲暇或增加劳动强度为代价的经济活动，可以使 GDP 增加，但这种增加却是以闲暇的减少和痛苦的增加为前提的，人们的生活质量未必增加。③ GDP 不能反映收入的分配状况，比如两个 GDP 相同的国家，一个贫富不均，而另一个却分配较公平，从福利经济学的观点看，分配较公平的国家要比分配不公平的国家幸福得多，但 GDP 却不能反映出来。特别是对自然资源和环境资产，传统的国民经济核算体系存在一系列缺陷。

16.1.3.1　传统的国民经济核算体系没有反映资源环境的经济价值

资源可以分为自然资源和生态资源。传统的经济理论认为自然资源是“取之不尽、用之不竭”的“自由取用物品”或“免费商品”，并且认为没有劳动参与和没有通过市场交易的东西就没有价值，因此在传统的经济理论下，自然资源的市场价格为零。而现行的国民收入核算体系，以市场交易为基础，只对参加市场交易的物品和服务的货币价值进行核算，即以市场化的产出来衡量经济的增长和进步的程度，因此将自然资源排斥在现行国民经济核算体系之外。美国经济学家罗伯特·雷佩托指出，认为自然资源是取之不尽、用之不竭的思想会导致这样的一种观点，即高的经济增长速度能够通过开发利用自然资源来获得和保持，但其结果反而会导致国民收入的虚假增加和自然资源的持续减少。由供需理论可知，对于免费提供的物品，需求会是永无止境的，然而自然界中资源的存量是有限的。自然资源分为可再生资源和不可再生资源，不可再生资源如煤炭、石油、矿产等将随着人类的不断消耗趋于枯竭；森林、草地等可再生资源虽然在一定自然条件下是可以再生的，但这些可再生资源的再生过程，受到气候、地形地貌等自然条件的制约以及自然灾害和人为因素的破坏，同时由于现有的资源开采技术的限制，使得可再生资源的可使用部分非常有限。自然资源的有限性和人类需求的无限性之间的矛盾日益膨胀。生态资源，是指给人类经济社会活动提供一个良好的生态环境的各种环境资源，包括大气环境、水体环境、土壤环境、生物环境和空间环境。生态资源对人类社会具有多方面的用途：如热带雨林起着调节气候、涵养水分、提供氧气、防止水土流失的作用；各种野生动植物为人类提供宝贵的基因库；秀丽的自然风景区为人类提供旅游、休养的场所等。这些生态资源蕴涵的巨大经济、生态和社会价值，在国民经济核算中同样也没有得到体现。

16.1.3.2　传统的国民经济核算体系没有反映经济活动的生态代价

按照生态经济学的观点，现代经济社会系统是建立在自然生态系统之上的巨大开放系统，以人类经济活动为中心的经济社会运动都是在大自然的生物圈中进行的。任何经济社会活动，其主体是人，客体是环境，基础是生态系统的运行和发展。随着人类对自然资源的肆意开发，以及对各种有害污染物的随意排放，造成了各种严重的生态危机。联合国的一项天气研究预计，到 2050 年，全球气温可能比现在升高 0.5～3℃。全球变暖将导致世界上 1/4 的陆地动植物在未来 50 年内灭绝，也就是说，在半个世纪后 100 多万个物种将从地球上消失。人类不仅在陆地上砍伐破坏原始森林，而且在海域中破坏海草。联合国环境规划署的一份报告指出，在大陆邻近的海域中，这些海草对于环境的重要性就如同陆地上的树木对周围的环境一样重要。海草是海洋生物中重要的组成部分之一，至少有 60 余种不同的品种。它们对于净化水质、保护土壤、调节生态平衡等方面起到了举足轻重的作用。而在过去的 10 年间，海草面积减少了 15.5%，海草的破坏将导致海洋生物的严重危机，这会影响到数百万人，以及众多的海洋生物。人类社会的经济活动对生态环境的污染和破坏，甚至会给一个国家和地区带来生态危机，威胁到“生态安全”，这比一国经济或政治安全问题的影响范围还要广泛。因为生态危机一般恢复时间很长，恢复难度很大，一些生态过程，一旦超过临界值，就很难逆转，甚至是不可逆转的。经济建设的失误和危机的恢复可以用年来计算，如美国 20 世纪 30 年代的经济大萧条，历时 12 年就恢复过来了，亚洲金融危机经过两年多的时间也走出了谷底，但生态危机的恢复往往要用代来计算，如我国西北地区的荒漠化，延续了两千多年至今仍未扭转，严重威胁西北地区的生存和可持续发展。

这些生态环境危机和生存环境的恶化，在现行国民经济核算中都没有得到体现，可以说传统的国民经济核算体系掩盖了经济增长产生的巨大负效应的现实，助长了以污染环境和破坏生态为代价去谋求暂时的、局部的、狭隘的经济利益的行为。

16.1.3.3 传统的国民经济核算体系没有反映自然资源的损耗

现行的国民经济核算体系中对生产性固定资产（如厂房、机器设备等）的核算是按照一定的折旧年限和折旧率从产品销售收入中提取折旧费对其价值损耗进行补偿的。如果把自然资源也看做一种资产，为了实现资源的良性循环过程，对其消耗也要进行补偿，这样才能实现人类的可持续发展。但是现行国民经济核算体系没有将自然资源作为一种资产纳入，因此也就没有对自然资源进行折旧或损耗的核算，这是现行国民经济核算体系的一个重大缺陷。一个国家的富裕程度，不仅应当用 GDP 来衡量，也应当用资源储量来衡量。现行的国民经济核算办法，只重视经济产值，忽视资源基础，容易造成资源基础持续削弱，而经济产值虚幻增加，出现经济发展中的“资源空心化”现象。一个国家可能矿产资源耗尽、沃土受到侵蚀，水体受到污染，生物资源濒临绝迹，但是国家的国内生产总值却可能随着这些资源的消失而上升。

16.1.3.4 传统的国民经济核算体系歪曲了环境保护费用支出的意义

国民经济各部门在生产或提供服务过程中进行的环境保护活动，目的是防止或消除部门自身对环境可能或已经产生的不利影响，并不带来社会福利实际水平的提高，是一种“防护性费用”的支出。但是在 SNA 中，各部门投入到环境保护活动中的费用被计入到部门总产值及增加值中，其结果是部门环境保护费用的增长引发 GDP 的增长，尽管这是一种虚的增长。例如，当一艘油轮发生触礁，导致石油泄漏时，GDP 非但不会因为这一油轮的油所代表的石油储量的减少而受到影响，反而会由于石油的运输而实现的价值附加使 GDP 得到增加，甚至为清除外溢的石油而支付的工资和使用的设备也会使 GDP 增加。与此相对地，由于石油外溢造成的生态损失，如海洋哺乳动物和鱼类的损失，海洋生产力的损失（污染不仅仅对商业性物种有影响）都没有反映到 GDP 中。居民因环境污染而增加的医疗费用，在现行的国民经济核算办法中也作为最终消费支出，也可使得国民收入上升。因此，立足于市场交易活动的 SNA，不仅没有反映经济活动中自然资源的耗减和生态环境的破坏，相反用于破坏的环境的治理费用和造成的损失又能够带来 GDP 的增长，使得污染也能够成为 GDP 的增长点，这是对 GDP 真实含义的一种扭曲。

16.2 对传统国民经济核算体系的修正

GDP 作为传统国民经济核算体系（SNA）的核心指标，在世界各国经济发展评价和宏观经济分析中有着广泛的应用，已为广大决策者、分析人员、工商界人士和公众所接受。但是，由于国民经济核算体系本身的局限性和弊端，需要对它进行不断完善。自 20 世纪 70 年代以来，联合国、世界各国政府、著名国际研究机构和学者对传统的国民经济核算体系的改革进行了积极尝试，对以绿色 GDP 为核心的国民经济核算体系的构建进行了积极的理论探索，形成了两种改革的思路。

16.2.1 总量调整

从 GDP 总量指标改革入手，认为应该对 GDP 作一系列调整，即加上遗漏项，并扣除 SNA 中不该有的项，如在计算人造资本的同时，要计算自然资本的耗减和残余物污染和防护支出，并且将它们从 GDP 中扣除等。这种改革思路认为环境可以而且应该作为（自然）资本处理，自然资本对经济生产和社会福利有巨大贡献，这些信息应该纳入经济信息中，以便为决策者在决策中使用。对 GDP 进行调整的总量指标有 4 个。

16.2.1.1 净经济福利指标

净经济福利指标（Net Economic Welfare，NEW）由美国经济学家詹姆斯·托宾和威廉·诺德豪斯于 1972 年在《成长论过时了吗》一文中提出。净经济福利指标仍以 GNP 为基础，但作了两大调整：排除 GNP 中的许多对个人福利没有贡献的成分并将一些重要消费项目计入，如把环境污染、交通堵塞等经济行为产生的社会成本从 GNP 中扣除，与此同时加入被忽视的经济活动，如休闲、家政、社会公益活动等。在诺德豪斯与著名经济学家保罗·萨缪尔森合著的《经济学》中，净经济福利指标得到进一步的阐述。净经济福利是一个经过调整的国民总产品指标，它包括对净经济福利有直接贡献的消费和投资，即：

$$\text{NEW} = \text{GNP} + \text{闲暇的价值} + \text{家务劳动价值} + \text{地下经济创造的价值} - \text{环境的破坏损失}$$

在现代社会，闲暇的多少是反映生活质量和福利水平的一个重要尺度。闲暇也是具有价值的。一周工作 48 h 与一周工作 35 h 相比，如果一周收入总数相等，并且是在同等劳动强度下，显然后者生活质量高于前者。随着科学技术进步、劳动生产率和居民生活水平的提高，各国特别是发达国家居民的闲暇逐渐增多，人们对闲暇消费越来越重视。人们愿意放弃一些加班和兼职的机会，以便从闲暇中得到更多商品和劳务之外的精神上的满足。在这种情况下，居民福利上升了，但国家或地区的 GNP 可能因此增幅减少甚至下降，因此闲暇的价值可以用放弃加班和兼职的机会成本来核算。由家庭主妇或其他家庭成员提供的家务劳动，其性质与居民向市场购买的劳务一样，只不过它不是通过市场交换取得，没有用货币价值来表现。既然居民的家务劳动与向市场购买的劳务对其实际消费的实现没有区别，那么，它也应该计入到 GNP 中，家务劳动的价值应该与相应的市场劳务价值相对应。地下经济包括两类：非法活动（如毒品交易或职业杀手），合法的但为了逃税而没有记录的活动（如未注册的地下工厂、打“黑”工者等）。一般而言，在衡量国民产出时会将非法活动排除在外，这是因为社会舆论普遍认为这些活动是“坏事”而不是“好事”。近年来不少国家的地下经济有发展蔓延之势。据英国《经济学家》公布的奥地利学者施奈德的研究报告，1998 年全球地下经济的净值大约为 9 万亿美元，占全球 GDP（39 万亿美元）的 23%。可见，忽视地下经济产值，就不能真实反映经济社会的货币流通。生产活动造成的环境污染是经济活动对社会产生的负外部性的表现，这部分环境污染增加的社会成本必须在国民经济核算中予以反映并给予扣除。

1973 年日本政府以托宾和诺德豪斯提出的净经济福利指标为基础，提出了净国民福利指标（Net National Welfare，NNW）。NNW 的突破在于其将列入指标中的环境污染物具体化和实践化，选择三类环境污染物——水、空气和垃圾作为核算的具体目标，并由国家制定出每一项污染物的允许标准，进行实际污染程度和扩散范围的调查，对超过污染允许标准的，列出改善所需经费，并将这些改善经费从 GDP 中扣除。

16.2.1.2 国内生产净值指标

国内生产净值（Net Domestic Product，NDP）指标是由美国经济学家罗伯特·卢佩托于 1989 年提出的，这是目前对自然资源耗损与经济增长率之间的关系的最重要的研究成果之一。基于印度尼西亚是世界上重要的木材、石油出口国，是一个典型的自然资源丰富的国家，卢佩托选择它作为研究对象。他认为在计算一个国家的持续收入时，要将这个国家自然资源的耗损状况与经济增长率一同考虑，即在考虑一个资产增加收入的同时考虑另一个资产的下降。比如，一片完好森林的砍伐，若其收入投入到一个水泥厂，国家的收入会因为水泥厂的投资和砍伐活动表现为增加，但因为伐木引起的土壤流失、木材量减少、生物多样性破坏，生态资产受到损害引起的负效应应该从 GDP 中扣除。卢佩托等用自然资源的净变化，对印尼 1971—1984 年的 GDP 进行了调整，计算发现印尼 1971—1984 年的 GDP 年增长为 7.1%，若扣掉有市场价值的自然资源耗损成本，实际增长率只有 4%。

16.2.1.3 生态足迹指标

生态足迹（Ecological Footprint，EF），或称生态空间占用，是由加拿大生态经济学家 William Rees 等在 1992 年提出并于 1996 年由其博士生 Wackernagel 完善的一种衡量人类对自然资源利用程度以及自然界为人类提供的生命支持服务功能的方法，该方法通过估算维持人类的自然资源消费和同化人类产生的废弃物所需要的生态生产性空间面积大小，并与给定人口区域的生态承载力进行比较，来衡量区域的可持续发展状况。生态足迹测量人类对自然界的影响，因为人类消耗着自然的产品和服务。生态足迹的理论目前已经发展得较为成熟，特别是国家账户的生态足迹，目前的研究结果已经比较充分。瓦克纳戈尔于 1997 年在《国家生态足迹》的论文中，对 52 个国家和地区的生态足迹进行了计算。“发展重定义”组织在 2000 年采用 1996 年的数据，对 152 个国家的生态足迹和生态承载力进行了计算，研究覆盖了世界人口的 99.7%。世界按 60 亿人口计算，人均生态足迹仅为 2.3 hm^2，地球承载能力 1.8 hm^2，人类的生态足迹已超过了全球承载力的 30%。如果按照世界环境与发展委员会建议，留出 12%的生物生产土地面积以保护地球上其他 3 000 万个物种的话，则人均生态足迹是 2 hm^2。生态足迹指标存在的缺陷是仅测量了人类废物排放和资源消耗对可持续性有着影响的那些方面，而排除了那些影响自然承载力再生的活动，无法测量人类对自然的所有影响，如对一些自然界无法有效同化作用的物质的使用（一些放射性元素、多氯联苯、氯氟烃等）；对生物圈不可逆的破坏过程（物种灭绝、土壤蓄水层破坏、森林砍伐、土地沙漠化等）。

专栏 16-1 烟台市生态足迹分析

烟台市地处山东半岛中部，是我国 14 个沿海开放城市之一。2002 年 GDP 为 1 115 亿元，比 1999 年增加了 39.2%，人均达 1.724 万元。但由于不适当的人类活动，生态系统结构趋于单一、不稳定性加剧、自我调控能力削弱、服务功能丧失、生态质量下降，严重影响了经济的发展。北京师范大学中国生态资产评估中心对烟台市及各行政区的生态足迹进行了计算。

生态足迹计算的假设基础是：①人类可确定自身消费的绝大多数资源及其产生废物的数量；②这些资源和废物能转换成相应的生物生产面积；③采用生物生产力来衡量土地不同地域间的土地能转化为全球均衡面积，用相同的单位（如 hm^2）来表示；④各类土地在空间上是互斥的。每单位的全球均衡面积代表着相同的生物生产力。

根据生产力大小的差异，生态足迹分析法将地球表面的生物生产性土地分为六大类进行核算：①化石能源用地，用来补偿因化石能源消耗而损失的自然资本存量而应储备的土地；②耕地，生物生产性土地中生产力最大的一类土地；③牧草地，即适宜发展畜牧业的土地；④林地，指可产出木材产品的人造林或天然林；⑤建筑用地，包括各类人居设施及道路所占用的土地；⑥水域，包括可以提供生物产出的淡水水域和海洋。

计算模型为

$$\mathrm{EF} = N_{\mathrm{ef}} = N\sum(\mathrm{aa}_i) = N\sum\left(\frac{C_i}{P_i}\right)$$

式中：i　消费商品和投入的类型；

p_i——i 种消费商品的平均生产能力；

C_i——i 种商品的人均消费量；

aa_i——人均 i 种交易商品折算的生物生产性面积；

N——人口数；

ef——人均生态足迹；

EF——总的生态足迹。

采用 Wackernagel 于 2004 年修改之后的均衡因子，得到某类生物生产性面积，然后汇总计算生态足迹和生态承载力，并将一个地区的生态足迹同该地区的生态承载力进行比较，计算结果如表 16-1 所示。

分析结果表明各行政区中，人均生态足迹除长岛县盈余外其余均为赤字，烟台市人均生态赤字为 3.280 hm^2；总生态赤字达 $2.121\,1\times10^7$ hm^2，是其国土总面积的 15.4%；人均生态足迹已远远超过其生态承载力，生态赤字较严重，其中又以北部地区最为严重，生产、生活强度超过了生态系统自身的承载能力，其经济社会发展处于不可持续的状态。

资料来源：刘辉，李波，等．烟台市生态足迹分析[J]．生态经济，2005（10）。

表 16-1 烟台市生态足迹与生态承载力计算结果比较

人均生态足迹				人均生态承载力			
土地类型	人均面积/（hm^2/人）	均衡因子	均衡面积	土地类型	人均面积/（hm^2/人）	产量因子	均衡面积
耕地	0.160 879 429	2.17	0.349	耕地	0.067 632	1.79	0.263
林地	0.081 878 399	2.17	0.838	林地	0.089 846	0.98	0.042
草地	0.962 207 366	0.47	2.088	草地	0	0.21	0
化石燃料用地	0.576 487 317	1.76	1.015	CO_2吸收	0	0	0
水域	0.113 154 550	0.35	0.040	水域	0.008 296	1.08	0.003
建筑用地	0.012 945 497	2.17	0.028	建筑用地	0.002 108	1.79	0.008
人均生态足迹	—		3.558	人均生态承载力	—		0.316
				生物多样性（12%）	—		0.037
				可利用的生态承载力	—		0.278

此外，1997 年 Costanza 和 Lubchenco 等首次系统地设计了测算全球自然环境为人类所提供服务的价值“生态服务指标体系”（ESI），把全球生态系统提供给人类的“生态服务”功能分为 17 种类型，把全球生态系统分为 20 个生物群落区，由此计算了“生态服务”价值与全球 GDP 之间的比例关系（1∶1.18）。该指标体系的提出，对更加深刻理解人与自然之间的关系，揭示可持续发展的本质内涵，具有较高的科学价值。

16.2.1.4 可持续经济福利指数

可持续经济福利指数（Index of Sustainable Economic Welfare，IESW）于 1990 年由世界银行资深经济学家戴利（Herman Daly）和科布（John B.Cobb）提出。IESW 与 Hicks 对希克斯收入的定义“个人可以在一周内消费的最大收入，并且可以保证其在今后仍然保持较好的境况”一脉相承，但在意义上更进一步。它不仅要估算未来收入损失减少的部分，还要减去并不带来真正福利的开支（防护性支出），并且把对收入和工作的分配也看做是可持续经济福利的一部分。因此 IESW 不仅具有可持续经济发展的意义，还有社会公平的含义。该指标考虑了社会因素所造成的成本损失，如财富分配不公、失业率、犯罪率对社会带来的危害；更加明晰地区分经济活动中的成本与效益，如医疗支出等社会成本，不能作为是对经济的贡献。

$$
\begin{aligned}
\text{IESW} = {} & \text{个人消费} + \text{非防护性支出} + \text{资产构成} - \\
& \text{防护支出} - \text{环境损害费用} - \text{自然资产折旧}
\end{aligned}
$$

戴利和科布所计算的 ISEW 由加权的私人消费添加或者扣减，共由 20 余项构成。防护支出方面的扣除包括：医疗与教育、广告、补偿、城市化、交通事故和环境污染。其他的扣除包括：耐用消费品的支出、与开采不可再生资源有关的成本、长期的环境损害以及湿地与农田的消失。他们于 1993 年计算了美国 1950—1980 年的 IESW，考虑了资源耗竭和长期环境损害的影响，研究结果表明 1950—1980 年美国的人均可持续经济福利指数（IESW）以每年 0.9%的速度增长，而人均国民生产总值（GNP）的增长速度为 2.0%。

此外，还有一些重要的针对传统 GDP 进行调整的总量指标，如 1971 年美国麻省理工学院首先提出的“生态需求指标”（ERI），试图利用该指标定量测算与反映经济增长对于资源环境压力之间的对应关系。1995 年 9 月，世界银行首次向全球公布了用“扩展的财富”来衡量全球或区域发展的新指标，将“财富”概念扩展到“自然资本”“生产资本”“人力资本”和“社会资本”，“扩展的财富”比较客观、公正、科学地反映了世界各地区发展的真实情况，为国家拥有的真实“财富”及其发展随时间的动态变化，提供了一种可比的统一标尺。世界银行所提出“真实储蓄率”指标，为评价一个国家或地区财富与发展水平的动态变化提供了更加有力的判据。世界银行副行长塞拉杰尔汀说，真实储蓄率既抓住了财富现实衡量的本质内涵，也着眼于用真实储蓄率的动态变化去衡量财富影响的长远后果。

这些指标体系的探索与构建有力地推动了绿色国民经济核算体系的研究，从方法和方向上对绿色国民经济核算体系的改革进行了把握。但是对总量指标的关注阻碍了人们详细观测生态系统与经济功能之间的关系，单一的指标难以涵盖动态的、宽泛的可持续概念。

16.2.2　卫星账户

设立卫星账户的好处在于不必对传统国民经济核算体系进行彻底的调整，并且可以根据需要设立多个卫星账户。这种改革的思路从传统国民经济核算体系内部结构入手，认为传统国民经济核算体系的缺陷在于其在账户结构中没有把人类赖以生存的环境作为经济大系统的一个子系统考虑，在现行的经济分析中忽视了环境因素，但为了避免对整个体系进行结构上的重组调整，通过设立若干个独立的卫星账户来表明环境与经济活动之间的相互关系。

目前国际上已经有许多国家建立了卫星账户，最著名的是挪威财产账户和法国实物流量账户。挪威是最早开始自然资源统计核算体系编制的国家。1970 年挪威中央统计局就编制出了森林账户，1974 年编制出了渔业账户。1974 年挪威环境部着手建立挪威资源核算体系（NRA），于 1978 年编制和出版了石油、矿物、水力、土地使用、大气和水污染物的账户，并出版了自然资源和环境状况与变化的年度报告，该报告包括“资源账户与分析”。1981 年，首次公布并出版了“自然资源核算”数据、报告和刊物。20 世纪 80 年代中期，挪威统计局采用实物量指标首次编制了自然资源核算账户，包括能源、矿产、森林、渔业和土地使用等，并于 1987 年公布了“挪威自然资源核算”研究报告。挪威的自然资源核算账户包括实物资源和环境资源两部分，实物资源账户包括石油、矿产、生物资源、森林和鱼类等，并包括流动资源水力；环境资源账户包括土地利用、空气污染以及两类水污染物（氮和磷）。挪威政府通过对资源核算，已将这些结果应用于对自然资源未来的预测和对环境影响的分析上，其中最成功的就是在能源账户上。自然资源账户给能源需求预测模式、能源政策讨论和由于所选择的混合能源带来的主要空气污染的预测扩散模式提供了信息。挪威对自然资源环境核算的基本方法是利用投入产出模型编制空气排放账户。

法国政府于 1978 年建立了自然资源账户的部际委员会，并且建立了包括环境信息的自然财产账户（Natural Patrimony Account，NPA），以便于一方面评估环境财产的数量与质量状况及其发展，另一方面评估环境财产变化的原因及其效应。环境财产包括“所有的那些能被人类活动改变数量和质量的东西”。法国的自然财产账户是一个范围很广的账户，包括存量账户和流量账户，这些账户描述并度量了环境资产的经济、生态和社会功能。法国核算账户包括：①主要账。描述资源和变量在时段开始和结束时的状况和变化。②边缘账。表现一种资源和另一种资源、人类活动和涉及的资源之间的关系。③代理账。描述按实物量表示的资源和一种经济活动之间的流量，以及用于它的维护、修理、监测或发展的费用。

其他一些国家也纷纷建立了本国的卫星账户，比如英国国家统计局开发的资源卫星账户包括石油、天然气、温室气体的排放、森林和水等账户。加拿大的卫星账户包括地下资产和森林账户。德国联邦统计局建立了废水和 CO_2 卫星账户。联合国环境规划署与世界银行在对 SNA 体系进行修正的讨论中也认为：把一些根本性的变革引入一个服务于经济社会的分析中，同时在结构上又是完美的数据收集和核算体系还为时过早，提出现阶段环境核算应该以卫星（或附属）账户的形式出现，而不是去直接修正 SNA 的核心系统。

我国学者雷明于 1999 年提出了在“主体—连接—卫星”账户体系中建立附属账户的设计方案。这是基于对构建可持续发展目标导向下经济—社会—科技—环境宏观整体化核算体系的思考及 SEEA 中分设核心账户体系与卫星账户体系，并规范其间关系的思路提出的，是一种体现不同专业核算相互联系、具有整体核算功能的协调模式，如图 16-1 所示。

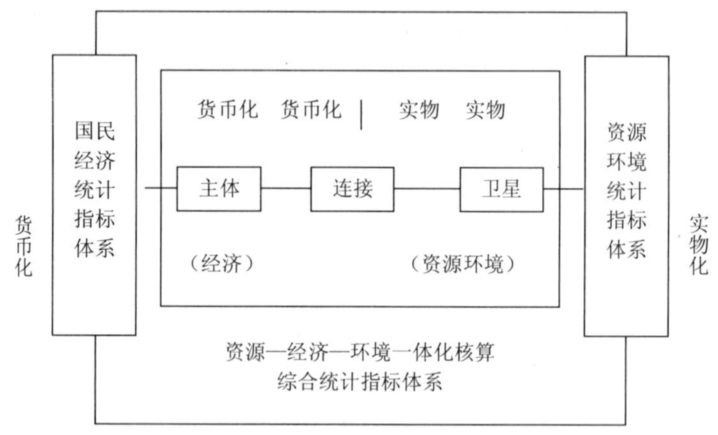

图 16-1 “主体—连接—卫星”三位一体账户体系模式构架

主体账户体系即国民经济账户体系（SNA）以生产、消费、积累、国外及资产负债账户五大合并账户为核心。主体账户体系在概念结构上具有完全一致性，同时又与现有国民经济统计数据有良好的协调性。

卫星账户体系指除经济之外其他专业（如社会、科技、资源等）领域核算账户体系，卫星账户体系具有自身特定的描述客体和既定的功能目标，在概念结构上也具有自身一致性，但为了与现行资源环境统计数据（实物量）保持良好的协调性，卫星（资源环境）账户的核算指标内容以非货币化的实物指标数据为主。

连接账户是衔接主体与卫星两大账户体系的中间媒体，主要目的在于衔接各专业核算账户体系。在概念结构上，连接账户与所连接的两端保持逻辑对应关系并分别与他们相协调，其指标在同主体账户连接的一边是货币化的，与其他专业账户连接的另一边可以是非货币化的实物单位。

16.3　绿色 GDP 核算理论

20 世纪中叶以来，随着可持续发展理念的兴起，欧美及日本等发达国家尝试将环境要素纳入国民经济核算体系，在衡量一个国家经济产生的同时，同时考虑资源的损耗和生态环境的破坏，以综合反映环境经济的变化。他们提出用自然资源的损耗价值和生态环境的降级成本以及自然资源、生态环境的恢复费用等调整现有的 GDP 指标，把它们从国内生产总值中扣除，用绿色 GDP 来取代传统的 GDP。绿色 GDP 概念的正式提出是在 1993 年联合国统计机构正式出版的《综合环境与经济核算手册》（The System of Integrated Environmental and Economic Accounting，SEEA）中。在该手册中，不但首次提出了绿色 GDP 的概念，还推荐了绿色 GDP 的核算方法、规范了自然资源和环境的统计标准并制定了绿色 GDP 核算中自然资源和环境的估价方法。

16.3.1　绿色 GDP 的含义及计算方法

国际上对绿色国内生产总值（绿色 GDP）的探索始于 20 世纪 70 年代。1971 年美国麻省理工学院尝试定量测算经济增长与资源环境压力之间的对应关系，提出了“生态需求指标”。1993 年，联合国把绿色 GDP 定义为可持续发展的国内生产总值是从 GDP 中扣除自然资源的耗减成本与环境污染损失成本后的国内生产总值。同年联合国统计署在发布的《综合环境与经济核算手册》中首次正式提出了绿色 GDP 的概念：将经济活动对环境的利用作为追加投入看待，从原有的经济总量中予以扣除，得到的经过环境因素调整的产出指标，即生态国内产出。不同的学者对绿色 GDP 的内涵认识并不一致，各类概念比较结果如表 16-2 所示。

表 16-2　国内代表性绿色 GDP 定义

	提出人物	主要观点	说明
福利角度	杨缅昆	绿色 GDP = GDP – 外部不经济因素 + 外部经济因素	从福利经济学角度出发，可视为最广义的绿色 GDP
	廖明球	绿色 GDP = 国内生产净值 + 固定资产损耗 – 生产中使用的非生产自然资源	该方法是基于 SEEA 的平衡推算方法
资源环境角度	储汪林	绿色 GDP = GDP – 资源环境损耗价值 + 环保部门新创造价值	基于投入产出定义，考虑了环境效益
	吴优	绿色 GDP = GDP – 资源耗减成本 – 环境降级成本	比较全面地反映了经济与资源环境之间的相互影响关系
其他角度	徐衡、李继红	绿色 GDP = 国内净产值（NDP）– 自然资源的损耗 – 污染损失	具有实际可操作性，得到广泛认可

综上所述，所谓绿色 GDP 就是在传统 GDP 的基础上的一种调整，是扣除经济活动中投入的环境资本（包括自然资源耗减和环境污染损失的价值）之后的国内生产总值。它既考虑人类活动的“正面效应”，又考虑“负面效应”，其实际意义是指扣除自然资源和生态环境损失之后新创造的真实国民财富的总量，代表的是国民经济增长的净正效应。绿色 GDP 占 GDP 的比重越高，表明国民经济增长的正面效应越高，负面效应越低，反之亦然。绿色 GDP 不仅反映经济增长的数量，而且反映经济增长的质量，适应目前的环境核算要求，是一个科学的可持续发展概念。

绿色 GDP 是一个代表扣除了自然资产（包括资源、环境）损失之后的新创造的真实国民财富的总量指标。目前对绿色 GDP 有不同的定义。狭义的定义主要是将资源环境因素纳入传统 GDP 计量，代表“经资源环境因素调整的国内产出”。

绿色 GDP = GDP – 自然资源损耗和环境退化损失 –
资源、环境恢复费用支出（恢复支出）–
环境损害预防费用支出（预防支出）–
由于非优化利用资源而进行调整计算的部分

而广义定义的绿色 GDP 除了资源环境因素之外，还把更多的内容纳入 GDP 调整之中，如在扣除“资源环境虚数”的同时，还要扣除“人文虚数”。

绿色 GDP = 传统 GDP – 自然部分的虚数 – 人文部分的虚数

如果按照 GDP 生产法、收入法、支出法的核算体系，绿色 GDP 还可以表示为：

（1）生产法。

绿色 GDP = 各行业增加值之和

增加值 = 总产出 – 中间消耗 – 资源环境损害 + 环保部门新创造价值

资源环境损害 = 生产过程资源耗竭全部 + 生产过程污染全部 + 资源恢复过程资源耗竭全部 + 资源恢复过程环境污染全部 + 污染治理过程资源耗竭全部 + 污染治理过程环境污染全部 + 最终使用资源耗竭全部 + 最终使用环境污染全部

环保部门新创造价值 = 资源恢复部门新创造价值全部 + 环境保护部门新创造价值全部

（2）收入法。

绿色 GDP = 劳动者报酬 + 生产税净额 + 固定资产折旧 + 营业盈余 + 绿色净效益

绿色净效益 = 原有环境效益现实使用价值 + 改善环境效益现实使用价值 –
环保费用现实使用价值 – 潜在污染损失的现实使用价值

（3）支出法。

绿色 GDP = 居民消费 + 政府消费 + 固定资本形成总额 + 存货增加 +
货物和服务的净出口 – 环境保护成本

环境保护成本 = 环境治理费用 + 为预防环境破坏而投入的费用 + 给受害者补偿的费用 + 发展环保产业投入的费用 + 资源闲置的损失 + 按新生产要素组织方式而可能导致的损失

在绿色 GDP 核算中，虽然存在资源损耗和环境退化的价值无法直接通过市场买卖来衡量技术上的困难，但绿色 GDP 基于传统 GDP 的核算理论和思路，从生产法、收入法和支出法 3 个角度阐述了其相应内部结构，为分析经济生产的产出结构、投入结构，分析生产要素的分配结构，分析经济产品的最终使用结构提供了详细的数据体系，完整地衡量了经济总体生产活动的最终成果，为判断宏观经济增长及其走势提供了衡量尺度。绿色 GDP 核算有利于改变单纯的经济增长的观念，不仅反映了国民经济收入总量，还反映了资源损耗、环境污染和生态破坏，能更全面反映经济增长的可持续性。

16.3.2 主要绿色 GDP 核算体系

绿色国民账户以框架形式发展可以追溯到 1982 年 Bulmer-Thomas 开发的“社会核算

框架”（the Social Accounting Framework）和联合国统计委员会建立的“建立环境统计框架”（the Framework for he Development of Environment Statistics）。以框架体系来构建复杂、大量的指标之间的联系使得指标之间的层次和关系非常清晰，有助于更好地理解经济活动和生态作用之间的相互关系。目前国际上几个重要的绿色国民经济核算修正体系有：联合国的 SEEA（System of Environment and Economic Accounting）、Peskin 教授发展并应用于菲律宾的 ENRAP（Environment and Natural Resources Accounting Project）、欧盟统计局开发的 SERIEE（European System for the Collection of Economic Information on the Environment）、荷兰统计局开发的 NAMEA（National Accounting Matrix including Environment Accounts）。其中联合国开发的 SEEA 是目前相对成熟和获得认可度最高的绿色国民经济核算体系框架。

16.3.2.1 综合环境与经济核算体系

SEEA（System of Environment and Economic Accounting）是由联合国推出的环境与资源综合核算体系，联合国对环境与资源核算及国民经济账户体系的改进非常重视。SEEA 的发展经历了 3 个阶段：

第一阶段，从 20 世纪 70 年代初至 80 年代。从环境角度研究环境统计的方法和模式，编写了《环境统计资源编制纲要》一书，并且正式开展环境核算研究工作，提出需要在现行的 SNA 中，引入包含环境调整的国内生产净值（EDP）和国内净收入（EDI），以便更好地核算经济活动带来的环境损失以及剔除环境预防支出费用等。

第二阶段，1989 年至 20 世纪 90 年代中期，提出环境与经济综合核算体系的初步框架。1992 年联合国环境与发展大会通过的主要文件《21 世纪议程》中，多次提到环境价值（包括资源价值和生态价值）和环境核算问题。1993 年联合国统计局首次公布了环境与经济综合核算体系（SEEA）的编制手册。SEEA 的基本框架见表 16-3。

表 16-3 SEEA 的基本框架

	经济活动					环境
	生产	国外	最终消费	经济资产		其他非生产自然资产
				资产	非生产自然资产	
期初资产存量						
供给						
经济使用						
固定资本消耗						
国内生产净值						
非生产自然资产的使用						
非生产自然资产的其他积累						
货币量形式的环境核算中的环境调整的总量						
持有损益						
资产物量的其他变化						
期末资产存量						

第三阶段，SEEA 1993 颁布之后。若干国家根据 SEEA 1993 编制了本国的绿色国民经济核算体系，也有许多学者提出改进之建议。因此从 1997 年开始，联合国统计局再次委托 1993 年成立的 Londen Group 负责更新发展 SEEA。目前，Londen Group 已完成修改版 SEEA 2003，且已获得联合国、欧盟、国际货币基金、世界银行和经济合作与发展组织 5 个机构接受，成为正式出版物。主要内容包括环境保护支出账、非生产性资产实物账、环境经济综合账、自然资源损失及环境质量损失账等内容。用净价格法、现值法或使用者成本法 3 种方法计算自然资源损失，并用维护成本法或损害评估法对环境品质下降进行评估。与传统的国民经济核算体系 SNA 相比，SEEA 编算特点如下：

（1）资产的范围扩大。在 SNA 中，资产指的只是生产资产，而 SEEA 里除原有的生产资产外，还包括非生产自然资产，处于机构单位控制下的自然资产，包括土地、矿产品和森林等；没有处于机构单位控制下的自然资源，包括海洋和河流中的鱼类资源、热带雨林和其他原始森林、空气等。在 SEEA 中，将因经济活动引起的这类资产的变化也计入成本。

（2）提出了环境成本的概念，并区分了自然资源耗减和恶化的虚拟成本和环境保护支出两种成本形式。SEEA 中环境保护服务支出的类别如表 16-4 所示。在 SEEA 中，把原先在辅助活动范围内进行的有关环境保护支出的活动作为独立的带有可分清的产出和中间消耗的基层单位处理，这种方法能全面地衡量和估价社会在预防和治理环境质量下降及其影响方面的实际付出。

表 16-4 SEEA 中环境保护服务支出的类别

代码	类别
37	再循环
90	污染和废物的处理，环境卫生的维护和类似活动
90.1	垃圾的收集、运输、处理和处置
90.2	废水的收集和处理
90.3	废气的净化
90.4	噪声的消除
90.5	未列入上述类别的其他环境保护服务
90.6	环境卫生维护和类似服务

注：表中使用的是与环境保护活动有关的国际标准产业分类方法。

（3）修正了国内生产净值指标（NDP），提出了生态国内产出指标（Eco Domestic Product，EDP）。EDP 是在 SNA 的国内生产净值基础上减去经济活动的虚拟环境费用而得出的，是在考虑国民经济各部门对包括自然资产在内的所有资产在经济使用情况下，衡量一国社会总体发展水平的指标。

（4）引入资本积累概念，代替 SNA 中的资本形成概念。SEEA 中的资本积累概念不仅包括传统生产资本的变化，而且还包括由耗减和降级引起的资本存量的减少，以及自然资产作为经济资产被合并以及由与生产活动相联系的经济决策引起的自然资产在经济使用中的转移。

（5）将政府提供的环境保护服务作为独立的基层单位。如果政府消除的是它自身污染造成的影响，那么此类服务的产出作为政府消费处理；如果此类活动是帮助生产者消除他们造成的环境要素恶化的影响，那么此类服务的产出作为资本形成处理。这一处理方式适用于政府环境保护活动，如净化湖泊和水流，恢复被工业污染、采矿业污染的土地地力等。

SEEA 提出后，世界银行等国际组织积极推动在墨西哥、博茨瓦纳、巴布亚新几内亚、泰国、菲律宾等国开展试点。一些发达国家如美国、日本等均按照 SEEA 的思路，对本国地下资源进行了核算，编制出较为完整的 SEEA 实例体系。欧盟在联合国“综合环境与经济核算体系”的框架下，制定了环境经济综合核算欧盟统一模式——NAMEA 体系，挪威和芬兰从 1997 年开始开展试点工作。印尼于 1996 年完成了本国 1990—1993 年的自然资源环境账户核算，并初步完成了核算矩阵的构造及 1990—1993 年的实例估计。SEEA 在传统国民经济核算体系上附加账表涵盖各种环境与自然资源，且兼容并蓄各体系之优点，因此获得多数国家的青睐，采用 SEEA 的国家最多。

16.3.2.2 ENRAP

ENRAP（Environment and Natural Resources Accounting Project）由美国经济学者 Henry Peskin 于 1989 年创立。1990 年起，美国援外总署以提供援助之方式试行“环境和自然资源账计划”。其目标是将环境视为一生产部门，使用新古典一般均衡架构作为衡量经济福利的一个指标，得到经环境修正过的国民经济核算账户，并提供环境政策管理所需的基本资料。

ENRAP 扩展了 SNA 资产及生产范围界限，主要内容包括自然资源消耗、环境所提供的废弃物服务及环境品质服务、环境损害、净环境利益、家庭非市场生产。计算环境社会损失成本（如污染对人体健康之损失），并且不仅计算对环境有害的减项项目，也包括对环境有利的加项项目。其特点如下：

（1）包括了传统的国民经济核算体系中具有市场交易价格的资本所提供的服务，并且将那些不具有市场交易价格的环境资源服务纳入。Peskin 将无市场的环境资源服务分为三类：为环境资源所提供的投入服务、为环境资源所提供的产出服务以及环境污染损失成本。并采用影子价格的计量方法对这三类服务的价值进行估量。

（2）ENRAP 账表结构在继承传统国民经济核算体系的内容的基础上，增加了 3 个新的项目：环境提供的废弃物处理服务、环境损害及环境提供的直接服务。ENRAP 还提出了净环境利益（Net Environment Benefit，NEB）名词，NEB 代表了环境服务价值（环境提供的废弃物处理服务与直接服务之和）与损失（环境损害）间的差异。

16.3.2.3 SERIEE

SERIEE 即“欧洲环境的经济信息收集体系”，是欧盟在第五次环境行动计划中，在“可持续发展”共识的基础上，设计的环境与资源整合账户体系，并以卫星账户的方式将环境保护活动与国民所得账进行连接。欧盟统计局（Eurostat）于 1994 年出版 SERIEE 手册。

主要内容包含两个卫星账户及一个居中的资料收集及处理系统。第一个卫星账户为环境保护支出账户，第二个为资源使用及管理账户。SERIEE 仅计算环境保护支出，不计算各种污染损害成本。其特点如下：

（1）强调自然资源实物账的重要性，在经济活动方面，特别着重在降低预防环境恶化活动支出的交易以及与环境监测、恢复或开发相关的活动。

（2）提出用厂商竞争力的观点来研究厂商的环境保护支出及与环境相关的课税负担，并且从社会产出、就业及进口的观点来衡量所有与环境保护及其设备和相关产品的经济活动价值。

16.3.2.4 NAMEA

NAMEA（National Accounting Matrix including Environmental Accounts）为荷兰的环境与经济整合账表体系。荷兰统计处于 1993 年编制完成第一本 NAMEA 账。这本账户符合欧洲各国对于环境保护的需求。

NAMEA 最大特色是将 3 个环境账纳入国民收入账内。这 3 个账表为排放物账、全球环境问题账及国家环境问题账。这些账表在 NAMEA 中暂时以实物单位表示。排放物账中包含 10 个排放物的污染项目；全球性环境问题包括温室效应、臭氧层破坏、酸雨、废弃物和废水等；国家环境问题有：酸雨、固体废弃物及自然资源损耗。编制范围包括外国进口至本国的污染及荷兰出口至国外的污染，并且均以实物账方式呈现。其特点如下：

（1）将生产及消费支出分为一般及环保两项，以利于计算环境保护支出和环保消费，并且明确地将环保活动和其他经济活动的产出和消费分开。

（2）将不同污染物依据其对环境的影响转化成相同的计算单位，比如温室效应气体指标包括 CO_2、NH_4 和 N_2O 3 种指标，每一种指标都可转化成 GWP（Global Warming Potentials）方式表达。

（3）NAMEA 以实物账方式呈现，使统计学学者较容易接受。

16.3.2.5 几大绿色国民经济核算框架之比较

（1）核算范围比较。几大绿色国民经济核算编制体系从不同的理论基础和编制目的出发，编制的范围和内容都有所不同，但是对纳入体系的资产的范围，几大体系都分别进行了扩展。SEEA 对传统的 SNA 的资产范围进行了扩展，将非生产自然资产（包括处于机构单位控制下的自然资产和没有处于机构单位控制下的自然资源）都纳入核算范围，并且将因经济活动引起的这类资产的变化也计入成本。ENRAP 也扩展了 SNA 资产及生产范围的界限，将自然资源损耗、环境所提供的废弃物服务及环境品质服务、环境损害、净环境利益、家庭非市场生产纳入核算体系。

（2）结构内容比较。在账表具体内容的安排上，SEEA 1993 和 SEEA 2003 都主张将国民经济核算体系中各生产部门的有关环境管理的支出分离出来，以有一个明确的账目来评估预期的环境维护成本和效益。NAMEA 也主张将生产及消费支出分为一般及环保两项，将环保活动和其他经济活动的产出和消费分开，这也成为 NAMEA 的重要功能之一。但 ENRAP 不主张将账表中针对环保经费支出分离出来，主要的理由在于 ENRAP 认为很多经费支出并不一定能严格区分出到底是属于环保用途还是非环保用途，而分离环境管理支出的成本很高，而且有相当大的误差。

（3）估算方法比较。对于自然资源折耗和环境损失的估算方法上，SEEA 建议采用维护成本法和损害评估法来评估环境质量下降损失，而 ENRAP 基于新古典经济学的方法，以消费者“愿付价格”衡量各项环境服务价值，对环境质量下降损失与自然资源折耗进行估算，以避免用环境损害的愿付价格估算环境质量下降损失。对于自然资源折耗，SEEA 提出用净价格法、EL Serafy 法及净现值法来估算，ENRAP 主张由估计自然资源资产价值的变动来估算。ENRAP 采用影子价格的计量方法对环境资源所提供的投入服务、环境资源的产出服务、污染质量下降损失这三类服务的价值进行估量，利用影子价格的概念来计算不具有市场价格的资源，这和一般的国民经济核算体系有很大的区别。

（4）表达方式比较。对于国民经济核算体系的表达方式，SEEA、ENRAP 和 SERIEE

都采取实物和货币账户两种方式进行描述，SERIEE 将实物账户与货币账户进行了有系统的连接，但是不主张将各方面的自然资源实物皆呈现出来，而且 SERIEE 没有环境质量下降的损失估算，不能整合出类似于 SEEA“生态系统的国内产出水平”的指标。而 NAMEA 仅采用实物账方式进行表达，不牵扯货币价值的衡量。

目前，联合国对 SEEA 核算体系的研究不断在推进，SEEA 2003 也已经出版，并且在多个国家进行了试点，理论和实践都相对丰富，在国际上获得了广泛的认可。ENRAP 编算范围完整，与经济学福利观点较一致，只是因估算方法有争议，目前仅菲律宾及美国部分区域采用。SERIEE 注重短期效应，系统产生比较匆忙，在结构上仅限于与 SNA 中有关的资产及流量信息，相对于 SEEA 而言，SERIEE 的整个系统结构的定义分类及实际编制过程都还不太成熟，有待进一步改善。NAMEA 的编制已趋于稳定，未来计划将编入社会账户及社会指标，使 NAMEA 不仅成为一个国家的重要环保依据，更是重要的社会福利指标。详细比较见表 16-5。

表 16-5 几大国民收入核算编制系统比较

编制系统	SEEA 2003	ENRAP	SERIEE	NAMEA
源起	1．联合国统计局于 1993 年出版的一本SEEA手册； 2．1998 年出版作业手册； 3．目前已有 SEEA 2003 完整手册出版	1．由经济学者 H.Peskin 所提倡(1989 年)； 2．1990 年起，美国援外总署以提供援助之方式协助菲律宾试行“环境和自然资源账计划”； 3．目前仅由美国 Chesapeake 地区及菲律宾试编	欧盟统计局(Eurostat)于 1994 年出版 SERIEE 手册	1．观念及方法由荷兰统计局局长 Keunming 提出； 2．荷兰最早依据 NAMEA 结构编制空气排放物账(1991 年)
主要内容	1．环境保护支出账； 2．非生产性资产实物账； 3．环境经济综合账； 4．自然资源折耗及环境质损； 5．计算绿色国民所得指标(如 eaGDP 及 eaNDP)	1．将自然环境视为生产部门，可生产非市场的环境服务价值，如森林提供休闲娱乐服务； 2．将包括污染对人体健康损害在内的环境污染价值视为生产部门的负产出； 3．净环境利益（NEB）=环境服务价值−环境损害价值	1．环境保护支出账户； 2．自然资源使用及管理账户； 3．基本资料收集及处理系统	1．排放物账； 2．国家环境议题； 3．全球环境议题账（包含温室效应、臭氧层破坏、酸化等环境议题）
编算范围	1．以净价格法、现值法或使用者成本法计算自然资源折耗； 2．建议以维护成本法或损害评估法计算环境品质下降损失	1．计算环境社会损失成本（如污染对人体健康之损失）； 2．不仅计算对环境有害之减项项目，也包括对环境有利的加项项目	仅计算环境保护支出，不计算各种污染损害成本	与环境有关部分仅计算实物账户，无货币化结果
说明	SEEA 编制国家中，并非全部按照 SEEA 架构编制完整的账表，而是选择对其经济活动较有影响力的环境议题进行试编，并依各国国情及资料有无加以调整	1．编算范围完整，与经济学福利观点较一致，唯因估算方法尚有争议，故目前仅菲律宾及美国部分区域采行； 2．家庭内部的非市场产出，如砍柴，自给自用的农业生产活动也包括在内； 3. 天然环境所提供的非市场服务，如国家公园供游憩观光使用； 4．污染对人体健康造成的损害	此系统核心重点在于环境保护支出账，其环境保护支出账比 SEEA 的环境保护支出账详细	NAMEA 矩阵中，除一般的国民所得交易账，其余均是以数量单位表示的实物账户

16.3.3 我国绿色国民经济核算体系

16.3.3.1 国内绿色国民经济核算体系发展历程

国内关于绿色 GDP 理论的研究起步较晚，1992 年世界环境与发展大会以后，我国学术界和政府部门开始跟踪和吸收国际上国民经济核算体系发展的最新成果，开展中国环境经济综合核算研究。

1984 年，首次从全国层面对环境污染损失进行估算，并发布了《公元 2000 年中国环境预测与对策研究》报告。1988 年，国务院发展研究中心在国际福特基金会的资助下同美国世界资源研究所合作，开展"自然资源核算及其纳入国民经济核算体系"的课题研究，首次尝试开展了自然资源核算的研究。1990 年，过孝民、张慧勤对"六五"计划时期环境经济损失开展了研究，对污染损失估算的计量方法、数据处理、结果表述取得了较高的研究成果。1996—1999 年，雷明等应用"投入产出表"的基本原理，对中国资源-经济-环境进行了综合核算，并且对 1992 年中国的 EDP、GDP 进行计算。该研究基于现代边际机会成本理论，结合中国国民经济核算实践，集中从投入产出核算出发，提出了一套绿色投入产出核算理论方法，并且建立了我国国家尺度上的环境经济综合核算框架（CAEEA），估算出 1992 年全国的资源枯竭和环境退化成本约占当年 GDP 的 4.87%。1998 年，国家环保局依据世界银行"扩展的财富"的思想、概念和计算方法，对中国 1978 年以来的国民储蓄率进行了计算与分析。该研究主要侧重于将自然资源环境核算纳入国民资产负债（国民财富）核算的方式、核算途径以及实际操作的研究与实践。2000 年，北京市社会科学院对 1997 年北京市的环境质量和资源资产的经济价值进行了绿色 GDP 测算，结果表明北京市的绿色 GDP 为当年核算 GDP 的 74.9%，即由于环境污染和资源消耗，北京市的 GDP 需扣减约 1/4。2001 年，国家统计局开展自然资源核算工作，编制了"全国自然资源实物量表"，包括土地、矿产、森林、水资源 4 种自然资源。2003 年 8 月，国家统计局、中国林业科学院和海南省统计局、海南省林业厅、北京林业大学经济管理学院等联合对海南省进行了研究，初步建立了海南省森林资源与经济综合核算的基本框架。2004 年 6 月，国家环境保护总局和国家统计局联合主办"建立中国绿色国民经济核算体系国际研讨会"。会议提出，为落实科学发展观、实现经济社会可持续发展，我国将在未来 3～6 年内初步建立符合中国国情的绿色 GDP 核算体系框架。来自美国、欧盟、联合国、亚洲银行和中国国内的近百名官员和专家学者参加了会议。会议重点讨论了绿色国民经济核算与科学发展观、绿色国民经济核算的国际经验、建立中国绿色国民经济核算的框架、自然资源与环境核算技术方法 4 项课题。

目前，国内国民经济核算体系研究领域主要集中在以下几个方面：自然资源环境核算与国民经济体系相互关系的研究；将自然资源环境核算纳入国民资产负债核算的方式及核算途径的研究；将资源环境因素纳入"生产账户"（GDP）的生产方式方法及核算途径的研究；关于"中国综合经济与环境核算体系"的核算模式、核算理论、原则与方法的研究。

16.3.3.2 我国开展绿色国民经济核算的基础

关于绿色国民经济核算体系，国际上尚没有一个成熟的、具有高度可操作性的制度范式，各国研究和实践所着重的领域、所采用的方法还非常不统一，还有许多问题没有得到很好的解决。因此，中国建立绿色国民经济核算体系，要广泛参照国际经验，最大限度地借鉴国际研究成果，保持与国际已经形成的核算模式的对接；同时要适应中国现实，依托中国环境经济核算已经取得的实际经验，体现中国经济和环境特征，保持与中国现有统计和核算基础的衔接。

20 世纪 80 年代以来，中国已经建立起比较全面的国民经济核算体系，为中国绿色国民经济核算体系的建立提供了一个较好的基础。国内生产总值核算、投入产出核算、资产负债核算分别从实物量上全面描述经济活动与资源耗减和污染物排放的关系，核算一国所拥有的自然资产及其对可持续发展的意义，以及系统测度经济活动对环境的影响、经济活动的成果，计算考虑环境成本的经济产出（即绿色 GDP）。这几方面形成的规范的核算方法为绿色国民经济核算提供了相对比较坚实的核算基础，并积累了多年的数据资料。

国家和地方都已经形成相应的核算制，尤其在省一级，已建立了除国际收支核算以外的比较完整的地区核算体系。《中国国民经济核算体系（2002)》已经包括了自然资源核算表，覆盖了森林、水、土地、矿产四类资源。

此外，矿产、森林、水、鱼类、土地等资源的基本统计系统已经具备；环境保护的监测和统计制度已基本形成；一些领域已经开展了环境经济核算，如森林、污染损失和生态损失价值的核算，这些核算研究成果对于设计中国绿色国民经济核算体系，甚而中国环境经济核算体系提供了良好的数据基础和成果借鉴。

16.3.3.3　我国绿色国民经济核算的思路

在我国，开展绿色国民经济核算的基本思路是：

资源环境实物量核算—资源环境价值量核算—资源环境与经济综合核算（资源环境要素纳入国民经济核算体系）。

（1）资源环境实物量核算。资源环境实物量核算是建立绿色国民经济核算体系的重要基础和前提，也是其十分重要的核算表现形式。核算的主要内容应该包括自然资源（土地资源、矿产资源、森林及其他生物资源、水资源、海洋资源）核算和环境（陆生生态环境、水生生态环境、城市大气环境）核算。核算的方法是运用实物单位建立不同层次的实物存量账户和环境-经济供应使用表、投入产出表，描述各类环境资产的存量和变化量，描述与经济活动对应的各类自然资源和生态投入量、废弃物排放量。

（2）资源环境价值量核算。资源环境价值量核算是建立绿色国民经济核算体系的关键。在价值量核算中，具体包括两个部分：①运用一些经济学方法，如市场价值法、恢复费用法、意愿评估法等对现存经济核算中有关环境的货币流量予以核算，包括环境保护支出和环境税费的核算；②在实物核算基础上，估算各种环境流量和存量的货币价值，进而将货币型核算的结果与国民经济核算的内容同步起来，对传统的宏观经济总量进行调整，正确地反映资源环境的经济价值和生态价值，表达资源环境与经济之间的有机联系。

（3）资源环境与经济综合核算。将资源与环境经济价值纳入国民经济核算，正确反映国民经济的有效增长及自然因素对经济增长的完整代价，反映资源对经济的潜在支撑力和环境容纳度，反映资源环境与经济之间的相互依赖、相互制约的有机联系。

高敏雪、王金南等学者建议中国环境经济核算体系的基本框架应由四组核算表组成：

环境-经济混合核算表、环境保护活动流量核算表、自然资产存量及其变动核算表、以绿色 GDP 为中心的总量核算表。其中环境-经济混合核算表、总量核算表如表 16-6、表 16-7 所示：

表 16-6　环境-经济混合核算表（货币单位，实物单位）

	产业部门				最终消费	资本形成	净出口	使用总计
	I1	I2	I3	I 产业总计	*C*	CF	*X*	
I1 农业、渔业和矿业								
I2 制造业、电力和建筑业								
I3 服务业								
I　产业总计								
增加值								
投入总计								
自然资源消耗 　矿产资源 　森林资源 　水资源 　……								
废弃物排放 　废气 　废水 　固体废弃物								

表 16-7　绿色 GDP 总量核算表

生产	使用
生产法	支出法
总产出	最终消费
中间投入（–）	居民消费
国内生产总值	政府公共消费
固定资本消耗（–）	经环境因素调整的资本形成
国内生产净值	资本形成总额
环境成本（–）	固定资本形成
经环境因素调整的国内产出	存货
收入法	固定资本消耗（–）
劳动报酬	环境成本（–）
生产税净额	净出口
经环境因素调整的营业盈余	出口
营业盈余	进口（–）
环境成本（–）	

上述表中，纵列表示各类经济活动，主要是不同经济产业和消费活动；横行区分不同的资源类别，以及不同的废弃物类别。

专栏 16-2 山东省森林资源核算及纳入国民经济核算体系实证研究

山东省地处华北地区的东部，1997 年全省国内总产值（GDP）为 6 650.02 亿元，比 1996 年增长 12%。山东省以种植业为主，截至 1990 年年底，全省林业用地面积 278.17 万 hm^2，占全省总面积的 18.1%。在林业用地面积中，有林业面积 184.64 万 hm^2，占林业用地面积的 66.4%。核算的对象主要是林地和林木，林地包括各类林业用地，即林地、疏林地、未成林造林地、无林地和苗圃地。林木包括用材林、防护林、经济林、薪炭林和特用林。并分别核算了林地、林木的存量和流量。据统计，山东省 1996 年林木蓄积实物量为 6 186.49 万 m^3。林地、林木的价格分别在分层抽样、市场调查的基础上确定，林木价格采用市场价逆算法和成本费用法，林地价格采用收益法和现行市价法确定。通过计算，得到 1996 年山东省森林资源价值量核算结果：林木期初存量为 110.48 亿元，流量为 –6.24 亿元，期末存量为 104.24 亿元；林地期末存量为 144.28 亿元；合计森林资源价值量期初存量为 254.76 亿元，流量为 –6.24 亿元，期末存量为 248.52 亿元。

将林地、林木价值存量、流量分别纳入 1996 年山东省国民经济核算体系。具体途径见表 16-8。

通过核算，可以看出，山东省森林资源（林地、林木）的价值量为 248.52 亿元，占 1996 年山东省 GDP 的 4.97%。通过森林资源资产核算的调整看到，山东省 1996 年实际的 GDP 比统计的 GDP 低 0.225%，而现行的国民经济核算中没有反映林地、林木的这些损耗价值。

资料来源：张颖. 绿色核算——森林资源核算及纳入国民经济核算体系的理论、方法、实证研究[M]. 北京：中国环境科学出版社，2001。

表 16-8 山东省经济与森林资产核算综合表

编号	项目	生产/亿元	最终消费/亿元	国外/亿元	非金融资产		环境
					生产资产	非生产资产（其中森林）/亿元	
1	期初存量	14 873.16	—	168.63		254.76	
2	总产出	9 870.82	—	—		—	
3	中间消耗	5 002.34	—	—		–9.40	
4	GDP	655.73	—	—		—	
5	固定资产折旧	—	—	—		—	
6	NDP	4 346.61	2 479.05	—		—	
7	经济使用	—	—	—		—	
8	EGDP	—	4 595.13	—		248.52	
9	期末存量	—	—	—		—	

资料来源：国家统计局. 中国统计年鉴（1996）[M]. 北京：中国统计出版社，1996。

16.3.4 绿色 GDP 核算方法

绿色 GDP 核算理论及方法多样，如投入产出核算体系、三大产业间绿色 GDP 计算模型等。其中，最具代表性的是以资源与环境价值核算理论为基础的绿色 GDP 核算体系。

（1）自然资源价值核算。环境价值核算方法主要分为三大类：市场价值法、替代市场法、假想市场法，如表 16-9 所示。

表 16-9 自然资源价值的核算方法

方法类别	方法定义	具体方法	方法说明
市场价值法	市场价值法是研究自然资源所提供的商品和服务在市场上交易所产生的货币价值的方法	价格显示法	以自然资源交易和转让市场中所形成的自然资源价格来评估自然资源的价值
		费用成本法	通过分析自然资源价格的构成因素和表现形式来推算自然资源的经济价值
		机会成本法	将自然资源安排某个用途后，而不能安排其他几种用途所造成的损失
		净价法	用自然资源产品市场价格减去平均利润和成本费用来求得自然资源净价格
替代市场法	替代市场法是间接运用市场价格来评估自然资源价值的方法，采用先定量评价某种自然资源功能的效果，然后以这些效果的市场替代物的市场价格为依据来评价其经济价值	替代花费法	是指某些没有直接市场可以买卖交易的资源的效用和服务，可以用相同效用的替代品的市场价格来估算
		恢复和保护费用法	把恢复和保护资源不受破坏所需的费用作为资源被破坏带来的经济损失
		影子工程法	自然资源破坏后，人工建造一个工程来替代原来资源具有的环境功能
假想市场法	在模拟市场条件下直接询问人们对某种公共自然资源的支付意愿，以获得该资源的价值	实验市场法	运用实验方法进行模拟，产生价格信号
		意愿调查法	通过向专家或公众进行问卷调查，获取意愿支付价格

（2）环境污染损失价值核算。人类的活动对环境产生的影响会对环境的某些功能和效用产生破坏或污染，其货币化表示的环境价值也就减少，减少的这部分价值被称为环境污染损失价值。由于环境损失没有市场可以交易，因此，实践中常常将环境污染给经济活动带来的损失作为环境污染损失价值的替代。自然资源价值核算方法大多可用于环境价值估算。

思考题

1. 简述传统国民收入核算方法的意义与局限性。
2. 简述生态足迹的内涵及计算方法。
3. 何谓绿色 GDP？其基本思路如何？
4. 如何树立正确的政绩观？

参考文献

[1] 王树林，李静江．绿色 GDP 国民经济核算体系改革大趋势[M]．北京：东方出版社，2001.

[2] 张颖．绿色核算——森林资源核算及纳入国民经济核算体系的理论、方法、实证研究[M]．北京：中

国环境科学出版社，2001.
[3] 张白玲．环境核算体系研究[M]．北京：中国财政经济出版社，2003.
[4] 雷明．可持续发展下绿色核算——资源-经济-环境综合核算[M]．北京：地质出版社，1999.
[5] 雷明．中国资源・经济・环境绿色核算（1992—2002）[M]．北京：北京大学出版社，2010.
[6] 雷明．绿色投入产出核算——理论与应用[M]．北京：北京大学出版社，2000.
[7] 高敏雪．环境统计与环境经济核算[M]．北京：中国统计出版社，2000.
[8] 陈梦根．绿色 GDP 理论基础与核算思路探讨[J]．中国人口・资源与环境，2005（15）.
[9] 许宪春．我国国民经济核算的回顾与展望[J]．统计研究，2002（7）.
[10] 朱启贵．绿色国民核算方法简评[J]．统计研究，2001（10）.
[11] 齐援军．国内外绿色 GDP 研究的总体进展[J]．经济研究参考，2004（88）.
[12] 高敏雪，王金南．中国环境经济核算体系的初步设计[J]．环境经济，2004（9）.
[13] 杨缅昆．绿色 GDP 核算理论问题初探[J]．统计研究，2001（2）.
[14] 包宗顺，张莉霞．绿色 GDP 核算理论・方法・应用[J]．江海学刊，2005（5）.

第五篇　绿色经济发展

第 17 章　绿色发展理论概述

工业文明的显著特征是高效率与高污染，因此，在某种程度上表现为黑色发展模式。绿色发展是针对黑色发展而言的，是与生态文明相对应的发展模式。本章主要介绍绿色发展的基本内涵、主要问题及其实现途径。

17.1　绿色发展的内涵界定

17.1.1　绿色发展与绿色经济的关系

2009 年，原国家主席胡锦涛在联合国气候变化峰会上的讲话中指出："大力发展绿色经济，积极发展低碳经济和循环经济，研发和推广气候友好技术。"2012 年，在党的十八大报告中指出："着力推进绿色发展、循环发展和低碳发展"。"三个经济"改为"三个发展"，意义重大。从绿色发展与绿色经济的关系就可见一斑，见表 17-1。

表 17-1　绿色发展与绿色经济的关系

比较项目	绿色经济	绿色发展
词的性质	名词	名词或动词
静态或动态	静态：状态	动态：过程
含义广狭	主要针对产业绿色化和消费绿色化	涉及绿色理念、绿色产业、绿色消费、绿色环境、绿色资源、绿色科技、绿色制度等方方面面

简而言之，绿色发展是以绿色理念为指导，以绿色科技和绿色制度为驱动，以产业生态化、消费绿色化、资源节约化、生态经济化为重点的可持续发展模式。在中国，绿色发展的追求目标是建成环境友好型、资源节约型、气候友好型的"美丽中国"。

17.1.2　绿色发展与循环发展、低碳发展的关系

绿色发展与循环发展、低碳发展是 3 个既十分相近又具有特定含义的概念。不少学者不加区分地拿来使用。

从特指的含义看，它们彼此之间存在并列关系，绿色发展针对环境危机，要求发展环境友好型经济；循环发展针对资源危机，要求发展资源节约型经济；低碳发展针对气候危机，要求发展气候友好型经济，见表 17-2。

从含义广狭的角度看，他们彼此之间具有包容关系，绿色发展的含义最广，循环发展其次，低碳发展最窄。绿色发展可以包括循环发展，循环发展又可以包括低碳发展。

表 17-2 绿色发展与循环发展、低碳发展的关系

比较项目	绿色发展	循环发展	低碳发展
对应的经济	绿色经济	循环经济	低碳经济
反面的经济	黑色经济	线性经济	高碳经济
基本的内涵	以促进生态修复、环境改善为前提的发展模式	以各种资源的减量化、再使用、再循环为基本特征的发展模式	以二氧化碳为主的温室气体减排为基本特征的发展模式
应对的问题	应对环境危机 建设环境友好型社会	应对资源危机 建设资源节约型社会	应对气候危机 建设气候友好型社会
含义的广狭	最广（绿色发展可以包括循环发展、低碳发展）	中间（循环发展可以包括低碳发展）	最窄（低碳发展是绿色发展和循环发展的一个方面）

可以说，绿色发展针对的是“黑色发展”。走绿色发展之路，必须坚决改变以污染环境为代价的发展模式，大力发展环境友好型产业，大力推进环境友好型消费，大力建设环境友好型社会。循环发展针对的是线性发展。走循环发展之路，必须坚决改变以浪费资源为代价的发展模式，大力发展资源节约型产业，大力推进资源节约型消费，大力建设资源节约型社会。低碳发展针对的是高碳发展。走低碳发展之路，必须坚决改变以气候变暖为代价的发展模式，大力发展气候友好型产业，大力推进气候友好型消费，建设气候友好型社会。绿色发展、循环发展、低碳发展是科学发展的内在要求，是转变发展方式的本质特征。

在本书中，倾向于把绿色发展、循环发展、低碳发展视作相对独立的 3 个概念。但是，为了标题的简洁性，本章的名称则是从广义的角度理解绿色发展的。

17.2 绿色发展的主要困境

17.2.1 经济不绿色问题

传统经济发展存在的一个突出问题是，以破坏生态环境为代价实现经济增长，这是一种“经济逆生态化”现象，形象地说，这就是“黑色经济”。黑色经济盛行的本质是，企业内部能够实现追求利润最大化的目的，但是，存在环境污染成本的转嫁，转嫁给了社会和他人，存在严重的负外部性。火力发电存在大量的二氧化硫等污染物和二氧化碳等温室气体的排放，是典型的“黑色经济”，见表 17-3。

表 17-3 “黑色经济”的内部经济与负外部性

项目	私人	外部	社会
成本	100	20	120
收益	130	– 10	120
净收益	30	– 30	0

表 17-3 表明，火力发电给私人企业带来巨大的超额利润，超额利润率达到 30%。但是，火力发电导致污染物和温室气体捕捉等外部成本，还导致火电厂周围的农业产量下降

和农产品品质下降。由此决定了全社会的净福利并没有增加。这是发展经济学中所讲的"有增长无发展"。

17.2.2 绿色不经济问题

绿色经济的发展取决于技术水平。技术的重大突破确实能够保证做到既绿色又经济。但是，技术进步是一个过程，在很多领域，至今还存在绿色不经济的问题。也就是说，从社会角度看，是能够实现社会净福利的增加的，但是，从企业的角度看，是无法实现利润最大化的，甚至存在严重亏损的。以风力发电为例，发电成本是 120，而收益只有 110。追求利润最大化的企业是不可能从事风力发电行业的。但是，风力发电存在生态恢复等生态效益，因此，从全社会看是存在福利增进的，见表 17-4。

表 17-4 绿色不经济与正外部性

项目	私人	外部	社会
成本	120	0	120
收益	110	30	140
净收益	–10	30	20

类似的现象是存在循环不经济。循环经济的本意应该是资源利用是循环且经济的。但在现有的技术水平条件下有些企业走循环式发展之路还难以做到"循环"且"经济"，由此，会导致"发展线性经济合算，发展循环经济吃亏"，即"循环不经济"的现象。所谓"循环不经济"就是指企业在生产活动过程中想方设法做到资源的循环利用，但是，循环利用的成本是极其昂贵的，从企业成本-收益核算来看是得不偿失的。在缺乏硬制度约束的情况下，要求每个企业做到不经济的循环是困难的。处于宁波市的镇海炼化的污水处理可以在达标的情况下就排放，但是出于企业的环境责任，镇海炼化选择污水处理后的循环利用。但是，在达标基础上处理 1 t 污水达到可以回用的水平，大约需要 4 元成本，而取用 1 t 自来水的价格是 2 元。这是典型的循环不经济。

低碳不经济现象照样存在。2010 年内蒙古调研的结果表明，火力发电大约是 0.16 元/（kW·h），风力发电大约每千瓦时 0.58 元，太阳能光伏发电大约每千瓦时 1.10 元。很明显高碳且经济的火力发电具有明显的市场优势，而属于低碳能源的风电和光伏电则存在明显的低碳不经济效应。

17.3 绿色发展的根本途径

17.3.1 推进绿色科技创新

绿色发展要求从"黑色经济"转向"绿色经济"，循环发展要求从"线性经济"转向"循环经济"，低碳发展要求从"高碳经济"转向"低碳经济"。转型发展的主要障碍在于个人成本与社会成本、个人收益与社会收益的不一致。为此，要以绿色发展为导向，大力推进绿色科技创新，降低企业成本，提高企业收益，真正实现既绿色又经济，见表 17-5。

表 17-5　绿色科技创新促进企业绿色发展

项目	私人	外部	社会
成本	120→105	0	105
收益	110→125	20	145
净收益	−10→20	20	40

推进绿色科技创新，必须解决 3 个层面的问题：①“黑色技术”的遗留问题，如要系统清理 DDT 等持久性有机污染物；②积极发展环境修复技术，至少把被污染的空气、河流、土壤修复到适合人类生存的水平；③大力发展环境友好型技术，而且在技术产业化之前要有充分的实践进行技术有效性检验，防止转基因等技术过早产业化。

我国在开放领域的一个重要使命是引进发达国家的先进技术。二十多年的实践表明，一个国家要走绿色发展之路，必须有绿色的核心技术；而任何一个国家都不会把自己的绿色核心技术转让给他国。正因为如此，在绿色科技创新上，必须走自主创新之路，努力形成具有自主知识产权的绿色的核心技术体系。

17.3.2　推进绿色制度建设

在技术状况给定的情况下，必须依靠机制设计和制度创新，通过约束性机制，使得“黑色经济”变得“黑色不经济”，使得“线性经济”变得“线性不经济”，使得“高碳经济”变得“高碳不经济”；通过激励性机制，使得“绿色不经济”变得“绿色经济”，使得“循环不经济”变得“循环经济”，使得“低碳不经济”变得“低碳经济”。总之，通过外部性的内部化，促进绿色发展、循环发展、低碳发展，真正造福于广大人民。

党的十八大报告明确提出了“加强生态文明制度建设”的科学命题。生态文明制度也可以称为“绿色制度”。绿色制度是别无选择的强制性制度、权衡利弊的选择性制度和道德教化的引导性制度等所构成的制度体系和制度结构。

推进绿色发展，必须采取“两条腿”走路的方针。一方面，运用约束性制度，如通过禁令、标准、准入、环境税等制度遏制“黑色经济”活动（或“经济不绿色”行为）。另一方面，运用激励性制度，如通过生态补偿、财政补贴、意识形态引导等制度激励绿色经济发展。

在绿色经济发展中存在 3 个不同层次的结果：①企业层面做到绿色且经济，社会层面也能做到绿色且经济。对于这种情况，只要加以宣传、示范、推广、普及即可。②企业层面绿色不经济，社会层面绿色且经济。对于这种情况，一方面继续推进绿色技术创新，另一方面要通过财政补贴等手段使得企业层面做到“绿色又经济”。③无论是企业层面还是社会层面都是“绿色不经济”的，而这个产品又是代表未来发展方向的，这种情况，重点是加强基础研究。

思考题

1. 绿色经济与绿色发展、循环经济与循环发展、低碳经济与低碳发展的主要差别何在？

2. 为什么会出现绿色不经济、循环不经济、低碳不经济？

3. 实现绿色发展、循环发展、低碳发展的根本途径是什么？

参考文献

[1] 赫尔曼・E・戴利，肯尼思・N・汤森．珍惜地球——经济学、生态学、伦理学[M]．北京：商务印书馆，2001.

[2] 威廉・麦克唐纳，迈克尔・布朗嘉特．从摇篮到摇篮——循环经济设计之探索[M]．上海：同济大学出版社，2005.

[3] 劳爱乐，耿勇．工业生态学和生态工业园[M]．北京：化学工业出版社，2003.

[4] 黄贤金．循环经济：产业模式与政策体系[M]．南京：南京大学出版社，2004.

[5] 张坤民．循环经济理论与实践[M]．北京：中国环境科学出版社，2003.

[6] 国家环境保护总局科技标准司．循环经济和生态工业规划汇编[M]．北京：化学工业出版社，2004.

[7] 金涌，李有润，冯久田．生态工业：原理与应用[M]．北京：清华大学出版社，2003.

[8] 沈满洪．生态文明建设：思路与出路[M]．北京：中国环境出版社，2014.

[9] 李兆前，齐建国．循环经济理论与实践综述[J]．数量经济技术经济研究，2004（9）.

[10] 苏杨，周宏春．发展循环经济的几个基本问题[J]．经济理论与经济管理，2004（10）.

[11] 沈满洪．发展循环经济的战略思考[J]．学习与实践，2006（11）.

第18章　绿色经济理论

绿色发展是绿色经济理论的具体实践，绿色经济是绿色发展实践的理论总结。发展绿色经济就要求改变以环境污染为代价的发展模式，大力发展环境友好型产业，大力推进环境友好型消费，大力建设环境友好型社会。本章18.1节简述了绿色经济的提出与发展历程，18.2节界定了绿色经济的基本概念，18.3节阐述了绿色经济的若干经典理论，18.4节探究了绿色经济在中国的实践，18.5节归纳整理了发展绿色经济的具体对策。

18.1　绿色经济的提出与发展

18.1.1　绿色经济提出的背景

绿色发展是一个国家或人类社会从传统的农业文明社会转变为工业文明社会，再进而向生态文明社会变迁的历史过程。第一个转变意味着人类社会从黄色文明向黑色文明转型，第二个转变意味着从黑色文明向绿色文明转型。绿色经济发展模式作为第三种文明的具体体现出现在人类发展史中可以追溯到环境保护思潮兴起的年代。20世纪60年代美国经济学家鲍尔丁提出的“宇宙飞船理论”可以作为绿色经济的早期代表。“绿色经济”一词率先由英国经济学家皮尔斯于1989年出版的《绿色经济蓝皮书》中提出。

20世纪中叶，西方发达国家发生了震惊世界的“八大公害事件”：比利时马斯河谷烟雾事件、美国多诺拉烟雾事件、英国伦敦烟雾事件、美国洛杉矶光化学烟雾事件、日本九州熊本县甲基汞引起水污染事件、日本嵩山县镉污染事件、日本四日市重金属粉尘和二氧化硫事件、日本九州爱知县等23个县食用米糠油混入氯联苯的事件。“八大公害事件”引起了公害发生国公民的强烈不满，受到其他国家普遍关注。因此，自60年代起，西方工业化国家开始追求一种清洁经济发展模式，倡导绿色经济理念。

即便绿色经济思潮逐步兴起，褐色经济发展模式在过去的数十年中依然是主流，地球资源环境压力依然持续加大，地球生态足迹依旧超载严重。而且，21世纪以来，全球气候变暖问题日渐突出，生态危机、环境危机、资源危机、气候危机等现象频现，如“温室效应”、大气臭氧层破坏、酸雨污染、有毒化学物质扩散、人口爆炸、土壤侵蚀、森林锐减、陆地沙漠化扩大、水资源污染和短缺、生物多样性锐减等全球性环境问题。在这一时代背景下，绿色经济理论随着环境问题的演变而不断地得以丰富和完善。

18.1.2　绿色经济思想的演变

（1）萌芽阶段。20世纪60年代初，美国海洋生物学家卡逊出版了《寂静的春天》一书。在书中，他指出人类的许多活动不仅危及了许多生物的生存，而且正在危害人类自己，从而引发了人们对人类活动和社会发展关系的激烈争论。1972 年，以美国麻省理工学院丹尼斯为首的 17 人小组向罗马俱乐部提交了《增长的极限》，首开对可持续发展问题和绿色经济研究之先河。该报告引发了人们对传统经济伦理和传统经济增长方式的反思。1981 年，美国农业科学家莱斯特·布朗出版了《建立一个持续发展的社会》一书，对可持续发展及其实现途径作了全面论述，进而为绿色经济的研究奠定了基础。

（2）形成阶段。20 世纪 90 年代以“可持续发展理论和生态经济价值理论”为主题的美国环境正义运动爆发。这标志着绿色发展阶段从“浅绿色”向“深绿色”转变，也指明了实践中绿色发展的方向。2001 年，联合国计划开发署发表了《2002 中国人类发展报告：绿色发展——必选之路》，并得到了世界各国政府的积极响应，由此绿色发展的重要性、必要性、内涵才逐渐得以明确。2007 年，联合国环境规划署等国际组织在“Green Jobs：Towards Decent Work in a Sustainable，Low-Carbon World”中首次定义了绿色经济，即“重视人与自然、能创造体面高薪工作的经济”。2010 年，联合国可持续发展大会第一次筹备会议将“里约+20”峰会的主题词之一定为：“绿色经济在可持续发展和消除贫困方面的作用”。这标志着绿色经济已成为可持续发展战略的核心要素。

（3）发展阶段。为应对影响深远的金融危机和日益加剧的生态危机，2008 年 10 月联合国环境规划署启动了“全球绿色新政及绿色经济计划”，发起了“绿色经济倡议”，其所秉承的宗旨和理念是：经济的“绿色化”不是增长的负担，而是增长的引擎。2012 年“里约+20”峰会的主题是“可持续发展和消除贫困背景下的绿色经济”，在明确绿色经济与可持续发展关系的同时提出了深化推进可持续发展的新思路——发展绿色经济。绿色经济也是 2012 年“联合国可持续发展大会”的主题，具体包括绿色经济在可持续发展和消除贫困方面的作用以及可持续发展的体制框架等。在实践中，一场以发展绿色经济为核心的“经济革命”正在全面推进，美国犹他州生物技术谷、日本筑波生物产业区、德国慕尼黑生物产业区、英国剑桥生物产业区是绿色经济群落发展的典型代表。

18.1.3 发展绿色经济的意义

如果说农业文明是一种“黄色文明”，那么，工业文明是一种“黑色文明”。工业文明的显著特征：一是高效率，二是高污染。工业经济活动是建立在以化石能源为主的不可再生资源消耗的基础之上。联合国等国际组织指出，过去 40 年（1970—2010 年）的发展是以褐色经济为主导的，世界经济和各国发展在物质财富高速增长的同时出现了自然的崩溃与社会的分化。因此，必须从工业文明转向生态文明。生态文明是对工业文明的扬弃，要发扬工业文明的高效率，要抛弃工业文明的高污染。因此，发展绿色经济是生态文明建设的题中应有之义。

（1）绿色经济具有显著的环境收益。在自然资本的环境收益方面，绿色经济发展情景下自然资本的退化将得到基本遏制，褐色经济发展情景下自然资本的退化会进一步增强。按照绿色经济的发展模式，2050 年能源消耗比 2010 年减少 40%，二氧化碳排放减少 50%，水资源消耗减少 20%，生态足迹减少 50%，林地增加 20%。

（2）绿色经济具有重要的经济效益。在物质资本的经济收益方面，从短期平均增长率来看，绿色经济发展模式带来的经济增长略低（在 2020 年以前，绿色经济增长率是 2.5%，褐色经济增长率是 3%）；从长期平均增长率来看，绿色经济发展模式可以带来比褐色经济发展模式更好的经济增长（绿色经济平均增长率是 2.5%，褐色经济平均增长率是 2%）。

（3）绿色经济具有良好的社会效益。在人力资本的社会效益方面，发展绿色经济虽然会使得褐色经济部门的就业减少，但是绿色经济部门的就业会增加。从长期来看，绿色经济能够创造与褐色经济同样多的就业机会，就业净变化为零，甚至可以有小幅的增加。

18.2 绿色经济的基本内涵

据不完全统计，在国际组织和政府公文等官方文献中，有超过 23 个关于绿色经济的不同定义，绿色经济的概念随着经济社会的发展而不断地变化。大体上，对绿色经济的认识存在 3 个重要的发展阶段：以生态系统为目标导向的绿色经济、以经济-生态系统为目标导向的绿色经济、以经济-生态-社会系统视野为目标导向的绿色经济。第一阶段从 1989—2006 年，该阶段没有明确定义绿色经济的概念，本质上属于传统保护手段的延伸；第二阶段从 2007—2010 年，这一阶段的绿色经济已经开始触及经济发展方式的中心，但缺乏系统性的理论建构和长远性规划；第三个阶段从 2010 年至今，绿色经济是指能够带来人类幸福感和社会公平，同时能够显著地降低环境风险和改善生态缺乏的经济社会发展模式。不同阶段上绿色经济的内涵和外延有所差异，具体来说包括以下几种论点。

18.2.1 途径论

联合国环境规划署于 2011 年在《迈向绿色经济：实现可持续发展和消除贫困的各种途径》中指出绿色经济是提高人类福祉和社会公平，同时显著降低环境风险和体现生态稀缺的经济。该报告明确绿色经济的最终目标是提高人类福祉和实现社会公平，但是在追求目标的过程中需要降低环境风险和体现生态稀缺，而要实现这两个具体目标则需要通过发展绿色经济来实现。2012 年联合国可持续发展大会（即“里约+20”峰会）进一步明确指出，绿色经济是实现可持续发展目标的一条途径，绿色经济将可持续发展理念贯穿于经济活动的全过程，绿色经济的核心是“发展”。由此可见，“途径论”意义上的绿色经济是诸多国家实现经济发展方式转型的重要途径。只不过，不同阶段上的国家对发展绿色经济途径的认识不同。在发达国家，他们主要考虑在不损害生活品质的前提下减少生态足迹的消耗；在发展中国家，他们主要考虑的是提高生活品质，且同时需要控制生态需求的大幅度增加。

18.2.2 形态论

绿色经济是围绕人的全面发展，以生态环境容量、资源承载能力为前提，以实现自然资源持续利用、生态环境持续改善、生活质量持续提高和经济社会持续发展的一种经济发展形态。持有该论点的人往往认为绿色经济实际上是生态经济的同义语，其实质是经济的可持续发展，即发展绿色经济的最终目标是达到经济、社会、生态三方面的可持续发展。在该论点上，绿色经济理论与循环经济和可持续发展理论彼此交织，相互包容、互有重合，但又从不同的角度描述了人与自然、人与人的关系和新经济的特征。绿色经济实质上是一种“新经济”形态，它既是以知识为基础的知识经济形态，又是人类创造绿色财富的经济形态。

18.2.3 技术论

绿色经济是指以高科技产业为手段，一方面通过科技力量使人们在社会生产、流通、分配、消费过程中不损害环境与人的健康；另一方面在自然资源的承载能力范围内，在生态环境的非减性条件下，把技术进步限定在有利于人类、有利于人类与大自然相互关系的轨道上。换言之，绿色经济是指按照属于人类的生活或生存方式来获得人与自然之间的和谐。技术论认为绿色经济是通过技术创新实现经济低碳发展、循环发展和绿色发展，即是一种以保护生态环境、合理利用资源和有益于人体健康为特征的经济发展模式，是一种平衡的经济发展模式。

18.2.4 内涵述评

绿色经济是发展模式创新过程中出现的新模式，重在强调生态环境保护，涵盖绿色投资、绿色生产、绿色消费、绿色技术、绿色贸易、绿色国民经济核算体系等诸多方面。绿色经济、循环经济和低碳经济虽然有所交集，但各有偏重。严格来说，绿色经济是指不以污染环境为代价的经济发展模式，其本质在于大力发展环境友好型产业、大力推进环境友好型消费、大力建设环境友好型社会，实现经济形态从“黑色经济”向“黑色不经济”的转变，从“黑色经济”向“绿色经济”的转变。

绿色经济的特征主要体现在以下 3 个方面：①强调人文关怀，提倡保证最低收入人群的基本生活消费和费用支出；更多地关注经济活动的输出端，即废弃物对环境的影响；重点在于环境保护。②强调经济规律，需要体现自然环境的经济价值，注重自然资源利用的公平性。③环境和资源不仅是经济发展的内生变量，而且是经济发展规模和速度的刚性约束。

绿色经济可以分为两类：浅绿色经济和深绿色经济。“浅绿色”思想建立在环境与发展分裂思想的基础上，是第一次环境运动的基调；而“深绿色”思想要求将环境与发展进行整合性思考。浅绿色的环境观念较多地关注对坏境问题的描述和渲染它们的严重影响。“深绿色”的发展思想是 20 世纪 90 年代的第二次环境保护运动的指导思想，深绿色的环境观念则重在探究环境问题产生的经济社会原因以及在此基础上的解决途径。绿色思想的脉络是一个从“浅绿色”到“深绿色”的过程，“深绿色”是对“浅绿色”思想的全面超越。

专栏 18-1 日本绿色经济的“宇都模式”和“循环型社会模式”

日本是成功发展绿色经济的国家之一。本案例着重讲述日本的两类模式：“宇都模式”和“循环型社会模式”。

1. **“宇都模式”**

工业城市宇都重点发展的是煤炭工业，随着煤炭业的发展煤炭污染成了很大的公害，严重影响市民的身体健康和城市环境。针对这种状况，市政府从 1949 年起便开始推进污染治理工作，市议会设置了“宇都市降煤对策委员会”，开始对各工厂消耗的煤炭质量、数量、锅炉种类、除尘装置有无污染现状进行调查。与此同时，在市内10个地方测定煤炭沉降量，并及时将污染和危害情况公之于众。1951年，宇都在日本率先设立了以条例为基础的，由“产、官、学、民”组成的“宇都市煤尘对策委员会”。在相互信赖、相互协调、相互协商精神的指导下，全体市民一致行动，积极着手制定实施被称为“宇都模式”的独立的污染防治对策，并取得了非常良好的效果。此后，“宇都模式”在日本全面推广。1997年“宇都模式”受到国际社会的高度评价，被联合国环境规划署授予“全球500奖”。“宇都模式”的成功经验是：①环境污染治理必须是一个全民参与的过程，群众既是监督者也是治理环境的主体。全民参与，人人为保护环境做贡献，环境治理才能达到长期的效果。②政府与企业的相关协调机制。对于不遵守法律法规的企业，政府一律采取舆论曝光和加大立法惩罚措施，使企业自己加入到维护环保事业当中去。③“宇都模式”有一个“精干”的队伍，其成员由“产、官、学、民”组成。应该说，这种组成模式代表了不同利益群体的意见，便于民主化和透明化。

2. 循环型社会模式

2000年6月，日本政府公布了《循环型社会形成促进基本法》，这是一部基础法。随后又出台了《固体废弃物管理和公共清洁法》《促进资源有效利用法》等第二层次的综合法。在涉及具体行业和产品的第三层次立法方面，2001年4月，日本实行《家电循环法》，规定废弃空调、冰箱、洗衣机和电视机由厂家负责回收。2002年4月，日本政府又提出了《汽车循环法案》，规定汽车厂商有义务回收废旧汽车，进行资源再利用。同年5月底，日本又实施了《建设循环法》，规定到2005年，建设工地的废弃水泥、沥青、污泥、木材的再利用率要达到100%。第三层次的立法还包括《促进容器与包装分类回收法》《食品回收法》《绿色采购法》等。

日本发展循环型社会模式体现在消费者、政府、企业及社会等多个方面。在消费者方面，提倡绿色消费，鼓励消费者购买和消费贴有环境标签的商品，以绿色消费促进绿色生产，从而带动绿色经济的发展。在政府方面，日本政府加大了宣传力度，要求国民从根本上改变观念，不要鄙视垃圾，要把它视为有用资源。在企业方面，由于日本国内资源稀缺性，企业家们早就意识到对能源节约的重要性。在大力发展生态工业的口号下，越来越多的企业以清洁生产为中心，按“循环社会构想”的要求设计企业生产过程，促进原料和能源的循环利用。日本政府督促企业开发高新技术，在设计产品时就要考虑资源再利用问题。在社会方面，日本大力发展绿色消费市场，大力促进资源回收利用产业的发展。

资料来源：严兵．日本发展绿色经济经验及其对我国的启示[J]．生态经济，2010（6）。

18.3 绿色经济的重要理论

18.3.1 价值维度导向理论

人们对如何发展绿色经济的方法存在效率导向、规模导向和公平导向三种维度。由此，绿色经济的最新进展可以分为效率、规模和公平三种导向，分别从经济系统的效率、生态系统的极限和社会分配的公平性角度提出了绿色经济发展方案。绿色经济中的效率、规模和公平三种导向是并存的，三种导向的理论和政策实质都是不同价值维度、在不同条件和不同价值取向下生态系统、经济系统和社会系统发展优先性的一种排序，彼此之间并无绝对高低之分。

18.3.1.1 效率导向的绿色经济理论

绿色经济中效率导向的发展理论仍然占据着主导地位，经济效率是效率导向的绿色经济理论的核心。其主流理论延续了弱可持续性理论中允许不同种类的资本之间进行相互替换的核心观点。这一维度下的绿色经济倾向于通过提高经济系统的效率来解决发展问题。核心方法是促使资本由资源效率利用较低、污染排放较高的经济部门向资源效率利用较高、污染排放较少的经济部门流动。在这一导向下，绿色经济的理论研究主要集中于 3 个方向：

（1）市场外部性成本的内部化。这包括对生态稀缺性的科学分析、经济分析、利益损失评估；运用产权等方法将生态与自然系统损失纳入市场的研究，以及对生态环境效益与支付代价有关的绿色经济财政金融体系的探索，如对生态系统服务的全球支付、货币交易税收和国际融资额度等的研究。

（2）改革国民财富的经济核算方式。这包括对国内生产总值核算不足的深入探讨；使用影子价格对自然资本、生态系统和人力资源等货币计算方式的研究；对新型财富指数框架如包容性财富等如何涵盖各类资本的研究。

（3）国民经济结构调整和绿色产业的发展。这包括通过产业结构变化分析绿色经济增长；绿色产业政策设计的相关原则，如积极和多元化的产业政策，高度适应当地地理条件的绿色产业选择等；绿色技术和新兴绿色产业的发展。

以效率为导向的绿色经济理论对实业界和决策层产生了持续影响。联合国等诸多国际组织在此方案的影响下，提出了一系列迈向绿色经济的政策方法。这些方法大致可以分为三类：①建立促使经济增长与自然资本保护相互影响的广泛框架性政策，包括竞争性政策、激励性技术创新政策等。②采用激励高效利用自然资源、使污染者付出更高代价的政策组合。政策组合包括基于价格的工具如对环境污染征税，以及非市场工具如建立规章制度和技术扶持政策等。③直接推动关于绿色经济产业和基础设施的公共和私人投资。

总之，效率导向的绿色经济理论和实践聚集于提高经济系统的效率，倾向于通过经济的绿色化来解决生态退化和环境污染问题。与传统可持续发展理论相比，这一范式下的绿色经济更多关注宏观领域的经济结构调整和产业政策，并强调资本流动的效应，不仅要求单位经济产值资源强度的下降，也开始注重宏观的反弹效应。由于效率导向下的绿色经济政策更加温和，趋向于对现状的渐进改良，因而在实业界占据主导地位。但是效率导向下的绿色经济理论承继了弱可持续性理论中资本可替代性的广义前提假设，这必然导致关键生态资本的持续性减少，因而引起了广泛而持续的批评。

18.3.1.2 规模导向的绿色经济理论

生态系统的极限是规模导向的绿色经济理论的核心。规模导向的绿色经济强调经济增长必须控制在地球极限或者关键自然资本的边界之内。这一理论强调生态的非减化是可持续发展的首选。规模导向的绿色经济主要是控制经济的增长规模，实现经济发展与关键自然资本和污染排放的脱钩。在这一范式指导下的绿色经济研究主要集中在 3 个方面：

（1）生态空间的极限。该方面的研究主要是对人类经济增长的地球物质极限进行测算，也包括对地区的生态足迹测算方法进行研究，并强调要保持测量工具只关注生态系统的完整性，而不将可持续发展的其他方面纳入评估之中，如社会和经济。

（2）探讨自然资本。例如，汉斯·霍赫芬和帕特里克·韦尔科金就曾提出了森林系统与可持续发展的众多议题，如减少贫穷、维持生计、经济发展、生物多样性和气候变化等都与绿色经济息息相关，应该建立一个新的全球森林管理体系来对其进行维护。

（3）控制人类消费。建立一种延长物品寿命、重复使用物品、减少物品消耗、充分实现回收的消费文化。要建立这样的文化，有时只是一次性的改变，有时则需要政府通过一系列监管、激励和惩罚来实现，如收取税收等。

以规模为导向的绿色经济理论对实业界和决策界也产生了一定影响。《联合国气候变化框架公约》的通过是最早试图从规模上对污染排放进行总量控制的尝试。2012 年里约热内卢大会再次重申了该公约的立场，经济合作与发展组织等国际组织也在报告中声称，在没有技术创新的前提下，可再生产资源代替自然资本的能力是有限的。国际科学委员会等国际组织则在伦敦会议上强调，应该“找到一个全球都认可的地球界限使大家都不能逾越”。但是不同国家之间的利益不同，这使得规模导向的绿色经济缺乏实际的可操作方案。发达国家希望用生态规模问题限制新兴经济体国家的经济增长，回避自己的过度消费问题；发展中国家则批评发达国家的过度消费导致了地球边界的突破，但是不希望用地球的名义约束自己的必要增长。

总之，这一导向下的绿色经济理论更多聚焦于生态系统的规模极限，希望通过规模总量的限制迫使经济系统朝更具效率和革新的方向发展。相比于传统可持续发展理论中的强可持续性理论，如生态社会主义，规模导向的绿色经济更趋向于务实，关注生态足迹等系统指标的构建，特别是在碳排放领域，初步触及了总量的控制。但是，由于规模导向的绿色经济对于经济变革的要求更高、措施更加激进，使得其在具体操作中遇到了较大困难。哥本哈根会议的失败和其他污染物总量控制措施的匮乏，都表明规模导向的绿色经济仍然有待进一步发展。此外，生态规模标准界定的模糊，以及相关国家试图利用规模问题限制新兴经济体的经济增长也成为强可持续性绿色经济被抨击的问题所在。

18.3.1.3 公平导向的绿色经济理论

公平导向的绿色经济理论强调社会系统的公平是遏制生态压力扩大、实现可持续发展的关键。这一导向下的理论认为，规模和效率冲突的实质是人类福利优先还是生态保护优先的顺序性冲突，但是这两者可以通过社会系统的公平发展进行调和。公平导向下的绿色经济理论认为，导致生态压力持续扩大的主要原因并非单纯是人类的经济增长和福利水平提高，更重要的是财富分布的极端不公。联合国开发计划署在其发布的 2011 年人类发展报告《可持续性与平等：共享美好未来》中指出，只要用占全世界 3%的粮食，就能让占当前全世界 13%的营养不良人口免于饥饿；同样，要让当前 19%还没有用上电的人口都摆脱能源贫困，代价只是让现有的二氧化碳排放增加 1%，但世界上一半的碳排放是由占世界 11%的人口造成的。因此，效率和规模导向下的绿色经济理论的冲突，事实上可以部分通过公平导向的绿色经济所解决，在保障人类总体福利提高的同时，不造成更大的生态压力。这也是目前有关绿色经济的新兴理论。

“没有公平，就没有绿色经济”。目前在财富分配中处于弱势地位的群体潜藏着推动绿色经济的巨大动力。萨里木尔·胡克提出，在能源系统转变的问题上，处在快速发展中国家的二三十亿人口将会成为主力军，落后贫穷的国家在其他国家的帮助下也将取得巨大的成就。公平导向的绿色经济试图在理论上将公平或包容性变成与传统经济学中的“效率”同等重要的基本理念，强调绿色经济对于发展中国家的重要性，以及生态系统对于弱势群体的重要性。公平导向的绿色经济实质是希望构建出一种“三赢策略”政策，即在兼顾环境与平等的同时又能促进经济和人类的发展。

公平导向的绿色经济已经在实业界和决策层也产生了较大影响，并逐步成为绿色经济政策方向的重点。联合国等国际组织在多项报告和文件中做出了政策建议，具体可以分为 3 个方面：①强调外部财政支持对发展中国家的重要性，要求发达国家对不发达国家在资金和贸易等多方面进行援助，以推动发展中国家向绿色经济过渡；②强调国际贸易在发展中国家向绿色经济过渡过程中的作用，发展中国家向发达国家出口绿色产品和服务将促进全球范围内的可持续发展进程，这不仅需要发展中国家国内政策的转变，还需要绿色技术在全球范围的推广，同时应注意解决绿色保护主义下的国际贸易壁垒问题；③增进妇女、儿童、残疾人、土著居民和少数族裔等弱势群体的福祉，为其创造机会、维护权益。

总之，公平导向的绿色经济聚焦社会系统的公平性，它希望通过实现国家之间、人与人之间的平等，来扩大绿色就业、打破贸易壁垒、推动技术扩散、消除贫困人口，以实现社会系统的可持续发展，并以此缓解经济系统和生态系统的持续冲突和矛盾。目前，这一设想有较强的合理性，但是在实施中仍然存在较大阻力。

18.3.2 系统网络理论

绿色经济的发展会同时存在点、线、面等不同类型的模式相互交叉、共同发展的局面。它们之间互相影响，并最终形成一个较为完善的绿色经济网络体系，使绿色经济成为社会经济发展的主要形式。

18.3.2.1 绿色经济网络

绿色经济系统是由人口、资源与环境等相互区别又相互作用的子系统有机结合而形成的社会-经济-生态复合大系统，它的发展既关系到人与人之间的利益调整，又涉及人与自然、社会经济发展与生态环境保护等关系的协调。绿色经济网络这个大系统是由许许多多的子系统组成的。一个绿色产品的生产或一个进行绿色化转变的企业都是一个相对独立的小系统，同时它们又是构成绿色经济网络体系的一个单元，是网络体系的最基本的元素。这些元素通过一定的方式组成特定的结构，形成不同的子系统。在某一时间点上，不同类型的绿色经济子系统同时存在、相互联系、相互影响，形成了一个绿色经济网络。

18.3.2.2 绿色经济网络的子系统

绿色经济点是绿色经济网络的最基本层次，是连接整个绿色经济网络的最基本单元或节点，主要是指绿色产品和进行绿色化转变的企业，它是构成系统的单元和元素。绿色经济片是指不同企业或产品的生产集中在一个较小的地理区域内，以达到充分利用资源和减少污染的目的，使得整个区域成为绿色经济网络中的一个子系统。绿色经济线是指生产同类产品的行业通过采用绿色科技或进行内部优化组合，减少对环境的污染与资源的消耗，提升整个行业的绿色内涵，使整个行业成为绿色网络中的一个子系统。绿色经济面是指在较大的地理或行政区域内，不同行业之间、行业内不同深度的企业之间进行更大规模、更深层次的合作，使更大区域成为一个绿色子系统，优化配置资源，实现系统内的经济与环境的协调、人与自然的和谐相处。

表 18-1 绿色经济网络子系统构成

子系统构成	典型举例
绿色经济点	绿色企业、环保企业、绿色产品等
绿色经济片	生态工业园、新能源产业园区
绿色经济线	绿色产业链（带）
绿色经济面	生态区域与可持续发展试验区、特定类型的生态功能区

18.3.2.3 绿色经济网络的演化

系统的演化遵循层次推进的规律，绿色经济网络体系也是在层次推进中实现了从低层次向高层次的发展。在这样的过程中，每一个层次都处于动态的变化中，进行着交错的运动：①点纵向运动成线，四周扩散成片。随着时间的推移，绿色经济点越来越多，进行绿色转换的经验也越来越丰富。一些难以在点的范围内解决的非绿色问题制约着绿色经济点的进一步发展。此时一些联系紧密的点按照循环经济的原则相互结合，形成一个更高层次的绿色经济子系统，这个子系统具有更强的利用资源和减少环境污染的能力。②线横向运动成面，片进一步扩大成面。不同线形绿色经济子系统在更大的区域范围内实现绿色交叉组合，或片形绿色经济子系统的区域范围进一步扩大，片的区域范围内的各行业向深度延伸，就形成了绿色经济面。绿色经济面不但有行业内的绿色合作，还有行业间的绿色配合，所涉及的范围也更加广泛，实现绿色发展的潜力与空间也更大。③多点跨越连成面。绿色经济子系统一般是逐层向前推进发展，但也有一些条件比较优越的子系统可以实现跨越式发展。从绿色经济点直接跨越至绿色经济面要求大区域内具有许多发展水平较高、分布较为均匀的绿色经济点，并且具有大规模协调发展的成功经验。如此，在政府引导下，该地区可能会将大量点形绿色经济子系统重新组合，直接形成面形绿色经济子系统。

18.3.2.4 绿色经济网络的发展

绿色经济网络发展具有两种方式：内涵型的深化和外延型的扩展。内涵型的深化是指各绿色经济子系统的绿色化程度不断加深，层次不断提高。绿色经济子系统的内涵型深化又有两种不同的情况：①子系统的范围不变，但子系统内部的绿色化程度提高，如由污染减量型发展为自然友好型；②子系统与其他子系统进行联合，组成更大的、更高层次的子系统，如层次推进。一般情况下，两种内涵型的发展方式是同时进行的。外延型的扩展是指相同类型、相同层次的绿色经济子系统的数量增长。在某些绿色经济子系统的影响下，一些原来并非绿色的子系统开始进行绿色转变，变成绿色经济子系统，绿色经济网络的层次并没有提高，但其包含的相同层次、相同绿色水平的绿色经济子系统的数量增多。

18.3.2.5 绿色经济网络理论的新趋势

（1）密集化是今后一段时间内绿色经济网络发展的新趋势。绿色经济具有强大的生命力，不少地区已初步建立了绿色经济网络的雏形。但由于只是刚刚起步，所以网络的点少、线疏，成片的也不多。要建设成为绿色经济面，需要做大量的工作，需要在绿色经济点、片、线、面等各个层次上进行充实，进行网络内部的密集化发展是绿色经济发展的重要任务。

（2）国际化是绿色经济网络发展的新倾向。人类只有一个地球，许多生态环境问题具有国际性，需要国际间的合作才能解决。人类只有协调一致、共同努力以建立一个运行良好的全球绿色经济网络，才有可能从根本上解决经济与自然环境的矛盾，实现人与自然的和谐发展。国际间的绿色经济合作不断增加和国际协调机制不断完善都将有力地促进绿色经济网络朝着国际化的方向发展。

（3）信息化是绿色经济网络推进的新动向。绿色经济网络体系是建立在各个子体系之上的，没有各子系统之间的联系和合作就没有网络系统的存在与发展，而联系与合作是以充分的信息为基础的。没有充分的信息合作就不可能产生，信息成本过高也会使合作的成本高于合作的收益。因而，在绿色经济模式的推进上，充分的信息支持要比政策优惠更重要。

18.4 绿色经济的发展对策

18.4.1 政府引导型对策

以“绿色经济”为核心的经济革命席卷全球，各国纷纷制定和推进一系列经济刺激计划，促进了绿色经济的发展。

18.4.1.1 德国的绿色新政

德国绿色新政以发展生态工业为主导方向。德国试图以绿色经济作为新的增长动力来改善其经济衰退状况，从而以绿色能源技术革命为核心大力实施“绿色新政”。2009 年 6 月公布的一份旨在推动德国经济现代化的战略文件，强调生态工业政策应成为德国经济现代化的指导方针。为了实现传统经济向绿色经济转轨，德国除了注重加强与欧盟工业政策的协调和国际合作之外，还计划增加国家对环保技术创新的投资，并鼓励私人投资。德国政府希望筹集公共和私人资金，建立环保和创新基金，以解决资金短缺问题。此外，德国联邦、州和县政府对商品集中采购政策进行调整，注重对能源利用率高的新产品进行采购并提出制定“绿色经济路线图”。

18.4.1.2 法国的历史新政

法国重点发展核能和可再生能源。为了促进绿色经济的发展，2008 年年底，法国环境部公布了“一揽子”旨在发展可再生能源的计划，包括 50 项措施，涵盖生物能源、风能、地热能、太阳能及水力发电等多个领域。除了大力发展可再生能源，法国政府于 2009 年投入 4 亿欧元，用于研发清洁能源汽车和“低碳汽车”，通过节能减排措施推动产业发展。工业部部长蒙特伯格表示，2013 年法国政府将为汽车补贴支出大约 4.9 亿欧元，并表示政府将对污染严重的汽车征收更高的罚款，汽车补贴产生的额外成本将由增加的罚款补偿。根据上述计划，法国政府致力于将 25%的新车改为电动汽车或混合动力车。

18.4.1.3 英国的绿色新政

英国绿色新政以减少温室气体排放，发展绿色能源为主，把发展绿色能源放在实施绿色经济的首位。2008 年 11 月，英国通过《气候变化法案》，从法律上明确了英国 2050 年的六种温室气体的总排放量至少比 1990 年的总量减少 80%的减排目标。2009 年 7 月 15 日，发布《低碳转换计划》和《可再生能源战略》两个国家战略性文件，《低碳转换计划》是迄今为止最为系统地应对气候变化的政府白皮书，标志着英国成为世界上第一个在政府预算框架内特别设立碳排放管理规划的国家。2011 年 7 月，英国通过第一个《可再生能源路线图》，强调未来要充分发挥陆上风电、海上风电、海洋能、生物质发电、生物质供热、地源热泵、空气源热泵和可再生能源在交通方面八类技术的应用潜力。

除了上述举例中政府制定法规政策、加大“绿色”投资的对策，政府还应深化财政体制改革，积极发展绿色财政，促进绿色经济发展。一方面通过财政手段为技术创新提供资金支持，另一方面是利用财政和税收政策，合理调配一切自然资源和公共资源。除此之外，政治因素会影响绿色科技的发展，进而影响绿色经济的发展。绿色科技从某种意义上说具有正外部性，因此政府在绿色科技发展的过程中具有重要的作用，主要体现在为企业等绿色科技创新主体提供政策导向、制度激励、资金支持等措施。

18.4.2 市场导向型对策

经济的发展与市场有着密不可分的关联，各企业只有迎合了市场的需求，才能够达成交易，使得经济得以发展。绿色经济也是如此。

21 世纪是绿色的世纪，绿色产品、绿色经济将是 21 世纪的主导。只有取得 21 世纪的入场券——“绿色”的身份，企业才有生存权，因为只有绿色产品才能有市场，并使企业获得较高的经济效益。反之，那些与“绿色”无缘的企业与产品，都将被淘汰。这也是近几年“绿色”备受人们推崇和青睐的原因。而且，社会上出现了“绿色消费”“绿色营销”“绿色生产”等新的名词。

不仅是企业在追求绿色的环境和绿色的产品，其他社会单位也在为创造绿色环境而努力，而一些存在了几十年甚至上百年的企业，由于成了污染大户、能源消耗大户而无力整治，不得不被迫停产关门。近几年被关闭的小造纸厂、小炼钢厂就更是不计其数。形成鲜明对比的是，市场上打上绿色标签的产品身价百倍，价格会比同类产品高得多，有的绿色产品在生产过程中还会因节约原料而降低成本，使企业的效益大增。正是这样的利益驱动引导了企业追求绿色的时尚，汇成了绿色经济的大潮。

总之，绿色将是企业进入国际市场的“通行证”，发展绿色经济将是企业求得生存与发展的根本，是企业提高自己竞争能力的重要途径。因为在竞争异常激烈的国际市场上，“绿色”成为各发达国家最有效的贸易壁垒，只有走进“绿色通道”，企业才能赢得发展的机会。值得指出的是，绿色产品越来越受市场的青睐，国际间出现了“绿色壁垒”。国际贸易将在全球范围内整合绿色需求，形成一个全球性的环保产品和绿色产品市场，促进全球环保产业和绿色产业快速发展。

18.4.3 科技推进型对策

绿色科技是推进绿色经济发展的基础力量。绿色经济的发展是在传统经济模式不断向绿色转化的过程中实现的，而绿色科技是促进传统经济向绿色经济转变的动力，是绿色经济发展的强大支持力。

20 世纪 90 年代产生了一个应用较为广泛的崭新的概念——绿色科技。绿色科技是一个相对的概念，它是随着社会的发展而不断变化的，具有一定的社会历史性。绿色科技是指在一定的历史条件下，以绿色意识为指导，有利于减少资源的消耗和环境的污染，促进社会、经济与自然环境的协调发展的科学与工程技术。它包括了从清洁生产到末端治理的各种科学技术，既包括环境污染的治理，生态实用技术、绿色生产工艺的设计技术，绿色产品、绿色新材料、新能源的开发等具体技术，又包括环境与社会发展中重大问题的软科学研究。

绿色科技可以提高现有资源的开采利用率，减少资源浪费。绿色科技在不可再生资源的节约方面有巨大的发展潜力。世界上每年需要消耗 40 亿 t 煤，25 亿 t 石油，并且还以每年 3%的速度增长，这已经造成了多种金属矿产资源的日益匮乏，甚至枯竭。而煤矿资源回收率只有 30%～50%，其余的绝大部分不但白白浪费，而且还危害生态环境。在我国，玻璃、塑料、橡胶的回收率分别为 10%、20%、31%，这些都与开采、利用、回收技术密切相关。

绿色科技可以发现新型能源，为绿色经济发展注入新的动力。能源是现代经济的血液，传统能源如石油、煤的枯竭是制约经济发展的“瓶颈”，它的排放物还是环境污染的重要因素。绿色科技的发展可能会发现和利用新型能源，这些能源可能会更清洁、成本更低、储量更丰富，有的甚至可以永续利用。例如，太阳能、潮汐能、风能、闪电的能量等都是清洁的可持续利用的能源。用它们来代替传统能源将为绿色经济的发展提供充足的清洁动力。

绿色科技可以扩展资源利用空间。有些本来是非常有价值的资源，可以在多方面、多层次地加以利用，却由于受科技条件的限制，只是在比较低的层次上进行利用，或只是被限定在价值很小的用途上，或是被当做垃圾白白丢弃，有的甚至造成了环境的污染。

科技的发展会不断地把一些现在还不能利用的“废物”变成将来可以利用的资源，可以使一些现在已经被利用的资源扩大它的用途。这样既促进了经济发展，提高了人民的生活质量，也充分发挥了资源的价值，减少了环境污染，继而促进了绿色经济的发展。

思考题

1. 什么是绿色经济？简述绿色经济的特征、分类与发展绿色经济的意义。
2. 试阐述价值维度导向理论。
3. 试论述绿色经济点、绿色经济片、绿色经济线、绿色经济面之间的相互关系。
4. 选择某一地区，并基于该地区的主体功能区规划和生态功能区规划讨论该地区绿色经济发展的思路、机制、模式与对策。

参考文献

[1] 陈诗一．中国的绿色工业革命：基于环境全要素生产率视角的解释（1980—2008）[J]．经济研究，2010（11）．

[2] 诸大建．绿色经济新理念及中国开展绿色经济研究的思考[J]．中国人口•资源与环境，2012（5）．

[3] 诸大建．从“里约+20”看绿色经济新理念和新趋势[J]．中国人口•资源与环境，2012（9）．

[4] 范红娜．天津市民绿色产品消费行为调查及伦理价值分析[D]．沈阳：东北大学，2010.
[5] 高红贵，刘忠超．关于构建绿色经济发展模式的几个问题[J]．中国人口·资源与环境，2012（22）.
[6] 胡鞍钢．中国绿色发展与“十二五”规划[J]．农场经济管理，2011（4）.
[7] 黄雪梅．新疆绿色投资问题研究[J]．知识经济，2011（14）.
[8] 蒋南平，向仁康．中国经济绿色发展的若干问题[J]．当代经济研究，2013（2）.
[9] 揭益寿．中国绿色经济绿色产业理论与实践[M]．北京：中国矿业大学出版社，2002.
[10] 雷明．中国资源·经济·环境绿色核算（1992—2002）[M]．北京：北京大学出版社，2010.
[11] 李中山．绿色投资的隐忧：融资渠道的理性选择——内蒙古案例[J]．经济研究参考，2005（40）.
[12] 梁云．构筑21世纪绿色经济新体系[J]．商业研究，2001（232）.
[13] 刘思华．科学发展观视域中的绿色发展[J]．当代经济研究，2011（5）.
[14] 沈满洪，徐云华，蒋国俊，等．绿色浙江——生态省建设创新之路[M]．杭州：浙江人民出版社，2006.
[15] 唐啸．绿色经济理论最新发展述评[J]．国外理论动态，2014（1）.
[16] 唐忠，孔祥智．绿色经济理论与实务[M]．北京：中国农业出版社，2013.
[17] 薛维忠．低碳经济、生态经济、循环经济和绿色经济的关系分析[J]．科技创新与生产力，2011（2）.
[18] 杨朝飞，[瑞典]里杰兰德．中国绿色经济发展机制和政策创新研究[M]．北京：中国环境科学出版社，2012.
[19] 余春祥．对绿色经济发展的若干理论探讨[J]．经济问题探索，2003（12）.
[20] 赵斌．关于绿色经济理论与实践的思考[J]．社会科学研究，2006（2）.
[21] 张兵生．绿色经济学探究[M]．北京：中国环境科学出版社，2005.
[22] 张春霞．绿色经济发展研究[M]．北京：中国林业出版社，2002.
[23] 周亮．湘潭市民绿色消费研究[D]．长沙：湖南师范大学，2012.
[24] 朱婧，孙新章，刘学敏，等．中国绿色经济战略研究[J]．中国人口·资源与环境，2012（4）.

第 19 章　循环经济理论

发展循环经济事关资源节约型社会和环境友好型社会的建设。因此，资源与环境经济学理当关注循环经济理论。本章先介绍循环经济的提出背景、内涵及基本原则；进而阐述循环经济的基本模式；基于循环经济发展中存在的制约因素提出了发展循环经济的保障措施。

19.1　循环经济的基本理论

19.1.1　循环经济的提出

18 世纪 60 年代工业革命以来，随着社会生产力的迅速发展，人口的急剧增长，人类社会活动的规模不断扩大，向自然索取资源的能力和对环境干预的能力也越来越强，资源消耗速度加快，废弃物排放量增加，加之认识上的局限性，致使环境污染问题越来越严重，污染事件频频发生。

面对一系列环境问题和由此导致的“增长的极限”，人们对传统的发展模式产生了质疑。人类需要一种新的经济发展模式，在维持生态平衡中寻求发展，降低资源消耗，加强资源节约，按照生态规律规范人类的各种活动，实现社会、经济、自然的协调发展。

在这一背景下，循环经济理论逐渐形成并得到广泛实践。其中，最具代表性的理论包括宇宙飞船理论和皮尔斯模型。

19.1.1.1　宇宙飞船理论

循环经济的思想萌芽可以追溯到环境保护主义兴起的 20 世纪 60 年代。美国经济学家鲍尔丁提出的“宇宙飞船理论”被视为循环经济理论的早期代表。60 年代，他将传统工业经济比喻为“牧童经济”：人们通过生产和消费把地球上的物质和能源大量地提取出来，然后又把污染和废物大量地弃置到空气、水、土壤等人类赖以生存的自然环境之中。在 1966 年发表的《即将到来的宇宙飞船地球经济》（The Economics of the Coming Spaceship Earth）一文中，鲍尔丁将地球比喻为宇宙中一个与飞船一样孤立无援的系统，它们的共同特点是生活在其中的人类要靠不断消耗其内部有限的资源而生存。他认为，地球资源与地球生产能力是有限的，如果人们像过去那样不合理地开发资源、破坏环境，超过地球的承载能力，地球就会像宇宙飞船那样走向毁灭。因此，宇宙飞船经济要求以新的“循环式经济”代替旧的“单程式经济”，必须不断地重复利用其有限的资源，保持内部良好的环境。鲍尔丁的循环式经济的思想，可作为循环经济思想的萌芽。

19.1.1.2　皮尔斯模型

“循环经济”（Circular Economy）一词是英国环境经济学家 D. Pearce 和 R. K. Turner

在其《自然资源和环境经济学》（1990）一书中首先提出的，他们试图依据可持续发展原则建立资源管理规则，并建立物质流动模型。在模型中，Pearce 和 Turner 勾画了自然资源存量（R）、环境的同化（吸收）能力（A）、经济生产（P）和消费（C）中产生的废物（W）以及废弃物的循环利用（r），通过环境—经济系统的物质流（如实线的箭头表示）及其产生的效用（U）（如虚线的箭头表示）。从物质流的角度看，经济—环境系统是封闭系统。模型中还区分了可耗竭资源（ER）和可再生资源（RR），这两种资源可以以一定的速度（h）开采，而可再生资源只能以速度（y）再生。自然的同化作用作为"源"，即生产的前提条件来处理，废物可以是循环的——对资源的可获得性有正的影响，或直接对自然同化能力产生压力。在后一种情形中，超过自然同化能力的废物排放量对直接的效用或资源的可获得性均产生负面影响。它们之间的相互联系见图 19-1。

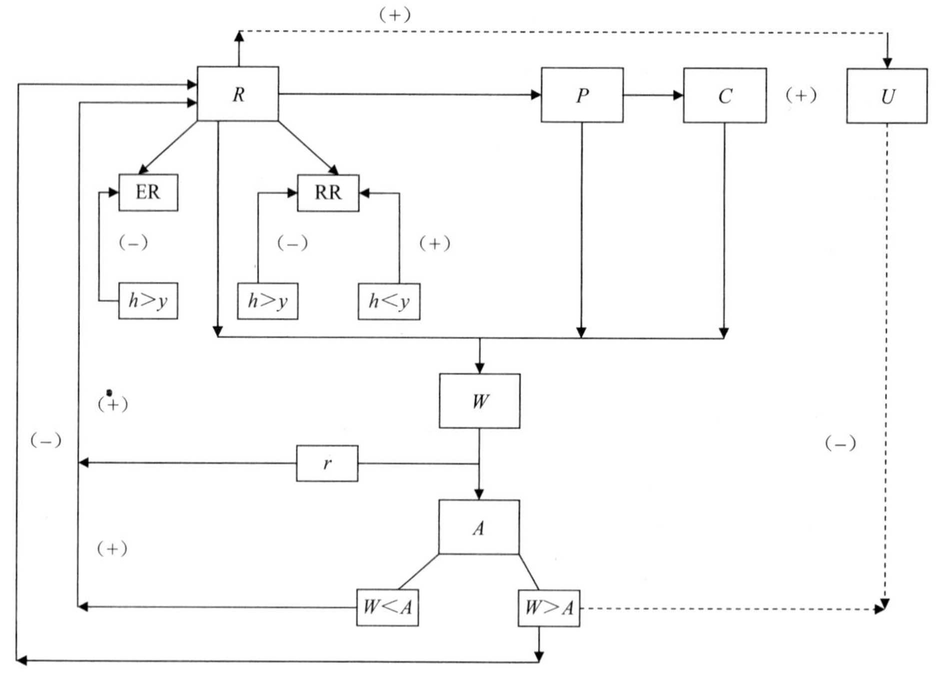

图 19-1　循环经济模式

类似于工业代谢，循环经济模型由自然循环（$R \to P \to C \to W \to A \to R$）和工业循环（$R \to P \to C \to W \to r \to R$）组成。自然循环就是环境吸收消化废物，吸收的废物作为经济之源（R）进入经济系统；工业循环则有助于减少自然同化能力（A）的压力，同时产生额外的资源。两种循环都可以产生更多的资源，从而减少对原生资源的需求。

此外，Pearce 和 Turner 还根据广义的资源概念将同化能力包括在内，提出了自然资源管理的两个规则：①可再生资源的开采速率不大于其可再生速率；②排放到环境中的废物流要小于环境的同化能力。

同时，不少学者还积极致力于循环经济设计的探索，如麦克唐纳和布朗嘉特在《从摇篮到摇篮》一书中指出：如果我们的体系污染了地球的生物物质，并继续遗弃工艺材料或使其无用，我们就将真正地生活在一个生产和消费都受到限制的世界。地球，在实际上将变成一座坟墓。如果人类想要实现真正的繁荣，必须模仿自然界高效应的、含有养分流和新陈代谢的“从摇篮到摇篮”系统，这个系统不存在废弃物的概念。

19.1.2 循环经济的内涵

就经济与环境的关系而言，人类社会在经济发展过程中经历了 3 种模式：传统经济模式、末端治理模式和循环经济模式。为了更深入地分析循环经济的内涵，将循环经济模式与其他两种发展模式进行比较。

19.1.2.1 传统经济模式

传统的粗放型经济是单向流动的线性经济（图 19-2），即“资源-生产-消费-废弃物排放”，其特征是高开采、高消耗、低利用、高排放。传统经济（线性经济）是一些相互不发生关系的线性物质流的叠加。这种经济的运行有两个基本前提：①自然资源的无限性，即人们可以随心所欲地从自然界获取生产所需的资源；②自然生态系统自净能力的无限性，即自然生态系统完全可以自我化解和消除经济社会发展所造成的环境污染和生态破坏。在这种经济模式中，人们以越来越高的强度把地球上的物质和能源开发出来，在生产加工和消费过程中又把污染和废弃物大量地排放到自然环境中，也就是通过把资源持续不断地变成废物，来实现经济的数量型增长。这种发展模式必然会导致自然资源的短缺和枯竭，引发严重的环境污染问题，使人们的生存环境日益恶化。

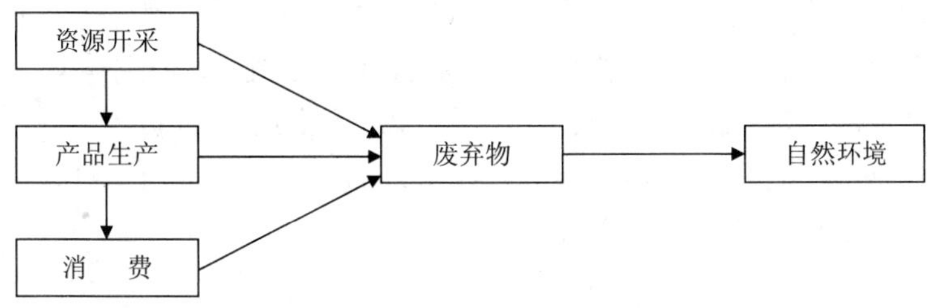

图 19-2 线性经济运行模式

19.1.2.2 末端治理模式

发达国家进入工业化中后期后，传统单向线性经济模式的弊端越来越为人们所重视。为了减轻经济增长给环境带来的压力，工业化国家通过各种方式和手段对生产过程末端产生的废弃物进行处理，这就是所谓的“末端治理”。其具体做法是“先污染，后治理”，即在生产链终点或者是在废弃物排放到自然界之前，对其进行处理，最大限度地降低污染物对自然界的危害，如图 19-3 所示。这种方法可以减少工业废弃物向环境的排放量，在工业发达国家中得了广泛的应用。

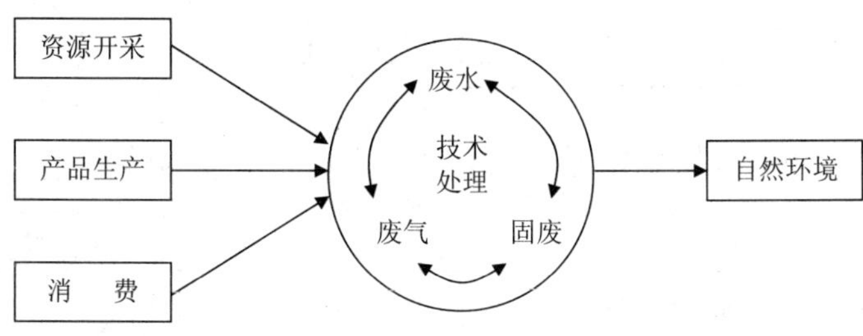

图 19-3 末端治理运行模式

末端治理的模式曾经对遏止环境污染的迅速扩展发挥了积极的作用。但是，随着经济的发展，末端治理模式的局限性不断显现出来，主要表现在以下几个方面：①末端治理的“先污染，后治理”方式治理难度大，成本高。②资源和能源不能有效利用，一些原本可以回收利用的原材料变成“三废”处理或排放掉，造成资源的极度浪费和环境的严重污染。③末端控制是污染物在介质间的转移，末端治理的方法是将污染物从一种形式转化到另一种形式，对环境而言，污染物依旧存在。有毒、有害物质往往转化为新的污染物，造成二次污染，形成治不胜治的恶性循环，不能从根本上消除污染。

以上局限性在工业化后期逐渐暴露出来。在末端治理模式下，经济效益、社会效益和环境效益都很难达到预期目的，末端治理模式的可持续性受到质疑。

19.1.2.3 循环经济模式

循环经济打破了传统经济发展理论把经济和环境系统人为割裂的弊端，要求把经济发展建立在自然生态规律的基础上。循环经济是人们对“大规模生产、大规模消费、大规模废弃”的传统经济发展模式深刻反思的产物，是克服环境污染、资源短缺困境，追求可持续发展的一种有益尝试，是一种试图有效平衡经济、社会与环境资源之间关系的新型发展模式。

循环经济（circular economy）一词是物质闭环流动型（closing materials cycle）经济的简称，是以资源的高效利用和循环利用为目标，以“减量化、再利用、再循环”为原则，以物质闭路循环和能量梯级使用为特征，按照自然生态系统物质循环和能量流动规律运行的经济模式。“资源消费-产品-再生资源”闭环型物质流动模式，资源消耗的减量化、再利用和资源再生化都仅仅是循环经济的技术经济范式的表征，其本质是对人类生产关系进行调整，其目标是追求可持续发展。循环经济运行模式见图 19-4。

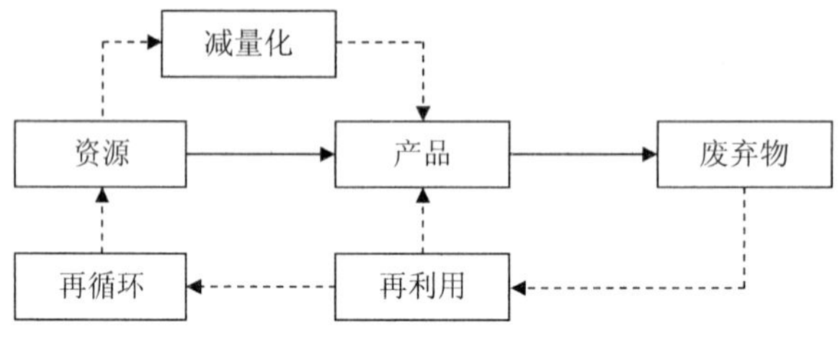

图 19-4 循环经济运行模式

表 19-1 从指导思想、基本特征、物质流动、企业关系、人与自然的关系等方面比较了循环经济和传统经济（线性经济）的区别。

表 19-1 循环经济与线性经济的比较

项　目	线性经济	循环经济
指导思想	机械主义发展观	可持续发展观
基本特征	对资源的高开采、高消耗、低利用、污染物的高排放（三高一低）	对资源的低开发、低消耗、高利用、污染物的低排放（三低一高）
物质流动	资源-产品-废弃物排放	资源-产品-再生资源
企业关系	竞争关系	共生关系
人与自然的关系	人统治自然、征服自然	人与自然协调发展

19.1.3 循环经济的3个原则

国内大多数学者认为，减量化（reduce）、再利用（reuse）、再循环（recycle）是循环经济的基本原则（以下简称“3R”原则）。“3R”原则对循环经济的技术范式给出了清晰的刻画。

19.1.3.1 减量化（Reduce）原则

减量化原则针对的是输入端，是指通过重新设计生产工艺等手段，减少进入生产的物质量。它要求用较少的原料和能源投入来达到既定的生产目的，从经济活动的源头节约资源，减少污染。在生产中，企业可以通过技术改造、采用先进的生产工艺减少单位产品生产的物质与能源的使用量和污染物的排放量。例如，轻型轿车既节省金属资源又节省能源，且可满足消费者关于轿车的安全标准；光纤技术能大幅度减少铜的使用量。在消费中，减量化要求人们转变消费观念，改变消费方式，由过度消费向绿色消费转变，节约资源和减少污染物排放。例如，人们可以选择包装物较少的物品和购买耐用的可循环使用的物品以减少垃圾的生产。

19.1.3.2 再利用（Reuse）原则

再利用原则属于过程性方法，是指通过尽可能多次以及尽可能多种方式使用物品以减少资源的使用量和污染物的排放量，目的是提高产品和服务的利用效率，防止物品过早地成为垃圾。在生产中，制造商可以使用标准尺寸进行零部件设计，如按标准尺寸设计能使计算机、电视机和其他电子装置中的电路非常容易和便捷地更换，而不必更换整个产品。在消费中，人们要尽可能多地重复利用物品，对可再利用的物品进行维修而不是频繁更换。此外，人们还可以将合用的或可维修的物品返回市场供别人使用或捐献自己不再使用的物品。可以再利用纸板箱、玻璃瓶等包装材料，以节约资源。

19.1.3.3 再循环（Recycle）原则

再循环原则属于输出端方法，要求产品使用报废后废弃物再次变成资源以减少最终排放量。再循环有两种形式：①原级再循环，即将废弃物转化为它原来的形式，如将废纸生产出再生纸，废玻璃生产玻璃，废钢铁生产钢铁等；②次级再循环，即将废弃物转化为不同类型的产品。原级再循环在形成产品中可以达20%～90%的原生材料使用量，而次级再循环减少的原生物质使用量最多可减少25%。

“3R”原则在循环经济发展中的重要性是不同的。循环经济的根本目标是要求在经济过程中系统地避免和减少废物，因此再利用和再循环都应建立在对经济过程进行减量化的基础之上。在1996年德国生效的《循环经济与废物管理法》中规定：对废物的优先顺序是避免产生→循环利用→最终处置。该法规要求：①减少经济源头的污染产生量，因此企业在生产阶段和消费者在使用阶段就要尽量避免各种废弃物的排放。②对于源头无法削减的污染物经过消费者使用后，如包装废物、旧货等凡可利用废物，要加以回收利用；只有当避免产生和回收利用都不能实现时，才允许将最终废弃物进行环境无害化处置。

19.2 循环经济的基本模式

19.2.1 循环经济的 3 个层次

按循环经济实施范围的不同，可将循环经济分为 3 个层次：①企业层面上的小循环，即推行清洁生产，减少产品和服务中的物料和能源的使用量，实现污染物排放的最小化；②产业层面上的中循环，就是按照工业生态学的原理，建立或形成企业间有共生关系的生态工业园区，使资源得到充分利用；③社会层面上的大循环，即通过废旧物资的再生利用，实现物质和能量的循环。

19.2.1.1 企业层次的小循环

企业内的循环经济，即在企业层面上根据生态经济效益（Eco-efficiency）的理念，实现环境压力最小化。"生态经济效益"这一概念是 1992 年世界工商企业可持续发展理事会（WBCSD）在向第二次环境与发展会议（巴西里约热内卢会议）提交的报告《变革中的历程》中提出的概念。生态经济效益理念的本质是要求组织企业生产层次上物料和能源的循环，从而达到污染排放量的最小化。WBCSD 指出，注重生态经济效益的企业应该做到：①减少产品和服务的物料使用量；②减少产品和服务的能源使用量；③减少有害物质的排放；④加强物质的循环使用能力；⑤最大限度地、可持续地利用可再生资源；⑥提高产品的耐用性；⑦提高产品与服务的强度。

循环型企业中的产品生产

循环型企业，即通过在企业内部交换物质流和能量流，建立生态产业链，使得企业内部通过资源利用最大化、环境污染最小化获得企业效益。一般来说，企业内部物料再生循环包括下列 3 种情况：①将流失的物料回收后作为原料返回原来的工序中；②将生产过程中生成的废料经适当处理后作为原料或原料替代物返回原生产流程中；③将生产过程中生成的废料经适当处理后作为原料返用于厂内其他生产过程中。

循环型企业的产品生产要求在产品设计、制作工艺流程、产品使用和产品废弃的过程中遵循"3R"原则。产品设计时要考虑节约材料、尽可能利用可再生资源；在工艺流程设计中要注意尽可能节电、节水和节约原材料，降低废品率，有利于废弃原材料的再利用；在产品出厂时要尽可能简易包装，利用原材料输入时和生产过程中的废弃材料包装；使用过程中使用寿命要尽可能长，应用范围要尽可能广，要尽可能节电、节水；废弃后要尽可能回收利用或生态降解，尽可能少污染环境。

清洁生产

（1）清洁生产概念。清洁生产的概念最早可追溯到 1974 年。欧洲共同体在巴黎举行了"无废工艺和无废生产的国际研讨会"，提出协调社会与自然的相互关系应主要着眼于消除造成污染的根源，而不仅仅是消除污染引起的后果。

联合国环境规划署（UNEP）于 1989 年在总结工业污染防治概念和实践的基础上提出了清洁生产的概念，并在 1990 年英国坎特布里召开的第一次国际清洁生产高级研讨会上正式推出了清洁生产的定义：清洁生产是指对工艺和产品不断运用综合性的预防战略，以减少其对人体和环境的风险。

可以用联合国环境署于 1996 年对清洁生产所作的新定义清楚地阐明清洁生产的内涵：清洁生产是指将综合性预防的战略持续地应用于生产过程、产品和服务中，以提高效率和降低对人类安全和环境的风险。对生产过程来说，清洁生产是指节约能源和原材料，淘汰有害的原材料，减少和降低所有废物的数量和毒性。对产品来说，清洁生产是指降低产品全生命周期（包括从原材料开采到寿命终结的处置）对环境的有害影响。对服务来说，清洁生产是指将预防战略结合到环境设计和所提供的服务中。

《中华人民共和国清洁生产促进法》对清洁生产给出了如下定义：清洁生产是指不断采取改进设计、使用清洁的能源和原料、采用先进的工艺技术与设备、改善管理、综合利用等措施，从源头削减污染，提高资源利用效率，减少或者避免生产、服务和产品使用过程中污染物的产生和排放，以减轻或者消除对人类健康和环境的危害。

清洁生产包括清洁能源、清洁生产过程和清洁产品 3 个方面内容：①清洁能源。清洁的能源包括常规能源的清洁利用，如采用洁净煤技术、逐步提高液体燃料和天然气的使用比例；可再生能源的利用，如水力资源的利用；新能源的开发，如太阳能、风能的开发和利用；各种节能技术的创新和运用等。②清洁生产过程。即尽量少用、不用有毒有害物质的原料；减少或消除生产过程中的各种污染物；高效的设备；物料的再循环等。③清洁产品。即包括产品在使用过程中以及使用后不含对人体健康和生态环境不利的因素；易于回收和再生；合理包装；合理的使用功能和使用寿命；产品报废后易处理、易降解等。

（2）清洁生产与规模经济。在实行清洁生产之前，企业往往采用末端治理方式处理生产产生的污染物，这是一种先污染后治理的模式。随着企业规模的扩大，企业的治污成本上升（假设边际治污成本保持不变）。如图 19-5 所示，末端治理的成本曲线为一条直线（斜率即为边际治污成本）。若企业采取清洁生产技术，需要在开始阶段对原有的生产技术和生产设备进行革新，企业的初始投入会增加。但随着企业规模的不断扩大，污染治理投入增加缓慢。

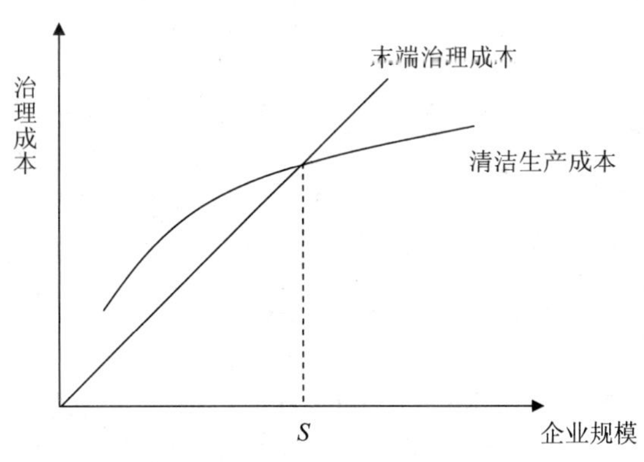

图 19-5　清洁生产的企业规模要求

从图 19-5 中可以看到，理性的企业在企业规模小于 S 这一临界规模时选择末端治理方式处理污染物，在其规模大于 S 时将选择清洁生产方式。因此，从严格意义上说，规模经济是清洁生产实施的基础。

专栏 19-1 “造纸之都”以产业集群促清洁生产

浙江省富阳市位于我国长江三角洲南翼，与浙江省省会城市杭州相连，素有“造纸之都”之称。造纸及纸制品业是富阳的传统产业。富阳原以生产坑边纸、元书纸、迷信纸为主。改革开放以来，富阳造纸有了长足的发展，全行业注重结构调整和产业升级，规模和档次不断提高。经过努力，富阳造纸企业在全国率先禁用自制草浆、竹浆等传统原料，采用以废纸（再生纸）为主要原料的新工艺。至 2004 年，全市造纸企业有 360 余家，年生产规模 420 万 t，实际年产量超过全省的 1/2，约占全国产量的 1/15，被中国工业经济联合会授予“中国白板纸基地”称号。

然而，具有 1 700 多年传统的富阳造纸业因污染问题面临一次次的生存危机。造纸是经济命脉，但也成了“环境杀手”。针对造纸带来的水污染问题，富阳市采取政府引导、市场运作、多元化投资机制，由龙头企业出资建设污水处理厂，其余造纸企业有偿共享。永泰纸业有限公司是富阳市的造纸龙头，企业的年造纸产量居浙江省第二。由浙江省科技厅对外合作处和富阳市科技局牵线搭桥，浙江永泰纸业集团和瑞典 Skong AB 公司签署了引进国外先进造纸技术和污水治理新技术的意向书。永泰污水处理站内污水经一级物化处理和二级生化处理，回用率可达 71.4%，吨纸排水量将到 18 m^3 左右，污染物排放量削减 85%，达到国内先进水平。

富阳造纸企业采用以废纸（再生纸）为原料生产纸张，从资源回收利用的角度做到了“循环”，但是造纸产生的废水排放到富春江或其支流中，严重污染水质。如何做到既循环又环保？数量多、规模较小是富阳市造纸企业的特点，根据这些特点，富阳大部分企业因达不到临界规模要求，不适合建造污水处理厂，实现清洁生产。但富阳造纸企业在春江、大源、灵桥三大造纸工业区集聚所形成的产业群使污水集中有偿处理机制成为可能。因此，企业的规模经济并非清洁生产的必要条件，可通过产业的横向集聚，实现污染物集中处理，形成治污的“规模经济”，减少环境负荷。

资料来源：浙江省富阳市发展计划局。

19.2.1.2 产业层次的中循环

单个企业的清洁生产和企业内循环具有一定的局限性。因为它可能会形成企业内无法消解的一部分废料和副产品，于是需要从企业外去组织物料循环，形成产业层次的中循环。

（1）生态工业园。生态工业园（Eco-industrial Parks）的概念在 1992 年由美国 Indigo 发展小组首次正式提出。学术界对生态工业园有不同的定义，较为完善的是 Ernest Lowe 和 John Warren 等（1997）的总结：一个由制造业和服务业组成的企业生物群落，它通过在包括能源、水、原材料这些基本要素在内的环境与资源方面的合作和管理，来实现生态环境与经济的双重优化和协调发展，最终使该企业群落得到一种比每一企业只优化其个体实现的个体效益的总和还要大的集体效益，同时最大限度地减少其环境影响。

生态工业园通过模拟自然生态系统来设计工业园区的物质流和能量流。园区内通过采用废物交换、清洁生产等手段，形成产业间的代谢和共生耦合关系，把一个企业产生的副产品或废弃物作为另一个企业的原料和能源，实现物质闭路循环和能量多级利用，形成相互依存、类似自然生态系统食物链的工业生态系统，达到物质能量利用最大化和废物排放最小化的目的。

（2）生态工业园内的产业链。与自然生态系统类似的，生态工业园中存在着很多企业，企业之间存在上下游关系，它们相互依存、相互作用，进行工业代谢。按照生物链的层级，它们也可以分为生产者企业、消费者企业和分解者企业。也就是说，工业生态经济系统中也存在着类似于自然生态系统中“生物链”那样的“产业生态链”，它既是一条能量转换链，也是一条物质传递链。为了进一步理解生态工业园中生态产业链的结构，我们给出了生态工业园的生态产业链示意图（图 19-6）。

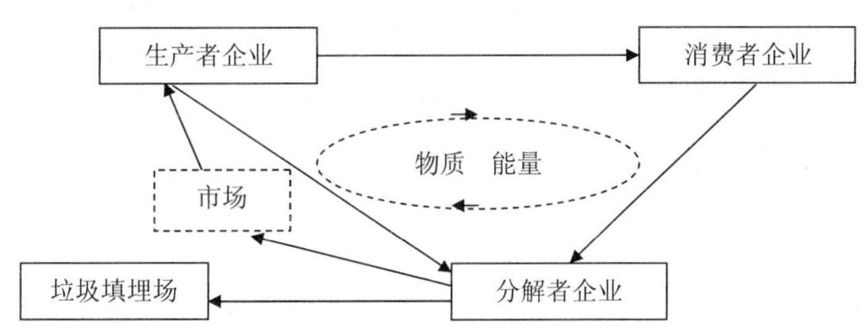

图 19-6 生态工业园内的产业链

在园区内，企业之间相互依赖、相互促进，物质和能源循环流动，形成一个闭环系统。物质和能量在生态产业链中得到了最大化地利用，不但提高了资源、能源的利用率，而且有效地提高了污染的净化率和转化率，减少了工业生产成本，实现了经济效益并取得良好的生态效益。

丹麦卡伦堡模式是循环经济的经典模式，见专栏 19-2 及图 19-7。

专栏 19-2 丹麦卡伦堡生态工业园

丹麦卡伦堡是目前世界上工业生态系统运行最为典型的代表。这个生态工业园区的主体企业是发电厂、炼油厂、制药厂、石膏板生产厂。该园区以发电厂、炼油厂、制药厂和石膏制板厂 4 个厂为核心，通过贸易的方式把其他企业的废弃物或副产品作为本企业的生产原料，建立工业横生和代谢生态链关系，最终实现园区的污染“零排放”。在这产业链中还有大棚养殖场、养鱼场、硫酸厂、供热站、水泥厂、农场等。在卡伦堡生态工业园中，不同的企业通过“废弃物变原料”的贸易被紧密地联系在一起。

在丹麦卡伦堡生态工业园内，发电厂是该园区产业链的核心（如图 19-7）。电厂向炼油厂和制药厂供应发电过程中产生的蒸汽，使炼油厂和制药厂获得了生产所需的热能；通过地下管道向卡伦堡全镇居民供热，由此关闭了镇上 3 500 座燃烧油渣的炉子，减少了大量的烟尘排放；供应中低温的循环热水，使大棚生产绿色蔬菜；余热放到水池中用于养鱼，实现了热能的多级使用。炼油厂也进行了综合利用，炼油厂产生的火焰气通过管道供石膏厂用于石膏板生产的干燥，减少了火焰气的排放；炼油厂的脱硫气则供给电厂燃烧。同样，粉煤灰提供给土壤修复公司用于生产水泥和筑路，而石膏墙板厂用电厂的脱硫石膏做原料造石膏板。卡伦堡生态工业园区还进行了水资源的循环使用，炼油厂的废水经过生物净化处理。通过管道向电厂输送，年输送电厂 70 万 m^3 的冷却水，整个工业园区由于进行水的循环使用，每年减少 25%的需水量。卡伦堡工业园区通过以上循环经济的实践，使得工业污染降低了，水污染减少了，浪费减少了，但利润却得到了提高。

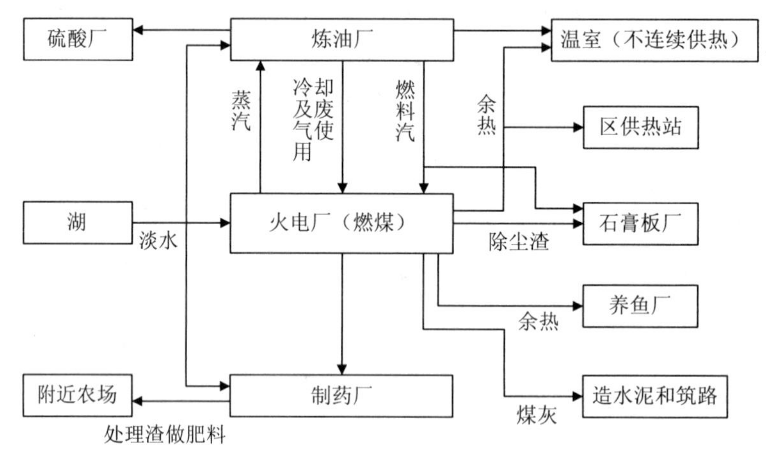

图 19-7 丹麦卡伦堡生态工业园示意图

19.2.1.3 社会层次的大循环

工业化进程导致大量生产、大量消费、大量废弃现象的出现。城市化进程中出现的垃圾数量剧增与垃圾占地空间有限的矛盾、巨大的能源需求与有限能源供给的矛盾均十分尖锐。这些问题的出现促使德国和日本在 20 世纪 90 年代以来，相继提出建立循环型社会的思想。

循环型社会概念的出现可追溯到 1991 年德国的《循环经济和废物法案》中的循环利用概念，日本的《循环型社会形成推进基本法》对其做了具体的阐释：循环型社会，即抑制废弃物产生，促进物质循环，减少天然资源消费，降低环境负荷，从而谋求经济的健康发展，构筑可持续发展的社会。

循环型社会以社会、经济的可持续发展为目的，以物质闭环流动为特征，通过转变社会意识形态以及社会生产模式、消费模式，抑制自然资源的消费和废弃物的排放、减轻环境负荷，从而实现社会、经济和生态保护协调的可持续发展的社会发展模式。其基本特征包括：①以一种新的社会模式对待资源、能源的有效利用，处理废物等环境问题，在生产及消费环节，通过社会各种主体的行为，在循环体系中加以解决；②严格控制废物的产生，使废物的排放减量化；③对可利用资源，采取再次使用或再生利用的方式，达到物尽其用；④对于可利用能源，通过燃烧或其他方式回收热能；⑤对无利用价值的废物，采取无害化处理。

在发达国家中，德国和日本最先尝试以法律手段促进循环型社会的建立。日本主要从资源减量化入手，由政府推动构筑多层次法律体系来建设循环型社会；德国则从环境保护入手，主要通过建立废弃物资源化的双元系统来发展循环型社会。

（1）日本多层次法律体系模式。“二战”后，日本经济的复苏及腾飞是以严重的环境代价换来的。随着资源、能源的极大消耗，垃圾问题日益严重。进入 20 世纪 90 年代后，面对如此严峻的事实，日本充分发挥了国家、地方政府、企业、非政府组织和民众等相关主体的作用，先后出台了提高能源、资源利用效率，减少废物排放的相关法律，界定各方的责任和义务，建设循环型社会。

日本促进循环型社会发展的法律、法规体系包括 3 个层次：①一部基本法，即《循环型社会形成推进基本法》；②两部综合性法律，分别是《废弃物管理与公共清洁法》和《资源有效利用促进法》；③六部专门法，分别是《容器包装再生利用法》《家电再生利用法》《食品再生利用法》《建筑材料再生利用法》《汽车再生利用法》及《绿色采购法》。

2000 年 6 月日本政府提交国会审议，通过了《循环型社会形成促进基本法》，把建设循环型的可持续发展社会作为 21 世纪日本经济社会的总体发展目标，并以国家基本法的形式确定下来。该法提出建立循环型经济社会的根本原则是：“促进物质的循环，以减轻环境负荷，从而谋求实现经济的健全发展，构筑可持续发展的社会”。该法就处理“循环资源”（可处理的废弃物）规定了国家、地方政府、企业和一般民众所应承担的责任。政府负责制定构筑循环型经济社会的基本计划；企业负有减少“循环资源”产生并对其进行循环利用和处理的义务，即对产品从生产到最终处理的全过程负责；地方政府具体实施限制废弃物排出并对其进行分类、保管、收集、运输、再生及处理等措施；民众则尽可能延长消费品的使用时间，并对地方政府或企业的回收工作给予配合。

《固体废弃物管理与公共清洁法》早在 1970 年就制定了。针对废弃物处置问题，日本分别于 1999 年、2001 年、2003 年对该法作了 3 次修改，明确了各相关主体的责任和义务，强化了废弃物循环利用和不合理处置的管理力度，高度关注废弃物的再生利用及无害化处置和处置设施运行的环境管理。其主要内容是：①整顿废弃物的处理体制和处理设施，防止不适当处理；②推行在废物处理中心处理；③推行产业废弃物管理票单制度，记载废弃物从排出者、中间处理者到最终处置者的情况；④禁止私自焚烧废弃物；⑤产业废弃物的排出者要制定废弃物的减量和处理计划；⑥发生不适当处理和非法丢弃时，排出者要受处罚，并负有恢复原状的义务等。

《资源有效利用促进法》是对 1991 年颁布的《促进可循环资源利用法》的修订法。该法致力于建立一个拥有更高资源与环境效率的经济体系，在世界上处于领先地位。该法要求七大类工业企业在生产、分配以及消费过程的各个阶段，应实施废弃物减量化、再利用和再循环原则。同时，该法提出 5 项具体措施，即通过节约生产资源和延长使用寿命来减少废弃物的产生量；回用零部件；企业回收使用过的产品并使之再循环；使用后的产品加贴选择性收集标签；减少副产品和采取其他循环措施。

《容器包装再生利用法》规定，容器包装生产企业负有对用毕废物回收利用和处置的义务，费用加入售价。该法建立了容器与包装回收体系，对玻璃瓶、PET 瓶、纸制品、塑料包装制品等回收利用制定了具体条款。

《家电再生利用法》规定了制造商和进口商对家用电器的回收义务，并需按照再商品化率标准对其实施再商品化，用户向厂家交付少量再循环所需费用。该法规定，电冰箱、洗衣机的再商品化率（资源回收）必须达到 50%以上；电视机的再商品化率必须达到 55%以上；空调器的再商品化率达到 60%以上。

《食品再生利用法》要求对食品废弃物主要采取的方法是抑制产生、减量（如脱水、干燥等）、以供饲料、肥料和沼气发电的方式予以再生利用；对于食品废弃物的排出量在100 t以上的有关生产者，5年内要减少20%的排出量，要与饲料、肥料制造者建立稳定的关系。若食品废弃物一直产生、再生利用不充分，将进行处罚；地方公共团体有促进食品废弃物再利用的义务，如家庭垃圾的分类及堆肥化；消费者有努力抑制食品废弃物的产生及促进其再利用的义务。

《建筑再生利用法》规定：建筑物拆毁工程的订货者必须向都道府县申报；建筑物拆毁工程的接受订货者必须就特定建筑材料（水泥、木材等）分别拆毁，实现特定建筑材料的再资源化；对于拆毁工程的接受订货者，都道府县长有权建议、劝告和命令；建筑物拆毁工程企业向都道府县长登记。

《汽车再生利用法》规定了相关方必须履行的义务：汽车制造商需对粉碎机处理后的残渣回收、再生资源化；汽车销售商、汽车修理企业需回收、交付废旧汽车；汽车所有者要交付最终处置费用，在使用后要将报废汽车交给回收企业。

《绿色采购法》规定政府等单位负有优先购入环保型产品的义务，2001年的对象为文具、OA机器和汽车等14类共101种产品。为了促进国家机构和地方当局积极购买对环境友好的再循环产品，该法指定的环境友好产品的类型有再生打印纸、低污染办公车、节能型复印机等。

（2）德国废弃物双元回收系统模式。德国包装废弃物收集和处理的双元系统模式是德国建立循环型社会的典型模式。1990年9月，在德国工业联盟（BDI）和德国工商企业协会（DIHT）的支持下，德国95家涉及零售、日用品生产和标志生产的公司建立了德国的双元回收系统（DSD）。DSD是一个专门对包装废弃物进行回收利用的非政府组织，它接受企业的委托，组织收运者对企业的包装废弃物进行回收和分类，然后送至相应的资源再利用厂家进行循环利用，能直接回收的包装废弃物则送返制造商。到1997年年底，已有约600家公司加盟DSD，构成德国工商界的主体。

德国用于包装工业的环境标志为“绿点标志”。“绿点标志”是由绿色箭头和黄色箭头组成的圆形黄绿色图案，上方文字由德文“DERGRÜNEPUNKT”组成，意为“绿点”。绿点的双色箭头表示产品包装是绿色的，可以回收利用。若制造商或经销商想使用“绿点标志”，则必须支付一定的注册使用费用。费用多少视包装材料、质量、容积而定。收取的费用作为对包装废弃物回收和分类的经费。这些注册使用费全部用于包装废弃物的管理。

DSD双元回收系统对包装废弃物的回收再生运作流程是：包装产品制造商把包装卖给生产企业进行包装或罐装→生产企业向双元回收系统缴纳绿点费→生产企业的一次性包装产品可印上绿点标志，交给商店销售→消费者消费→消费后的废弃包装由绿点公司用其投资制作的垃圾收集箱回收→由绿点公司或与其签约的回收商将废弃物分类收集后，运到再生工厂→生产再生原料（或制成其他产品）→返回包装产品制造商，生产再循环制品。

德国大约有19 000个许可证持有者在使用“绿点标志”，收集的资金用来与收集和分类包装的废弃物回收公司签署合同。德国大约有400家废弃物回收公司已经签署了合同。2003年，与用于处理和再使用的16.6亿欧元的成本相比，DSD AG的营业额为17亿欧元。DSD系统的建立大大促进了德国包装废弃物的回收利用，据德国联邦环保局的数据，2003年德国包装材料回收达到了600万t。双元回收系统的有效实施，使德国包装材料的回收利用率也不断提高，从 1990 年的 13.6%增加到 2002 年的 80%。产品包装的循环再生能力也不断加强，玻璃的再生利用率达到 90%，纸包装为 60%，轻物质包装为 50%。另外，双元回收系统在德国的成功实践，使许多周边国家纷纷效仿。

19.2.2 三大产业中的循环经济

循环经济并不是一个单独的产业形态，它渗透于农业、工业和服务业，从而形成循环型农业、循环型工业和循环型服务业。

19.2.2.1 循环型农业

（1）循环型农业产生的背景。世界农业大致经历了从原始农业、传统农业到现代农业 3 个发展历程。进入农业现代化阶段，高投入、高产出的现代农业依靠投入大量的农药和化肥，创造了农业增产奇迹，缓解了人口剧增与粮食生产能力有限的矛盾。但是，由于片面地追求农业产量的增长，在农业中大规模使用化肥、农药、除草剂和农业机械等现代工业化成果，导致了环境污染、生态破坏、土壤退化、水土流失、生物多样化减少等严重后果。农业经济发展与农业生态环境之间的矛盾日益激化，单纯追求产量最大化的现代农业生产模式难以持续发展。

（2）循环型农业的含义。循环型农业，又称绿色农业，是指运用生态学、生态经济学、生态工程学原理及其基本规律为指导，以经济效益为驱动力，以绿色 GDP 核算体系和可持续协调发展评估体系为导向，按“3R”原则，调整和优化农业生态系统内部结构及产业结构，实现物质的多级循环使用和产业活动对环境的负荷最小的农业生产经营模式。循环型农业本质上是一种低投入、低消耗、低污染、高效益的新型农业发展模式，它既继承了现代农业重视经济效益的优点，又继承了我国传统生态农业的一些典型特征，并广泛吸收了循环经济的思想。我国传统农业早已有了农业循环经济的初步认识并付诸实践。如珠江三角洲地区鱼塘桑基模式就属于循环经济。该模式大致可表述为：鱼塘养鱼，塘泥为桑树生长提供肥料，桑叶为蚕提供食粮，蚕的排泄物为鱼提供饲料。

（3）农业生态产业链。在自然生态系统中，生物按其在生态系统中的作用，可划分为三大类群：生产者、消费者和分解者。生物链把生物与非生物、生产者与消费者、消费者与消费者联结成一个整体（图 19-8），物质、能量通过生产者、消费者和分解者间的生物链循环流动。生物链建立了自然界物质的健康循环。

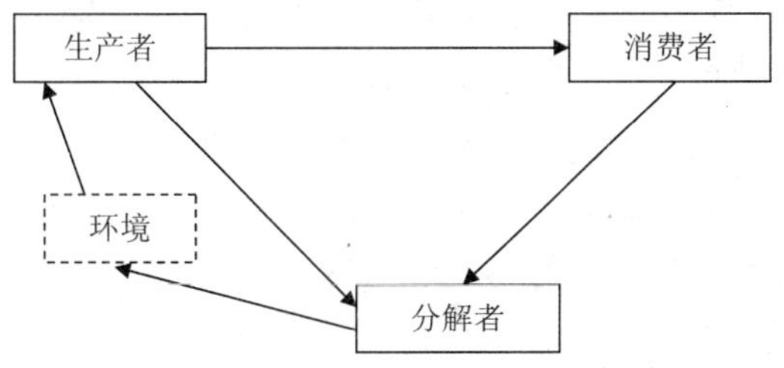

图 19-8 自然生态系统中的生物链

农业的生态产业链（体系）是由生态种植业、生态林业、生态渔业、生态牧业及其延伸的生态型农产品生产加工业、农产品贸易与服务业、农产品消费领域之间通过废物交换、循环利用、要素耦合和产业生态链等方式形成网状结构的相互依存、密切联系、协同作用的生态产业体系（链网）。

一个生态系统存在着多种生物，它们通过一条条生物链密切地联系在一起。农业生态产业链就是以“生物链”原理为依据组织起来的。例如，利用作物秸秆做饲料养猪，猪粪养蛆，蛆喂鸡，鸡粪施于作物，在这一循环中，废弃物得到合理利用，环境污染也减少了。

19.2.2.2 循环型工业

（1）循环型工业产生的背景。随着工业的发展，生产力的提高，各种工业环境问题不断暴露出来：能源消耗量急剧增加，环境污染问题日益加剧。正如丹尼尔·贝尔在《后工业社会的来临》一书中指出的，清洁的空气和水已经越来越成为稀缺的物品。人们从工业化中得到物质利益的同时，也破坏了宝贵的自然资源和人类赖以生存的环境。生态环境和工业的可持续发展成为全球面临的一个严峻问题。

（2）循环型工业。所谓循环型工业，就是遵循循环经济的“3R”原则，要求相关企业在物质与能量的使用上能够形成类似自然生态系统的“食物链”或“食物网”，从而实现工业系统内的物质与能量的封闭循环，达到废物排放最小化的目的。在工业循环经济系统中，各生产过程不是孤立的，而是通过物质流、能量流和信息流互相关联，一个生产过程的废物或副产品可以作为另一过程的原料加以利用。

（3）工业循环化的动力分析。工业循环化（工业绿色化）发展主要来自两方面的动力——外部动力和内部动力。外部动力包括：工业循环化是可持续发展战略的必然要求。可持续发展的核心是经济发展，这里的经济发展不是传统的以牺牲资源和环境为代价的经济发展，而是不降低环境质量和不破坏世界自然资源基础的经济发展。因此可持续发展内在地包含了工业发展的绿色化战略。工业循环化是市场的选择。随着人们对环境问题认识的加深，在世界各地掀起了一股绿色消费浪潮。随着环保运动而兴起的绿色消费理念越来越多地被组织和个人所接受。生产的产品必须为消费者所接受才能实现它的价值，企业才能从中获取利润。生产最终是为消费服务的，符合生态环保标准已经是企业的生存条件。

此外，工业循环化也是企业出于利润考虑的结果，这属于工业循环化的内部动力。在国际市场上，绿色工业产品的价格远远高于同类工业产品。虽然企业生产绿色产品比生产一般产品要投入更多的成本，但在绿色消费成为主流消费模式的时代，企业选择循环经济发展战略将获得更高的利润。利润的刺激使越来越多企业选择循环经济发展战略。

（4）绿色产品。在这里，有必要对绿色产品进行界定。绿色产品首先产生于前联邦德国，是指在生产和使用过程中都符合环保要求，且对生态环境和人体健康无损害的产品，它包括的范围很广，如绿色工业产品、绿色建筑、绿色食品等。

绿色产品需要有权威的国家机构来审查、认证，并且颁发特别设计的环境标志。因而绿色产品又被称为“环境标志产品”。各国设计不同的环境标志，不一定都以绿色为主，但是通常人们仍将这些产品称为绿色产品。1978 年联邦德国最先开始绿色产品的认证，德国的环境标志称为“蓝色天使”。

绿色产品的认证必须以绿色标准为基础。绿色标准概括起来包括以下三方面内容：①产品在生产周期全过程中，少用资源和能源，并且根据特定的环境保护要求，尽可能少污染环境或不污染环境，对生态环境危害极少或无害；②产品在使用过程中能消耗，不会对使用者造成危害，也不会产生新污染物；③产品使用后可以分解拆卸，尽量减少部件，使原材料合理使用。当产品寿命完结后，其零部件经过翻新处理后可重新使用或安全废置。

传统产品设计仅考虑产品的功能、质量和寿命，而不考虑使用及产品废弃对环境的影响，其产品生命周期特征是“从摇篮到坟墓”。绿色产品设计在产品生命周期中从根本上防止环境污染，其产品生命周期特征是“从摇篮到摇篮”。绿色产品设计，是在产品生命周期内，优先考虑产品的环境属性（可拆卸性、可回收性、可维护性、可重复利用性等），以减少对环境的污染，在满足上述要求时，还应保证产品的基本性能。

19.2.2.3　循环型服务业

服务业产生的废弃物有量大、面广的特点，如仓储式销售使用的简易包装袋和塑料包装容器、餐饮业使用的一次性餐具、经常性医疗用品经使用后排放的废弃物等。为此，发展循环型服务业势在必行。所谓循环型服务业，即提供清洁、卫生的产品和服务，且在此过程中减少资源和能源的消耗，减少污染排放量，做到资源循环利用。循环型服务业包括生态旅游、绿色餐饮、绿色贸易等方面。

（1）生态旅游。“生态旅游”（Ecotourism）一词最早由世界自然保护联盟（IUCN）特别顾问、墨西哥专家 H.Ceballos Lascurain 于 1983 年提出，得到世界各国的重视。不同学者对生态旅游有不同的定义，一般认为生态旅游的内涵包括以下 4 个方面：①提高公众的自然保护意识，增强公众保护自然的责任，重视人文环境、文化遗产、生物多样性的保护；②实现资源环境的可持续利用；③争取尽可能大的经济效益；④使当地社区受益。生态旅游以良好的自然生态环境为基础，主要指森林旅游、海洋旅游、农业生态旅游、工业生态旅游、特殊的自然与人文景观旅游等。

生态旅游要实现可持续发展，就要实现包括经济、社会和生态环境的三维目标。社会目标包括社区参与规划、教育和就业，地方文化传统的保护；经济目标包括旅游行业的经济可行、当地社区经济受益；生态环境目标包括旅游资金养生态环境、资源环境没有退化、资源供给导向的自主管理和承认资源的价值。

（2）绿色餐饮。绿色消费是指人们为了满足生态需要而符合环境保护标准的资源和服务的消费，是建立在人、自然、社会和谐一致基础上的，以“绿色、自然、和谐、健康”为宗旨，遵循可持续性原则，以履行社会责任为前提的现代新型消费模式。绿色餐饮则是为满足这种新型消费观念应运而生的餐饮消费。它在饮食上追求“均衡膳食、合理营养、促进健康”，要求食物天然化，环境绿色化和空气、水资源的纯净化，要求在服务过程中有意识引导或倡导、提醒客人适量用餐，并在消费后提供剩余食品打包等。

餐饮行业的清洁生产是一种新的理念，它要求餐饮业将环境管理融入日常经营管理之中，以环境保护为出发点，通过调整餐饮业的经营理念、管理模式、服务方式，实施清洁生产，提供符合人体安全、健康要求的产品，并引导社会公众的节约和环境意识、改变传统的消费观念、倡导“绿色”消费。它的实质是为客人提供符合环保要求的、高质量的产品的同时，在经营过程中节约能源、资源、减少排放、预防环境污染、不断提高产品和服务质量。其核心是在生产经营过程中加强对环境的保护和资源的合理利用。

（3）绿色贸易。随着人们生活质量的普遍提高，环保意识日益深入人心，绿色消费蔚然兴起。据调查，目前世界绿色消费总量已达 2 500 亿美元。47%的欧洲人更喜欢购买绿色食品，其中 67%的荷兰人、80%的德国人在购买时考虑环保因素。正因为如此，企业的竞争不仅是产品性能、服务品质的竞争，也是环境性能的竞争。20 世纪 80 年代以来，越来越多的国家应用环境标准阻止“超标”产品进入本国市场，环境标准已成为贸易的“绿色壁垒”。“绿色壁垒”的表现形式主要有绿色关税、绿色市场准入、绿色反补贴、绿色反倾销、环境贸易制裁、推行国内 PPM 标准及其他标准。随着关税壁垒的不断削减，以生态环保要求作为贸易非关税壁垒（绿色壁垒）的作用日渐加强，越来越多的国家对进出口产品实行了环境标志管理制度。面对绿色经济浪潮，企业必须放弃靠高消耗求发展的传统经营模式，以绿色标准来规范企业的行为，积极发展绿色贸易以应对“绿色壁垒”。这里的绿色贸易是指一切有利于环境保护、资源节约以及人类和动植物生命健康与安全的对外贸易。

绿色消费及其形成的巨大市场是企业实行绿色贸易的内驱力。企业只有加大对绿色技术的研究开发与应用力度，生产出既符合行业标准又符合国际标准的绿色消费需求的绿色产品，才能被国内外市场认可，并保持竞争力。

19.2.3 循环经济的主动模式和被动模式

按企业实现循环经济是否经济，可将循环经济分为主动模式和被动模式。若企业通过节约资源和能源、处理废弃物和使用再生资源、保护环境能增加利润，即能做到既“循环”又“经济”，可称为“循环经济的主动模式”；若在物质上能循环而在财务上“不经济”的，可称为“循环经济的被动模式”。

循环经济属于主动模式还是被动模式，主要受以下 3 个方面因素的影响：环境资源的价格、循环经济技术和企业规模。下面，就这 3 个方面来分析循环经济主动模式和被动模式的转化。

19.2.3.1 环境资源的价格

分析企业实施循环经济对企业利润的影响，即分析循环经济模式对企业成本的影响。实施循环经济后，企业通过资源和能源的减量化、再利用和再循环，减少向市场购买资源量、能源量和向自然环境排放的污染量。企业购买资源、能源或环境容量（如政府征收的排污费）要付出成本；企业要实现循环经济也要付出成本（如技术、设备购买费用等）。

图 19-9 中给出了在技术水平既定的情况下，环境资源价格对循环经济模式的影响。

在技术水平既定的条件下，资源循环利用成本不变，如图 19-9 的水平线所示。如果用 45° 线将横坐标资源或环境容量的价格反映到纵坐标，就可以来比较企业实施循环经济的成本变化了。若循环利用成本大于环境资源成本（如图 *A* 区域），企业实施循环经济将导致企业利润的下降；若循环利用成本小于环境资源成本（如图 *B* 区域），企业实施循环经济将使企业利润增加。

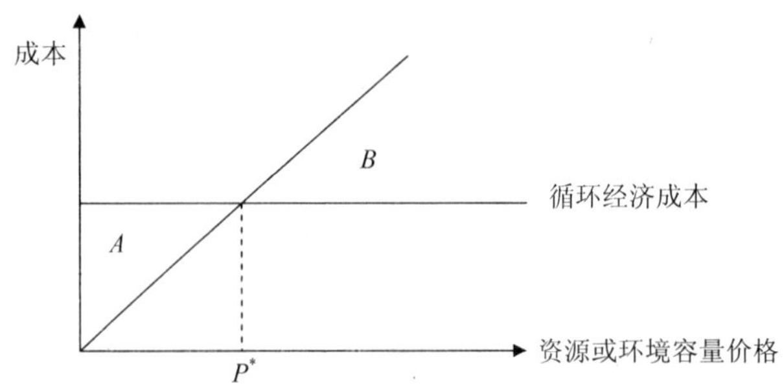

图 19-9 资源或环境容量价格对循环经济模式的影响

基于以上分析可见，若资源或环境容量的价格小于 P^*，企业实施循环经济将减少企业利润；若资源或环境容量的价格大于 P^*，企业实施循环经济将增加企业的利润。然而，在我国现有的市场价格体系和规制条件下，环境资源的价格未能准确反映其供求关系，低价甚至免费的资源使企业落在 A 区域，需要政府给予补贴或奖励来发展循环经济。

19.2.3.2 循环经济技术

当循环经济技术水平发生变化时，企业的循环利用成本随着循环经济所需技术水平的提高而降低，如图 19-10 中向右下方倾斜的曲线所示。同时，假定环境资源价格为一常量，即为平行于横轴的直线。此时，若循环经济技术水平低于 T^*，企业循环利用成本大于环境资源成本（如图 A 区域），企业实施循环经济将导致企业利润的下降；若循环经济技术水平高于 T^*，企业循环利用成本小于环境资源成本（如图 B 区域），企业实施循环经济将增加企业利润。

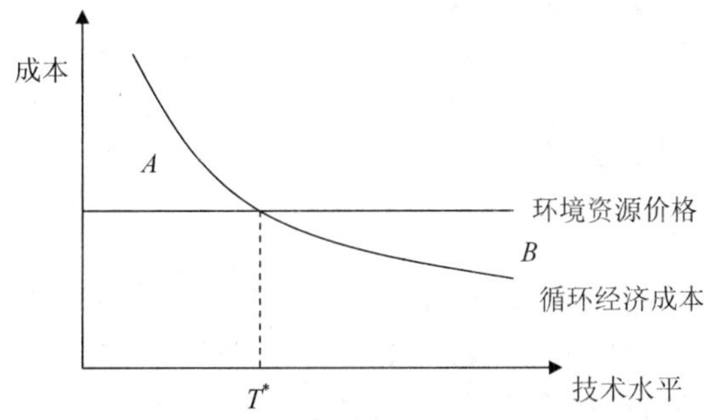

图 19-10 技术条件对循环经济模式的影响

但是，中国循环经济所需技术的发展尚不完善，设备更新成本高、运行成本也较高，使企业实行循环经济的成本较高，大部分企业属于循环经济的被动模式。如浙江、山东等地的数家垃圾焚烧发电厂，由于国内垃圾没有分类收集，含水率高、热值低，焚烧需添加大量燃料助燃，垃圾处理技术难度大等技术性因素，垃圾发电的成本高于传统发电成本，需要政府进行补贴。

19.2.3.3 企业规模

企业实施循环经济需要对原有的生产技术和生产设备进行革新，初始投入会增加，但是随着产量的增大，循环经济的平均成本呈下降趋势。即循环经济具有规模经济特征，成本曲线如图 19-11 所示。

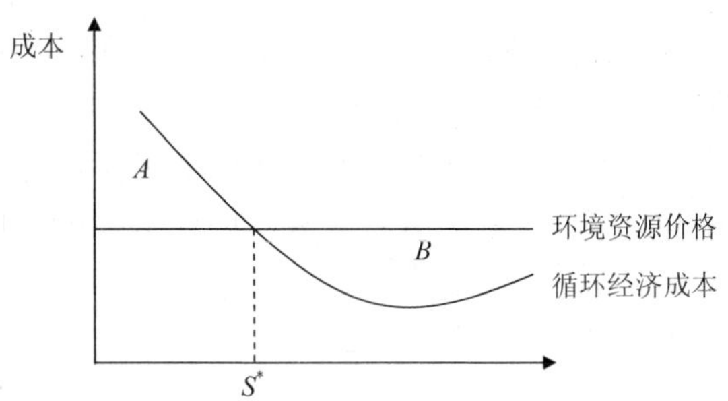

图 19-11 企业规模对循环经济模式的影响

这里，仍假设环境资源的价格为常量。此时，若企业规模小于临界规模 S^*，企业循环利用成本大于环境资源成本（如图 A 区域），企业实施循环经济将导致企业利润的下降；若企业规模大于 S^*，企业循环利用成本小于环境资源成本（如图 B 区域），企业实施循环经济将增加企业利润。

在中国，中小规模企业比例高，很多企业尚未达到循环经济所需的临界规模 S^*，导致企业实行循环经济的成本较高。政府可通过鼓励性政策促进产业集聚，实现工业园区内、块状经济内的规模经济。

循环经济发展的基石是制度和技术使得企业具有微观经济效益。由于减少污染、保护环境具有外部效益，当内部效益低到对企业没有激励作用的程度时，必须有一种机制，使得企业致力于用循环经济模式进行生产所产生的外部效益内部化。

19.3 发展循环经济的保障措施

19.3.1 发展循环经济的主要障碍

19.3.1.1 循环不经济问题

循环不经济指的是企业实施循环经济后，导致了成本的大幅上升，大于因采取循环经济所节约的资源投入成本。循环经济之所以表现出“不经济性”，主要在于以下三方面的原因：①环境资源的价格未能正确地反映其供求关系，低价甚至免费的资源使企业实行循环经济所带来的收益被低估；②循环经济所需的技术尚不完善，设备更新成本高、运行成本也较高，使企业实行循环经济的成本上升；③企业规模较尚未达到循环经济所需的临界规模，导致企业实行循环经济的成本上升，发展循环经济缺乏规模支撑。

19.3.1.2 循环不环保问题

所谓“循环不环保”是指在企业的生产环节中已经做到“3R”原则中的某个原则（广义循环），但是，生产过程中依然排放相当严重的污染物。也就是说，为了实现循环经济，企业在生产过程中产生了其他类型的废弃物。如造纸企业，采用以废纸（再生纸）为原料生产纸张，从资源回收利用的角度做到了“循环”，但是造纸产生的废水排放到河流中，严重污染水质。又如许多废品回收企业，使用榔头、锤子、螺丝刀或手工来拆卸主要来自美国、日本和韩国的电子洋垃圾，提取部分易于回收的贵金属，而大量难以回收的部分用焚烧、掩埋等原始而简单的方式处理，造成了非常严重的环境污染。

19.3.1.3 循环不节约问题

循环不节约是指为了实现某种物质的循环利用，需要投入更多的其他资源。循环不节约问题只有在过分强调循环经济的“再利用、再循环”原则时才会出现。循环经济以“减量化、再利用、再循环”为原则，资源消耗的减量化原则在循环经济的“3R”原则中处于优先地位，即再利用和再循环都要以减量化为基础。因此，在同时满足“3R”原则的狭义的循环经济中不存在循环不节约问题。然而在广义的循环经济中，只要满足“1R”原则或“2R”原则，就可能产生这一问题。

19.3.2 发展循环经济的保障措施

发展循环经济涉及社会、经济、环境各个方面，因此需要从政府、市场、社会 3 个角度来保障循环经济的发展。政府保障包括考核机制保障、法律法规保障、经济政策保障和组织协调保障，市场保障主要为科技创新保障，社会保障主要为舆论引导保障。只有同时具备这 3 个方面的保障，才能使循环经济的发展更加稳固。

19.3.2.1 考核机制保障

现行的国民经济核算体系以国民生产总值（GNP）或国内生产总值（GDP）作为主要指标，它只重视经济产值及其增长速度的核算，而忽视国民经济赖以发展的资源基础和环境条件的核算。这种核算体系实际上是将地方官员的政绩同 GDP 的增长直接挂钩，从而诱导一些地方政府官员片面追求 GDP 的增长速度，而忽视对资源的合理利用和生态环境的有效保护，最终导致了严峻的资源环境问题。这种单纯地以 GDP 论英雄的考核机制与循环经济的理念是相背离的。

因此，必须建立一种包括生态环境保护在内的可持续发展的政绩考核制度。一些经济学家和统计学家们，尝试将环境要素纳入国民经济核算体系，以发展新的国民经济核算体系，这便是绿色 GDP。绿色 GDP 是对 GDP 指标的一种调整，是扣除经济活动中投入的环境成本后的国内生产总值。发展循环经济要求建立一套符合可持续发展需要的经济增长评价体系——绿色的国民经济核算体系（EDP）。

19.3.2.2 法律法规保障

发展循环经济必须构筑相应的法律法规，做到有法可依，有章可循。通过立法把经济发展方式确定为循环经济，并且在各个层面上都有促进循环经济发展的具体的法律法规，从而把循环经济全面纳入法制化轨道，是发达国家发展循环经济的基本经验。

日本促进循环经济发展的法律法规体系在发达国家中是最健全的。2001 年 4 月，日本已开始实施《推进建立循环型社会基本法》《家用电器再利用法》等 7 部法律，具体内容可见本章 19.2 节中日本多层次法律体系模式部分。

在以循环经济立法为主导通过法制化轨道发展循环经济方面，德国走在世界的前列。德国的废弃物处理法早在 1972 年就已经制定，1986 年德国又将该法修订为《废弃物限制处理法》，提出了由“怎样处理废弃物”到“怎样避免废弃物的产生”的思路。在此基础上，德国于 1991 年通过了《包装条例》，于 1992 年通过了《限制废车条例》。在一些主要领域实施循环经济实践后，德国又于 1996 年颁布了新的《循环经济与废弃物管理法》，并建立了与其配套的法律体系。

美国的循环经济立法始于 1976 年制定的《固体废弃物处置法》，后又经过多次修改，但目前还没有一部全国性的循环经济法规。然而，从 20 世纪 80 年代中期俄勒冈、新泽西、罗得岛等州先后制定促进资源再生循环法规以来，现在已有半数以上的州制定了不同形式的再生循环法规。

19.3.2.3 经济政策保障

由于生态环境问题的重要经济根源是外部效应，为了消除这种外部效应，庇古主张政府进行干预，对产生外部效应的单位征税或给予补贴，将其外部成本或收益内部化。合适的经济政策，如奖励、收费等可以引导和促进企业和消费者节约资源和能源，促进资源的循环利用。

（1）政府奖励政策。如美国 1995 年设立的“总统绿色化学挑战奖”，专门支持那些对工业界有实用价值的化学工艺新方法，以减少资源消耗和增加回收利用。再如日本的资源回收奖，这一奖项旨在提高市民回收有用物质的积极性，如日本大阪在全市设 80 多处牛奶盒回收点，市民交还奶盒到一定数量可免费购买图书。英国 2000 年开始颁发的 Jerwood-Salters 环境奖，用于资助在绿色化学方面卓有成就的年轻学者。

（2）税收优惠政策。政府主要针对使用再生资源利用处理类设备的企业制定税收优惠政策。美国政府为生产节能型家电的厂家提供抵税优惠，同时，消费者购买节能产品也将获得抵税优惠。美国亚利桑那州 1999 年颁布的有关法规中，对分期付款购买再生资源及污染控制型设备的企业可减销售税 10%；美国康涅狄格州对再生资源加工利用企业除提供低息风险资本小额商业贷款以外，州级企业所得税、设备销售税及财产税也可相应减免。日本对废塑料制品类再生处理设备在使用年度内，除了普通退税外，还按取得价格的 14% 进行特别退税。对废纸脱墨处理装置、处理玻璃碎片用的夹杂物除去装置、铝再生制造设备、空瓶洗净处理装置等，除实行特别退税外，还可获得 3 年的固定资产税退还。

（3）资源环境税政策。不少国家还通过征收垃圾税等措施直接刺激循环经济发展。①征收新鲜材料税。以此促使少用原生材料、多进行再循环。②征收生态税。如德国除风能、太阳能等可再生能源外，汽油、电能要征生态税，间接产品也不例外。③征收填埋和焚烧税。美、英、法等国开始征收垃圾填埋和焚烧税，主要针对将垃圾直接运往倾倒场的公司或企业。设立该税种可促使减量化。

（4）押金-退款政策。可归还的保证金法是指政府对某些产品的生产过程或产品报废时容易产生污染的生产企业收取保证金，当企业达到达标排放或报废产品收回时，政府再把保证金归还给企业。美国总审计局的一项研究表明，此法可以使废弃物在重量上减少 10%～20%，在体积上减少 40%～60%。这一政策的最佳用途是鼓励人们回收必须进行安全处理的产品，如汽车上的蓄电池。

19.3.2.4 组织协调保障

循环经济是一个涉及社会、经济、环境各方面的系统工程，发展循环经济需要政府和社会各部门的组织与协调。一般来讲，循环经济活动的主体包括政府、企业、社会团体和公众，在市场经济体制下，必须界定中央政府、地方政府、企业、非政府组织和公众等相关主体的责任和义务，同时，明确有关行政主管部门的职责分工，形成“政府推动、市场主导、法律规范、政策扶持、科技支撑、公众参与”运行机制。

19.3.2.5 科技创新保障

循环经济对科技的要求比末端治理时代要高，它突破废水、废气、废渣处理的技术范围，扩展到了减少原材料和能源的消耗、用对环境污染小的材料替代对环境污染严重的材料、减少一次性用水、用现代化设备取代低效率设备等技术层面。环境治理的范围从末端延伸到了全程。相对于传统工业线性经济，循环经济发展模式要求从主要依靠自然资源转向主要依靠科技创新，从以牺牲环境为代价转向环境、经济和社会的协调发展。可以说，循环经济是先进生产技术和关键链接技术及废旧资源再利用技术支撑的经济。科技进步是推动循环经济发展的动力，因此发展循环经济必须建立起与之相应的科技创新保障。

实施循环经济需要独特的技术支撑体系，这个体系的核心技术是环境无害化技术。其特征是污染排放量少，合理利用资源和能量，更多地回收废物和产品，并以不损害环境质量的方式处置最终废弃物。循环经济技术主要包括如下一些类型的技术：

（1）污染治理技术。即主要用于消除污染的环境工程技术。其特点是不改变生产系统和工艺路线，只是在生产过程的末端通过净化废弃物来实现污染控制。以这个技术支撑的环保产业正在成为一个新的产业部门获得迅速发展。这类技术主要用于工农业生产的各类控制和净化废弃物的装置和设备，如汽车尾气控制和煤烟脱硫等大气污染防治技术、水污染防治技术、填埋和焚烧垃圾处理技术、噪声污染防治技术等。

（2）废物利用技术。通过这些技术实现废弃物和生活垃圾的资源化处理。如废纸再生加工技术、废玻璃加工再生技术、废塑料转化为汽油和柴油技术、有机垃圾制造复合肥料技术、废电池等有害废物回收利用技术等。

（3）清洁生产技术。通过这些技术实现生产过程的污染零排放和产品的绿色化。它们在环境无害化技术体系中占据着核心位置。清洁生产技术包含两大方面的内容：清洁生产和清洁产品，即不仅生产过程无污染或少污染，而且生产出来的产品在使用和最终报废处理过程中也不会对环境造成损害。清洁生产技术是循环经济所依赖的主要技术。

19.3.2.6　舆论引导保障

引导公众改变传统的大量消耗资源、能源，不关心环境的生活习惯和生活方式，树立绿色消费观，提倡绿色生活方式，鼓励消费那些不污染环境、不损害人体健康的产品，使循环经济理念融入每一个人的生活中去。加强宣传，鼓励公众参与，提高全社会对绿色经济、循环经济的关注。

发达国家非常重视运用各种手段和舆论传媒加强对循环经济的社会宣传力度，以提高公众对实现零排放或低排放社会的意识。例如，日本大阪市结合城市美化进行宣传活动，每年 9 月发动市民开展公共垃圾收集活动，并向家庭发放介绍垃圾处理知识和再生利用宣传小册子，鼓励市民积极参与废旧资源回收和垃圾减量工作。美国十分重视运用各种手段宣传循环经济，美国环保局与全国物质循环利用联合会专门开设网点，宣传有关再生物质的知识，并把每年的 11 月 15 日定为“美国回收利用日”。公众对于垃圾处理和回收等有任何问题，都可拨打“311”热线得到答复。

思考题

1. 简述宇宙飞船理论。
2. 什么叫循环经济？它与生态经济的联系与区别如何？
3. 试述循环经济的技术特征与制度特征。
4. 什么叫循环不经济、循环不环保、循环不节约？如何解决这些问题？
5. 发展循环经济的主要制约因素有哪些？

参考文献

[1]　Barbier E B. Economics，Natural Resource Scarity and Development[M]. London：Earthscan，1989.

[2]　Ernest A L，John L W，Stephen R M. Discovering Industrial Ecology[M]. Battelle Press，1997.

[3] Frosch Robert，Gallopoulos Nicolas．可持续工业发展战略[J]．科学美国人，1989（9）．

[4] 戴维·皮尔斯，杰瑞米·沃福德．世界无末日——经济学·环境与可持续发展[M]．北京：中国财政经济出版社，1996.

[5] 丹尼尔·贝尔．后工业社会的来临[M]．北京：新华出版社，1997.

[6] 威廉·麦克唐纳，迈克尔·布朗嘉特．从摇篮到摇篮[M]．上海：同济大学出版社，2005.

[7] 冯之浚．循环经济导论[M]．北京：人民出版社，2004.

[8] 刘国涛．循环经济·绿色产业·法制建设[M]．北京：中国方正出版社，2004.

[9] 周宏春，刘燕华，等．循环经济学[M]．北京：中国发展出版社，2005.

[10] 曹洁．日本“循环经济”相关法规及其借鉴[J]．日本问题研究，2004（3）．

[11] 段宁．清洁生产、生态工业和循环经济[J]．环境科学研究，2001（6）．

[12] 李兆前，齐建国．循环经济理论与实践综述[J]．数量经济技术经济研究，2004（9）．

[13] 钱易．清洁生产与可持续发展[J]．节能与环保，2002（7）．

[14] 汤天滋．主要发达国家发展循环经济经验述评[J]．财经问题研究，2005（2）．

[15] 王虹，韩福荣．循环经济思想发展与影响评述[J]．北京工业大学学报：社会科学版，2004（4）．

[16] 解振华．关于循环经济理论与政策的几点思考[N]．光明日报，2003-11-03.

[17] 沈满洪．发展循环经济的战略思考[J]．学习与实践，2006（11）．

第 20 章　低碳经济理论

发展低碳经济是推进中国生态文明建设的应有之义。从以气候变暖为代价的高碳发展转向以气候友好为特征的低碳发展，必须大力发展气候友好型产业、大力推进气候友好型消费、大力建设气候友好型社会。本章 20.1 节简述了低碳经济的提出与发展历程，20.2 节界定了低碳经济的基本概念，20.3 节阐述了低碳经济的若干经典理论，20.4 节探究了低碳经济在中国的实践，20.5 节归纳整理了发展低碳经济的具体对策。

20.1　低碳经济的提出与发展

20.1.1　低碳经济提出的背景

在正式提出低碳经济之前，全球二氧化碳减排谈判过程步履维艰，主要经历了《京都议定书》、巴厘岛路线图和哥本哈根会议 3 个重要阶段。

1997 年 12 月在日本京都召开的《联合国气候变化框架公约》缔约方第 3 次会议通过了旨在限制发达国家温室气体排放量以抑制全球气候变暖的《京都议定书》。《京都议定书》规定，到 2010 年，所有发达国家排放的二氧化碳等 6 种温室气体排放量要比 1990 年减少 5.2%。具体地说，各发达国家从 2008—2012 年必须完成的削减目标是：与 1990 年相比，欧盟削减 8%、美国削减 7%、日本削减 6%、加拿大削减 6%、东欧各国削减 5%～8%。新西兰、俄罗斯和乌克兰可将排放量稳定在 1990 年水平之上。议定书同时允许爱尔兰、澳大利亚和挪威的排放量比 1990 年分别增加 10%、8%和 1%。

2005 年 2 月 16 日，《京都议定书》正式生效。这是人类历史上首次以法规的形式限制温室气体排放。为了促进各国完成温室气体减排目标，议定书允许采取以下 4 种减排方式：①两个发达国家之间可以进行排放额度买卖的“排放权交易”；②以“净排放量”计算温室气体排放量，即从本国实际排放量中扣除森林所吸收的二氧化碳的数量；③可以采用绿色开发机制，促使发达国家和发展中国家共同减排温室气体；④可以采用“集团方式”，即欧盟内部的许多国家可视为一个整体，采取有的国家削减、有的国家增加的方法，在总体上完成减排任务。

2007 年 12 月，在印度尼西亚巴厘岛举行的《联合国气候变化框架公约》第 13 次缔约方会议着重讨论“后京都”问题，即《京都议定书》第一承诺期在 2012 年到期后如何进一步降低温室气体的排放。会议要求国际社会在公约和议定书“双轨”谈判进程下于 2009 年底在丹麦哥本哈根会议上就如何进一步加强 2012 年后应对气候变化国际合作达成结果。“巴厘路线图”的核心是促进公约和议定书的全面、有效和持续实施。15 日，联合国气候变化大会通过了“巴厘路线图”，启动了为期两年的新一轮气候变化国际谈判。

2009 年 12 月 7 日在丹麦哥本哈根召开的联合国气候变化大会，全世界 119 个国家的领导人和联合国及其专门机构和组织的负责人出席了会议。会议决定延续“巴厘路线图”的谈判进程，授权《公约》和《议定书》两个工作组继续进行谈判，并在 2010 年年底完成工作。此次哥本哈根会议主要是维护了《公约》和《议定书》确立的“共同但有区别的责任”原则，在“共同但有区别的责任”原则下最大范围地将各国纳入了应对气候变化的合作行动，并在发达国家提供应对气候变化的资金和技术支持方面取得了积极的进展，在减缓行动的测量、报告和核实方面维护了发展中国家的权益等。

20.1.2 低碳经济提出的动机

低碳经济首次正式提出是在 2003 年，英国前首相布莱尔当年发表了《我们未来的能源：创建低碳经济》白皮书中正式使用“低碳经济”一词。当时提出这一概念的最终目的仅仅是减少大气中二氧化碳的排放，这是因为全球气候变暖会导致各种威胁人类生存环境的因素产生。倡导“低碳经济”成为现代人类得以生存和发展的迫切需要。不过，不同学者对于低碳经济提出的动机解读不尽相同。

20.1.2.1 威胁论

研究数据表明，全球以 1%的国内生产总值投入可以避免将来每年 5%～20%的国内生产总值的损失。科学研究表明，地球生态系统自净二氧化碳的能力每年只有 30 亿 t，全世界每年约剩下 200 多亿 t 残留在大气层中，使地球生态系统不堪重负。大气层中二氧化碳残留的增加将使得气候变化更为反复无常，气象灾害范围更大、更频繁和更严重，这将直接威胁着人类的生存和发展。斯特恩指出气候变化的经济代价堪比一场世界大战的经济损失，并呼吁全球向低碳经济转型。与此同时，随着全球人口和经济规模的不断增长，能源使用带来的环境问题及其诱因不断地为人们所认识，不只是烟雾、光化学烟雾和酸雨等危害，大气中二氧化碳浓度升高带来的全球气候变化业已被确认为不争的事实。此外，过度消耗化石燃料所导致的全球变暖已触及能源安全、生态安全、水资源安全和粮食安全，甚至威胁到人类的生存。

20.1.2.2 政策论

政策论认为低碳经济的提出主要是指在气候变化的过程中强调政府和企业等市场主体的应对策略。中国作为世界最大的发展中国家、世界经济增长最快的新兴工业化国家和世界第二大能源生产国和消费国，低碳经济是其在全球化发展进程中，正确处理生态环境与经济发展的关系，积极应对全球气候变暖，实现经济由“黑猫”向“绿猫”发展模式转变的一种理性选择。美国经济学家斯蒂格利茨在 2006 年发表的题为“A New Agenda for Global Warming”一文中曾指出全球变暖是全球化背景下需要共同解决的共同环境问题，强调创建一种强制性制裁机制（如课征相关商品高额关税）和课征全球统一的环境税来解决美国和发展中国家的环境污染问题。换言之，发展低碳经济主要是在于应对全球性化石能源短缺和气候变化问题，主张设计出合理的基于气候变化和能源安全考虑的制度安排。

20.1.2.3 博弈论

气候变化问题已经引起了当今社会的广泛关注，国际气候政治博弈不断升温，哥本哈根会议给人们的启示是：世界气候变化问题的谈判不仅关乎保护全球气候，更涉及国家发展权益。在相关博弈格局中，欧盟在气候问题上拥有资金与技术上的优势，也希望在气候这个新领域打破过去近百年沦为美国附属国的困局，以重拾国际关系的话语权为最终的政治目的；美国在国际气候问题上既要掣肘欧盟气候外交领导者地位的形成，又要坚持奉行单边主义，努力使气候政治博弈朝着自己期待的方向发展；中国在参与全球气候变化中表现积极，一直坚持“共同但有区别的责任”原则，坚持自主减排。虽然在未来气候政治博弈中有竞争，但各博弈方更多地应强调合作。

20.1.3　低碳经济的发展定位

国际上，德国政府提出实施气候保护高技术战略，先后出台了五期能源研究计划，以提高能源效率和开发可再生能源为重点，为高技术战略提供资金支持；美国实施“总量控制和碳排放交易”计划，设立国家建筑物节能指标，成立芝加哥气候交易所，开展温室气体减排量交易。2008 年奥巴马政府投入上百亿美元改造现有电网以降低电力传输成本，为混合动力和电动汽车大规模使用提供经济高效的基础设施，并实施“清洁技术岗位培训计划”。丹麦和英国等国家则制定建筑节能标准、强制淘汰高耗能照明设备等。

在国内，低碳经济不仅可以成为抵御经济下行的有效方式，而且是确保在中长期经济持续增长最可行的手段之一。在当前气候变化的背景下，全球如何向低碳经济转型，并且在怎样的规模上快速促进向低碳经济转型的问题是未来研究低碳经济发展的趋势。创新我国低碳经济发展模式应当从观念创新、技术创新、市场创新以及政府考核创新四方面加以完善，以夯实我国低碳经济发展模式创新的由内而外的体系架构。与此同时，发展低碳经济应充分利用我国在碳交易市场上的广阔前景，积极开拓国际碳汇市场，尽早出台碳交易市场管理规范，着手培育熟悉国际碳交易规则的本土碳交易商。此外，发展“低碳产业”、构建“低碳城市”、创新“低碳科技”等也是现阶段我国发展低碳经济的重要方向。

低碳经济发展定位的研究关注低碳经济与经济增长的关系。人们担心的是减少二氧化碳排放是否会阻碍经济增长，或者是说减少二氧化碳排放在多大程度上限制了经济增长。研究表明，经济增长和温室气体减排能够共同实现。在德国，基于 2050 年实现 1990 年基础上减少温室气体排放 80%的可能性模拟，经济的增长和温室气体减排的共同实现是可能的。在英国，基于减少住房二氧化碳排放的技术可行性探讨，到 2050 年实现 1990 年基础上减排 80%也是可能的。在细分经济部门，各国人均碳排量与对美国出口量之间关系密切，研究结果表明在控制了人口密度、国内生产总值和外商直接投资的情况下，一国对美国出口越多，人均碳排放量也越大，出口产品中天然气、石油和煤炭、化工产品和再进口产品所占的比重越大，人均碳排放量就越大。

国内发展低碳经济的定位相对模糊，具体体现为以下几个方面：①发展阶段。中国尚处于工业化、城市化快速发展的阶段，人口增长、消费结构升级和城市基础设施建设使得对能源的需求和温室气体排放不断增长。人们开始探索现阶段是否发展低碳经济、何时发展低碳经济。②发展方式。长期以来，中国经济发展呈现粗放式的特点，对能源和资源依赖度较高，单位 GDP 能耗和主要产品能耗均高于主要能源消费国家的平均水平。鉴于特殊的发展方式，人们开始探讨什么样的低碳经济发展模式有利于中国实现结构转型。③资源禀赋。中国“富煤贫油少气”的能源资源结构，决定了中国以煤为主的能源生产和消费格局将长期存在。由此，人们不禁要问中国发展低碳经济是否会陷入发展困局。④贸易结构。在全球产业分工体系中，美国、日本、欧盟等已进入知识经济或服务经济时期，在全球产业分工体系中处于领先地位，而中国产业仍处于低端位置，在产业技术含量、附加值和竞争力等方面均与发达国家有较大落差，发展低碳经济势必会对出口产生深刻影响。

20.2 低碳经济的内涵界定

《我们能源的未来：创建低碳经济》一书中将低碳经济定义为：通过更少的自然资源消耗和更少的环境污染获得更多的经济产出；低碳经济是创造更高的生活标准和更好的生活机会，也为发展、应用和输出先进技术创造了机会，同时也能创造新的商机和更多的就业机会。但是，该书并未阐明低碳经济的内涵，上述理解又往往会使低碳经济概念泛化。

20.2.1 低碳经济的代表性观点

经过国内外学者的深入研究，低碳经济的内涵大致可以分为以下几种论点。

20.2.1.1 制度变革论

低碳经济是指依靠创新性的制度安排实施一场能源革新，即建立一种较少排放温室气体的经济发展模式；低碳经济的实质是能源效率和清洁能源结构问题，核心是能源技术创新和制度创新，目标是减缓气候变化和促进人类的可持续发展。低碳革命与工业革命、信息革命不同，工业革命、信息革命是由革命性的技术引领，它是一种主动的、没有边界的转型，它不需要国际合约制度而自发发展；而低碳革命则不是这样的，我们没有革命性的技术，只有一种刚性的约束，即碳总量的减排目标，它是一种被动式的制度革新。

20.2.1.2 经济形态论

低碳经济是指经济体系只有很少或没有温室效应气体排放到大气层中，或指经济体系的“碳足迹”接近或等于零的经济发展形态。气候集团在《盈余：低碳经济的成长》中介绍了低碳经济的概念与内涵，并指出低碳经济是一种经济形态。该形态具有更高的投资回报率，能够显著地增加产量，缩短生产周期，提高生产可靠性，改善产品质量，改善工作环境并鼓舞员工士气，在新增就业方面具有巨大潜力，其增长速度也高于其他经济形态。作为一种新型的经济形态，它是指在可持续发展理念指导下，通过低碳技术创新、低碳制度创新、产业低碳转型等手段，尽可能地减少煤炭、石油等高碳能源消耗，减少温室气体排放，达到经济社会发展与生态环境保护双赢的一种经济发展形态。

20.2.1.3 循环发展论

低碳经济是为了降低生产中的温室气体排放量，重在建立低碳能源体系、开发低碳技术和转变高碳产业结构，核心内容是实施低碳政策、开发和使用低碳产品，以大量减缓碳排放来适应气候变化的经济模式。该论点强调发展低碳经济就是要努力减少化石燃烧和碳酸盐（岩石）分解导致的大气碳库藏量的增加，同时通过气体交换及光合作用增加海洋碳库和陆地碳库的藏量，通过人工二氧化碳矿化过程（地质存储）及二氧化碳再利用过程减少大气碳库的藏量，鼓励使用海洋生态系统及陆地生态系统中的可再生碳替代化石资源消耗。循环低碳就是要求围绕能源及化学品的生产、运输、分配、使用和废弃全过程开发有利于节能和降低二氧化碳排放的技术与产品，关注二氧化碳捕集、重复利用和埋藏，制定配套的政策，以实现节约能源、保护自然生态和经济可持续发展的总目标。

20.2.2　低碳经济的内涵与特征

综上所述，低碳经济是以二氧化碳为主的温室气体减排为基本特征的经济形态，主要表现为高碳经济低碳化和低碳技术经济化。高碳经济低碳化就是产业经济活动和消费生活方式都要进行碳减排；低碳技术经济化就是低碳技术和低碳产品等成为企业获取最大利润的新契机和居民获取最大效用的新时尚。

与低碳经济概念相对应，低碳发展就是以二氧化碳为主的温室气体减排为基本特征的发展模式，具体表现为低碳理念、低碳产业、低碳消费、低碳科技、低碳制度等。低碳理念是低碳发展的指导思想，低碳产业和低碳消费是低碳发展的两个重点，低碳科技和低碳制度是低碳发展的两只轮子。

低碳经济的主要特征有：

（1）低碳化。即包含生产、交换、分配和消费在内的整个社会再生产全过程的低碳化，目标是将二氧化碳等温室气体的排放尽可能降低直至零排放。

（2）生态化。即包括生产、交换、分配和消费在内的整个社会再生产全过程的能源消费生态化，以此形成低碳能源甚至无碳能源的国民经济体系，确保整个经济社会的清洁发展。

（3）技术性。低碳经济需要通过能效技术和温室气体减排技术的研发和产业化来提高能源效率，降低二氧化碳等温室气体的排放强度。

（4）战略性。低碳经济要求进行能源消费方式、经济发展方式和人类生活方式的全新变革，是人类调整自身活动、适应地球生态系统的长期战略性选择。

（5）全球性。全球气候系统是一个整体，气候变化的影响具有全球性，温室气体过度排放是一损俱损的事情，控制温室气体排放是一荣俱荣的事情，低碳发展需要全球合作。

（6）阶段性。在农业社会中，大气中二氧化碳的含量一直稳定在 250～280 ml/m^3；到了工业社会，工业文明的标志是人类对碳氢化合物的发现和使用。低碳经济是致力于建设在化石能源高效清洁利用和开发可再生能源基础之上的低碳经济。

20.3　低碳经济的重要理论

20.3.1　低碳经济的驱动理论

20.3.1.1　能源危机假说

能源是人类文明的重要支柱，是经济社会发展的“火车头”。由于多种复杂因素交织于石油的供给与需求之间，20 世纪爆发了三次能源危机，每一次都严重地摧残了经济增长，引发了经济危机，导致社会动荡加剧。为了避免陷入能源危机的窘境，人类一直在探索发展新能源和节能产业，期待着从开采化石能源到制造新能源和可再生能源的伟大变革，因此能源危机是人类叩响低碳时代大门的最初动因。处于工业化、城市化快速发展阶段的中国，未来相当长一段时间内，还将保持对能源和资源的大量需求，能源短缺现象十分突出，煤炭和石油等能源的短缺威胁异常突出。

20.3.1.2 气候危机假说

气候变化主要是由工业革命以来人类活动特别是发达国家工业化过程的经济活动引起的。工业革命以来，人类消耗了大量的化石燃料，排放了大量的二氧化碳等温室气体。化石燃料燃烧、土地利用变化等人类活动所排放的温室气体导致大气中温室气体浓度大幅度增加，地球气候生态系统的"温室效应"显著。为了防止这一危机危害到人类生存环境的恶化，2003 年，英国政府在其能源白皮书《我们能源的未来：创建低碳经济》中明确提出，发展"低碳经济"的目标是 2010 年二氧化碳排放量在 1990 年水平上减少 20%，到 2050 年减少 60%，到 2050 年建立低碳经济社会。

20.3.1.3 金融危机假说

2008 年由美国次贷危机引发的金融海啸致使全球主要金融市场出现流动性不足，且演变成全球性的实体经济危机，企业大量倒闭，失业率提高，经济萧条，社会动荡不安。为了走出金融危机的困局，各国政府纷纷推出各种救助方案，主要投资于战略性的新能源和可再生能源等新兴产业。联合国秘书长潘基文与多国政要为《国际先驱论坛报》撰文称："当世界面对多个危机考验的时候，答案就在于寻找共同之处。目前，世界面临金融危机和气候变化两大难题，解决的办法就是发展绿色经济。"此处，绿色经济是广义的概念，包括应对金融危机和气候变化的关键路径——发展低碳经济。

20.3.2 低碳经济的价格理论

水价和电价的定价方式对于二氧化碳而言具有参考意义。以阶梯式水价为例，居民用水实行以基本用水为基数、超基数加价的多阶梯定价。以电价的定价方式为例，阶梯式累进电价是其中一种重要的计算方式。在诸如此类能源的定价过程中，成本是价格的核心要素，现行能源和资源的价格往往是基于治理成本加成定价而成。除此之外，主流经济学尝试运用影子价格理论对二氧化碳的价格进行估算，估算理论有两种主要方法。

20.3.2.1 距离函数

从 20 世纪 90 年代开始，理论界开始采用距离函数来包含非合意性产出，并推导出环境敏感性生产率和非合意产出的影子价格。距离函数实质上是前沿生产函数的一种应用，前沿生产函数与传统生产函数的最大区别在于前者考虑了决策单位的无效率项，即在实际的经济运行中，基本单元在给定的投入条件下，受到外部不可控制因素的影响，会有一定的效率损失，因而可能达不到潜在的最大产出。距离函数实际刻画的是以前沿效率为最优效率以及生产集内各单元到生产前沿的距离大小。

基于产出的距离函数假设有 N 种投入要素 x、生产出 M 种产出 u，其中产出向量 u 同时包含了合意产出与非合意产出。生产技术 $P(x)=\{u : x \text{ can produce } u\}$，允许产出弱处置而非强处置，产出距离函数定义为

$$D_o(x,u) = \inf\{\theta : (u/\theta) \in P(x)\} \tag{20.1}$$

在这个定义下，需要求最小的 θ 值将产出扩张到产出前沿面的目的。当且仅当 $\theta=1$ 时，该单元效率处于前沿面上。

同理，投入距离函数则是将产出固定，使投入最小化。令投入向量，产出向量，生产技术 $L(u)=\{x : x \text{ can produce } u\}$，于是投入距离函数被定义为

$$D_I(x,u)=\sup\{\rho:(x/\rho)\in L(u)\} \tag{20.2}$$

这里要求ρ的最大值，从而最大限度地缩减固定产出下的投入。当$\rho=1$ 时，该点效率处于前沿面。

此外，基于投入或产出方向的距离函数，可以进一步推导出非合意性产出的影子价格，设产出价格 $r=(r_1,\cdots,r_m)$，假定 $r\neq 0$，收入函数可以定义为

$$R(x,r)=\sup\{ru:D_o(x,u)\leqslant 1\} \tag{20.3}$$

对于凸的产出集 $P(x)$，基于 $R(x,r)$与 $D_o(x,u)$之间的对偶性，构建拉格朗日函数并对产出求一阶导数可以得到非合意产出相对于合意产出的影子价格：

$$r_m=R\cdot r_{m'}^{*}(x,u)=R\cdot\left[\frac{\partial D_o(x,u)}{\partial u_{m'}}\right]=r_m^{o}\cdot\frac{\partial D_o(x,u)/\partial u_{m'}}{\partial D_o(x,u)/\partial u_m} \tag{20.4}$$

其中，将观察到的合意产出价格 r_m^o 作为标准化价格，因为合意产出价格具备可观测、市场化的价格，而 $r_{m'}$ 为非合意产出的绝对影子价格，因此产出/投入距离函数也可用来计算污染物的影子价格。

20.3.2.2　方向性距离函数

方向性距离函数与普通距离函数的区别在于：对合意性、非合意性产出联合生产的假设不同。距离函数只考虑合意性产出的最大扩张，而方向性距离函数则在考察合意性产出增加的同时，还考察非合意性产出的减少，只有当合意性产出无法继续扩张、非合意性产出无法继续减少时，观测点才处于效率前沿。

假定投入向量为 x，合意性产出向量为 y，非合意性产出为 b，生产技术定义为 $P(x)=\{(y,b):x \text{ can produce } (y,b)\}$，它有两个特性：

（1）合意产出是自由处置的，非合意产出是弱处置的。

$$(y,b)\in P(x)，y'\leqslant y \text{ 时，则}(y',b)\in P(x) \tag{20.5}$$

$$(y,b)\in P(x)，0\leqslant\theta\leqslant 1 \text{ 时，则}(\theta y,\theta b)\in P(x) \tag{20.6}$$

（2）联合生产。

$$(y,b)\in P(x)，\text{如果 } b=0，\text{那么 } y=0 \tag{20.7}$$

方向性距离函数首先需要构造 $g=(g_y,\ -g_b)$的一个方向向量，该向量用以约束合意性产出与非合意性产出的变动方向与变动大小，即在方向矢量所规定的路径上增加（减少）合意性（非合意性）产出，方向向量的具体选择需要根据研究需要或政策取向的偏好等因素决定。方向性产出距离函数可定义为

$$\vec{D}_o(x,y,b;g_y,g_b)=\sup\left\{\beta:(y+\beta g_y,b-\beta g_b)\in P(x)\right\} \tag{20.8}$$

β 表示与前沿生产面上最有效的单元相比，给定单元合意性产出（非合意性产出）可以扩张（缩减）的程度。如果$\beta=0$，表示这个决策单元在前沿生产面上，即最有效率。β 值越大，表明该决策单元合意性产出继续增加的潜力较大，同时非合意性产出缩小的空间

也较大，因此其效率越低。

在图 20-1 中，$P(x^t)$是生产可能集，产出距离函数沿着由原点与观测点 A 所确定的射线，将合意性产出 y^t 与非合意性产出 b^t 同比例扩张到前沿面上的 C 点；而方向性产出距离函数的思路则是：给定方向向量 $g=(g_y, -g_b)$的路径，扩张合意性产出 y^t，同时缩减非合意性产出 b^t，从而到达产出前沿面的 B 点上。显然，对于距离函数而言，从无效点 A 移动到前沿上的 C 点，要么存在“过度”的非合意性产出，要么存在合意性产出“不足”，而方向性距离函数则不仅考虑合意性产出的扩张，而且使得非合意性产出最大缩减，更能刻画其真实的生产率，因而近年来，采用方向性距离函数模型测度环境敏感性生产率的研究不断增加。

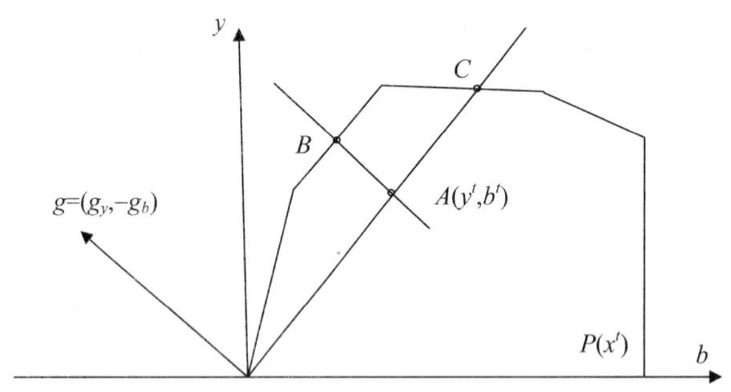

图 20-1　方向性距离函数与产出距离函数示意图

与距离函数中关于影子价格的估算模型一致，方向距离函数中影子价格由下式给出：

$$q=-p\left[\frac{\partial\vec{D}_o(x,y,b;g_y,-g_b)/\partial b}{\partial\vec{D}_o(x,y,b;g_y,-g_b)/\partial y}\right] \tag{20.9}$$

式中：p ——合意产出价格；

q ——非合意产出价格。

20.3.3　低碳经济的前沿理论

20.3.3.1　碳交易理论

碳交易即碳排放权交易，是通过市场交易机制来减少全球二氧化碳排放的经济手段，其基本特征是不同经济主体的二氧化碳边际减排成本存在差异性。该机制的理论基础是戴尔斯的排污权理论。戴尔斯率先提出通过创建可交易的产权来进行污染物处理的建议。他认为，政府可以通过自己签发的排污权数量来选择一定的污染水平。由于可交易排污权通常有一个明确的价格，因此易于建立一个排污权交易市场。与此同时，在公开市场上排污权的买卖以及由此而确定的排污权价格使得不同排放源之间的“反污染努力”能够实现资源的有效配置。从本质上来说，市场能够自动保证以尽可能小的社会成本来实现更大的污染物排放水平。

清洁发展机制是现存的唯一的可以得到国际公认的碳交易机制。清洁发展机制是根据《京都议定书》第 12 条建立的发达国家与发展中国家合作减排温室气体的灵活机制。它允许工业化国家的投资者在发展中国家实施有利于发展中国家可持续发展的减排项目，从而减少温室气体排放量，以履行发达国家在《京都议定书》中所承诺的限排或减排义务。当然，清洁发展机制并不是一个非常完善的机制，其本身存在着一定的缺陷。从长远来看，清洁发展机制对于全球气候变化问题而言不是一个完全的解决办法，一方面是因为它解决不了“碳泄漏”问题，另一方面是因为在该机制下可能产生在发达国家和发展中国家之间进行碳贸易的不良动机。

20.3.3.2　碳关税理论

碳关税是一种进口关税，按照产品生产过程中排放的二氧化碳排放量进行征收，它是一种比较严厉的边境调节措施。碳关税的征收标准主要有两种：①主张以进口国（如欧盟、美国）生产单位产品导致二氧化碳排放量作为征税标准；②主张以出口国（如发展中国家）生产单位产品导致二氧化碳排放量作为征税标准。林伯强通过可计算一般均衡模型，比较了 OECD 国家对不同发展中国家（中国、印度和巴西）征收碳关税的影响，得出由于“碳泄漏”问题的存在，碳关税很难降低全球二氧化碳排放量；不同于普通关税，碳关税的影响不是中性的，对不同产业会产生不同影响；碳关税会影响各国收入及其国内收入分配；碳关税会影响各国进出口贸易的结论。

20.3.3.3　碳泄漏理论

不论是碳交易理论还是碳关税理论，碳泄漏都是一个关键性的问题。碳泄漏也称竞争力损失，是指一组国家碳排放减少被其他国家排放增加所抵消的碳。具体来说，实施严格碳排放政策的国家因成本提高，其生产活动会转移到碳排放政策宽松的国家，导致前者的碳排放在一定程度上被后者所抵消。张中祥指出 1 t 温室气体在地球上任何一个地方排放与在其他地方排放的效果相同，简单地把碳密集型产品从限制碳排放的国家转移到较少限制碳排放的国家可以控制调节国家尝试的环境效益，这种现象被称为碳泄漏。碳泄漏可以被认为是一种国际外部性。碳泄漏主要存在两个渠道：①竞争力渠道。承诺控制碳排放的国家对于那些没有类似承诺的竞争国家来说会承担更高的碳成本，这将使他们的产品比后者国家的产品更昂贵。因此，在短期内，这将减少他们的出口，并且导致会从没有类似的承诺国家进口更多的产品。②国际化石燃料的价格机制。限制碳排放的国家采取严格的气候政策来减少他们化石燃料的消费，这将拉低国际化石燃料的价格。这些减少的价格又会相应地诱使气候政策不太严格的国家中的化石燃料需求增加，从而导致他们排放出更多的化石燃料。

20.4　低碳经济的中国实践

20.4.1　中国清洁发展机制项目

为实现长期可测量且符合成本效益原则的温室气体减排目标，《京都协定书》确定了缔约方之间展开合作的 3 种机制，分别为联合履约（Joint Implementation）、排放贸易（Emission Trading）和清洁发展机制（Clean Development Mechanism）。清洁发展机制被公认为是一项“双赢”的机制。它既可以促进发展中国家的可持续发展和实现公约的最终目的，也可以使发达国家通过对发展中国家提供资金和技术来减少温室气体排放，使本国可增加等量的排放权，节约了减排成本。

截至 2012 年 11 月 9 日，全球范围内共有 4 989 个清洁发展机制项目注册，已注册项目年平均预期核实减排量 6.88 亿 t 二氧化碳当量（CO_2e），已签发核实减排量 10.58 亿 t CO_2e，成为发达国家和发展中国家携手共同应对全球气候变化的重要手段之一。其中，中国在联合国注册的清洁发展机制项目共有 2 569 项，占全球注册项目的 51.49%，比位列第二的印度多出了 1 630 项，是全球在联合国注册清洁发展机制项目最多的国家，数量远高于其他发展中国家。

在中国，清洁发展机制项目已运行 10 多年，中国第一个 CDM 项目是辉腾锡勒风电场项目。在这 10 多年里，有成功的项目，也有失败的项目。以 2009 年为例，中国成功注册为清洁发展机制项目的项目数是 353 个，而被拒绝的项目有 48 个。被拒绝的原因有：①低附加性，即中国的清洁发展机制项目不需要发达国家的资金和技术支持便可以自行运作；②低可持续性，项目微观行为特征，如项目经营期限、核定减排量等指标决定了中国项目的可持续性相对较低。

20.4.2 中国碳权交易试点

2011 年，北京市、天津市、上海市、重庆市、广东省、湖北省、深圳市七省市获准开展碳排放权交易试点。2013 年 6 月以来，深圳市、北京市、上海市分别启动碳排放权交易试点，并有望在下一个五年内形成中国碳市场。

从当前全球范围内温室气体排放交易市场制度设计来看，碳排放权配额的分配方式主要有：①免费发放，如表 20-1 所示；②拍卖分配，如表 20-2 所示；③以政府规定的固定价格购买配额。

表 20-1 碳排放权配额免费分配方式分类

分类	概念阐述	优点	缺点
祖父制	以历史平均排放量为基础确定应获得的碳排放份额	对存在弃置资产的公司进行补偿；对合规成本进行补偿	违反“污染者付费”原则； 加大新企业进入市场的难度； 基准期滚动带来的激励扭曲； 成本太高
标杆法	建立各行业的基准排放率，然后用排放实体的产量乘以基准排放率即为排放实体应分得的配额	减轻碳泄漏，简化碳排放权的分配方法等	对数据要求严格； 需设定行业基准值； 需要根据生产技术和最终产品的不同分别制定不同的排放标准

表 20-2 碳排放权配额拍卖分配方式分类

分　类	概念阐述
统一价格密封	投标人在规定时间内就自己意欲购买的碳排放份额及对应的价格进行密封投标，投标人可以提交多个价格参与竞标，拍卖人根据投标人的竞标情况确定供求相等时的出清价格，出价高于出清价格的投标人中标，所有中标人为每单位碳排放权所支付的价格为出清价格
歧视价格密封拍卖	投标人也可以提交几个不同的出价。出价高者获得想要的排放份额，并按自己所报出的投标价格支付相应的价款

分　类	概念阐述
增价式拍卖	属于多轮次拍卖，为确保投标人所愿意购买的数量（Q^*）＞拍卖人的拍卖物品供应量（Q），起拍价通常较低。之后，拍卖价格会逐渐提高，投标人应报出在各价格下意欲购买的碳排放份额。当 $Q^*<Q$ 时，拍卖停止。若 $Q^*=Q$，则投标人所需支付的价格即为最后一轮的竞标价格。 若 $Q^*<Q$，则可将倒数第二轮的竞标价格作为最终的支付价格，在最后一轮参与竞标的投标人均中标，剩下的部分（$Q–Q^*$）可按一定的规则分配给在倒数第二轮参与竞标但未参与最后一轮竞标的投标人
荷兰式拍卖	多轮歧视价格拍卖，拍卖开始时其价格往往定得很高，然后按预先确定的幅度依次递减，直到把所有的标的都卖出去为止。投标人所支付的价格为在拍卖过程中的出价

虽然从 2013 年开始启动的中国碳交易市场至今时间不算长，但相继上线的 6 个碳试点已逐步形成了中国的碳价格。目前 6 个试点地区的交易量大约是 250 万 t，交易额达到 7 000 多万元人民币。统计显示，目前广东省和深圳市是碳交易价格最高的地区，达到每吨 60～80 元，与美国加州的碳交易市场价格相当。北京的碳交易市场价格为每吨 50 元左右。

截至 2014 年 5 月 20 日，中国 6 个运行中的碳排放权交易试点已分配了 10 亿多吨二氧化碳排放配额给约 1 810 个中国的企业或单位。大多企业对于分配制度大体满意。除了深圳市，中国大多数试点地区都有基于历史排放强度或历史排放量的免费分配制度，除了电力和供暖领域，基准法尚未大规模使用，越来越多的试点开始试验拍卖。

20.4.3 中国低碳城市试点

低碳试点城市就是在城市实现低碳经济，包括低碳生产和低碳消费，建立资源节约型环境。试点城市的建设要以低碳经济为发展模式及方向、市民以低碳生活为理念和行为特征、政府公务管理层以低碳社会为建设标本和蓝图的城市，组织开展低碳省区和低碳城市试点建设工作。国家发改委发布的《关于开展低碳省区和低碳城市试点工作的通知》和《关于组织推荐申报第二批低碳试点省区和城市的通知》的试点名单，如表 20-3 所示。

表 20-3　低碳省区和低碳城市第一和第二批试点名单

试点通知发布时间	试点范围
2010 年 7 月 19 日	五省：广东、辽宁、湖北、陕西、云南 八市：天津、重庆、深圳、厦门、杭州、南昌、贵阳、保定
2012 年 4 月 27 日	一省：海南 二十八市（或地区）：北京、上海、石家庄、秦皇岛、晋城、呼伦贝尔、吉林、大兴安岭地区、苏州、淮安、镇江、宁波、温州、池州、南平、景德镇、赣州、青岛、济源、武汉、广州、桂林、广元、遵义、昆明、延安、金昌、乌鲁木齐

在低碳城市建设中，从最终使用的角度看，碳排放可以分为产业、居住和交通 3 个主要组成部分。城市居民生活碳排放主要包括居民和居民交通两部分。居住碳排放主要包括生活用电、冬季供暖和日常炊事（包括 3 种主要燃料：煤炭、煤气和液化石油气）所产生

的碳排放。居民交通碳排放包括私人交通（私家车和出租车）和公共交通（公共汽车和轨道交通）。

20.5 低碳经济的发展对策

20.5.1 低碳产业发展对策

任何产业的兴起都要建立在现实存在的市场需求之上，低碳产业的市场需求来源于国际社会对引发全球变暖的二氧化碳气体排放的关注。2009 年 3 月 6 日，英国提出《低碳产业战略远景》，包含提高能源效率、重视在产业发展中使用可再生能源、开发和生产低碳汽车以及建设低碳研发中心 4 个方面重要内容。

20.5.1.1 低碳农业

低碳农业是从低碳经济“延伸”过来的，低碳农业是指在发展农业生产过程中，采用和推广各种“先进”技术，以尽可能地减少能量、物质消耗，减少 CO_2 等温室气体的排放，减少环境污染，从而获得最大的经济效益、社会效益和生态效益。低碳农业具有“四低两高”的特征，即低能耗、低物耗、低排放、低污染、高效率、高效益。发展低碳农业是中国特色“低碳道路”和可持续发展的必由之路，低碳农业是我国未来农业发展的重要方向和主导模式。

低碳农业的实质是提高能源和资源利用高效率、完善清洁能源使用结构，推进农业清洁生产，核心是能源和资源利用技术创新、制度创新和人类发展观念的根本性转变。低碳农业不同于生态农业和特色农业之处在于在农业领域推广节能减排技术、固碳技术、发展生物质能源和可再生能源农业。低碳农业是一种全新的模式，它所带动“低碳农业经济”的发展是一种全新的以低能耗和低污染为基础的绿色农业经济。

农业响应低碳经济应从适应变化和减缓变化两个方面采取措施：一方面在变化的气候背景下建立与之适应的农业生态系统，并采取相应的农业管理措施；另一方面是减少碳排放。重点可以从以下几个方面推进低碳农业建设：①发展绿色农业、有机农业；②发展农业循环经济，建设低碳农业生产体系、生活体系；③综合利用农业剩余物，发展农村清洁能源；④大规模畜禽养殖场粪便低碳处理；⑤发展林业碳汇。

20.5.1.2 低碳工业

作为第二产业的工业部门对二氧化碳排放量贡献达 44.26%，是主要用能大户，大约有 16%的减排机会在工业部门。在一些工业部门（如水泥、钢铁和化工），节能改造前期投资相对较低，但平均减排成本相对较高，往往需要政府补贴来补偿企业的高成本。我国已经开始重视传统工艺的节能减排改造，采用了新型工程技术、联合生产、优化工艺流程和热回收等工艺。发展低碳工业需要、坚持走新型工业化道路，通过严格的环境准入标准，提高“高碳”产业准入门槛，促进企业对传统生产工艺进行生态化改造，积极培育节能环保、电子信息、新材料制造等新兴产业和高技术产业。同时，通过行业内部结构和产业结构调整，降低钢铁、有色金属、水泥等高能耗行业的比重，进一步加快淘汰落后产能和技术，遏制高耗能、高排放行业过快增长。此外，还需要依靠绿色技术和高新技术对传统产业实施改造，将一些传统的高排放、高污染、低效率的工业园区改造成生态工业园区，以达到园区工业经济的可持续发展。

20.5.1.3 低碳服务业

低碳服务业的概念具有广阔的内涵与外延。涵盖一切服务于低碳经济发展，为实现低碳目标提供节能减排的服务，如低碳技术研发、低碳解决方案咨询、碳汇服务等。发展低碳服务业可以采取包括加速发展太阳能、风能、地热能、生物能等新能源、再生能源和清洁能源产业，提高高碳产业准入门槛，推进价值链的企业升级和产业升级，大力发展高新技术产业和现代服务业；制定低碳产业技术标准，在生产、研发、贸易、金融等领域采取多种措施开展多形式的低碳经济国际合作，借鉴国外经验，实施碳排放税、财政补贴、碳基金、标签计划、自愿协议、能源合同管理、生态工业园规划以及碳排放权交易制度、“领跑者”制度、节能标识制度、“碳足迹”制度等低碳产业政策和综合性产业结构政策，推进新型低碳产业发展。

20.5.2 低碳消费发展对策

低碳消费行为是指消费者在日常消费过程（包括购买购置、使用管理、处理废弃全过程）中自觉实行低能耗、低污染、低排放的消费行为模式。从内涵上说，低碳消费行为属于一种环保的生活方式和消费模式，其核心关键词是降低碳排放。从外延上说，消费者低碳消费行为不但包括减少直接的碳排放（如减少油气电等能源消耗、相应减少碳排放），还包括减少间接的碳排放（如实行产品减量化、再利用、再循环等，相应减少碳排放）。

广义的低碳消费方式应包括 5 个层次：①恒温消费，在消费过程中温室气体排放量最低；②经济消费，资源和能源的消费量最小、最经济；③安全消费，消费结果对消费主体和人类生存环境的健康危害最小；④可持续消费，对人类的可持续发展危害最小；⑤新领域消费，转向消费新能源、低碳产品。

狭义的低碳消费方式关键在于人们消费理念、消费方式和消费行为三者之间的协调与配合。贯穿于三者之间的低碳消费基本模式是：树立低碳消费理念，倡导低碳消费方式，选择低碳消费行为。在这一基本模式下，城市中的高碳消费行业或部门，如餐饮、宾馆、洗车等服务行业，首先要改变经营理念，选择低碳消费模式，减少碳排放；对于城市政府和公共管理部门来说，办公环境和办公过程应该全面贯彻低碳消费模式；城市居民生活的低碳消费具体体现在吃、穿、住、行、休闲等几个方面。

我国低碳消费能力的提高主要依靠的是中央及各级地方政府政府的行政手段，这从长远来看是远远不够的。除行政手段以外，政府可合理运用经济杠杆，完善低碳经济模式下的财政、税收、产业政策体系，择机推出气候变化税、排放贸易机制、碳信托基金等多种经济政策，并采取减免税收、财政补贴、政府采购、绿色信贷等措施以提高居民低碳消费能力。此外，还要强化节能目标责任考核，健全节能市场化机制，以期合理控制能源消费总量，提高能源利用率。

20.5.3 低碳科技发展对策

没有技术创新，低碳经济就无法取得重大进展，低碳经济的竞争主要表现为低碳技术的竞争。现阶段，低碳科技创新对策主要体现在以下几个方面：

（1）在发电技术方面，推进超临界机组和超临界机组的使用和研发。我国已经初步掌握电力行业中煤电的整体煤气化联合循环技术（IGCC）、高参数超临界机组技术、热电多联产技术等。近几年超临界机组和超临界机组发展迅速，这使得我国的超临界和超临界机制的成本大大低于国际同类机组。目前世界上新增机组中60%的超临界机组和超临界机组都在我国。

（2）在可再生能源和新能源发电技术方面，推进“产学研”一体化的技术研发和使用模式。目前通过技术合作和独立开发，我国对大型风力发电设备、高性价比太阳能光伏电池技术、燃料电池技术、生物质能技术及氢能技术等处于商业化应用前期，有望在 2010 年后实现商业化。

（3）对于冶金、化工、建筑等领域的节能和提高能效技术方面，正在开发中的技术及新工艺包括：工业领域的碳捕获和封存（CCS）技术；建筑部门的超高效电器，热泵、太阳能热水等采暖系统、分布式太阳能和风能发电系统以及储能系统。

（4）开发新技术减少污染物排放，更多地回收废物和产品，并以环境可接受的方式处置残余的废弃物。其主要创新性技术包括：替代、再利用或减量化技术；资源化或能源化技术；制造、建筑、生物、化学和材料领域开发绿色或节能技术。

（5）重点瞄准低碳能源和低碳能源技术，以期在低碳经济上占领技术制高点。低碳技术广泛涉及石油、化工等多个领域，包括煤的清洁高效利用、油气资源和煤层气的高附加值转化、可再生能源和新能源开发、传统技术的节能改造、碳捕获与封存技术等。

（6）中国要积极开展低碳经济的研究和技术推广工作，重点着眼于中长期战略技术的储备，制定长远的发展规划。通过整合市场现有的低碳技术，鼓励企业优先开发新型的、高效的低碳技术，加强国际间交流与合作，和积极参与国际气候体制谈判和低碳规则制定，为我国工业化进程争取更大的发展空间。

20.5.4 低碳城市发展对策

低碳城市是城市经济以低碳产业和低碳化生产为主导模式，市民以低碳生活为理念和行为特征、政府以低碳社会为建设蓝图的城市。中国走低碳城市发展之路可以借鉴英国、日本等国的具体经验。

20.5.4.1 英国模式——应对气候变化的城市行动

英国是低碳城市规划和实践的先行者。为推动英国尽快向低碳经济转型，英国政府成立了一个私营机构——碳信托基金会，负责联合企业与公共部门，发展低碳技术，协助各种组织降低碳排放。碳信托基金会与能源节约基金会联合推动了英国的低碳城市项目。首批 3 个示范城市（布里斯托、利兹、曼彻斯特）在英国低碳城市项目组提供的专家和技术支持下制定了全市范围的低碳城市规划。伦敦市为应对全球气候变化提出了一系列低碳伦敦的行动计划，特别是 2007 年颁布的《市长应对气候变化的行动计划》中明确了伦敦应对气候变化建设低碳城市的主要手段：①在存量住宅方面，实行绿色家庭计划，主要包括顶楼与墙面绝缘改造补贴、家庭节能与循环利用咨询、社会住宅节能改造，截至 2025 年的减碳总目标为 770 万 t。②在存量商业与公共建筑方面，实行绿色机构计划，主要包括建筑改造伙伴计划和绿色建筑标识体系，截至 2025 年的减碳总目标为 700 万 t。③在新开发项目方面，修正伦敦城市总体规划对新开发项目的要求，特别是采用分散式能源供应系统、规划强化了对节能的要求和节能建筑和开发项目的示范，截至 2025 年的减碳总目标为 100 万 t。④在能源供应方面，向分散式、可持续的能源供应转型，包括鼓励垃圾发电及其应用、本地化可再生能源、建设大型可再生能源发电站、通过新的规划和政策激励可再生能源发电以及鼓励碳储存，截至 2025 年的减碳总目标为 720 万 t。⑤在地面交通方面，改变伦敦市民出行方式，加大在公共交通、步行和自行车系统上的投资；鼓励低碳交通工具和能源；对交通中的碳排放收费。截至 2025 年的减碳总目标为 430 万 t。

20.5.4.2 日本模式——低碳社会行动计划

2008 年 6 月，日本首相福田康夫提出日本新的防止全球气候变暖对策，即“福田蓝图”。日本温室气体减排的长期目标是：到 2050 年日本的温室气体排放量比目前减少 60%～80%。日本在低碳社会实现途径中要求各部门共同参与。日本低碳社会规划的第一条原则就是在所有部门实现碳排放的最小化，最大限度地挖掘各经济部门的碳减排潜力。企业应开发温室气体排放量少的商品；民众也应改变生活方式，选择环保产品；向普通家庭普及太阳能电池板；推广高效的热泵等。

低碳社会规划在强调所有部门共同参与的同时，在具体实施上有所侧重，尤其以交通、住宅与工作场所、工业、消费行为、林业与农业、土地与城市形态等为低碳转型的重点领域。日本政府行动计划指出政府将加强公共交通网络建设；根据对环境的影响征收环境税，完善相关制度，促进有利于温室气体减排的经济活动；城市建设将推行紧凑的城区布局，让居民徒步或依靠自行车就能方便出行；农村应推广使用生物燃料的汽车；引进高效、低价的可再生能源。值得一提的是，该计划还特别强调低碳基础设施的发展，从制度设施、软设施、硬设施和自然资本等方面给地方政府提供政策工具参考。

20.5.4.3 中国低碳城市发展对策

目前国内对低碳城市的研究尚处于探索阶段，且以战略层面为主。中国科学院可持续发展战略研究组在《2009 年中国可持续发展战略报告》中提出了中国低碳城市的发展战略设想，并从经济、社会和环境 3 个层面，初步提出了低碳城市的指标体系。2009 年，亚洲协会美中关系研究中心推出了《中美能源与气候变化合作路线图》，制定了优先合作领域如采用低排放煤炭技术、提高能源效率和节能措施、推广可再生能源等。

2008 年，国家发改委和世界自然基金会共同确定上海和保定市作为中国低碳城市发展项目的两个试点城市。其中，上海市着重发展节能建筑，通过对建筑的能源消耗进行调查、统计和分析，提高建筑能源利用效率；通过对物业管理人员进行培训，提高其节能运行的能力；通过进行生态建筑发展的政策研究最终实现降低居民生活碳排放量。保定市则立足于新能源和可再生能源产业发展、新能源的综合应用和节能减排措施，在全国率先以低碳城市为目标制定全市发展规划，以“中国电谷”和“太阳能之城”计划为依托，探索城市发展的低碳模式，并为全球控制温室气体排放做出贡献。

低碳城市发展离不开低碳城市空间规划策略，包括区域规划、总体规划、详细规划 3 个层面的低碳发展模式。在区域层面，应构建以区域公共交通为导向的走廊式发展模式；在总体规划层面，应提倡绿色交通支撑的空间结构，实现短路径的土地混合使用，适合人与自行车的地块尺度，以公共交通可达性确定开发强度；在详细规划层面，主要以居住区规划为例，应限定居住小区规模，避免大街区空间，来促进步行和自行车的使用。

总之，我国发展低碳经济主要有如下几种方法和途径：①调整产业结构，发展具有低碳特征的产业，包括低碳农业、低碳工业和低碳服务业，限制高碳产业的市场准入。具体来说，降低对化石能源的依赖，走有机、生态、高效农业的新路子；优化能源结构，提高能源效率，减少二氧化碳排放；发展低碳服务业，创新低碳物流、低碳金融等新兴的产业。②通过政府引领低碳消费方式、企业主导低碳消费方式、社会组织积极推进低碳消费方式、公民广泛参与低碳消费方式推动全社会践行低碳消费模式。③通过低碳科技馆、低碳科技园、低碳科技区的建设宣传低碳科技，通过加大低碳科技创新投入、完善低碳科技资金运作机制、鼓励投身低碳科技创新事业等方式使得低碳科技“既顶天又立地”。④建设低碳城市，开发低碳居住空间，提供低碳化的城市公共交通系统。

思考题

1. 低碳经济的内涵、外延及其主要特征是什么？
2. 试论述低碳经济发展的驱动因素。
3. 试论述碳泄漏的两个重要渠道。
4. 低碳经济发展的举措有哪些？
5. 试选择某一低碳城市作为研究对象，探讨其低碳经济发展的特色，并就其模式进行点评。
6. 结合中国碳市场发展的情况，论述中国区域二氧化碳减排的可能路径。

参考文献

[1] Stern N. The economics of climate change：the Stern review [M].Cambridge：Cambridge University Press，2006.

[2] Xie H，Shen M，Wang R. Determinants of clean development mechanism activity：Evidence from China[J]. Energy Policy，2014（67）.

[3] Zhang et al. Competitiveness and leakage concerns and border carbon adjustments[J]. International Review of Environmental and Resource Economics，2012（6）.

[4] 庄贵阳．低碳经济：气候变化背景下中国的发展之路[M]．北京：气象出版社，2007.

[5] 沈满洪，吴文博，池熊伟，等．低碳发展论[M]．北京：中国环境出版社，2014.

[6] 鲍健强，苗阳，陈锋．低碳经济：人类经济发展方式的新变革[J]．中国工业经济，2008（4）.

[7] 付允，马永欢，刘怡君，等．低碳经济的发展模式研究[J]．中国人口 • 资源与环境，2008（3）.

[8] 高煜，曹大勇．我国产业政策的低碳化转型[J]．生态经济，2011（4）.

[9] 胡鞍钢．“绿猫”模式的新内涵——低碳经济[J]．世界环境，2008（2）.

[10] 金乐琴，刘瑞．低碳经济与中国经济发展模式转型[J]．经济问题探索，2009（1）.

[11] 金涌，王垚，胡山鹰，等．低碳经济：理念 • 实践 • 创新[J]．中国工程科学，2008（9）.

[12] 林伯强，李爱军．碳关税对发展中国家的影响[J]．金融研究，2010（12）.

[13] 刘志林，戴亦欣，董长贵，等．低碳城市理念与国际经验[J]．节能减排，2009（6）.

[14] 潘家华．低碳转型的背景与途径——从哥本哈根会议说起[J]．阅江学刊，2010（8）.

[15] 王国莲．人类步入低碳时代[J]．生态经济，2010（12）.

[16] 魏楚，黄文若，沈满洪．环境敏感性生产率研究综述[J]．世界经济，2011（5）．
[17] 约瑟夫・斯蒂格利茨．全球变暖新议程[J]．张曦凤，译．经济社会体制比较，2009（6）．
[18] 张丰清，周苏玉．当前大国间气候政治博弈中的利益选择及其应然取向[J]．社会主义研究，2010（5）．
[19] 张英杰，霍燚．城市增长与生活碳排放的理论研究[J]．城市观察，2010（2）．
[20] 庄贵阳．低碳经济引领世界经济发展方向[J]．世界环境，2008（2）．

第二版后记

我主编的《资源与环境经济学》第一版自 2007 年 1 月由中国环境科学出版社正式出版以来，已经印刷三次，得到众多读者的厚爱，多所高校把该书作为本科生和研究生教学的指定教材，多所高校把该书作为考研的指定用书或参考用书。

随着资源危机、环境危机、生态危机、气候危机的加剧，资源与环境经济学从经济学科的支流变为主流，从隐学变为显学，从冷门变为热门。在这一背景下，资源与环境经济学的学科发展也十分迅速。因此，无论从实践指导角度看，还是从学者求学角度看，均有必要再版《资源与环境经济学》，以更好地总结展示资源与环境经济学及其最新进展。

在中国环境出版社副编审陈金华女士的催促下，在部分同行学者的鼓励下，2013 年开始准备《资源与环境经济学》第二版的撰写工作。第二版由我草拟提纲，邀请部分同行学者参与撰写工作。在第二版的书稿中，比较完整地保留第一版教材的框架的只有三章，分别是导论、绿色核算理论和循环经济理论。其他各章均作了较大幅度的调整，有的是扩写，有的是增加，有的是删除。例如，第一版的第三章环境经济手段理论在第二版中扩写成 4 章为一篇，第一版的第四章资源环境价值评估理论在第二版中扩写成 5 章为一篇，第一版的第六章自然资源经济理论在第二版中扩写成 4 章也为一篇。经过修改和扩充，最终形成了学科基础理论、环境经济手段、自然资源经济、环境价值评价、绿色经济发展五大篇共 20 章的框架结构。

为了保证再版的质量，本书第二版的各章执笔者均是从事资源与环境经济学研究的博士，具体分工如下：

第 1 章　导论　沈满洪

第 2 章　外部效应理论　沈满洪

第 3 章　公共物品理论　谢慧明

第 4 章　环境经济手段概述　沈满洪

第 5 章　环境财税理论　沈满洪

第 6 章　环境产权理论　沈满洪

第 7 章　环境经济手段选择　沈满洪

第 8 章　资源经济理论概述　王颖

第 9 章　可再生资源理论　王颖

第 10 章　可耗竭资源理论　王颖

第 11 章　水资源经济理论　沈满洪

第 12 章　环境资源价值评价概述　马永喜

第 13 章　市场价值法　马永喜

第 14 章　替代市场法　马永喜

第 15 章　假想市场法　马永喜

第 16 章　绿色核算理论　许海萍、谢慧明

第 17 章　绿色发展理论概述　沈满洪

第 18 章　绿色经济理论　谢慧明

第 19 章　循环经济理论　赵丽秋、沈满洪

第 20 章　低碳经济理论　谢慧明

在再版书稿撰写的过程中马永喜博士、谢慧明博士、王颖博士均发挥了重要作用。她们均是国家社科基金或自科基金项目的主持人，均是浙江理工大学《资源与环境经济学》研究生课程的授课教师，均是浙江省哲学社会科学重点研究基地"浙江省生态文明研究中心"的学术骨干。正是基于她们的学术水平以及对本书的贡献，她们均成为本书的副主编。当然，在再版此书的时候还要再次感谢第一版的各位作者，没有第一版的基础就没有第二版的快速面世。

对我而言，2014 年是一个特殊的年份。一方面，在浙江理工大学担任了近六年的副校长后于 6 月就任宁波大学校长；另一方面，在相继主持了国家社科基金重点项目"生态文明建设与区域经济协调发展战略研究"和"我国工业节水战略研究"之后，我作为首席专家申请的国家社科基金重大招标项目"健全水资源有偿使用和生态补偿制度及实现机制研究"于 7 月成功获得立项。无论是作为宁波大学校长，还是作为国家社科基金重大项目的首席专家，都只是新的起点。百尺竿头，更进一步！

在我成长和发展的过程中，得到了组织上的大力培养，也得到了一大批"贵人"的鼎力支持。衷心感谢我先后工作过的杭州大学、浙江大学、浙江理工大学、宁波大学的领导、老师和同事！特别要感谢我的三位恩师：一是硕士生导师张旭昆教授，二是博士生导师史晋川教授，三是首次带领我从事课题研究的金祥荣教授！正是他们，在 20 年前"指定"我从事资源与环境经济学研究，给我指出了一条宽广而又正确的大道。现在看来，学术方向的引路是多么重要！

本教材的出版得到浙江省哲学社会科学重点研究基地——浙江省生态文明研究中心、浙江省高校人文社科重点研究基地——浙江理工大学应用经济学基地的资助。在此表示衷心的感谢！

本教材的出版得到了陈金华副编审等中国环境出版社同志们的大力支持。在此，表示衷心感谢！

当今社会是一个知识爆炸的时代，资源与环境经济学学科也不例外。虽然，我们已经为写好第二版的《资源与环境经济学》尽了力，但是，在篇章的安排、知识的选择、文字的表达等方面均会存在诸多不足，敬请同行专家、读者朋友批评指正！

宁波大学　沈满洪

2015 年元旦